창의적 논증 교육론

창의적 논증 교육론

서승아 지음

한국문화사

> 저자와의
> 협의하에
> 인지생략

창의적 논증 교육론

발 행 일	2012년 3월 10일 초판 인쇄
	2012년 3월 15일 초판 발행
지 은 이	서 승 아
펴 낸 이	김 진 수
펴 낸 곳	**한국문화사**
등 록	1991년 11월 9일 제2~1276호
주 소	서울특별시 성동구 아차산로 3(성수동 1가) 502호
전 화	(02)464-7708 / 3409-4488
전 송	(02)499-0846
이 메 일	hkm7708@hanmail.net
홈페이지	www.hankookmunhwasa.co.kr

책값은 뒤표지에 있습니다.

잘못된 책은 바꾸어 드립니다.
이 책의 내용은 저작권법에 따라 보호받고 있습니다.

ISBN 978-89-5726-949-7   93370

> 이 도서의 국립중앙도서관 출판시도서목록(CIP)은
> e-CIP홈페이지(http://www.nl.go.kr/ecip)와
> 국가자료공동목록시스템(http://www.nl.go.kr/kolisnet)에서
> 이용하실 수 있습니다. (CIP제어번호: CIP2012001076)

■ 서문

    저자가 오래전에 만나 뵌 한 詩人은 시를 창작하면서 대상의 날(生) 이미지가 손상되지 않도록 애썼다. 시인처럼 교사에게도 아동의 모습을 그대로 바라보고 멋대로 가공하지 않는 자세가 필요하다고 생각하였다. 교육이란 아동이 지닌 것을 밖으로 드러내는 행위이지 어른의 것을 쏟아 붓는 것이 아니라고 믿었다. 2007년 이후 수시로 교육과정이 개정되면서 국어교육 분야에도 적지 않은 변화가 보이지만, 아동의 능력을 총체적으로 향상시켜 주지는 못했다. 아동이 인간답게 살려면 스스로 무엇을 창조할 수 있어야 한다. 이를 가능하게 하는 힘은 창의적이고 논리적으로 생각하고 표현하는 데에서 비롯된다고 할 수 있다.

    그러므로 전술한 힘을 계발하기 위해서는 이 책의 둘째 章에서 다루어진 바와 같이 논증에 천착할 필요가 있고, 이는 교육과정의 개정 취지에 부응하는 일이기도 하다. 연구 결과, 논증이 인간의 반성적 사고에 의한 해석 행위이자 능동적으로 삶을 영위하게 하는 힘으로 발견되었다. 나날이 복잡해지고 변화가 많은 세상에서는 어떤 문제에 적절한 전제를 들고 자신의 생각을 정당화하는 능력이 긴요하다. 이를 교육하는 환경으로서 교실을 생각할 때, 그 안에서는 사제 간 또는 학생과 학생 간에 능동적이고 친밀한 상호작용이 이루어져야 한다. 교육적으로 인간은 사회적 역할을 수행하기 위해 기본적 문식성을 배양하도록 하며, 그 바탕 위에 창발적으로 세계를 내다볼 수 있는 문식성도 염두에 두어야 한다.

이러한 배경 아래에서 저자는 국어교육학 분야의 몫을 쇄신하고자, 그 구체적인 내용을 이 책의 셋째, 넷째 章에서 보인다. 먼저, 실제 중학교 학생들의 논증 텍스트를 분석하여 효과적으로 텍스트를 생성할 수 있는 기반을 찾았다. 거기서 아동의 일상을 염두에 두고 언어의 화용 맥락에서 논증을 살펴볼 때는 언어적 구성부와 수사적 구성부를 아울러야 그 자연스러운 소통이 지각된다는 점을 알 수 있다. 그래서 이 현상을 운율 층위, 어휘 층위, 발화·문장 층위, 텍스트 층위에서 분석하여 논증을 학습하는 내용 요소를 선정하고 이들을 체계적으로 배열해 보았다.

글 쓰는 주체는 먼저 선행 텍스트를 읽고 핵심어나 핵심 개념을 추출하고 그것을 독자 자신의 경험에 비추어 연상되는 모든 단어들을 적는다. 이 활동 전반이 대상 내지 세계에 대한 해석 과정이다. 이를 비유적으로 말하면 글을 쓰기 위한 지식창고를 머릿속에 만들어 놓는 일인데, 그 지식창고를 '스키마(Schema)'라 부른다. 그래서 글을 쓰는 일은 바로 필자의 스키마를 인출하는 과정이다. 물론 인출되는 내용은 글을 쓰는 이마다 다르다. 그가 의미 정보를 선택하는 것도 글의 목적과 상황, 텍스트 유형을 고려하여 다양하게 나타난다. 다시 말해 선택된 의미 정보들을 조직하는 방식도 다양하고 무엇을 선택하느냐에 따라 그 효과도 다른 것이다. 그럼에도 내용을 생성해서 표현하기까지 일련의 과정을 수행하는 데에 미숙한 필자와 능숙한 필자의 다른 점이 많다. 이에, 이 연구에서는 7학년과 11-12학년을 구분하여 논증 텍스트 생성의 기초 수준과 발전 수준을 상정하기로 한다. 대학생에게도 학술보고서 쓰기가 어려운 내용이기 때문에 중등 수준에서 논증 텍스트의 생성을 교육하고자 하면 7학년 정도를 기초 수준으로 보는 것이 좋을 것이다. 다만 텍스트 유형이 시시때때로 복잡해지는 현실을 감안해야 한다. 가령 여가 시간의 대부분을 매체에 의존하는 그들에게 문자 텍스트는 적잖이 곤혹스러운 대상이기 때문이다.

저자는 이 연구를 위해 서울 지역의 7학년 학습자들을 대상으로 실험을 한 결과, 학습자들의 주의력이 부족한 원인이 당해 문식 환경의 특성에서 찾아졌고, 그들에게 적절한 중계 텍스트를 제공하고 언어 정보를 그들이 얼마나 인식하고 있는지를 알아 보았다. 중계 텍스트를 통해 텍스트를 접하는 활동도, 소집단 토론에서 참여자들과 논의하는 활동도 글쓰기의 동기 부여 단계로서 유의미했기에 여기서 저자는 읽기를 다중적으로 접근할 필요가 있다고 판단했다. 이는 문식 환경의 복잡성으로 인해 학생들의 주의를 끄는 물론 시대에 적응할 수 있도록 촉진하는 이점을 갖는다. 이 단계에서부터 그들은 텍스트에 대한 선호도를 판단하여 논제를 마음속으로 설정하게 된다.

그리고 나서 텍스트의 내용을 요약하고 감상을 메모하는 경험이 이어졌다. 이때 개별 학습자들의 문식성이 차이를 보이기 시작했다. 場 독립형의 경우는 텍스트의 내용을 자신의 관점에서 재구성할 수 있고, 場 의존형의 경우는 텍스트에 몰입하는 속도도 늦으며 텍스트 내용 자체를 옮겨 적는 수준에 그쳤다. 다만, 후자의 경우는 또래 활동에 적극적인 성향을 보여 소집단 단위로 원활하게 논제를 정하고 토론하며 논거들을 지원할 수는 있었다.

미숙한 필자들은 스스로 동기 부여 단계, 즉 텍스트 입안 단계에서부터 어려움을 겪기 때문에 이를 도와줄 수 있는 방법들을 제공받아야 한다. 그 예로, 그들이 동료들과 토론을 하게 되면 논제에 대해 가지고 있는 생각을 서로 수정·보완함으로써 오류를 최소화할 수 있다. 뿐만 아니라 경험 세계를 서로 공유하면서 인지구조를 확장할 수 있고, 토론 참여자들끼리 하나의 논제에 대해 논증한 내용을 검토한 결과로 자신 있게 글을 쓸 수 있다. 소집단 토론은 이렇게 예상 독자의 반응을 미리 경험해서 글쓰기의 두려움을 해소시킨다. 다만 상위권 집단에서는 주도적인 발언자에 의해 논리가 뚜렷하게 드러나고 하위권 집단에서는 근거를 들고 분석하거나 판단하는 능력이 부족하여 논의의 흐름이 끊기는 경우가 많다. 한편 중위권 집단에서는 가장 똑똑한 발언자가 다양한 참여자들을 배려하느라 다른 집단보다 논의 시간이 오래 걸려서 목표에 도달하기까지 집중력이 필요하다. 다만 이 집단에서는 학습자 개인의 특성에 맞게 환경에 따라 응수하는 기술이 터득된다.

그 다음, 저자는 고교생의 경우로서 전국 단위의 웹을 이용하여 능동적으로 논증 경험에 참여한 학생들을 살펴보았다. 웹의 성격상 진학에 뜻을 둔 이들만 쓰기의 기회를 얻게 되는데, 외려 이것은 글쓰기의 준비 상태를 확인할 수 있는 단서로 볼 수 있다. 그리고 텍스트를 이루는 글자 수나 문장구조의 반복적 패턴이 독자를 고려하여 운율 효과를 내고 어휘의 의미적 결속성과 문장의 적격성이 더불어 독자를 만족시키는, 균형 있고 안정적인 텍스트 무늬를 통해 텍스트 생성의 미학을 국어교육 내용 체계로 정리해 볼 수 있다. 따라서 저자는 이 연구의 궁극적 목적을, 학습자의 글쓰기 능력에 정확성과 유창성을 도모하는 내용 체계를 구안하는 것으로 삼게 된 것이다.

사실 이 연구는 학문적으로 입증하기에 논란이 많은 분야라는 사실 때문에도 저자에게 너무 벅찬 과제여서 단념하고 싶은 순간을 수차례 겪게 했다. 그 와중에 비록 소품이지만 매듭을 지을 수 있도록 도움을 주신 분들이 매우 많이 계신다. 여기에 그 분들의 존함을 일일이 올리며 감사 인사를 드리고 싶지만, 아직 가야 할 길이 많이 남아 있는 이 시점에 첫 발자국을 찍고 이제 막 걸음을 떼는 처지가 송구스러울 따름이라 다음 연구를 약속드리는 마음으로 대신한다.

사전실에서
저자 씀.

■ 차례

서문 ··· v

1. **서론** ·· 1
   1.1. 연구 목적과 필요성 ·· 1
   1.2. 연구사 ··· 6
   1.3. 연구 방법과 대상 ·· 11

2. **논증 교육의 성격과 방향** ··· 27
   2.1. 논증 개념의 구성 ·· 28
   2.2. 논증 텍스트의 창의적 구성 배경 ······························ 31
   2.3. 텍스트 생성을 위한 창의성 ···································· 36

3. **논증 텍스트 분석** ·· 43
   3.1. 분석의 관점과 틀 ·· 43
   3.2. 논증 텍스트 구성의 토대 ······································· 46
   3.3. 텍스트 생성 과정 ·· 50
      3.3.1. 텍스트 입안 ·· 51
      3.3.2. 텍스트 처리 ·· 59
      3.3.3. 텍스트 처리의 환원 ···································· 141
      3.3.4. 텍스트의 창출과 무늬 ································· 194
   3.4. 분석 결과와 활용 ··· 225
      3.4.1. 장(場) 의존형 ·· 226
      3.4.2. 장(場) 독립형 ·· 237
      3.4.3. 통합 교실 ··· 248

4. 논증 교육의 내용 체계 ·· 257
   4.1. 내용 요소 선정 및 체계를 위한 틀 ························· 257
   4.2. 논증 교육의 내용 ·· 260
   4.3. 변인에 따른 텍스트 재구성 ·································· 281

5. 결론 ··· 289
   5.1. 요약 ·· 289
   5.2. 제언 ·· 295

   참고 문헌 ·· 297
   찾아 보기 ·· 313

■ 표 차례

<표 1> 기호현상학적 분석틀 ·················· 14
<표 2> 연구 대상의 범위와 성격 ·················· 19
<표 3> 연구 대상 표본으로서의 7학년 참여자 특성 ············· 22
<표 4> 연구 대상(고교 수준)의 정보 ·················· 25
<표 5> '논술'의 개념 ·················· 28
<표 6> 창의성 개념의 연구사 ·················· 34
<표 7> 논증 교육의 언어 지식 영역 ·················· 47
<표 8> 7학년 학습자가 사용한 논증소의 예 ·················· 49
<표 9> 소집단 토론과 이미지의 동기 부여 방식 비교 ············· 57
<표 10> 소집단별 담화 및 학습자별 토론 텍스트의 논제 ········ 62
<표 11> 표본 소집단별 논점과 진술 양상 ·················· 64
<표 12> 고교 학습자군의 논증 텍스트 생성 기제 ·················· 71
<표 13> 논제별 추출 가능한 핵심어 ·················· 73
<표 14> 학습자의 글에서 추출한 주제어와 그 성격 ············· 86
<표 15> 7학년 학습자의 스키마 인출 ·················· 87
<표 16> 논증 텍스트의 생성 목표와 계획 예(7학년) ············· 89
<표 17> 논증 텍스트의 생성 목표와 계획 예(고교) ············· 91
<표 18> 소집단 토론의 말터와 토포스 ·················· 95
<표 19> 제시문11_2에 대한 반응 텍스트 사례 ·················· 123
<표 20> 고교 학습자군의 논증 텍스트에 나타난 음운과
        자소 특징 ·················· 146
<표 21> 고교 학습자군의 논증 텍스트에 선택된 주요 어휘 ····· 157
<표 22> 논증소로서의 구어 담화 표지 유형(7학년의 예) ········ 162
<표 23> 7학년 학습자의 논증 유도 표지 용례 ·················· 163
<표 24> 논증소의 절 접속 기능(고교) ·················· 164
<표 25> 제시문4_3의 논증 구조 ·················· 176
<표 26> 제시문6_1의 논증 구조 ·················· 177

<표 27> 제시문8_1의 논증 구조-1	177
<표 28> 제시문8_1의 논증 구조-2	177
<표 29> 제시문8_1의 논증 구조-3	178
<표 30> 제시문10_1의 논증 구조	179
<표 31> 제시문11_2의 논증 구조	180
<표 32> 논증 텍스트 구성을 위한 지식으로서의 논증 방법	181
<표 33> 정보선별형 논증 텍스트의 구조	190
<표 34> 점진적 사고형 논증 텍스트의 구조	191
<표 35> 초점 중심형 논증 텍스트의 구조	192
<표 36> 정보탐색형 논증 텍스트의 구조	192
<표 37> 의사결정형 논증 텍스트의 구조	193
<표 38> 학습자의 글 평정 결과	255
<표 39> 수준별 논증 교육 내용 및 방법	258
<표 40> 논증 교육의 내용 구조 매트릭스(7학년 기준)	261
<표 41> 논증 텍스트에 나타난 평균 절의 수 비교	262
<표 42> 논증 교육 내용 '언어지식'의 상세화	265
<표 43> 토론 형식별 논증 유형(7학년)	268
<표 44> 학습자별 수정 횟수(고교)	288
<표 45> 논증 교육의 내용 요소	292

■ 그림 차례

<그림 1> Westley와 MacLean 모델(1957) ················ 12
<그림 2> 중계 텍스트의 원 저자와 중계자 간의 소통 회로 ········ 40
<그림 3> 텍스트 생성자와 중계자 간의 소통 회로 ··············· 41
<그림 4> 논증 교육의 내용 체계 틀 ························ 46
<그림 5> 제시문4_3에서 추출한 '삶'의 영역 ················ 75
<그림 6> 제시문6_1에서 추출한 '문화'의 영역 ··············· 76
<그림 7> 제시문8_1에서 추출한 '판단'의 영역 ··············· 78
<그림 8> 제시문8_1에서 추출한 '내기'의 영역 ··············· 79
<그림 9> 제시문8_1에서 추출한 '관리'의 영역 ··············· 80
<그림 10> 제시문10_1에서 추출한 '영웅'의 영역 ············· 81
<그림 11> 제시문11_2에서 추출한 '에너지'의 영역 ············ 83
<그림 12> 말터, 토포스, 모티프의 관계 ···················· 93
<그림 13> A3의 토론 담화 논증 구조 ···················· 101
<그림 14> C5의 토론 담화 논증 구조 ···················· 112
<그림 15> D6의 토론 담화 논증 구조 ···················· 116
<그림 16> '러브레터' 궤도에서의 기표 '사랑' ················ 149
<그림 17> 기표로서의 '효도' ··························· 152
<그림 18> '러브레터' 궤도의 확장 ······················· 154
<그림 19> 7학년 A7의 담화에 나타난 어휘 계열체 ············ 155
<그림 20> 행위자 - 행위 관계 구조 ······················ 201
<그림 21> C3A1의 논술 텍스트 구조 ····················· 203
<그림 22> D3A1의 논술 텍스트 구조 ····················· 204
<그림 23> A3A1의 논술 텍스트 구조 ····················· 206
<그림 24> B1O1의 논술 텍스트 구조 ····················· 207
<그림 25> 논술 텍스트16-2의 구조 ······················ 209
<그림 26> 논술 텍스트15의 구조 ························ 211
<그림 27> 논술 텍스트16-1의 구조 ······················ 213

<그림 28> 논술 텍스트17의 구조 ·················· 216
<그림 29> 논술 텍스트19의 핵심어구 구성 ·················· 218
<그림 30> 논술 텍스트19의 구조 ·················· 219
<그림 31> D3O3 토론 텍스트의 논증 구조 ·················· 237
<그림 32> 사고의 방향 ·················· 240
<그림 33> B1O1의 논증 텍스트 구성 틀 ·················· 275
<그림 34> 논증 텍스트 교육의 내용 요소 ·················· 276
<그림 35> 논증 텍스트의 구성 예1 ·················· 278
<그림 36> 논증 텍스트의 구성 예2 ·················· 281
<그림 37> 창의적 논증 텍스트의 생성을 위한 내용 체계 ········ 293

01 서론

1.1. 연구 목적과 필요성

 이 연구의 목적은 우리나라 학령기(중등) 학생들의 논증 능력 실태를 조사하여 각 학교급에 적절한 교육 내용 체계를 구안하는 것이다. 필자는 이를 위해 우선 논증 텍스트[1] 생성에 관여하는 요인들을 분석할 것이다. 어떤 유형의 텍스트든 여러 가지 종차에 의해 다양하게 생산되기 때문에 이러한 성격을 고려하면 창의성 교육과 연결될 수 있다. 즉 시대 가치관, 중심 산업, 매체 유형, 제도, 생산 주체의 성 역할 등에 따라 텍스트의 목적이나 구조가 다양하게 나타나며, 그러한 차이를 간과하여 의미를 수용자가 왜곡하는 일도 일어난다. 한편 생활풍습이나 체계에 의해 텍스트 유형이 전승되는 경우도 있다. 이러한 연유로 사람들끼리 대화를 나누다 보면 제각기 다른 취미, 성격, 가치관 등을 알 수 있다. 자신과 성향이 비슷한 사람을 만나면 친해지고 싶고, 그렇지 않으면 소통하지 않으려는 것이 인지상정이지만 필요에 의해서도 다양한 사람들

---

1) 우리 국어과 교육과정에 비추어 볼 때, 2007년도에는 '설득적 텍스트'로 명명되었고 2009년 이후 '논증 텍스트'가 등장하였다. 본고에서는 논증 텍스트를 중점적으로 살필 것인데, 텍스트 내적 원리보다 상황을 강조하여 설득적 기능을 가진 유형들을 포괄할 때는 '설득적 텍스트'라 부르기로 한다.

과 만나게 된다. 그래서 목적을 달성하기 위해 스스로 선택한 만남을 어떻게 성공적으로 이끌 수 있는가를 알아보는 것이 이 연구의 근본 목적이기도 하다.

　사람들은 누구나 자신의 글이나 말로 감동을 얻기를 바라고, 권리를 주장하기 위해서 언어를 사용한다. 그래서 의사소통적 사건들의 궁극적 지향점이 설득에 있다고 말할 수도 있다. 텍스트 생성의 성공 여부는 텍스트 내용이 수용자에게 얼마나 잘 전달되는가에 달려 있다. 좋은 텍스트의 요건을 텍스트 구성의 교육 내용 요소로 치환하여 가르친다면 텍스트를 수용하는 것뿐만 아니라 생성하는 데에도 도움이 될 것이다. 장르별 텍스트의 의미를 해석할 때 논증을 기반으로 하면 작가와 독자 간, 독자와 독자 간에 합의하는 일도 어렵지 않다. 왜냐하면 논증은 전제와 결론의 관계로 이루어지는 틀로서 합리적인 표현 방법이기 때문이다.

　의사소통의 성격은 본래 쌍방향적이다. 뉴스 보도 프로그램의 기자를 보면, 그가 정보를 전달하는 일만 하지는 않는다. 그는 시청자(청취자)들에게 새 소식을 전하기도 하지만 기자로서의 보도 능력을 언론사와 대중에게서 인정받고자 하는 의도도 전하려고 할 것이다. 이러한 적극성은 사회적 역할을 수행하는 데에 전제된 성취 욕구라고 할 수 있다. 또한 기자 개인은 특정 언론사의 성향을 대표하기도 한다. 그러기에 시청자(청취자)들은 새로운 정보 그 자체를 선택적으로 수용하게 되고, 기자는 그들의 반응을 예측하여 정보를 전하는 논조와 정보구조에 주의를 기울인다. 고로, 사회 속에서 소통되는 정보는 말하는이와 듣는이의 성향에 따라 굴절되어 인간의 머릿속에 저장된다.

　이러한 배경에서 2009년과 2011년 교육과정에서는 창의·인성 교육을 강화하여 토론 수업이 확대되고, 진로 교육 시간을 확보하기 위해 교과목의 수가 축소된 특징이 보인다. 학습자들의 학습·놀이 문화에서도 아날로그 방식에서 디지털 방식으로 언어 환경이 변화됨으로써 소통 기호가 다양해지고[2] 기호 조직이 유연해지는 사실은 텍스트 양식의 다양성을 예측케 한다. 이 때문에 텍스트 양식이 분화되는 것은 폭넓은 독자층을 확보할 수 있는 장점을 갖는다. 이는 다문화권의 독자층을 고려한 문화 양식과도 상관하여 교육의 변혁을 가져 온다. 여기서 미래 한국어문학 교육의 모습도 그려 볼 수 있다.

어떤 배경에서든 성공적인 텍스트는 중심 내용을 부각시키는 자료로서 교육 방법의 적절성을 입증한다. 다만 사람마다 다른 방식으로 인지 구조를 구축하고 텍스트 생성을 위해 저장된 정보를 인출하는 순서가 다르기 때문에 개성적인 표현 능력을 생각하지 않을 수 없다. 때문에 다양성을 전제로 설득적 텍스트의 산출을 돕는 담화나 텍스트의 유형도 폭넓게 고려할 필요가 있다. 부득이하게 좋은 텍스트를 선별할 때 공통된 준거가 있어야 하므로 필자는 이 연구에서 전제와 결론의 관계를 기반으로 하는 논증 기제를 방법적 원리로 삼는다[3]. 그래서 논증은 효과적인 텍스트 생산과 수용을 위해 모든 장르에 내재해 있는 질료가 될 수 있다. 텍스트 유형(장르)에 따라 논증 방식이 다르게 형상화될

---

[2] 문자와 소리의 이원 체계에서 문자, 이미지, 소리, 통신부호 등의 다중 체계로 소통 양식이 변화됨으로써 인간의 인지구조가 복잡해졌다. 이러한 배경에서 국어 오용이나 남용으로 보는 현상들을 국어 진화 현상으로 바꾸어 생각할 수도 있다. 즉 근대 실용성 중심의 국문 전용 방식에서 다양성 중심의 표현 방식으로 인식을 전환하는 것이다. 다만 소통 가능한 현상은 문법 논리에 기반한 방식이어야 하며, 그러한 과정을 거친 논의만이 정당화될 수 있다.

[3] 이 연구에서 '논증'은 텍스트 분석에 기능적으로 사용한 원리로 구별하고, 실제 텍스트 유형에 대해서는 다음과 같이 이르고자 한다. 특히 연구 대상인 7학년의 경우 불특정 다수를 대상으로 한 글은 '논술 텍스트'로, 대상자들이 면대면 상황에서 토론을 목적으로 한 글은 '토론 텍스트'로 구별한다.

수는 있어도 수용자에게 감동을 주는 본질적 기능은 같다. 시 장르의 경우, 텍스트에 논증 구조가 명시적으로 드러나 있지는 않으나 해석이나 감상의 과정은 논증적이다. 가령 독자가 시를 읽는 것은 시의 구성 요소(운율, 행, 어휘 등)로 짜여져 있는 의미를 유추 해석하여 감동을 얻는 행위이다. 이때 유추는 독자의 배경지식과 당해 사회·문화적 맥락에서 해석의 정당성을 보장해 주는 기제이다.

2009학년도 개정 교육과정은 국가 수준의 공통성과 지역, 학교, 개인 수준의 다양성을 동시에 추구하며 학습자의 자율성과 창의성을 신장시킬 것을 제안하고 있다. 교육과정이 추구하는 인간상 역시 배려와 나눔을 실천하는 창의적 인재이다. 이로써 논증 교육의 근본 성격과 교육과정의 지향점이 상응함을 알 수 있다. 다시 말해 논증 교육은 본질적으로 필요 불가결한 요소이다4). 우리나라의 7차 교육과정 총론에서부터 학교 각급의 목표를 일상생활에 필요한 기초 능력 배양과 민주 시민 및 세계 시민의 자질 함양에 두고 있는 것을 봐도 누구나 지금의 생활에 필요한 능력을 기능적 문식성으로, 변화하는 사회에 적응하고 발전을 기하기 위한 능력을 창발적 문식성5)으로 이해할 수 있을 것이다. 사태

---

4) 논증 교육은 교육의 근본 목적인 전인 양성에 기여할 수 있다. 인간의 자율과 경험이 중시된 것은 중세 가치관으로 거슬러 올라간다. 인간은 고대 신 중심의 가치관에서 전환되어 인간성을 탐구하기 시작했으나 우주 전체보다 부분적인 것을 빠르고 쉽게 추구하려는 욕망으로 인해 과학과 결부되고 합리론에 이끌렸다. 그러나 온전한 의미의 인간성이 탐구되지 못하자 근대성의 모순이 제기되고 연구 문제로서 탈근대성이 대두되었다. 이러한 상황은 인간이 왜곡한 인간성에 대해 성찰하도록 만듦으로써 연구의 전환이 이루어지고 이러한 이유로 탈근대성을 성찰적 근대성이라 부르기도 한다. 이 성찰의 방법으로 타협과 대화는 인간의 자율에 바탕을 둔다. 일찍이 주자가 '道라는 것은 사람으로서 일상 속에서 마땅히 행해야 하는 것' (한국고전종합DB)이라고 하였듯이, 논증도 생활 체험을 근거로 한 사고활동으로 볼 수 있다.
5) 이 '문식성'이라는 용어의 개념은 Barton(2007: 13-19)을 따라 '읽고 쓰는 능력'이라고 정의할 수 있는데, 저자는 emergent literacy를 언급하면서 시·공간의 변

에 대해 문제를 제기하고 개선 방향을 글로 펼쳐낼 때 감성(emotion)으로 호소하기도 하고 이성(logos)으로 주장하기도 한다. 본 연구에서는 후자의 영역을 중심으로 하되, 그 이면에는 전자의 영역이 동기화된 경험으로 포함되어 있음을 밝힌다. 이성적인 글은 비판적 사고의 실현태로서 교육과정 총론의 성격과 목표에 부합되므로 연구의 시의적인 타당성이 확인된다. 다만 중학교 단계에서 민주 시민의 자질을, 고등 학교 단계에서는 세계 시민의 자질을 기른다고 제언하였기에 공동체의 질서 안에서 국민의 권리를 주장하며 소통하는 방법을 교육하는 데에 초점이 맞추어져야 한다. 그래서 텍스트 생성의 첫 단계인 입안에서부터 텍스트의 조화로운 무늬를 발견할 때까지 지속적으로 글을 쓰는 자신과 사회의 자리바꿈이 전제되어야 한다. 게다가 교육은 본래 공동체의 질서 유지와 발전을 위해 개인이 특정 역할을 수행할 수 있기를 기대하는 분야이기에 특히 쓰기 교육에서 이 성격은 강조되어야 한다.

필자는 이 연구를 수행하기 위하여 핵심 문제를 다음과 같이 설정하였다.

첫째, 논증 교육의 내용은 개별 학습자의 수준과 적성을 고려하여 체계적으로 설계될 수 있는가?

둘째, 논증 교육이 창의성 신장을 위해 주는 시사점은 무엇인가?

화와 확장으로 인해 인간이 알아야 할 지식의 양이 폭발적으로 증가하여 학령기 전 문식성, 학교 문식성, 성인 문식성, 정치적 문식성, 직업 문식성 등으로 분화하여 살펴볼 수 있으며, 이는 창의성도 포함한다고 주장한다. emergent를 '창발적'으로 번역한 것은 비정형적이며 결과를 예측할 수 없는 성격을 의미하는 단어로서 열린 교육의 맥락에서 종종 쓰이기 때문이다(이정모, 2001 참조).

1.2. 연구사

쓰기를 위한 기능 문법 이론이나 실제 활용 차원에서 논증 연구는 국내보다 국외에서 더 일찍 더 오랫동안 주목받았다. 국내에서는 국어교육학계보다 먼저 스피치와 의사소통학, 수사학, 텍스트언어학 등의 인접 학문 분야에서 논증에 관해 더 활발하게 논의되었으며, 국외에서는 응용언어학이나 교육을 고려한 심리학계에서 두드러진다. Halliday (1973-2007)의 기능언어학적 연구를 방법적으로 원용한 Eggins(1994), 구성주의 이론에서 접근한 Hayes와 Flower(1980)[6], Halliday(2004)의 체계적 기능 문법을 기초로 하면서 사회기호학적으로 접근하여 환경에 따라 다른 의사소통 사건들이 다양하게 응집되어 있다고 본 Cope와

---

6) Heyes와 Flower(1981)의 영향으로 박영목·한철우·윤희원(2003)에서 과정 중심 쓰기 지도가 언급되기 시작하였다. 이 책은 인지적 쓰기 과정 모형으로 쓰기 전반의 교육 방법이 연구된 바로서 전체 체제가 쓰기 과제 환경, 글쓴이의 장기 기억, 쓰기 과정으로 구성되어 있다. 인지적 구성주의는 1980년대에 들어 우리 국어교육학계에서 글쓴이의 의미 구성 행위에 관심을 갖게 하고 쓰기 행위 자체에 대한 연구를 이끌었다. 박영목(1987)은 작문 행위에 영향을 미치는 변인에 대한 연구이며, 실천적인 차원에 다가가 학습자의 글에서 비문을 유형별로 분석하여 지도 방법을 제시한 바(박영순, 1987)도 있다. 더 구체적으로 김도남(1997)은 인지주의적 접근에서 교사와 학습자의 상호작용을 바탕으로 작문 교수를 연구하기 시작한 논저이다. 저자는 논술이 사고 활동인가, 언어 활동인가에 대해 문제 제기하면서 전자의 경우를 이해, 분석, 종합 활동의 심층적 측면이라고 한다면 후자의 경우를 표현 활동으로서 표층적 측면이라고 할 수 있다고 했다. 그리고 논술을 대입 시험의 하나로 인식하는 것은 심층과 표층의 접합을 인간의 온전한 능력으로 보기 때문인데, 이는 특정 시기에 용인된 기능적 문식성이라고 할 수 있을 뿐 그 이상의 기능을 담보해 주지 못하는 것으로 사료된다. 그럼에도 이 논저는 국어교육과 윤리교육의 접합점에서 논증 교육이 시도되어야 함을 시사할 수 있는 증거이다. 다시 말해 국어교육의 쓰기 교육은 가치관·세계관 교육을 전제로 해야 한다. 이렇게 목적성이 규명된 이래 국어교육학계에서 이성영(1995)는 쓰기 과정에서 부딪히는 여러 문제들을 체계적으로 안내해 줄 필요성이 있음을 지적하고 습득할 기능이 명세화되어야 한다고 주장한 데 이어, 논리적 관점에서 쓰기 능력의 지표화 방안(이필영·이성영·이은희, 2001)이 제시되기도 했다.

Kalantzis(1993), 장르 중심의 언어 교육 원리를 소개한 Williams(1998)와 Hyland(2002)와 Smagorinsky(2006), 쓰기 교육을 통한 정체성 확립에까지 관심을 둔 Bazerman(2008) 등으로 영미의 많은 언어 교수 전략들이 우리 작문 교육계에 영향을 주었다[7].

국내의 1990년대 후반부터 외국어로서의 한국어교육 분야에 대한 연구들이 전개되면서 의사소통 교수법의 영향이 팽배해졌다. 그래서 학계에서는 말하기에서만 의사소통의 상호작용을 염두에 두던 관점을 읽기에도 접목시켜 바라보기 시작했고, 텍스트를 생산하는 입장에서도 수용하는 입장을 고려할 것을 주장하여 맥락 요인에 따른 쓰기 교육 연구도 등장했다. Kintsch와 van Dijk(1978)에서 독자의 능동적인 반응을 중심으로 텍스트의 의미구조에 주목했던 관점이 교수 상황에 적용된 이래, 실제 교수 활동을 통해 Hudson(1982)과 Johnson(1982)에 의해 배경지식(Schema)의 중요성이 확인되었다. 읽기 전략으로서 Carrel(1984)에서 조직자[8]가 읽기 능력을 평가하는 데 효과적인 도구로 입증되고, Pearson

---

[7] 1990년대부터 우리 국어교육학계의 작문 교육 분야에서는 사회적 관점이 강조되어 사회인지주의적 관점, 사회구성주의적 관점, 대화주의 관점이 대두되었다. 인지적 구성주의가 학습자의 주관적 경험에 의해 구성되는 글을 장려한다면, 사회적 구성주의는 공동체 구성원들 간의 사회적 상호작용을 통해 글이 형성된다고 보는 입장으로 구별된다. 이 즈음에는 쓰기 행위 자체와 쓰기의 특정 단계를 강조하고, 쓰기 능력의 발달 양상과 교재 구성의 구체적인 부분까지 다양하게 접근해 보려는 시도가 있었다. 박영목(1994)는 의미 구성 과정을 부각시켰고, 이재승(1997)은 필자의 인지 행위를, 김규선(1998), 김정자(1998), 최현섭(2000)은 쓰기 행위를 바라보는 관점으로 선회하였다. 한편 박태호(2000), 이수진(2001), 최인자(2000)의 작문 과정 이론은 쓰기 상황을 강조한 연구로서 협의를 통한 의미 구성 과정에서 의의를 찾았다. 보다 실천적 차원에서 지도 방법을 연구한 논저로는 손영애(1992), 김도남(1997), 이재기(1997)을 꼽을 수 있고, 손영애(1992)에서 글 구조 전략 지도와 그 효과가 논의되기 시작하였다. 이러한 방법적 차원의 연구가 확장되자 상황 중심의 접근이 우세해져 범교과적 쓰기 지도에 대한 관심이 활발하게 나타났고, 이는 곧 이주섭 등(1997)에서 실행되었다.
[8] 텍스트를 생성할 때 동기를 제공한 근원 자료에 대하여 독자의 인지구조에 선행

과 Johnson(1978)의 질문 전략들9)이 텍스트를 생성하기 위한 동기를 제공하는 데 필요해졌다. 또 독자의 읽기 능력을 평가하거나 삶 전반을 유의미하게 만들어 주기 위해서는 자연스럽게 쓰기와 접목시키려는 입장을 따르게 된다. 쓰기의 결과는 말하기를 통해서보다 독자의 가치관을 더 분명하게 알 수 있다는 점에서 유용하다. 권미정(1999)은 외국어로서의 한국어 읽기 교육 방안으로 질문 방법을 소개한 예이며, 그 이후로 국어교육학계에서 텍스트를 대상으로 한 분석들이 꾸준히 행해져 오고 있다. 이러한 경향은 점차 국어과의 작문 교육 일반에 장르나 쓰기 과정을 부각시킬 것을 유도한다. 최근 들어 우리 국어교육학계에서는 논증 교육에 대한 연구 또는 설득적 표현 교육에 대한 연구가 시도되고 있는 실정이며, 미래형 개정 교육과정의 취지에 부응하기 위해서도 창의성을 신장시킬 수 있는 비판적 사고 교육에10) 계속 관심을 가져야

조직자가 저장되기도 하고, 문제-해결이나 원인-결과, 이야기구조와 같이 그래픽 조직자로 저장되기도 한다. 후자의 경우에는 텍스트의 결속성이 더 강하게 인출되는 장점이 있는데 이는 본고의 대상에서도 확인되었다. 학습자가 자료 텍스트를 읽고 중심 개념을 기억할 때 관련 어휘의 의미 관계에 따라 정보들을 분류함으로써 생성된 텍스트에는 기억한 당시의 체계가 그대로 나타났다.
9) Pearson과 Johnson(1978)의 제안을 따라 독자는 텍스트 내용에 대한 명시적 질문과 암시적 질문, 텍스트를 수용하는 입장에서 자신의 배경지식을 통한 질문으로 다양하게 텍스트에 접근할 수 있다. 이 중에서 독자의 배경지식에서 나온 질문은 텍스트의 내면화를 꾀한 시점에서 의미 있게 작용한다.
10) 창의성 교육에 관련해서는 쓰기 동기에 관한 박영민(2007), 이병승(2008), 오택환(2008) 등의 연구로 시작되었다. 박영민(2007)은 인문계 고등학생의 쓰기 동기를 구성하는 요인을 고찰한 논저로서, Bereiter와 Scardamalia(1987)의 관점을 따르고 있다. 한편 조희정(2006)은 역사적 문맥에서 전승 가치를 고려하여 傳의 양식을 통해 제안된 글쓰기 교육의 방법 연구이고, SCAMMPER 기법 - 대치(substitute), 결합(combine), 적용(adapt), 수정・확대・축소(modify・magnify・minify), 용도 변경(put to other use), 제거(elliminate), 재배치(rearrange - reverse) -을 초등 국어 수업에 활용한 류은영(2007)도 있다. 이공계에서도 창의적인 논술 능력을 위해 필요한 과정으로서 수리적 사고를 유추적 사고로 언급한 바 있다. 이건하(2008: 2)는 논술의 어원을 밝히고 수리논술에서 접근한 연구이다. 그는 수학교육의 목표에서 '수학적'이라는 말을 빼면 학습자의 표현 능력과 더불어

할 것이다.

국내의 논술 교육에 관한 연구 경향은 설명과 논증의 개념을 정리한 이대규(1986)에서 시작하여 원진숙(1994)[11]으로 이어졌고, 김경주(1998)의 논술 텍스트의 구성 요소 연구, 이규순(2006)의 논술 능력의 구성 요소 연구, 성숙자(2003)의 논증적 글쓰기 지도 연구, 민병곤(2004)의 논증 행위 연구, 조희정(2006)의 주장하는 글쓰기 위한 논증 구조 연구, 고춘화(2007)의 논증문 읽기 지도 연구, 김경미(2007)의 생태시론의 글쓰기 방식 연구 등으로 전개되었다. 이렇게 논증(또는 논술)에 관

논리력, 분석력, 비판력, 창의력, 문제 해결력과 같은 고차원적인 사고 능력의 향상을 추구하는 통합 논술의 궁극적인 목표와 일치한다고 보았다. 이보다 앞서 수학교육을 위해 유추적 사고가 의의 있음을 밝힌 조현구·윤석민(1987)에서도, 이 사고가 본질적으로 확장적 사고를 가능케 하는 까닭에 통합 교과를 위한 논술 교육의 주요 인자로 규명되었다.

11) 원진숙(1994)에서는 Kummer(1972)의 견해를 받아들여 논증 과정을 문제 해결의 인지과정으로 본 Trikknen-Condit(1985)의 관점을 수용하였다. 즉 이는 "Trikknen-Condit(1985), Aston(1977)의 상호작용적 분석(interactive analysis)과 Hoey(1979, 1983)의 문제 해결 분석(problem-solution analysis), Van Dijk(1977, 1980)의 거시구조 분석(macrostructure analysis) 방법을 원용하여 의사소통적 상호작용 모델을 개발한"(원진숙, 1994: 45에서 재인용) 논저이다. 이 모델은 다른 텍스트 유형과 구분되는 논술 텍스트 자체의 특징 및 문제 해결 구조를 근간으로 하는 논술 텍스트 자체의 계층적 구조를 해명해 줄 수 있을 뿐만 아니라, 텍스트 생산자와 수용자 간에 이루어지는 상호작용적 측면을 설명해 줄 수 있는 이론적 틀을 제공할 수 있다는 점에서 의미가 있다. 또한 여기서는 논술 텍스트를, 기본적으로 필자와 견해를 달리하는 독자와 내재적인 대화구조로 파악한다. 뿐만 아니라 의사소통적 상호작용 모델에서는 화행 이론에 기초하여 텍스트를 단순히 문장들의 연속체로 보는 것이 아니라 텍스트 생산자의 의도가 표상된 언표내적 행위 및 텍스트 내의 다른 언어 단위와의 관계에서 결정되는 상호작용적 역할의 이원적 가치가 부여된 일련의 의사소통적 행위들로 이루어진 문제 해결적 구조로 파악된다(같은 책, 46쪽 참조). 유사한 논의로서 Hoey(1979, 1983) 및 Fahnestock와 Secor(1983)에서는 논술문의 네 가지 유형의 질문에 대해 응답하는 명제로 구성된다(원진숙, 1994: 46). -이것은 무엇인가?(범주적 명제), 이것의 원인은 무엇인가?(인과적 진술), 이것은 바람직한가, 아닌가?(평가), 이것을 어떻게 해결할 것인가?(제안). 이 네 가지는 각각 논제 설정, 문제 분석, 판단, 대안적 사고로 대응시켜 이해할 수 있을 것이다.

한 연구는 텍스트의 성격을 조사한 것에서 출발하여 사고 능력과 텍스트 생산의 절차를 추적, 구성주의 모형에 기반한 교수 학습 사례를 제시하기에 이른다[12]. 이들 중 민병곤(2004)는 Hayes와 Flower(1980)에서 제시된 프로토콜 분석을 바탕으로 논증 도식뿐만 아니라 수사 전략의 운용이나 학생필자의 인지구조적 패턴까지 다각적으로 살핀 논저이다. 2000년대 후반에 이르러서는 국내 외국어교육학계나 언론학계에서도 논증에 관한 연구가 적극적으로 이루어지고 있다. 논증 텍스트의 화용론적 의미를 추론하면서 논증 행위의 특성을 탐구한 이한헌(2007), 성공적인 의사소통의 원리를 구명하기 위해 논증의 수사학적 특성을 밝힌 홍종화(2007), 박치완(2007)[13] 등도 있다. 다만 창의성의 신장을 위

---

12) 인간의 언어 발달 능력을 장기적으로 연구한 바는 Piaget나 Vygotsky의 관점을 始原으로 삼는다. Piaget(1952)는 훈련에 의해 언어 능력이 발달된다고 보았고 Vygotsky(1978)는 사회적 상황에서 인간과 인간 사이에 맺는 관계를 중시하였다. 한편 Krashen(1983)은 '교수자의 피드백이 학습자의 쓰기 능력 향상에 거의 도움이 되지 못한다고 비판하였다.' (Douglas, 2006/이홍수 외 옮김, 2007: 320). 그 이유는 교수자들의 피드백이 너무나 자의적이고 천편일률적이며 애매한 데다가 주로 표면적인 차원에 대해 오류를 지적하기 때문이라고 했다. 한편 Ellis(1992: 171)은 '교실에 대하여 언어를 가르치는 장소로서가 아니라 참여자들 사이에 일어나는 상호작용을 통해 제공되는 다양한 유형의 학습을 위한 기회의 장으로 보았다.' (Kramsch, 1993: 144-146). 대화 이론(Conversation Theories)에 의거하면 피드백은 학습 능력 향상에 있어 무척 중요한 요소이다. 그것은 교수자에 의해서뿐만 아니라 학습자 간 상호작용에 의해서도 효과적이다. 이는 본고의 대상에서 확인된 바이지만, 대체로 학습자들 서로 독서 결과를 논의하면서 사고를 전환했고 기초학습부진 대상자는 교수자와의 대화를 통해 글을 산출할 수 있었다. Vygotsky(1978)의 근접 발달대(Zone of Proximal Development)를 인정하면 학습자의 발달 수준과 문제 해결 능력 사이의 공백을 누군가의 도움으로 채워야 학습이 이루어지는 것은 분명하다. 김정숙(1998: 207)에서 동료 간 상호 피드백이 교수자에 의한 것보다 학습자 스스로의 발견 학습을 유도한다는 의의를 밝히기도 했다. 이와 관련하여 국어교육의 방법으로서 김도남(1997)에 제시된 이래, 대화주의 작문 교육을 부각시킨 박영민(2001), 이성영(2001, 2004), 이정숙(2002), 이재승(2004), 이은희(2003), 이채연(2002), 김정자(2003) 등이 있다.
13) 그는 데카르트의 Cogito(논증)로 방법적 회의를 조명한 논저로서 논증 의사소통적 사건의 의의를 강조하였다. 유명한 데카르트의 Cogito(논증)에 대한 비판에

하여 논증 텍스트가 생성되기 위해서는 발달적 관점이 간과되지 않아야 한다14).

1.3. 연구 방법과 대상

사람은 일상생활에서부터 공식적 상황에까지 의사소통을 통해 생각을 나누고 표현한다. 이러한 일반적 성격에 기대어 의사소통적 접근에서 텍스트나 담화를 연구하는 일은 근본적이다. 필자는 이 연구의 거시적 방법론으로 다매체 환경을 고려하여 Westley와 MacLean(1957)의 의사소통모델을 삼는다. 언어 사용자들의 문식 환경이 다매체에 의해 구성되기 때문에 지역, 학습자, 교수자 등의 변인이 많은 교육적 국면에서 그들의 텍스트에 드러나는 인지구조를 확인하고자 할 때 이 모델은 적절하다.

서도 알 수 있듯이, 인간의 본성이 유한하기에 인간은 제한된 완전성을 추구한다 (박치완, 2009 참조). 데카르트는 '물질(신체)은 존재하지 않고 정신만 존재한다'고 했는데 이 말은 신체(감각)가 정신을 방해하고 온전한 생각을 못 하게 함을 의미한다. 이에, 사람은 감각을 통해 정신에 자극을 줌으로써 성찰하게 되므로 정신은 제한된 감각(부분)의 합이라고 할 수 있다. 즉 정신을 절대적으로 해석하지 않고 대화, 타협, 관용으로 논증할 때 비로소 그 의미가 온전해지는 것이다.
14) 발달적 관점에서의 국내 작문 교육 연구는 천두현(1962)에서 언급된 이후 활발히 전개되지 못했다. 논자는 1세부터 6세까지의 유아에게서 보이는 문법적 기능, 어휘량, 문장의 길이 등의 특징을 고찰하여, 1세에는 자기 눈 앞의 사물이나 사람을 보며 2세에 이르러 계획이나 가정을 한다는 것을 밝혔다. 그리고 학습자의 발달 특성에 관심을 보인 이성영(2001), 이를 내용 선정 기준(언어, 심리, 생활)에 적용해 보였던 이성영(2005)이 있다. 한편 교육심리학계에는 마음이론으로 2, 3, 4세 아동의 발달 특성을 고찰한 논저(한은주·최경숙, 2008), 취학 이전의 언어 발달 연구와 언어 발달장애 아동을 대상으로 한 양수진(2000), 황민아(2003), 유지연·이윤경(2005) 등이 있는데 국어교육학적으로도 이를 고려한 연구가 필요하다.

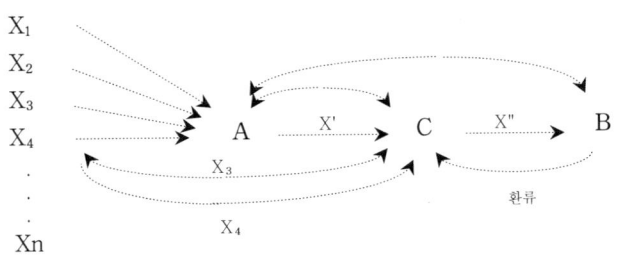

<그림 1> Westley와 MacLean 모델(1957)

위 <그림 1[15])>을 보다시피 의사소통은, A가 받은 메시지(X_1 … X_n)를 기반으로 C, B와 상호작용하여 사회·문화적으로 이루어짐을 알 수 있다. C가 B에게 보내는 메시지(X'')는 C가 A로부터 받은 메시지(X') 중에서 선택한 것일 수도 있고 또 C가 자신의 감각 영역 안에 이미 포착한 X들 중에서 선별하고 추상화한 것일 수도 있다. 피드백은 B에서 A(환류된 메시지), B에서 C(환류된 메시지)로만 전달되는 것이 아니라 C에서 A(환류된 메시지)로도 전달된다(Fiske/강태완·김선남 옮김, 2001: 76 참조). 송신자A가 수신자B에게 메시지를 보낼 때 메시지X는 그들의 사회적 환경의 일부인 것이다. 따라서 송·수신자가 같은 성향을 지닌 경우는 메시지X에 대해 상호 합의할 가능성이 크다. 교육적 맥락에서는 대부분 송·수신자가 이질 집단에 편성되어 있으므로 토론 수업 때 하나의 논제에 합의하기가 어려울 수 있다. 이 경우, 근거를 많이 듦으로써 논점의 애매성은 극복될 수도 있지만, 참여자의 성적이나 교우관계 등의 외적 요인에 의해 방해 받을 수도 있다. 이 연구를 위한 소집단 독서 토론에서 메시지X는 작품의 저자가 전달하는 것이고, 이는 토론

---

15) 이 모델은 Newcomb(1953)과 Gerbner(1956)의 커뮤니케이션 모델을 결합·확장한 형태이다(Fiske, 1990/강태완·김선남 옮김, 2001: 76-77).

참여자B와 다른 참여자C의 설득적 의사소통에 의해 기능적 문식성과 창발적 문식성이 발현되는데, 이를 효과적으로 지원해 주는 A에는 성우의 목소리 연기나 일상생활 세계 속의 드라마, 소규모 공동체의 실시간 (비)선형 담화 등이 있다. X와 C의 관계는 텍스트언어학적 분석으로, B와 C의 의사소통은 담화 분석으로, 더 자세히 A에 의한 의사소통 방식은 간텍스트성 연구로 그 성격을 검토할 수 있다.

학령기 학생들의 논증 능력의 발달 수준을 알기 위해서는 논증 텍스트의 생성 과정을 귀납적으로 분석하여 논증소를 찾아볼 필요가 있다. 그리고 나서 Reigeluth, C.M.(1982)의 정교화 이론[16]을 적용하여 논증 텍스트의 개념 구조를 지식과 수행의 차원으로 나누어 살펴보기로 한다. 전자는 논제와 논거의 관계로, 후자는 상황 맥락에서의 표현 규칙과 텍스트 내·외적 맥락에서의 논증소로 대별할 수 있다. 이 두 개의 차원에서 논증 교육의 핵심 개념(epitome)를 추출하여 교육 내용의 체계를 구안하는 것이 바로 이 연구의 귀결점이다. 다시 말해, 켈러(Keller, 1987)의 구성주의[17]를 바탕으로 가녜와 브릭스(Gagnet & Briggs, 1979)의 교수 설계 모형에서 더 나아가 장르 중심의 교수 설계를 꿈꾸어 보는 것이다.

필자는 개인의 특성을 인지구조의 양상으로, 환경을 가정 환경과 학교 환경 등의 여러 맥락 변인으로 상정하여 각자가 산출해 내는 텍스트가 얼마나 다양한지를 증명해 보이고자 한다. 이 연구를 위해 7학년 수준에서는 텍스트의 다중양식성으로 학습자의 동기를 유발하고, 소집단 토론

---

16) 정교화 이론은 교수 내용을 선택하고 계열화하며 종합, 요약하기 위한 방법을 제공하는 조직 이론이다.
17) Keller(1987)에서 학습자 개인의 수행 능력(Behavior)을 본인의 특성(Person)과 환경(Environment)의 함수값으로 보는 바와 같이 교육도 사회·문화적 맥락에서 향상되는 기능적 문식성과 이를 기반으로 사회 변화에 창조적으로 적응하는 능력을 감안해야 한다.

으로 예상 독자의 반응을 예감하여 논증 텍스트를 산출하도록 이끌었다. 텍스트 생성을 위해 제공한 담화나 텍스트는 구성주의 이론에서 동기 유발 단계인 주의(Attention)를 고려한 의도로 대별된다. 다만 이 같은 투입 유형을 선택할 때 학습자의 경험과 친밀성(familuarity)이 있고, 산출 텍스트의 목적과 상관된 것(goal orientation)이어야 한다. 같은 투입 유형이어도 개별 학습자의 수준이나 성향에 따라 조절하여 제공할 필요가 있다. 이는 글쓰기의 바람직한 습관을 형성해 주기 위한 전략이다. 이러한 계획에 의해 글쓰기 학습이 이루어짐으로써 학습자 개인이 자기 주도적으로 실천할 수 있어야 한다. 물론 학습자에 따라 교수자의 피드백도 요구할 수 있으므로 교수 계획 단계에서 학습 목표와 일관되게 내용을 조직하는 일이 중요하다. 이 연구에서는 기능적 문식성과 창발적 문식성의 두 가지 능력을 근간으로, 언어체계가 실제 의사소통 상황에서 재구축되는 과정을 다룰 것이다. 이 과정에서 그 소통의 성공을 위해 관여하는 제반 요인들이 무엇인지도 추출할 수 있을 것이다.

  논증 텍스트에 관한 연구는 의사소통의 메타 담론으로서 기호현상학적 분석에 의해 상황 속에서 명제의 의미를 파악하고 진위 여부도 판단하게 된다. 이 분석은 네 단계로 이루어지는데 각 단계의 특성을 다음 표로 정리한다.

<표 1> 기호현상학적 분석틀

단계		내용	기능
1	사실 기술	기호; 주제화	상황
2	현상에의 적용	기표; 1단계를 발췌	초점
3-1	해석 (일반적 본질)	기의; 2단계를 설명	상술
3-2	해석 (대상적 본질)	해석학적 명제; 3-1단계를 진술	내면화

사실 기술 - 현상에의 적용 - 해석의 3단계 분석은 Ponty(1962)로부터 제안된 것으로서 Husserl(1931)의 초월적 현상학, Heidegger(1962)의 존재론적 현상학 등으로 계통을 잇는다. 이 분석틀을 이한헌(2008)의 의미 기술 영역에 대입해 볼 때 기술 층위는 언어적 구성부와, 환원 이상의 층위는 수사적 구성부와 상관한다. 이 연구에서 위의 분석틀로 추출한 논증 유형을 정보구조로 나타내면 이 연구 대상군의 자료를 바탕으로 주제(theme: T)와 초점(rheme: R)의 관계 유형 9가지를 정리해 볼 수 있다[18]. 즉 단일한 정보구조가 나열되는 형식(2), 초점이 다음 구조의 주제가 되어 제2의 초점을 파생하는 형식(3)(7)(8), 하나의 주제에 여러 초점들이 연결되는 형식(1)(4)(9), 하나의 주제가 변형되어 새로운 초점에 계속 연결되는 형식(6), 주제와 초점의 연쇄 형식(5) 등으로 다양하다[19]. 이 다양성은 학습자의 문화 환경에 따른 해석 방식에 기초하는데, 본고에서는 개별 학습자의 관점을 고려하고자 이 틀에 의한다[20].

---

[18] 9유형은 7학년 학습자의 경향에서 추출된 것이고, 고교생 수준에서는 이 9유형을 토대로 하여 더 많은 유형이 창출될 수 있다.

[19] (1) T1 → R1(T1) → R5   (2) T1 → R1
    T1 → R2   T2 → R2
    T1 → R3   T3 → R3
    T1 → R4   T2′ → R4

 (3) T1 → R1   (4) T1 → R1
    T2 → R2   T1 → R2
    T2′ → R2′   T2 → R3
    T3 → R3   T2 → R3′
    T4 → R4

 (5) T1 → R1   (6) T1 → R1
    T1 → R2   T2 → R2
    T2 → R2   ~R2(T2′) → R3
    T4 → R1′   T3 → R4

학령기 학습자들이 생산한 논증 텍스트의 운율, 어휘, 문장, 텍스트 층위에서 분석한 결과를 논증 교육의 핵심 개념으로 간주할 수 있으며, 이에 대해 본고의 3장에서 집중적으로 논의할 것이다. 그리고 4장에서 그 결과를 가지고 논증 텍스트의 생성 요소를 추출하여 교육 내용을 설계해 볼 것이다. 이 체계는 교실 맥락에서 활용이 가능하도록 논증 과정을 따라 구안된 것이다. 필자가 이 관점을 선택한 이유는 텍스트 입안 단계, 텍스트 설계 단계, 텍스트 처리·환원 단계에서 학습자들의 논증력을 배양하는 데 주요한 내용 요소를 추출하기 위함이다.

　논증 텍스트를 구성하기 위한 첫 단계로, 학습자들이 논의 명제를 규정하기까지의 현상을 분석하여 동료 집단의 배경지식에 나타나는 차이와 문화의식을 추출한다. 그것의 가치를 통해 필자와 독자 간에 합의가 이루어지는 현상과 함께, 의견 차이를 설득하기 위해 사용한 논증 전략과 그 결과를 살핀다. 그리고 연구 대상의 표집 크기[21])나 성격을 아래에 자세히 소개한다. 단, 필자는 대상을 상·중·하 군집으로 나누어 텍스트를 분석하고, 각 수준의 특징을 유목화하되, 이를 교육 내용 체계에

---

(7)　T1　　→　R1　　　　　　　(8)　T1　　→　R1
　　 T2　　→　~R1(T2) → R2　　　　　　　　R1(T2) → R2
　　 T2′　　　 R3　　　　　　　　　 T3　　→　R3
　　 T1　　→　R4　　　　　　　　　 T3　　→　R2′

(9)　T1　　→　R1
　　　　　→　R1(T2)　→　R2
　　 T1　　→　R1′
　　 T1　　→　R3

20) 본고의 대상이 중등 학습자의 실제 텍스트이기에, 필자는 선행 텍스트에 대한 그들의 해석 방식을 분석하고자 이 현상학적 틀을 가져 온 것이다.
21) 이 연구를 위한 대상은 중학생군과 고등학생군으로 구분한 표집으로서 각 군의 언어 능력 차이를 알 수 있는 바탕이다.

반영하여 설계하는데 표본으로 삼는 것이다.

이 연구 대상의 범위는 중·고교 학습자 군집의 논증 텍스트인데,[22] 현행 교육과정의 용어로 표현해서 설득적 텍스트에 초점을 두고 이 텍스트의 다양한 유형이 어떻게 생성되는가를 주체와 대상의 관계 맥락에서 살펴볼 것이다[23]. 연구 방법은 언어과학적 접근으로서, 수사학에서 비롯하여 수리과학적 검증과 미학적 검토를 아우른 복합적 틀에 의한다. 구체적으로 이 틀은 Halliday(2006, 2007)의 기능 문법적 분석틀과 Elhadad(1992, 1993)의 기능 문법, 논증 구조 분석, Plett(2002)의 무늬 분석(이재원, 2005)을 두루 겸하여 논증의 언어가 갖는 성격을 구명하기에 적절한 도구로서 필자에 의해 선택된 것이다. 왜냐하면 글은 인간의 마음을 현현한 장치이기 때문에 이를 밝혀 줄 도구를 하나로 설정하기가 어렵기 때문이다.

중학생 집단의 경우 중계 텍스트를 통한 배경지식 활성화 - 상호 토론에 의한 주제 이해와 점검 - 텍스트 생성의 순서로, 고등 학생 집단에서는 논제의 입력 - 상호 쓰기 과정이나 결과에 대한 교류 분석 - 텍스트 생성의 순서로 수행한다. 이는 Ruggiero(2009)의 4단계가 3단계로 변형된 것처럼 보이지만 상호 토론이나 상호 교류 검토 단계에서 문제 제기와 문제 분석이 이루어졌다고 볼 수 있다. 전자의 경우 소견 논거에 의

---

[22] 중학생 필자의 텍스트는 중학(7-9학년), 고교(10-12학년) 군으로 이분하여 살펴볼 것인데, 특히 7학년의 경우는 다른 학년보다 미숙한 필자로 구분하여 토론이나 대화 등의 담화를 통해 생성한 논증 텍스트에 대해 질적 분석을 한다. 그래서 이 연구를 구성한 텍스트 생성자는 총 400명 정도(중학 130명+α, 고교 일부 270명)이다. 중학생은 서울 시내의 2개 학교를 대상으로 하되 사회·문화적으로 다양한 배경을 고르게 표집하였으며, 고교생은 전국 규모의 원격 방송을 통해 학습에 참여하는 학생을 대표하는 경우이다.

[23] 본고의 대상과 관련하여 논증 텍스트를 생성하게 한 선행 텍스트의 종류는 많다. 중계 텍스트, 제시문, 서사 텍스트 등을 통칭하여 '선행 텍스트'라 하고, 필요에 따라 구분하여 쓴다.

한 논증이 상대적으로 많이 선택되었으며, 남학생보다 여학생의 문장이 길고 수식이 복잡한 특징을 보였다. 후자의 경우 중계 텍스트에 대한 개별 학습자의 관점에 따라 텍스트 구조를 보다 다양하게 생성해 보였다. 예를 들면 중학생보다 고교생이 논점의 궤도를 중심으로 지표[24]를 서술하는 양태도 다양하게 정책성을 띠기도 하고 사실명제의 지원으로 가치를 띠기도 했다. 또 이들 경향은 성별에 따라, 필력의 향상 정도에 따라, 텍스트 결속성의 정도에 따라 다르다. 결과적으로 생성된 텍스트 무늬 역시 텍스트 생성 주체에 따라 다양하게 나타났다. 이때 다양성이 텍스트의 결속성을 저해하는 경우도 있지만, 의미상 결함이 없으면 독특한 무늬로 도드라져 보일 수 있는 가능성을 함의하기도 한다. 이러한 결과를 가져온 데에는 논제 유형의 영향도 간과할 수 없다. 그래서 필자는 고교생의 논증 텍스트를 산출케 하는 논제들[25] 중에서 5가지 유형을 선정하였다.

    1유형: 특정 정보를 선택할 수 있는 능력을 알기 위한 대상(정보선택형)
    2유형: 쓰기 능력의 발전 추이를 가늠하는 대상(점진적 사고형)
    3유형: 제시문의 초점을 파악하는 능력에 중점을 둔 대상(초점 중심형)
    4유형: 1유형에 응답한 경험과의 차이를 알기 위한 대상(정보탐색형)

---

24) 이 연구에서 텍스트 무늬(texture)를 분석하는 틀로 삼은 궤도(trajector)와 지표(landmark)의 관계는 Stockwell, P.(2009: 6장)을 참고로 한 것이다.
25) 본 연구의 대상은 전국적 범위에서 대입 논술고사를 준비하는 고교생 수험자의 능력을 대표할 수 있을 것이다. 즉 이들은 교육방송의 홈페이지에 탑재된 사례들이다. 온라인으로 첨삭지도가 이루어지는 점에서, 수험자의 의지와 적극적 태도에 의해 작성된 글만 한정하므로 공교육 현장의 모든 학습자들을 고려하지 못하는 한계가 있다. 그러나 대학 진학에 뜻이 있는 대상에게서 논술의 필요성을 찾게 마련이기에 보다 전문적인 논증 문식성의 수준을 가늠하는 데 유용한 사례가 될 것이다. 교육방송에서는 2010년 4월부터 유형별로 논제가 제시되었다. 본 연구에서는 4월 1주차부터 12월 3주차까지 탑재된 자료들 중 쓰기 능력의 특성을 대표할 수 있는 유형으로서 4월 3주차, 6월 1주차, 8월 1주차, 10월 1주차, 11월 2주차 논제에 응한 1295편의 사례를 대상으로 한다.

5유형: 온전한 텍스트를 구성할 수 있는 능력을 알기 위한 대상(의사결정형)

특히 제한 시간을 둔 평가의 경우, 제시문의 주요 정보를 파악하는 힘이 우선적으로 요구된다. 그래서 논제에 이것을 명시한 경우부터 의사결정 수준의 논제로 확대하여 논증 텍스트 구성의 수준을 알아볼 필요도 있다. 덧붙여 학습자들마다 나름의 쓰기 재능을 지니고 있을 것임을 전제하여, 각자에게 맞는 텍스트 유형을 발견하고 이에 의해 논증 텍스트의 형식을 변형하는 가능성도 탐색해야 한다. 생성된 텍스트에는 문식 환경의 성격이 반영되게 마련이므로 문식 환경에서 접하는 여러 텍스트성들이 생산자의 인지구조에서 재구축된다. 본고의 대상 주위에는 다음과 같은 문식 환경이 드러났다.

<표 2> 연구 대상의 범위와 성격

대상 학년	사태(event)	출처	출현 시기	산출 텍스트 유형	투입 담화유형
7-ㄱ	사진	네이버	2007.10	논술	-
7-ㄴ	실시간 정보	버디버디	2007.4	논술	대인(호소) 담화
7-ㄷ	문학작품	한국방송 영상사업단	2007.8-10	논술	소집단 (토론) 담화
8*	실시간 정보	버디버디	2006.9	대인담화	대인(설명) 담화
10	게시물	서울진학진로정보센터	2008.7	논술	집단(설명) 담화 (시청각물 1편, 청각물 2편)
11,12	논술	교육방송	2010.4-12	논술	-

(※ 8*학년 자료는 본고에서 보조적으로 활용함.)

<표 2>에 명기된 출처를 보더라도 7학년 학습자의 문식 환경은 다양하다. 이 사실이 논증 텍스트와 논증 담화에 어떻게 굴절되며, 수용자에게 얼마나 효과적으로 구조화되는가를 살펴봄으로써 텍스트의 수준을 변별해 볼 수 있을 것이다. 이렇게 함으로써 좋은 글의 요소를 추출하는 시도가 가능해진다. 7학년 학습자들은 스스로 자기 환경에 대해 비상류층으로 인식하고 있다[26]. 7학년의 경우가 8학년의 경우보다 사고나 표현이 자유로워 다양성이 발견되지만, 생활에 밀착된 정서는 8학년에게서 잘 드러난다. 따라서 학년의 이동이 구체화(사태 기술) 능력에 기여하는 사실을 부인할 수 없다. 마찬가지로 논증 교육에서도 학습자가 사태를 얼마나 잘 파악하고 문제 해결 능력을 발휘하는가가 중요한데, 이 문제 해결 능력을 발휘하는 방법은 자신의 생각을 언어로 정당화함으로써 확인된다[27].

---

[26] 실시간 정보는 언어 사용 맥락의 성격을 구별하여 다루어져야 한다. 그리고 문학작품의 경우는 장르를 규정짓는 텍스트성에 따라 어휘의 성격을 이해 능력의 변수로 살펴야 할 필요가 있으며, 이미지 자료의 경우는 이미지 속의 배경정보와 초점을 아우르되 투입과 산출의 관계상 앞의 자료와 구별해야 할 것이다. 7-ㄱ, 7-ㄴ, 7-ㄷ의 필자들은 신흥 개발 지역에, 8, 9의 필자들은 낙후된 조망권의 공장 인접 지역에 거주한다.

[27] 한국인은 정서(恨, 情)가 발달한 민족이기에 초분절적 단위든 분절적 단위든 모든 문체적 요인의 영향을 누구보다 강하게 받는다. 가령 같은 요청 화행이어도 문말의 억양이 올림조인가 내림조인가에 따라서 듣는이의 반응이 달라질 수 있다. 사람이 이렇게 집단 성향에 의해서도 언어 사용의 제약을 경험하는 사실은 이민족 간에서도 발견된다. PDAQ(the Professed Difference in Attitude Questionnaire)에서 학습자들의 태도 차이를 알 수 있다. 이를테면 '자기 자신과 일반적인 자기 나라 사람들 간의 거리감, 자기 자신과 목표 문화의 구성원들 간의 거리감, 자기 나라 사람들과 목표 문화 구성원들 간의 거리감 등을 알 수 있다.'(Douglas(2006)/이홍수 옮김, 2007: 212). 이러한 거리감은 일상생활에서부터 쉽게 느낄 수 있는 감정이다. 한 예로, 외국에서 한국 학생들은 특히 말수가 적고 감성적이라는 평을 듣는다. Geert Hofstede(1986)은 '학습자가 모어(지방어)와 목표어 간의 문화적·사회 경제적 지위, 개인의 언어 학습 목적, 그리고 학습자 자신의 동기가 강하고 약한 정도에 따라 상당한 문화 스트레스를 경험할 수 있다.'(H. Douglas et al./이홍수 옮김, 2007: 219)고 하였다.

이 연구를 위해 담화와 텍스트를 산출한 7학년 참여자들은 서울 시내에 거주하는 경우로서, 필자는 다양한 변인을 고려하여 그들을 바라보았다. 중학생의 성적은 총괄평가의 평균 점수에 근거하여 80점 이상을 상, 10점 이상 79점 이하를 중, 59점 이하를 하로 구분하고 가정환경에 대해서는 주거 형태와 학부모의 직업, 소득 수준, 학부모의 연령, 학습자의 형제·자매 관계를 기준으로 하였다. 이들은 평균적으로 40대 중후반의 학부모와 동거한다. 주거 형태는 소득 수준과 밀접한 관련을 맺는 정보로서 크게 이분하여 아파트나 점포가 달려 있는 주택을 한 부류로, 다세대 주택의 월세 형태나 기초 생활 수급자, 차상위 계층을 다른 부류로 구분하였다. 전자의 경우 학부모의 직업은 대체로 회사원, 은행 간부(지점장 등), 대학교수 등의 전문직으로, 후자는 무직이거나 단순 노무직, 자영업 등으로 변별하였다. 논증 담화를 포함한 논증 텍스트 생성 능력의 수준별로[28] 특징 있는 대상을 표집하여 아래와 같이 소개한다. 특히 음영을 두어 표시한 경우를 중심으로 살피되, 다른 독특한 특징이 드러난 경우를 비교해 보이고자 한다.

---

[28] 필자는 소집단 토론에서 구성원들 각자 제시한 발화들 중 개념 형성에 기여한 중심 발화 수를 기준으로 세 집단을 나누고, 그 중 특징적인 경우를 이 연구의 중심 대상으로 선정하였다. 기준 발화의 수가 4개 이상을 상위 집단으로 하여 구분했을 때 총 34개 집단 중 6개, 기준 발화 수가 2-3개인 중위 집단은 23개, 1개 이하인 하위 집단은 5개이다. 개념 형성의 수준이 상위권으로 분류된 소집단은 B2, C1, C3, D1, D4, D5이다. 그리고 중위권의 소집단은 A1, A2, A3, A4, A5, A6, A7, A8, A10, B1, B3, B4, B5, B6, B7, C2, C7, D2, D3, D6, D7, D8이며, 하위권의 소집단은 A9, B8, C4, C5, C6, C8이다. 필자는 수준별로 표본이 될 사례들을 추렸으나 논의에 따라 필요한 특징에 관해 사례를 덧붙일 것이다.

<표 3> 연구 대상 표본으로서의 7학년 참여자 특성

구분 수준	구분 소집단	학습자	학년	성별	성적	가정환경	태도	특기사항
상	B2	B2O1	7	남	상	상	소극적	신문반
	C3	C3A1	7	남	상	상	소극적	학급임원
	D1	D1O1	7	남	상	하	소극적	학급임원
	D4	D4A1	7	여	하	하	소극적	미술특기자
중	A3	A3A1	7	남	상	상	적극적	신문반,학급임원
	A7	A7A1	7	여	상	상	적극적	학급임원
		A7O1*	7	여	상	상	적극적	학급임원
	B1	B1O1	7	여	상	하	적극적	학급임원
	B4	B4A1	7	여	상	하	적극적	방송반
	C2	C2A1	7	남	상	상	적극적	학급임원, 학부모임원
	D3	D3A1	7	여	상	하	적극적	학급임원
		D3O3*	7	여	하	하	적극적	前 일탈 경험 有
	D6	D6A1	7	남	상	상	소극적	영재교육 수혜, 학부모임원
하	C5	C5O2	7	여	상	상	소극적	학부모임원
	A9	A9A1	7	여	하	하	적극적	·
		A9A2	7	여	하	상	적극적	·
	C8	C8A1	7	남	하	하	적극적	現 일탈학생
		C8O2*	7	남	하	하	소극적	現 일탈학생

(※ *표시는 개별적으로 텍스트 산출이 어려우나, 소집단 토론을 통해 긍정적 영향을 받은 경우임.)

    중학생은 고교생보다 환경의 영향을 많이 받는 까닭에 텍스트 생성의 성공 여부에 관하여 변인이 많다[29]. 소집단 B2에서 성적이 가장 높은 B2A1에 대해 상대적으로 무력감을 갖는 구성원들에게 모범을 보인 경우이다. C3A1은 A3A1과 성별, 성적이나 가정 환경을 제외하고는 대조적인 성향을 보인다. D1O1은 성실성이 가장 돋보인 경우로서 성적

---

29) 본고의 대상인 고교생은 학교 행사나 클럽 활동 등에서부터 교과 학습까지 일체 선택이 가능한 것으로 알고 있거나 웹에서 자발적으로 텍스트 생성에 참여한 경우이다.

향상의 폭이 전교 석차 90위권에서 학년말에 6위로 상승함은 물론 교우들과 교수자들에게 두루 신망이 두텁다. D4A1은 모둠 구성원의 수가 부족한 상황에서 발언 횟수가 많은 것을 보더라도 토론에 적극적으로 참여한 경우임을 알 수 있다. 또 A3A1은 급우들 중 소집단 구성원들의 토론 의존도가 높은 대상자이다. A7A1과 A7O1은 학급 임원들로서 경쟁 관계가 암암리에 배어 있는 상황에서 토론에 참여한 경우들이다. B1O1은 매사에 완벽을 추구하는 성격의 소유자이지만, 토론을 통해 다양한 성격의 구성원들을 설득하는 데 상대적으로 공을 많이 들인 경우이다. C2A1은 토론 내내 흥분하지 않고 차분하게 논의를 진행함으로써 동급생들 가운데 드문 경우이다. D3A1은 하위권 참여자(D3O3)의 텍스트 구성을 돕는 행위가 토론을 통해 드러나며 그 특징은 그의 텍스트에도 반영되었다. 그리고 D6A1은 소집단 토론에서 발언권의 선점 전략을 사용하여 책임감과 지도성이 두드러진 경우이다. 한편 하위권 소집단 A9는 여학생 두 명이 토론한 경우인데 A9O1은 비교적 적절한 발화로 우세한 입장에서 토론을 이끌어 갔으나 A9A1은 일방적으로 동료의 지원을 받은 학습자의 전형이다[30]. C5O2는 토론을 매우 길게 진행하면서

---

30) '붉은 산은 감동적이다.'라는 논제에 대하여 소집단 A9의 구성원들이 논의한 내용을 보면, 발화[8]과 발화[10], [12], [14]에서 A9A1이 예시한 작품에 대해 개념을 지적하고 있다. A9A1은 일방적으로 상대방을 설득하지 못하는데, 이후에 논술 텍스트를 산출하지 못했다.
 [1]A9A1: 익호가 마지막에 죽을 때 애국가를 불러 달라는 말⋯
 [2]A9O1: 아닙니다. 그 전에 나쁜 짓을 많이 해서⋯
 [3]A9A1: 그래도 우리나라를 생각하는 마음에 애국가를 불러서 괜찮습니다.
 [4]A9O1: 애국가 한 번 부른다고 나라를 진심으로 생각한단 보장은 없습니다.
 [5]A9A1: 생각한다고 보장은 없지만, 자기 마음에서는 충성심이 있어서 그런 것입니다.
 [6]A9O1: 충성심이 있어도, 그 전에는 나쁜 짓을 했기 때문입니다.
 [7]A9A1: 홍길동전에서도 나쁜 짓을 했는데도 불구하고 효심이 가득해서 많은 사람들도 알고 있습니다.

시종 일관 우세한 입장을 보였으나, 소집단 구성원들의 발언에 응대하느라 핵심 개념을 논의하는 과정에서 수준을 향상시키는 데에는 실패했다. 소집단 C8은 일탈 학생 2명과 집단 따돌림을 받는 학생 1명으로 이루어진 까닭에 발화마다 소통이 차단되는 특징을 보여준다.

한편 필자는 고교생의 경우 주어진 논제들을 가지고 수행한 논증 텍스트들31) 중에서 14명의 학습자 범위를 선정하였다. 고교생 표본은 원격 지도에 자발적으로 응한 경우들로서, 중학생의 사회·문화적 맥락 요인에 의한 차이가 심하게 드러나지 않고 진학이라는 목적을 공유한 군집이다. 따라서 고교생의 텍스트에서는 사회·문화적 맥락보다 텍스트 구성의 내적 요인을 중심으로 고찰하기로 한다. 아래 표에서와 같이 표본 14명은 앞의 5가지 논제들 중 3개 이상에 응답한 이들로서 논증 텍스트 생성 능력의 발전 모습을 보여줄 것이기 때문이다. 본고의 대상 텍스트 정보는 다음과 같다.

[8]A9O1: <u>나쁜 짓은 무엇이고, 효심은 무엇입니까?</u>
[9]A9A1: 나쁜 짓은-, 가출과 관리자의 물건을 쌔볐고(.) 백성들에게 재물을 나누어 준 것이고, 효심은, 나쁜 짓을 했어도 자기 잘못은 아는 것 같아서 아버지를 아버지라 부르지 못하고 형을 형이라고 부르지 못한 것입니다.
[10]A9O1: <u>익호와 홍길동의 차이는 무엇입니까?</u>
[11]A9A1: 익호는 나쁜 짓을 한 다음, 마지막 장면에서는 선생님한테 애국가를 불러 달라고 했고, 홍길동은 나쁜 짓을 해도 자기 잘못을 뉘우쳤으니깐…
[12]A9O1: <u>자기 나라를 진심으로 사랑했는데, 왜 다른 사람들이 왜 익호를 피했을까요?</u>
[13]A9A1: 생긴 것 때문에 그런 것도 있는데, 사람들은 익호의 겉모습만 갖고 그랬습니다.
[14]A9O1: <u>그치만 겉모습뿐만 아니라 행동도 문제가 있지 않을까요?</u>

31) 요약 텍스트는 글을 얼마나 정확히 읽고 현재의 상황에 적용했는가를 알 수 있는 매재이다. 이해력을 기반으로 하여야 새로운 상황에 적용하고 텍스트 생성까지 기대하게 마련이므로, 그런 의미에서 요약 텍스트를 구성하는 동안은 창의성 발현의 준비기로 볼 수 있다.

<표 4> 연구 대상(고교 수준)의 정보

학습자[32] \ 논제 번호	4_3	6_1	8_1	10_1	11_2
1 문**(남)					
2 *채*(여)					
3 천**(남)					
4 *수*(여)					
5 **진(여)	2회				
6 *상*(남)					
7 *미*(여)	2회				
8 *민*(여)		2회		2회	3회
9 * 솔(여)					
10 정**(여)					
11 **훈(남)					2회
12 *아*(여)		2회			
13 서**(여)					

(※ 칠한 부분은 학습자의 응답을 나타내며, 같은 논제를 여러 번 쓴 경우는 '-회'로 밝혔음.)

위 논제들 중 11_2의 경우에, 당해 수시전형이 끝난 즈음이어서 고1,2 학년 재학생들의 글이 등장하기 시작하였다. 또한 응답 시기의 간격이 비슷한 경우를 비교해 봄으로써 논증 텍스트 생성 능력의 발전 추이를 알 수도 있을 것이다. 또한 성별 요인과 여러 번의 구성 경험이 변수로 작용할 수 있다. 이에, 필자는 그 비교군을 다음과 같이 설정하여 논증 텍스트 분석틀에 따라 관련 논의를 전개하기로 한다.

    1군: 글쓰기 횟수에 따른 발전 추이 비교
    2군: 논제 유형의 선택과 쓰기 능력의 상관성
    3군: 논제 유형별 쓰기 적성
    4군: 논제의 초두 효과

---

32) 여기서 연구 대상인 학습자의 실명을 밝히지 않고, 뒤에 텍스트 분석 내용을 언급할 때에는 학습자 성향에 따라 변별하거나 동일한 학습자의 여러 텍스트를 구별할 경우에는 좀더 세세하게 밝혀 적기로 한다.

02 논증 교육의 성격과 방향

국어교육학계는 언어 행위를 체계적으로 살펴보는 기능적 접근 말고도 실제의 통합적이고 총체적 성격을 검토해 줄 수 있는 기제를 포함한다. 그 기제가 바로 논증 교육에 있다. 이는 2006년 서울대 입학관리본부에서 논술의 본질적 성격으로 '영역전이성'을 설정한 이유를 대변한다. 이 성격은 박정하(2007: 59-68)에서 본질적으로 새로운 종류로서가 아니라 통합을 꾀한 관점으로 규명되었으며, 논술 교육의 전제로 읽기 교육의 중요성도 강조되었다. 모든 학문은 전제와 결론의 관계로 설명될 수 있다고 가정하면 논증 교육은 학문적 정당성을 확인시켜 주는 도구인 셈이다. 다시 말해, 논증은 언술 행위들의 체계를 세우는 데 갖추어야 할 충분조건을 제공해 주는 판짜기이다.

2004년 4월 21일자 서울대 입학관리본부의 모의 논술고사 결과 보고서에, '능동적으로'라는 말과 '논증 능력'이라는 용어[33]가 있다. 문맥상

---

[33] 논술고사는 비판적으로 글을 읽는 능력과 창의적으로 문제를 설정하고 해결하는 능력 그리고 논리적으로 서술하는 능력을 종합적으로 평가하는 시험이다. 비판적으로 글을 읽는다는 것은 반성적으로 생각하면서 능동적으로 글을 읽는 것을 말하며, 창의적으로 문제를 설정하고 해결하는 능력이란 심층적으로 다각적으로 논제에 접근함으로써 독창적인 아이디어를 끌어 낼 수 있는 능력을 말한다. 요컨대 논리적 서술 능력은 글 구성 능력, 논증 능력, 표현 능력 등을 포괄한다.(※ 밑줄-필자)

논증 능력은 좁게 근거 설정 능력을 의미하므로 김영정(2006: 11)에서 수정된 것이다. 이 논증 능력을 국어교육학적으로 재구성한 연구가 민병곤(2004)이다. 이상의 기술을 따르면, 논술은 글쓴이가 능동적으로 대상을 해석하는 언어 행위로 이해될 수 있다. 그리고 논증을 해석 행위로 볼 때, 국어과는 이것이 인지와 정의를 종합한 사고에 의해 이루어져야 하는 교과로 인식되어야 한다. 따라서 이 연구는 '능동성'의 개념을 국어교육학적으로 실현해 보려는 시도이다.

2.1. 논증 개념의 구성

2007 개정 교육과정의 텍스트는 논증 현상의 총체로 이해되고, 2009 개정 교육과정은 이 성격에 기반을 두되 논리적이고 심리적인 배경에서 재개념화될 필요가 있다. 다만 사회의 빠른 변화와 발전에 대응하는 데 그치지 않고 선도할 수 있는 주체를 생각하며 전생애적 관점에서 체계적인 학습을 통해 연속적이고 창의적인 교육을 기대하기 위함이다. 이러한 관점에서 창의성의 개념과 성격을 분명히 할 필요가 있다. 현재 익숙하게 사용되는 말로 '논술'이 있으며, 다음과 같이 정의된다.

<표 5> '논술'의 개념

자료	'논술'의 개념 정의
대한교과서 논술(검정본)	문제 해결을 언어로 하는 것
김영정(2006: 27)	비판적 읽기를 토대로 문제 해결 과정을 구조화하여 우리의 사고 체계가 가장 조응하기에 적절한 방식으로 서술하는 문제 해결적 글쓰기

자료	'논술'의 개념 정의
교육인적자원부 보도자료 (2005.8.30.)	제시된 주제에 관하여 의견을 논리적으로 서술하는 것
열하일기 序	通神明之, 窮事物之則者 易微而春秋顯 微主理 顯主記事34)
구연상(2008: 122-127)	논술: 논증과 서술의 복합어 논증: 논리와 증명 (논리; 논(論)과 이(理)를 더한 개념) →理는 단서(clue, 전제), 論은 주장(결론)
필자	어떤 사건에 대하여 자신의 생각(주장)을 적절한 전제에 의거해서 정당화하는 행위

보편적으로 글쓰기 등의 표현은 문제 해결을 목적으로 한다. 진정한 문제 해결에는 반성적 사고(비판적 사고)가 전제된다. 문제 현상을 직관하여 가장 적합한 해결 방법을 반복해서 고안하는 것은 일상적 행위인데, 그 해결은 구조적으로 이루어지므로 문제 해결적 사고란 현상이 짜고 있는 구조를 읽는 힘을 말한다. 논증 텍스트의 생성도 마찬가지다. 현상은 시간의 흐름에 따라 구조적으로 복잡해지는 동안 변형되기도 하므로 대안을 마련하는 데에는 그것도 고려되어야 한다. 요컨대 비판적 사고(성찰적 사고)는 바람직한 것을 판단하기 위해 교육에서 고무되

---

34) 동국대 교양교재편찬위원회(2007)(: 18-19쪽)에서 재인용. 이 연구 대상의 자료 중 연구 대상 모둠 B8의 토론 담화에서 발화 [7],[8]을 보면 출처를 밝히지 않아 신뢰성을 의심함으로써 상대 측 토론자로부터 무시받는 현상이 목격되었다. 토론 상황에서 의제나 토론자들의 연령 등으로 인해 참여자들 간에 공유 지식이 비슷하다고 해도 표현의 비약이나 왜곡된 사고가 노출될 수 있다. 이를 극복하려면 의견을 적절한 근거로써 정당화해야 한다.([7]B8A1: B사감이 남자, 사랑을 싫어하는 이유가 고스란히 담겨 있습니다./ [8]B8A2: 노처녀가 시샘하는 내용이 많이 보입니다./ [9]B8O1: 허구성이 많습니다.) 또 소집단 C3에서도 이와 같은 경우가 발견되는데, 발화[15]에서 신빙성 없는 근거를 제시함으로써 다음 발화 [16]에서 다른 화제로 바꾼 예가 그렇다.([15]C3A1: 귀찮아서 (효를) 바쁘단 핑계로 안 합니다./ [16]C3A2: 인간은 성실하지도 못합니다.)

어야 할 요소이다. McPeck(1981: 45-46)에서 비판적 사고의 평가 기준을 12가지로 제시한 바 있으나, Ennis(1962: 84-85)에서는 이미 세 가지 차원, 즉 진술을 판단하기 위한 표준 지식, 타당성, 진술의 목적 및 실제 결과에 비추어 증거의 충분함을 강조했었다. 그 이후 이를 발전시켜서 비판적 사고는 진술, 논증, 경험을 평가하는 과정에 나타나며 기능과 태도로 구성된다. 한편 비판적 사고의 태도가 McPeck(1981: 59)과 D'Angelo(1971: 7-8)에서 10가지로 세분되기도 한다. 그 10가지는 지적 호기심, 객관성, 개방성, 융통성, 지적 회의성, 지적 정직성, 체계성, 지속성, 결단성, 다른 관점에 대한 존중이다(김공하, 1998: 22-23). 이에, 앞선 Ennis(1962)의 주장에서 나아가 곽병선(1980: 50)에서도 논증, 추론, 증거, 가치를 대상으로 한 평가까지 확장할 필요가 있다는 결론이 제시되었다.

그런데 Toulmin의 논증 이론에서도 밝혔듯이 '추론 근거들은 분야마다 다르고 일상 논증도 다양해서 하나의 이론으로 설명할 수가 없기에'(김공하, 1998: 56), 일상 언어의 뉘앙스 차이에 따라 다르게 파악되는 의미는 비형식논리학적으로 접근하게 되고, 여러 주제와 관련하여 논증을 다룰 때는 통합 교과적 접근을 요구한다. 분명 좋은 글은 비판적 사고에 의한 추론 과정으로 이루어진다. 즉 좋은 글을 감각한 경험을 토대로 하여 그 '좋음(arete)'이란 어떤 반응인지 해석할 수 있어야 지향적 체험이 되는 것이다. 독자는 좋은 글을 해석함으로써 자기 동일적 대상과 의식적으로 관계를 형성한다. 또한 그 좋은 글이 역사적으로 문화적으로 제약된 상황마다 기술되는 점을 고려하면 다양성을 수용하면서 비판적으로 접근할 필요가 있다. 단, 이것은 '좋음'의 원리를 찾는 한에 있어서이다[35]. 따라서 글쓰기의 역사는, 좋은 글에 대한 외감을 기억하고 해석하여 그보다 더 좋은 형상을 창조함으로써 이를 온전히 파악하고 보전하는 작용으로 이루어진다고 할 수 있다.

2.2. 논증 텍스트의 창의적 구성 배경

논증 텍스트의 창의적 구성은, Ruggiero(2009: 98)을 따라 지식(Knowledge)과 상상력(Imagenation)의 조합이라 할 수 있다[36]. 논증의 효과를 전제로 한 기능은 파토스적 측면과 밀접한 관련을 맺고, 이를 고려한 텍스트에서 저자의 에토스가 발견된다. 그래서 텍스트 생성을 위해서는 다양한 맥락을 고려하여 실제적인 교육 내용의 체계가 필요하다.

창의성은 인지 발달과 사회적 맥락의 두 가지 방향에서 접근할 수 있다. 첫 번째는 인간의 인지 발달 단계에 따라 창의성을 신장시킬 수 있는 방법을 연구하는 방향이고, 두 번째는 사회·문화적 환경에서 보다 복합적으로 개인의 성향을 형성해 가는 방향이다. 이에

---

[35] 좋은 글에 대한 연구가 좋은 글이라는 사태 자체의 본성(物 자체)에 적합하게 파악될 수 있다면 학문으로 인정받을 수 있다. 좋은 글은 이치에 맞으며 숨김이 없고 감동을 주는 특징을 본성으로 갖는다. 즉 그 현상은 타당하고 정확하며 아름다워야 하는 것으로, 글쓰기의 성실함이 배어 있어야 한다. 이러한 준거들은 로고스, 에토스, 파토스 차원에서 분석되며 운율, 어휘, 문장, 텍스트 층위와 맞물린다. 토마스 아퀴나스는 그의 <영혼론>에서 '인간의 영혼이 외감 능력에서 내감 능력으로, 그리고 지성 능력으로 발전되는 작용을 지니고 있다고 하면서 인간이 학문으로 인정하려는 욕구를 내재적으로 지니고 있음'(이남인, 2005: 104-132)을 밝혔다.

[36] Ruggiero(2009)에 의하면, 글을 쓰려고 하는 사람은 강한 감정이 일어날 때까지 기다렸다가 그러한 제재를 찾았을 때 자신의 경험과 관찰에 의해 끈기 있게 생각하고 비판함으로써 새로운 아이디어를 산출해 낼 수 있어야 하는 것이다. 그러므로 이러한 과업은 폭넓은 앎의 세계에 기반한 문제 해결 능력을 확충한다.

Guilford(1950)나 Gardner(1994)는 창의성지수를 다중적인 경향성으로 해석하기도 했다. Sternberg(1985, 1988) 역시 '지능을 세 가지 유형의 능력으로 구분'(Douglas, 2006/ 이흥수 외 옮김, 2007: 114)하였는데, 여기에 창조적 사고를 꾀한 의도가 담겨 있다. 그가 삼분한 지능은 분석적 사고에 필요한 구성 요소, 창조적 사고를 하고 여러 가지 경험들을 통찰력 있게 결합할 수 있는 경험적 능력과 상황 적응 능력이다. 그의 경험적 능력과 상황 적응 능력은 Gardner(1983, 1999; Douglas, 2006; 앞의 책, 2007: 115)의 대인관계 지능과 함께 정서적인 면을 의사소통의 주요 요소로 삼았다는 점에서 텍스트의 설득력을 충족시켜 주는 요소[37]로 파토스적 효과를 염두에 두어야 함을 강조한다. 국어 능력도 김혜숙(2005: 392)에서 언어 지식 - 비판적 사고 - 창의적 실천에서 획득되는 것으로 구명되었고, 이를 위해 김혜숙(2002a),(2002b)에서 대학생 모둠별 언어 사용 습관이 언어학적으로 고찰되기도 했다. 한편 김혜숙(2006)은 대학 총장의 식사문에 나타난 수사 전략을 고찰한 바로서, 이를 통해 목적과 상황에 따른 언어 사용의 발화체 선택 기제가 발화의 힘을 보장

---

[37] 수사학적으로 규명된 세 가지 요소 - 에토스, 파토스, 로고스를 생각해 보면 이들은 인간의 표현 능력을 표상하는 기호로 이해된다. 언어 사용의 측면에서 표현 방법의 파토스적 효과는 구체적으로 말하는이가 듣는이의 기억을 돕기 위해 마련한 언어 요소에 드러난다. 결과적으로 이는 말하는이나 글쓴이의 표현 방법이 신뢰감을 주기 때문에 언어 사용의 에토스적 측면이 규명된다. 메시지 자체의 측면(로고스)에서는 전제와 결론의 표층구조를 대상으로 하는데 이는 곧 텍스트의 내적 구조가 될 것이다. 텍스트의 표층결속(응결성)과 심층결속(응집성), 사용 어휘의 수준과 격, 어휘 반복이나 강조, 리듬이 에토스적으로 파토스적으로 관련된다는 사실이 입증되면 말하기나 글쓰기의 본질이 뚜렷해진다. 사용 어휘가 보편성과 개방성을 지닐 때 많은 독자들의 마음을 움직일 수 있으므로 소수자 집단에서만 용인되는 어휘는 항구적이지 못하다. 특히 설득을 목적으로 하는 상황에서는 소수자 집단의 편견으로부터 벗어나 가장 보편적인 어휘와 문법 요소들을 사용하여 언술되어야 마땅하다. 이러한 이치에도 불구하고 실제적으로는 그렇지 않다. 모두에게 공개된 방송 토론조차 특정 방송국의 이념이 지배하여 토론 참여자들에게 고른 발언권이 주어지지 않는 등 불평등하게 진행된다.

해 줄 수 있는 요소로 입증되었다. 본고에서 중학교 학습자들을 통해 나타난 논증 현상의 한 가지로, 소집단 토론에서 주로 소견 논거에 기대는 특성은 소견 논거가 감정이 개입되어 있는 까닭에 대부분의 문제 해결이 정서적인 면에서 비롯된 것이다. 더욱이 중학교 7학년 학습자에게는 성인보다 미숙한 통제 능력을 보이기 때문에 학습에 있어서도 정서적인 측면을 간과할 수 없으며, 소집단 토론을 통해 참여자들 간의 중재와 수정을 거침으로써 정확하고 적확한 논거를 들 수 있다는 점도 중요하다. 이 중재와 수정의 과정은 감정에 의해 효과적으로 이루어지기도 하고 차단되기도 한다. 미숙한 학습자의 경우 그 편차는 심하게 나타난다.

창발적인 배경에서 창의성은 자칫 불평등한 내용으로 간주되기도 한다. 읽기 방식이 독자에 따라 다르지만 일상생활에서도 사람마다 다른 점으로 인해 의사소통이 통제되는 경우가 있기 때문이다. 누구나 다른 환경의 정보를 읽거나 들을 때 이해할 수 없는 것은 당연하지만 사회 적응 및 창조에 관한 한 다문화권 학습자를 위해서도 문식성의 범위를 넓혀야 한다. 앎의 세계가 많아지고 깊어질수록 개인적으로 다양한 문식 환경을 판단할 줄 알고 적응하는 능력도 향상된다. 김영정(2006: 85)은 창의성과 비판적 사고의 관계를 밝히면서 두 가지 능력이 종합될 때 비로소 논술의 전제 능력이 갖추어진다고 하였다. 따라서 논증 텍스트의 생성을 위한 문식성은 근본적으로 일상생활과 연계된다. 또 홍윤기(2008)은 시대적 흐름에 따라 필요한 인력을 생각함에 있어 창의성의 요구를 수용하고 방법적으로 인문학적 접근을 강조하면서, 창의성을 위한 생물심리사회학적 통합 모델[38])을 보완하여 창의성의 누진적 순환

---

38) 생물심리사회학적 통합 모델은 생물학적 차원에서 유전학적 능력, 지능, 기질

모델로써 생활 현장에서 보다 역동적으로 이 능력을 계발할 수 있음을 시사하였다.

창의성의 개념은 아래 학자들에 의해 구명되어 왔다(Dacey & Lennon(1998)/이신동 외 옮김, 2006: 2장 참조).

<표 6> 창의성 개념의 연구사

주창자	개념 연구사
Max Wertheimer (1945)	게슈탈트 구성에 영향을 미치는 네 가지 원리(근접, 유사성, 폐쇄, 프레그난쯔 pragnanz: 대칭적이나 안정적일 때 개념을 인정하는 것)
Wolfgang Köhler	침팬지를 통해 실험한 결과로 순간 통찰력(Flash of Insight)을 발견
Herbert Crovitz (1970)	문제 해결을 위해 자료를 모으는 준비기 preparation
Rudyard Kipling (1970)	문제 해결을 위해 기다리며 더 많은 자료를 모으는 부화기 incubation
Crovitz(1970)	문제 해결자가 새로운 생각, 자료, 관계가 형성될 때 문제의 통찰을 경험하게 되는 조명기 illumination
Graham Wallas, Mayer (1995)	해결점을 확인하고 시도해 보는 과정인 검증기 vertification
Sigmund Freud	무의식적 욕구39)를 통해 생겨나는 창의적 동기
Rhodes(1990)	결핍 창의성과 실존 창의성의 구분 (매슬로우의 욕구 위계 확장)
Csikszentimihalyi (1990)	몰입(flow); 절정 경험(peak experience), 자아 상실(losing oneself), 한 점 집중(one-pointedness), 영역 내 존재(being in the zone)

등을, 심리학적 차원에서 자기존중감, 만족감, 초기 경험이나 부모의 격려, 자기 인식 등을, 사회학적 차원에서는 다른 사람에 대한 신뢰, 동료나 부모의 지원, 미디어 환경 등을 고려한다. 이 모델은 글쓰기의 동기 요인을 중시하여 효과적인 텍스트를 산출하는 데 목적을 두고 있다.

39) Freud(Dacey & Lennon(1998)/이신동 외 옮김, 2006: 40-42)는 무의식적 욕구

억압된 상태에서는 창의성이 발휘될 수 없는데, 이는 연구에 있어서도 정치적·경제적 혼란기에는 산물(product)이 부재했던 점을 통해 입증된다. 창의성이 뛰어난 사람은 네모시네 여신처럼 기억력이 좋아 문제 해결을 위해 지식을 조직화할 줄 안다. 그러한 사람에게서는 용기, 인내와 같은 정의적 요인도 발견된다. 즉 과제 수행 경험에서 알고자 하는 동기를 무한히 확장하며 문제를 해결하는 과정에서 즐거움을 느끼는 성향을 드러내는 것이다. 한편 창의성을 연구하는 데 유전에 대해 관심을 가진 학자도 있다. 예를 들어 William James(1880: 442)는 가정 환경의 상태에서 창의적인 경우를 발견함으로써 유전 요인을 강조하였다. 분명히 환경 변인은 학습자의 지능에 영향을 미치므로 미숙한 글쓴이에게 1차 환경 못지않게 2차 환경의 영향력도 크다. 따라서 교수자의 관용 같은 개인적 요인, 완화된 심리 상태, 책임의식 같은 인지적 요인, 부모와 자식 간이나 동료 간의 상호작용 같은 사회적 요인이 창의성 신장을 위해 간과될 수 없다.

Oller(1981: 466)에 의하면 "언어란 단순히 지적 발달에서의 사회적 측면을 연결해 주는 중요한 연결고리일 뿐 아니라 지능을 형성하는 기반 그 자체"(Douglas, 2007: 116에서 재인용)라고 했듯이, 모국어 학습과 외국어 학습의 상관관계는 물론 한 나라 안에서도 다른 문화권의 언어 사용자들 사이에 언어 학습은 사고력 신장에 영향을 줄 수 있다. 그래서

를 방어기제로 설명하였는데 그 내용은 보상(compensation), 퇴행(regression), 전치(displacement), 구분(compartmentalization), 승화(sublimation)이다. 창의적 사고를 유발하기 위하여 Kris(1965, ibid.: 42)는 심리적 완화의 방법으로 퇴행이라는 방어기제를, Alfred Adler(1870-1937, ibid.: 43)은 열등감을 인식하는 의식적 사고에서 동기화되어 사회심리학적 결손을 이겨내는 방법으로 승화를, Jung(1933, 1956, ibid.: 43)은 의식적 사고와 연결하는 능력으로 '원형'이라 부르는 무의식 상태를, Rank(1945, 1965, ibid.: 44)는 인본주의의 관점에서 자아실현의 경향을 강조했다.

토론을 하기 전부터 자신감을 잃거나 글쓰기를 두려워하는 학습자들을 위해서 학습자 혼자 글쓰기 과제를 수행하는 부담을 최소화하는 전략으로 소집단을 편성할 수 있다. 본고의 대상은 그 편성 기준을 학습자의 자율에 맡긴 경우이다. 말하기에 조심스러워하는 학습자들은 비슷한 성격의 동료와 어울리고, 적극적인 학습자들 역시 비슷한 성향의 소집단을 편성하였다. 다만 원활한 활동을 위해 소집단의 규모를 2명 내지 4명으로 축소하였고, 개별 학습자의 발화에 나타낼 논거 수를 5개로 규정하였다. 7학년에서 소집단의 규모를 6명 내지 8명으로 하고 사회자를 둘 경우, 사회자의 자질로서 판단 능력과 공정한 진행 능력이 요구되기 때문에 소집단 구성원들 중에서 가장 우월한 학습자가 지정받게 되고 다른 구성원들 중 일부에게만 발언권이 주어지는 결과를 보여서 토론이 공평하게 이루어지지 못한다. 이러한 난점을 극복하기 위해 사회자를 두지 않고 더 적은 규모의 소집단에서 참여자들에게 개별적으로 발화 횟수를 동등하게 줌으로써 사고를 유도하게 할 필요가 있다. 상대방에게 말을 하면서 자신의 사고를 수정하는 경험을 하는 것은 사고 구술(think aloud)의 방법인데, 대규모 집단에서 청중을 고려한 말하기를 예비적으로 수행하는 동시에 글쓰기에서도 예상 독자의 환경을 예측하여 정확하고 적절한 표현을 구사해 볼 수 있는 경험이 된다.

2.3. 텍스트 생성을 위한 창의성

발화 효과 행위를 고려하면 텍스트는 사용역에 따라 다층적으로 구성될 수밖에 없다. 매체 환경의 확대로 인해 언어 현상은 다중양식으로 변환되기도 하는데, 이는 곧 문화권의 공유 지식을 변형한 형태를 의미한다. 그러기에 암묵적 지식인 맥락에 의해 언어 사용자는 다중양식을 시대적 요구로 받아들이게 된다. 텍스트 양식들이 끊임없이 변화·확장되고 무수한 정보들이 다양한 경로에 의해 전달되는 환경에서 학습자들이 설득 전략상 그것들을 선택하면 일상생활을 능동적으로 영위할 수 있다. 다시 말해 일상생활 경험 속에서 학습이 이루어져야 하는 것이다(Barton, 2007: 140 참조). 다만 유아기에서부터 어른에 이르기까지 읽고 쓰는 경험을 무수히 하는데 읽기 방식은 텍스트 유형에 따라, 독자들의 상호작용에 따라, 책의 정보 제공 여부 등에 따라 다를 수 있다. 일상생활을 하는 동안 여러 가지 다양한 목적을 이루기 위해 알아야 할 것이 늘어나는 만큼 그것을 표현함에 있어서도 환경에 따라 적절한 양식에 맞추게 된다. 독자의 공감을 이끌어 내기 위해 그 양식들은 때로 겹치기도 한다. 많은 사람들에게 정보를 게시하고, 공식적으로든 비공식적으로든 전자편지를 보내고, 개인적으로 메모하고, 가정에서 요리책을 보며 요리하고, 장을 보며 갖가지 정보들을 읽고 필요에 따라 약호를 사용해 소통하고, 책을 읽는 등으로 문식 환경은 복잡하면서 역동적이다. 일상에서 접한 텍스트 유형만 보더라도 인지구조 안에는 모든 양식들이 통합되어 저장될 것이다. 교실에서의 수업 담화도 '주의 환기, 질문, 응답, 환류 같은 다양한 형식으로 구축된다(Barton, 2007: 143)'고 제시된 바 있다. 이는 사물의 의미가 시시각각 사회적으로 구성되는 사실을 증명한다.

　지식을 평등하게 구성하기 위해 학교 밖에서 실조된 문화교육은 학교 안으로 들어와 보상받아야 마땅하나 여러 변인에 의해 원활하게 진행되지 못하는 수가 많다. 그렇기 때문에 더욱이 논증 교육은 사회생활이 가능하도록 기본적으로 습득해야 할 능력과 일상생활에서 수많은 글의 양식들을 포괄하는 것이 좋다. 즉 학교 학습은 학습자들 스스로 일상생활에서 합리적인 사고를 발휘하도록 촉진해서 문식성을 확장시키는 기능을 가져야 할 것이다.

기능적 문식성은 인간이 사회생활을 할 때 필요한 문식성을 말한다. 그런데 사회생활을 수용적 태도로만 할 수는 없고, ○×의 기호를 사용하는 투표 등의 상황만 하더라도 자신의 권리를 행사하게 된다. 그래서 인간의 의사 표현은 설득 행위의 일종이라고 해도 지나침이 없다. 자신의 생각을 정당화하는 데에서 가장 큰 힘이 나타나게 마련이다. 이 정당화 과정에서는 기존의 관점이나 해석의 정오를 판단하므로 새롭게 볼 수 있는 관점을 끌어 오게 마련인데, 이것이 비판적 사고이다. 이에 대한 학습에 있어 그 교육 내용을, 이한헌(2007)에서 제시한 언어적 구성부와 수사적 구성부의 적절한 배합으로 상정할 수 있다. 어떤 문식 환경이 글쓴이의 표현력(texture literacy)에 얼마나 영향을 주었는가를 알면 시대 기호를 약호화하는 기능적 문식성이 배양되었음을 확인할 수 있다. 이는 통시적으로도 집단 문화의 가치를 전승하고, 사회적으로 한 문화권의 구성원으로서 정체성을 획득할 수 있는 가능성이다.

생태학적 배경에서 의사소통의 필요성이 입증된 지금, 의사소통의 다양한 방법을 받아들이는 일은 정당하다. 그러면 그 다양성을 수용할 수 있는 준거가 분명해야 할 것이다. 이 연구에서 그 준거는 논증이다. 다만 논증 방법을 맥락에 따라 선택하여 활용하는 능력에서 창의성이 발현될 수 있다. 이와 관련하여 장소원(2009: 45)에서 문체를 학문적으로 규명하기 위한 전제를 비추었다.[40] 즉 이 연구는 지금까지 연구 범위

---

40) '학문적으로 문체는 개인적 차원이든 텍스트 유형 혹은 텍스트 종류별 차원이든 개별적인 차원을 넘어서서 시간의 흐름을 거쳐 굳어지고 형식화된 차원으로 이해될 때 문체에 대한 교육과 이해가 작문 교육에 기여한다'(장소원, 2009: 45)

상 (1)언어적 특성(표기법, 음운·운율 자질, 어휘, 통사), (2)수사적 특성(구어체, 문어체), (3)텍스트 유형적 특성(예: 문학, 법률, 공문서 및 법률, 번역, 언론 텍스트) 등을 통해 파악되어 왔다(장소원, 2009 참조). 한편 Pence & Justice(2008: 105)는 사용역(register)을 언어 형식, 내용, 사용 등에 따라 다른 상황 맥락에 나타나는 문체적 다양성으로 설명함으로써 창의적 텍스트의 기능과 효과를 믿게 한다.

대상 학습자들이 실제로 논증 텍스트를 생성하는 과정을 살펴보면, 그것은 외부에서 제시된 논제를 가지고 개별적으로 논술하되 동료 학습자들의 작법(作法)을 조사할 수 있는 맥락에서 이루어졌다.[41] 실제 산출된 텍스트들을 서로 비교했을 때 문장 구성이나 문단의 조직 방식 등이 판에 박은 듯이 동일하지 않았다. 즉 나름대로 논제에 관련된 어휘를 선택·조정·배열한 결과들인 것이다. 이러한 과정은 Ruggiero(2009: 98)에 제시된 4단계, 즉 자료 조사(Searching), 문제 제기, 경험과 관찰에 의한 문제 분석, 해결로 이루어지는 과정과 유사하다. 대개 중등 학습자들은 논제 제공자의 문제의식에 동화되거나 자기의 관점과 충돌한 점을 조정하여 논증 텍스트를 생성하게 된다. 그 다음으로 그들은 일화를 제시하면서 논점을 추론하게 되는데, 이 과정에서 문단구조를 형성하는 방식이 개별적이다. 즉 나름대로 논제를 수용한 방식이 텍스트 구조에 드러나는 것이다. 이 구조의 결을 살펴보면 연역형과 귀납형으로 이분

는 것이다.
[41] 텍스트를 생성하기 전에 접하는 모든 자료들은 텍스트의 형태로 이해되는데, 본고에서는 이들을 '중계 텍스트'라 통칭하기로 한다. 여기에 등장하는 중계 텍스트는 영상이나 이미지, 재구성 담화 등으로 활용되기도 했고, 특정 독자군의 사용 언어를 고려하여 번역된 제시문 형태로 제공되기도 했다. 이 같은 중계 텍스트를 네 차례 제공한 경우와 한 차례 제공했다가 생략한 경우, 독자에게 열람의 선택권을 준 경우로 구분하여 텍스트 생성 능력을 살펴볼 수 있다.

되고, 더 자세히는 인과, 예증, 열거, 비교, 대조 등의 전개 방식이 다양하게 선택되어 있다. 국어교육학적 관점에서 이 텍스트들이 어떤 요소들과 결합되어 생성되었는가를 텍스트 생성자(Text Generator)의 입장에서 추적해 볼 필요가 있다.

필자는 먼저 학습자가 염두에 둔 목표를 의미 정보로 삼고, 하향식으로 언어 요소를 문법구조와 결합해 가는 방식에 관해 중·고교 학습자군에서 살펴볼 것이다. 그 결과 학습자마다 텍스트를 생성하는 방법 상의 특징들이 발견될 것이고, 이 사실은 그들의 세상지식이나 언어지식, 정서, 감각을 어떻게 문법구조와 결합해서 소통이 가능한 체계로 형성하는가를 증명해 줄 것이다. 또 이는 삼단논법으로 주장을 정당화하는 과정과 상응한다. 이러한 교육은 누구나 논증 텍스트의 유형을 창안하는 주체로서 각자 표현의 정체성을 갖도록 의지를 고무시킨다. 중계 텍스트의 필자(출제자)와 학생 독자의 대화구조에서 텍스트 생성자가 파생되며, 텍스트 생성자를 중심으로 새로운 소통망이 무한 확장된다. 이를 아래와 같이 도식화해 볼 수 있다.

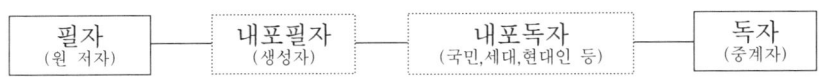

<그림 2> 중계 텍스트의 원 저자와 중계자 간의 소통 회로

제시문은 원 텍스트의 내용이 논제 제공자(문항 출제자)에 의해 선택된 부분이다. 그래서 저자의 목소리가 출제자인 독자(제2의 저자)에게 전달되는 회로를 구성한다.

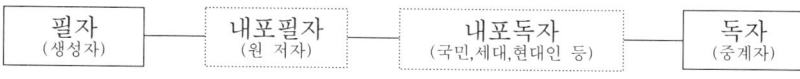
<그림 3> 텍스트 생성자와 중계자 간의 소통 회로

<그림 3>과 같이 그 회로 안에 원 저자와 불특정 다수의 관계를 내포하여 답안을 작성하는 필자와 그 답안의 내용을 읽어 주기를 바라는 예상 독자를 상정한다. 이렇게 논술은 궁극적으로 수험자가 출제자의 의도에 답하는 텍스트 유형으로서, 수험자가 저자의 목소리를 흉내내어 내포독자인 다수의 사회 구성원들을 향한 전언 기능을 담보한다. 다만 메시지 전달 회로는 수험자의 직관력에 따라 다양한 무늬를 띤다. 필자와 독자의 관계를 <그림 2>와 <그림 3>으로 나타내어 볼 수 있는 것처럼, 다양한 맥락에서 긍정적 의미와 부정적 의미의 조화로 온전한 텍스트가 산출될 수 있다는 가정 아래 텍스트 무늬의 균형성이 그것을 증명해 줄 것이다. 이에 대해서는 3.3.4.에서 다루기로 한다.

03 논증 텍스트 분석

국어과에서 논증 텍스트는 2007년도 개정 교육과정에서 본격적으로 다루어지기 시작했다. 그리고 2년마다 수시로 개정되는 체제가 도입되고 2009년을 거쳐 2011년에는 국어과 수업 내에서 논증이 이루어지도록 모색되었다[42]. 이 개정에서 국어과 수업이 토론으로 진행되도록 구안되는 점이 이전과 크게 다른데, 토론은 논증을 생생한 일상 경험 속에서 학습할 수 있는 방법으로 간주될 수 있다. 필자는 학습자의 교육적 경험을 중시하되 교육과정에 제시된 지식과 기능을 참고하여 본고의 관점을 보이고자 한다.

3.1. 분석의 관점과 틀

먼저 국어과 개정 1차 교육과정(2007년)에서는 텍스트의 개념, 텍스트의 기능, 텍스트의 맥락을 중심 교육 내용으로 구성되었다. 설득적 텍스트에 대한 체계를 보면 논증하는 글과 같은 영역에 마련된 텍스트들이 층위가 다름에도 함께 구성되어 있다. 즉 건의나 투고, 서평, 시평

---

42) 2011년 개정 교육과정 각론은 8월 말에 고시되었다(민현식 외, 2011).

등의 목적은 발화 효과 행위로 이해되지만 논증은 언어 행위로서보다는 그러한 텍스트들에 방법적 원리로 활용될 수 있는 요소로서 다르다43). 현재 우리나라의 논증 교육은 대학 입학 자격을 평가하는 데 초점을 두고 있고 학교 교실에서보다 단기간에 터득되는 기술로 사람들에게 인식되어 왔다. 이제는 의사소통의 합리성을 염두에 두고 논증 교육을 전인교육의 방향에서 현실화해야 한다.

필자는 텍스트 구조를 논증적 언어 양식에 따라 구별할 수 있으리라는 가정 아래 설득적 텍스트의 하위 유형을 분류해 본다. 정보 전달의 텍스트 중 기사문은 마지막 부분에 구성되는 기자의 제안이나 평가에서, 사회적 상호작용의 기능을 가지고 흔히 실용문으로 인식되는 설득적 텍스트는 어떤 활동을 하기에 앞서 협의를 한 후 보고서를 쓰거나 활동 기획을 주장한 개요서에서 설득 기능을 찾을 수 있다. 또 송·수신자의 친밀한 관계에서 쓰게 되는 담화문이나 청탁서 등에서는 감성적으로 호소·칭찬·질책의 동기로 설득 기능이 나타난다44). 이 정서적 요인은 가치를 공유하는 문화집단에 동의를 구할 때 반영되기 때문이다.

---

43) [9학년 설득 텍스트](2009년의 개정 교육과정)
 • 지식 / 논증적인 글의 특성을 안다.
 • 기능 / ①문제를 분석하고 의견을 제시한다, 논증 방법을 활용한다.
　　　　②연역, 귀납, 유추와 같은 논리적 증명 방법을 활용하여 쓴다.
 • 맥락 / 논증하는 글의 문화적 관습을 고려한다.
44) 학교 폭력 문제에 연루된 학생이 경찰서에 송치되어 담임교사의 요청서를 요구받아야 하는 상황에서 문서의 마지막 부분에 '선처를 바랍니다.'라는 표현을 쓰게 되는데 이를 통해 호소 기능의 텍스트로 볼 수 있다. 또 학교장이 학생에게 공식적으로 전달하는 임명장에 '위 학생은 품행이 방정하고 성적이 우수하여 … -로 ①임명합니다.' 등의 표현이나, 학부모에게 '… 귀하를 … -로 ②위촉합니다./-에 ③협조 바랍니다.' 등의 표현을 통해 둘 이상의 기능이 더해진 텍스트로 볼 수 있다. ①은 선언과 당부의 기능이, ②는 선언과 존중의 기능이, ③은 요청과 완곡한 명령의 기능이 담겨 있다. 한편 규정을 어겼을 때 '… 해 줄 것을 권고합니다.' 등의 선언 외에 명령이나 질책 기능을 함께 가진 설득적 텍스트도 있을 수 있다.

고로, 변화가 많은 사회에서는 어떤 유형의 글이든 늘 고정되지 않은 작용태일 수밖에 없다.

　논증 지식은 텍스트 구성 능력의 현현태로서, 개인의 정체성을 인지하고 구현하는 가능성을 진단하는 데 활용될 수 있다. 다시 말하면 Beaugrande(1997: 163-165)에서 제시되었듯이 목표(goal)와 계획(plan)은 텍스트 유형이나 담화 영역, 문체의 관점에서 세워져야 한다. 이 수행은 일련의 행위로 나타나며, 텍스트 생성에 몰입되어가는 동안 내재되어 있는 창의성이 개발된다. 그 절차는 먼저 주제 단위의 거시구조를 설정해 놓고(Topicalizing), 이를 풍부하게 구성할 수 있는 의미역들을 통합하며(Concept-elborating), 주제어와 개념역을 정교하게 배열하여 의미장을 형성하고(Lexicalizing), 동작주와 목표 행위의 구조를 문법 논리에 기반하여 정당화하며(Grammaticalizing), 어문규범이나 시청각적 효과(Layout)를 고려하여 종결된다.

　텍스트 유형이 정해지고, 의사소통의 목적에 따라 예상 독자가 상정되면 다음과 같은 순서로 텍스트가 생성될 것이다. 여기에 수반되는 지식을 실제 텍스트 분석으로 추출하여 교육 내용 체계를 마련해 보기로 한다.

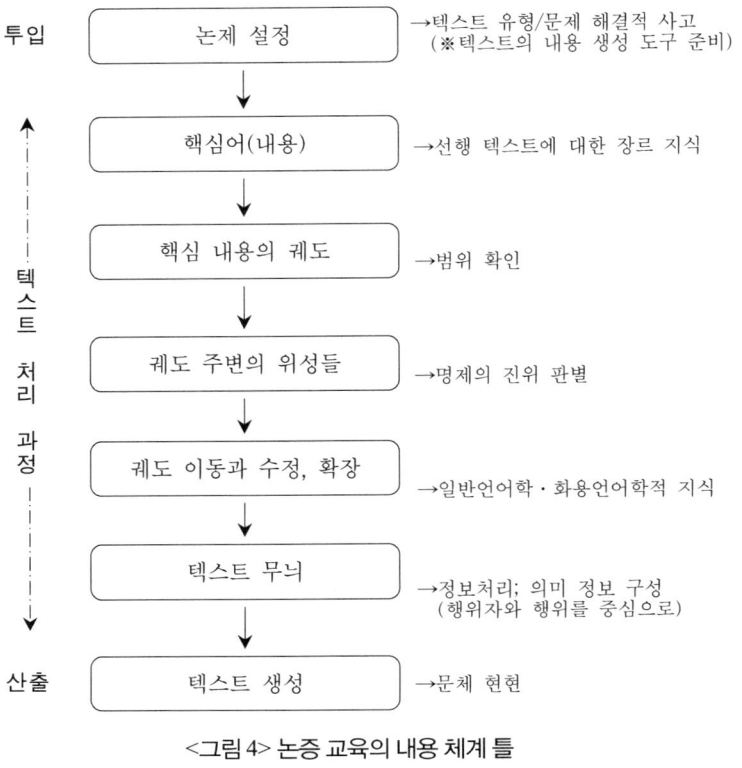

<그림 4> 논증 교육의 내용 체계 틀

3.2. 논증 텍스트 구성의 토대

 논증 의사소통 사건의 개념적 지식으로서 논제를 구성하는 요소를 수행 차원에서 검증할 필요가 있다[45]. 글쓰기는 예상 독자를 고려하여

---

45) 교육 내용 체계를 세우는 데 교육 방법을 고려하지 않고서는 실행에 의문이 들기 때문에 수행과 지식의 매트릭스 형태로 구성될 필요가 있다. 본고에서는 Reigeluth(1982)의 매트릭스를 참고하여 논증 교육 내용의 핵심 요소를 추출하였다.

시작되는 의사소통 행위이지만, 미숙한 필자에게는 고안된 상황에 적응하기가 어렵기에 실제 담화 상황에서 의사 개진 능력을 확인해 볼 필요도 있다. 담화 상황에 비치는 여러 책략들은 텍스트 유형에 따라 효과적인 기법으로 재창조될 수 있다. 그러므로 논증 교육의 수행 차원에서는 논증 담화와 논증 텍스트 모두를 대상으로 표현의 논리를 살펴보기로 한다. 이 표현 논리의 범주는 운율 층위, 어휘 층위, 문장 층위의 언어학적 요소, 소통 차원에서

말차례와 표지 같은 화용적 요소로 구분해 볼 수 있다. 그리고 개념적 지식을 설명하는 절차적 지식은 메타적 기능을 갖는다. 이는 신화소(공리)나 명제를 설명하기 위해 언어학적 단위를 도구로 이용해야 하기 때문이다. 그래서 논증 교육을 위해서는 근본적으로 개념적 지식을 설명하는 방법을 전제로 하는 것이다. 그 한 가지 내용 요소로서 언어 지식 영역을 다음과 같이 구성해 볼 수 있다.

<표 7> 논증 교육의 언어 지식 영역

언어 지식	지식							
	논증소							
	언어적 구성부				수사적 구성부			
	언어학적 요소				화용적 요소			
	운율	어휘	문장	텍스트	말차례	동시발화	선호체계	수정
	기능 반복	결속 관계	결합 유형	구조 논리	방어 전략	발언권 선점	적절한 응수	주의 집중

위의 표에서 보듯이 논증의 바탕이 되는 논증소를 논증 텍스트의 분석 층위로 설정할 때 이 논증소는 언어적 구성부와 수사적 구성부로

나누어진다. 이 논증소는 논증 텍스트의 성격을 규명해 줄 수 있는 것이다. 수사적 구성부는 읽는이에게 언어적 구성부의 뉘앙스를 고려하여 보다 적확하고 정확한 의미를 제공하며, 언어학적 요소들과 비슷한 형태를 띠고 화용 국면에서 의사소통의 기능을 보충한다. 따라서 이 영역은 단위로서의 발화 층위에서가 아니라 맥락을 고려한 담화 층위에서 항상 논의되어야 한다.

글쓰기는 독자와의 관계 속에서 그 기능을 나타내므로 글쓰는 주체는 가독성을 염두에 두어야 한다. 그러면 잘 읽히는 글의 특성이 논의되어야 한다. 마찬가지로 말을 할 때도 청취 효과가 고려되어야 한다. 문장이나 발화가 글 또는 말을 구성하는 기본 요소이므로 간결하고 기억이 용이하도록 정보성이 강한 어휘를 적절한 양[46])으로 사용하며, 구조적으로 단순하게, 생산자와 수용자 간에 공유 정보를 적절히 표현하여야 한다. 그리고 실생활 국면에서의 화용 양상을 고려하면 언어학적 요소를 맥락으로 확장할 필요가 있다. 여기서의 내용 요소는 화용 규칙으로 인지되기 쉬우나 학습 효과를 위하여 자연스러운 발화 요건을 최대한 수용해야 할 것이다.

논증 담화의 표현 논리를 알기 위해서는 화용 국면에서 말차례를 분석해 볼 필요가 있다. 말차례는 논쟁적 담화에서 특히 발언권을 선점하여 논쟁을 성공적으로 이끌기 위한 전략적 장치가 된다. 아울러 동시 발화, 선호체계, 동료 수정의 세 가지 양상도 살펴보았는데, 담화 유형이나 언어 사용자의 경향에 따라 선택되는 모습도 다양했다. 이렇게 의사소통 맥락의 성격은 참여자들의 화행 유형에 따라 변별되기에 생성

---

46) 텍스트나 담화에 사용된 핵심 어휘의 양은 튼실한 구조 '전제-결론'의 관계 틀에 의해 적절성을 판단할 수 있다. 방법적으로 Toulmin의 논증모델이 구조적 균형성을 잘 보여준다.

되는 담화나 텍스트의 구조가 다를 수밖에 없다. 따라서 의사소통 맥락의 경험이 많을수록 담화나 텍스트 구성에 유창성과 융통성은 배가된다. 7학년 학습자에게서 나타난 언어 특징들을 아래에 예시한다.

<표 8> 7학년 학습자가 사용한 논증소의 예

유형	논증소	언어적 구성부			수사적 구성부		
		운율	어휘	문장	운율	어휘	문장
사실 논거	C3A1	절 대구(-고), 동일구문(-은 -일이다.)		-아(서)	온정, 확고		규명
소견 논거	A3A1	절 대구(-고/아니라)	중심어군	-지만/-면	배려	명료화	배려
	B1O1	동일구문(-ㄹ 수 있(없)다)	중심어	-ㄴ데/-보다는	완곡	위계화	상대 입장 극대화(-는데), 명료
	C3A1	동일구문(-은 -일이다.)			확신		
	D3A1	동일구문(-것은)	중심어군	-ㄴ/-도/-듯이	단호	명료화	배려
	D3O3	동일구문(-것은)	중심어군	-고/-지만/-니깐	단호	기억 용이	자기 입장 극대화/ 상대 입장 최소화(-지만)
	D6A1	동일구문(-고)	중심어군	-에(서도)/-라면	배려	확충	신뢰
선험 논거	C3A1		중심어			초점화	

7학년은 토론을 통해 텍스트 생성이 비롯되었기 때문에 발화의 영향이 컸다. 그 예로 남학생은 토론에 참여하는 각자가 독립적으로 발화를 구성하고 종결함으로써 발화 길이가 짧은 반면, 여학생은 대화 이동을 통해 발화를 계속 이어나가기 때문에 발화 길이가 길다[47]. 문장이 길어

질수록 연결 표지가 많이 사용되고, 그러한 연유로 운율 효과나 설명식의 기술이 특징으로 나타난다. 즉 명사를 사용하여 표현의 정확성을 보충하고, 어휘 관계를 상하 관계 등으로 정리한 점에서나 동일 구문 및 설명형 기술 방식(-지만, -는데)에 의해 배려가 드러났다.

3.3. 텍스트 생성 과정

이 부분의 범위는 구상 단계로서의 텍스트 입안에서부터 구성, 조정, 평가 과정을 거쳐 완결된 텍스트 생성에 이르기까지이다. 분석 대상은 중학교 7학년을 비롯하여 10학년 진로 교육의 일환으로 수행한 경우와, 전국 규모 대학 입시 준비생의 수행 결과를 두루 포함한다. 다양한 상황에서 논증 텍스트의 생성 과정을 보려는 까닭은 일상생활에서 논리적인 의사소통이나 비판적 사고를 실천할 수 있도록 논증 교육의 내용 체계를 세워 보기 위함이다.

---

47) 7학년 여학생 토론 담화 중에서 예를 제시한다.

   [11]D3O3: 기다리는 것이 [사랑입니까?]
   [12]D3A2:   [기다리는 것은] 곧, 관심이 있다는 거 아닙니까?
   [13]D3O1: 기다리는 이유가 다양한데, 그걸 꼭 사랑이라고 보지 않기 때문입니다.
   …
   [17]D3O3: 계속 감정 조절이 안 돼, 그 상태를 유지할 수도 [있습니다]

반면, 7학년 남학생의 발화는 다음과 같다.
   [4]D6A1: D6O2한테 묻습니다. 그 자식의 도리란 무엇인가요?
   …
   [7]D6O2: 가족구성원들이 모두 도리를 지켜야지, 한 사람이라도 안 지면 안 됩니다.
   …
   [11]D6O2: 아닙니다. 아버지를 보살피지 않은 사람이 ∅ 안 지켰습니다.

3.3.1. 텍스트 입안

어느 장르의 쓰기 행위든 먼저 텍스트를 생성하기 위해 구상하는 단계를 거치게 되어 있다. 이 단계에서 동기 유발의 여러 기제들이 동원된다. 가령, 이미지나 중계 텍스트를 활용하거나 소집단 토론에 의하여 생성할 텍스트의 밑그림을 그려 볼 수 있다.

1) 중계 텍스트 및 이미지의 활용

중등 학습자들의 효과적인 텍스트 산출을 위하여 가장 보편적이고 근간이 되는 중계 텍스트의 성격에서 학습의 효과를 추출하면 몇 가지가 있다. 첫째, 텍스트의 다중양식성(multimodality)을 활용함으로써[48] 사회·문화적 요구를 반영한다. 둘째, 학습자의 일상 문화 환경인 교실 맥락에서 텍스트 수용을 위해 집중력을 도모할 수 있다. 이러한 중계 텍스트의 종류는 일상생활 속에서 쉽게 접할 수 있다. 예를 들어 일기예보의 경우는 기상국 - 캐스터 - 시청자로, 드라마는 작가 - 연기자 - 시청자로, 스포츠 중계는 선수 - 캐스터(사회자)와 해설자 - 시청자로 중계된다. 다만 스포츠 중계의 경우는 캐스터에 의한 구조와 해설자를 통한 구조가 다를 수 있다. 캐스터는 선수들의 경기 상황을 전달하는 데 초점을 둘 것이지만, 해설자는 경기 상황을 분석하거나 전망하며 선수 개인의 특기 등 주변 정보까지 개입시킨다. 이렇게 텍스트의 다중양식성은

---

48) 매체 환경의 변화로 인해 학습자들은 텔레비전의 송출 방식에 익숙해져 있다. 따라서 이들에게서 이미지, 소리, 문자 등의 다중양식으로 텍스트를 생성하려는 경향이 강하다. 이에, 본고에서는 중계 텍스트로 명명하는 대상을 폭넓게 수용하는데, 학습자의 입장에서 듣고 보는 방식과 읽는 방식의 차이를 구분하기가 간단하지 않다. 7학년과 진로 교육 관련 쓰기에 참여한 고교생 일부가 듣고 보고 읽는 과정으로 텍스트를 생성했고, 학교 시간표 등의 제약상 여가 활동의 기회가 적은 고교 연구 대상은 읽기 행위만 전제로 했다.

학습자의 텍스트 산출에 적잖은 영향을 미친다.

　수업 담화를 비롯하여 교육용 담화는 주요 청중이 청소년이라는 점에 주의를 기울이게 한다. 그래서 연설가나 강연자가 청중(청소년)의 수준에 맞추어 내용을 각색하고 어휘 수준도 조정하는 과정에서 장르적 특성을 찾을 수 있다. 강연자나 연설가의 변용이 요구되는 유형은 교실에서 수업을 하는 교수자의 상황처럼 중계의 성격을 지닌다. 즉 이는 전문 언어를 일반 청중이나 일반 독자에게 변용하여 전달하는 유형으로 구별된다. 그러기에 중계 담화·텍스트는 삼원구조로 구성될 수밖에 없다. 그리고 수업 담화의 설명과 추론 기능을 텍스트 생산의 전제로 볼 수 있는 것은 정보 습득과 조직화 연습의 한 방법이 될 수 있기 때문이다.

　수업 담화는 학습 목표에서 제시된 특정 주제에 몰입하는 상황 속에서 쌍방적 의사소통으로 지식과 정보를 제공받고 검증할 수 있는 이점이 있다. 더욱이 수업 담화가 논증적으로 이루어질 때 학습자들은 생활 환경에서 자연스럽게 논증적 담화와 텍스트를 산출하는 경험을 반복하게 되는 것이다. 이러한 상황에 적합한 언술로 해설이 있다. 이 연구를 위해 동원한 자료로서 방송국에서 제작한 문학 중계 텍스트는 성우의 낭독으로 작품의 내용이 전개된 것이다. 화면으로 비추어지는 시각적 특성 대신에 성우의 낭독은 주요 어휘의 강조나 발화체의 억양으로 인해 듣는이로 하여금 핵심 정보를 잘 기억하게 해 준다. 마찬가지로 실제 학습자들의 텍스트에서도 반복된 주요 어휘를 찾아보면, 그 어휘가 텍스트 주제부에 얼마나 영향을 주는가에 따라 텍스트의 생성 과정을 추리할 수 있다.

　학습자가 내용을 기억하는 데 도움을 준 운율과 텍스트 구조도 텍스트 생성에 영향을 주어 몇 가지 특징을 나타낸다. 이 연구 대상 학습자들(7학년)은 문학 텍스트의 중계 담화, 고교 진로 교육을 위한 중계 담화를 중재하여 학습자 나름대로 텍스트로 재구성함으로써 중계 담화와 텍스트의 호환 과정을 경험하였다. 여기서 핵심어가 재수용됨으로써 텍스트의 일관성이 갖추어지고 도입(전제)과 결론을 지원하는 체제도 다층적으로 구조화되었다. 이러한 증거를 통해 학습자들의 텍스트를 운율 층위에서부터 텍스트 층위에까지 살펴볼 필요가 있는데, 각자 독창적인 텍스트를 생성하는 동안 얻게 되는 정체성이 반드시 고려되어야 하는 필연성이 찾아진다. 또 비형식논리학적으로 뉘앙스의 차이에 따른 교수 효과를 생각할 때 논증 연구는 문체론적 접근에 닿기도 한다.

또 하나, 글쓰기의 동기 부여 전략으로 이미지를 투입할 수도 있는데 언어 정보가 생략된 까닭에 순전히 학습자의 연상 능력에 기대어야 하는 부담이 있을 수 있다. 중계 텍스트나 소집단 토론을 통할 때와 이미지를 투입할 때 각각 설득적 글쓰기에 어떤 영향을 미치는지를 비교해 볼 수 있다. 이미지를 보고 생각의 초점을 조준하는 방식은 학습자 유형에 따라 다르므로 산출되는 텍스트의 내용이나 형식도 영향을 받게 마련이다. 설득적 텍스트라는 기능은 같아도 얼마나 새로운 내용과 형식으로 창조되는가를 살펴보는 일은 창의성 교육의 방향을 짚어 내는 데 유의미하다.

이 연구의 대상인 7학년 학습자들이 우측의 사진을 보고 산출한 논증 텍스트에서는 서론에 배경 정보를 제시하면서 논의를 펼치는 기술이 확인된다. 동양인은 배경이나 상황에 주목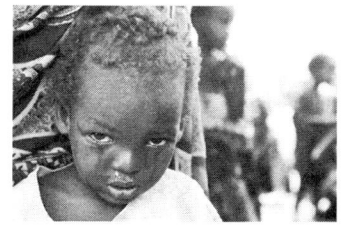

하는 반면 서양인은 대상이나 속성을 중심으로 바라보는 경향이 있다고 고찰된(니스벳/최인철 옮김, 2007 참조) 것이 사실이다. 이 사진은 뉴스의 자료 화면으로 삽입된 것인데 뉴스 방송은 생략하고 이미지만으로 구상 단계에 활용해 볼 수 있다. 물론 이 자료는 학습자들이 선택한 것이고, 이 사실로 인해 한국 학생들에게 정에 이끌리는 성향이 있음을 확인할 수 있다. 사진 자료는 방송 담화의 맥락을 포함하는 비(非)결정체로서 글의 조직이나 표현보다 발상을 도와주는 매재가 될 수도 있는 것이다.

본고의 대상은 텍스트 입안 단계에서 중계 텍스트 중 청각 자료를 통해 논증 텍스트를 산출한 경우이다. 자료 이해(독서) 단계로서 개별 활동과 집단 활동을 이중적으로 경험하는 방법도 가능하다. 논증 담화(토론)를 산출한 경우를 가네와 브릭스(Gagnet & Briggs, 1979)의 틀에 따라 분석해 보면 장(場)독립형 학습자의 경우에 독서 내용을 스스로 구조화할 수 있다는 점이 확인되었다. 학습자(B1O1)는 중계 텍스트를 듣고 논제를 언어로 기술하고, 들은 내용을 어휘망으로 조직화하며, 어휘망을 통해 기억된 내용을 만화 줄거리로 요약하며, 다시 논제를 지지하는 논거를 상대적으로 많이 생산해 냈다. 어휘망에 쓰인 어휘는 모두 34개로서 연상한 예가 없이 중계 텍스트에서 상기해

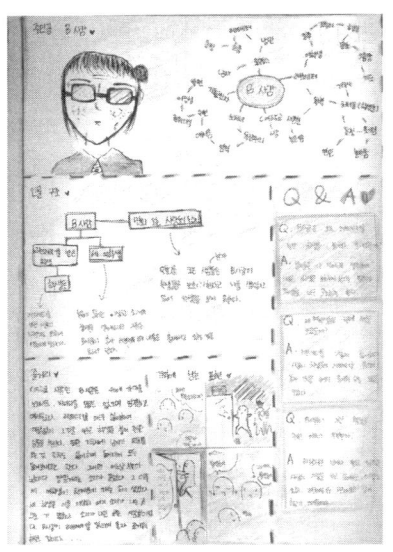

▲ B1O1의 독후 활동(토론 전 활동)

낸 것들이다. B1O1은 이미지와 어휘망 모두 활용함으로써 상대적으로 글의 분량이 많은 결과를 보여주었다(토론 텍스트를 구성한 근거의 수가 5개임). 또한 이미지 서사 양식의 한 예로, 만화 속의 말풍선 및 본문을 보면 좌측 상단("저게 무슨 소리래?", "가 보자, 가 보자.")→우측 상단(사감실 앞, 살금)→좌측 하단('어머나')→우측 하단("B사감이 미쳤나봐.")으로 전체 내용이 요약되어 있다. 여기서는 글쓰기에 있어 잠재적으로 등장 인물의 대사와 작품 속 상황이 독자의 인지구조를 형성한 특징을 보여준다. 물론 중계 텍스트의 성격상 성우의 낭독에 의해 학습자들이 내용을 이해하였기 때문에 대사 연기가 정서를 자극했으리라 추정할 수 있는 것이다.

또 D1O1의 경우 기억에 남는 표현을 음성상징어 '꽝당꽝당'으로 선택했는데, 수업 시간의 조용한 분위기에서 '꽝당꽝당'을 힘주어 낭독한 까닭에 전율이 감돌았기 때문이다. 대부분의 학습자들도 이 어휘를 주요한 표상으로 기억하였다. 가족의 음산한 분위기를 설명한 맥락에서 그 음성상징어는 섬뜩한 자극을 주기 때문에 주의 환

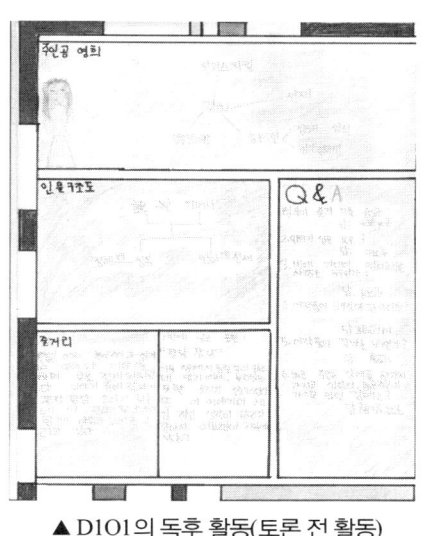

▲ D1O1의 독후 활동(토론 전 활동)

기에 고무적이다. 그리고 이 학습자의 어휘망에는 작품 속에서 모두 '영희'와 관련된 단어들로 8개의 단어들이 추출되어 있다. '꽝당꽝당' 소리

에 대하여 인물 '영희'의 신경질적인 반응이 자주 있었기에 학습자는 이 인물과 관련된 어휘에 주목했으리라 추정할 수 있다.

2) 소집단 토론의 활용

이 연구를 위해 중계 텍스트와 소집단 토론을 연결한 것은 글쓰기에 미숙한 필자들에게 자신의 생각을 언어로 전달하는 방법을 학습하도록 하기 위함에서였다. 이때 구어와 문어의 교섭이 나타나기도 하지만 두 체계가 자연스럽게 표현력을 확장시킬 수 있음을 보여준다. 중계 텍스트와 소집단 토론의 결합은 문어의 관습은 일단 차치하고서라도 사고 전달 방식과 체계를 먼저 익히는 데 목적이 있다.

2007학년도 7학년 학습자들의 자료에서 토론을 통한 산출물과 이미지를 통한 산출물을 비교·분석한 결과, 논증하기를 위한 동기 부여 방법으로서 토론을 통한 방법의 장점과 이미지를 통한 방법의 장점을 각각 발견할 수 있다49). 여기서 이미지와 다른 소집단 토론의 수월성을 추정할 수 있다. 논증 텍스트의 생성을 위해 소집단 토론과 이미지를 제공했을 때 그 둘은 뚜렷하게 구별된다. 필자는 이 연구의 대상 자료를 살펴본 결과 다음과 같은 차이를 확인할 수 있었다. 소집단 토론은 언어 정보를 대인 상황에서 즉각적으로 확인할 수 있는 이점이 있기 때문에

---

49) Flower & Hayes(1981)는 쓰기 전략을 통해 능숙한 필자의 특징을 발견하였는데, '구상하기(prewriting) 단계에서부터 수정을 많이 한다'(Williams, 1998: 276)는 것이다. Tribble(1996: 39)의 prewriting → … → publishing에 이르는 글쓰기 과정에서 행하는 수정은 모든 단계에서 회귀적으로 이루어졌다. 즉 prewriting⇌writing, writing⇌editing, editing⇌rewriting 등의 과정을 수없이 거침으로써 publishing이 가능해지는 것이다. 이 회귀적 과정에서 토론 및 토의를 통해 동료 협의(평가) 활동도 이루어질 수 있는데, 이는 최종 텍스트 산출을 위한 과정(학습)으로서 의의 있다. 특히 토론이나 토의는 예상 독자의 반응을 예측하기 어려워하거나 발상을 조직화하는 능력이 부족한 필자에게 효과적이다. 다만 참여자들의 성향에 따라 텍스트 생성을 위한 준비 기간이나 방법이 다를 수 있다.

텍스트 생성을 위해 개인의 생각을 수정할 수 있다. 반면 이미지에 대한 개인의 생각을 혼자 쓸 때는 어떤 제약도 없이 자유롭게 입안한 내용을 펼쳐 내게 된다. 전자의 경우 논제부터 참여자들이 합의하여 논거를 마련하지만, 후자의 경우는 드러나지 않은 예상 독자의 경향성을 예측해야 하므로 능숙한 필자에게 가능하다. 그래서 학습자별로 사전의 경험 세계가 텍스트 생성의 완결성 수준을 높여 준다. 이 두 가지 방법을 대조한 결과를 다음의 표로 정리한다.

<표 9> 소집단 토론과 이미지의 동기 부여 방식 비교

유형 기능	소집단 토론	이미지
사고	참여자 상호 간 의견 점검 및 분석	연상, 추리
언어	배경지식의 해석과 검증 경험	배경지식의 부호화 경험
텍스트	구조 함축(심층)	구조적 연결(표층)
표지	표지의 유표화	표지의 무표화

위의 정리와 같이 이미지는 배경과 대상에 의해 구조가 짜여져 있는 것이지만, 소집단 토론은 참여자들이 발화와 발화의 관계를 추리함으로써 구조를 만들어 가는 것이다. 이때 참여자들은 서로 이해를 돕기 위해 의도적으로라도 연결 장치로써 표지를 생성해 내어야 한다. 학습자의 성격에 따라 텍스트 생성의 중계 과정으로서 소집단 토론에 참여하는 것과 이미지를 읽어 내는 것 중에서 학습자에게 부담이 적은 것을 선택하게 해 줄 필요가 있다.

소집단 토론은 예상 독자를 상정하여 서로 간의 대화를 미리 경험하는 기회로 대별될 수 있다. 설득적 글쓰기뿐만 아니라 다른 어떤 글쓰기에서도 예상 독자를 상정하는 일은 글쓴이의 의도를 전달하는 데 실제성을 담보한다. 이를 위한 한 가지 방법으로 소집단 토론 상황이 도움을 줄 수 있다. 소집단 토론은 어떤 사회적 맥락에서 어떤 이와 대화를 나누거나 토론을 해 봄으로써 직접적으로 반응 양상을 추론하는 이점이 있는 것이다[50]. 다만 이 연구 대상인 7학년 학습자들은 대개 토론을 선호하는 경향을 보였다. 학습자의 학습 성향을 바꾸는 환경에 따라 글쓰기 형식의 변화를 가져 오고, 그 형식에 알맞은 내용이 생성되어야 한다. 같은 이치로, 토론도 글쓴이의 자기효능감에 적잖은 영향을 미친다. 문학 독서 토론에서 토론 의사소통을 성공적으로 이끌기 위해 참여자들 각자가 작품을 이해해야 하는 것이 전제가 되므로 문학 정보의 공유 여부는 선결 요건이 된다. 이는 참여자들 사이에서 동기 요인으로 작용하는 것이다. 토론이 활발하게 진행되면 참여자들 간에 문학 정보를 공유했기 때문에 이해 동기가 향상되었으리란 추정을 할 수 있고, 이에 반응하는 표현 동기도 비례한다. 두 가지 동기 모두 독서 토론에 관한 정보 습득은 물론 반대 토론 참여자가 제시하는 논거 정보, 토론 참여자들과의 대화와 신뢰감 형성에 긍정적인 영향을 준다. 그러므로 이는 학습의 성과를 위해 구비되어야 할 요인들로 보기에 마땅히 이견이 없는 것이다(Douglas(2006)/이흥수 외 옮김, 2007: 232-238 참조). Kramsch(1993: 244)가 좋은 교수자의 요건으로 '학습자들의 행위에 대하여 저항도 촉진하며 기억할 만한 가치가 있는 것을 가르칠 것'을 주장한 바 있듯이, 실제로 선행 텍스트로서 무엇이 제공되느냐에 따라 저학

---

[50] 성인 토론에서는 '다양한 배경을 가진 토론 참여자들이 자신의 의견을 개진하고 논쟁을 벌이며 결론을 도출하는 과정에서 국민 여론을 수렴하는 구실을 할 수 있다'(송종길, 2006: 445)고 했듯이 민주 사회에서 논쟁적 담화는 합의로 귀결되어야 그 자체로서 기능을 하며, 그것이 논쟁적 담화의 본질이다.

년 학습자일수록 논증하려는 욕구의 발현 정도가 다를 수 있다.

3.3.2. 텍스트 처리

텍스트 처리는 입안 후 설계에서 생성에 이르기까지 궤도 설정과 이동, 수정, 확장 등으로 연속된 과정이다[51]. 본고에서는 이 일련의 행위를 면면이 고찰하여 중등 학습자군의 논증 능력 실태를 파악하는 데 중점을 둘 것이기 때문이다. 필자는 이 능력을 구성하는 요소가 개별 학습자의 수준과 성향에 따라 다른 특징을 변별하며 온전한 텍스트에로 이르는 데 따르는 규칙과 체계를 함의했으리란 가정으로 접근하고자 한다.

1) 텍스트 설계

설계는 쓸 내용을 구성하는 단계에 해당된다. Chandler(1995: 229-236)은 '입안(구상) 단계 다음에 설계(구성) 단계, 세련화(벽돌 쌓기) 단계, 채색 단계로 분류한'(Barton, 2007: 172) 바 있다. 이 부분은 그의 용어로 '설계 단계'에 해당되는데, 논증 텍스트의 구성에 있어서는 논제와 논점을 설정하고 그것을 뒷받침하는 논거들을 생성·선정하는 단계

---

[51] "언어처리는 인간 정신 활동의 일부이며 인지과학이 대상으로 하는 것이 바로 이러한 정신 활동이다. 인지과학은 인지의 정태적인 측면뿐만 아니라 절차적 측면과도 관련을 맺고 있다. 인지적 과정에는 보통 인지과정, 언어처리과정, 사고과정을 든다. 이 세 가지 과정은 세 가지 표상(Vorstellung)과도 일치한다. 포더((Forder)와 같은 사람은 지각과정과 언어처리과정을 입력체계(input system)에 넣고 카스톤(Carston)과 같은 사람은 중심 체계(zentrales system)가 모든 사고 과정을 포괄한다고 한다. 중심 체계에는 모든 종류의 사고 과정을 포함시킨다. 카스톤은 '생각하기'에 논증, 문제해결, 사색과 그밖에 공상, 환상, 백일몽 등도 포함한다. 또한 기억도 여기에 속한다. 배우기와 같은 복잡한 사건은 문제 해결과 기억과 같은 사고 활동을 포함한다. 인지과정에서 출발하는 텍스트 이해에는 기억(Gedächtnis), 질문, 추론, 흔적 읽기(Spulenlesen)등도 포함된다."(고영근, 2005: 10)

로 간주된다. 앞 단계에서 무엇을 쓸 것인지가 고려되었다면 글쓰기의 내면화가 이루어진 셈이다. 텍스트 생성에 관하여 먼저 내적 동기를 촉진하고자 왜 그것을 써야 하는지 확인해 볼 필요가 있다. 이 단계에서 논제가 설정되고, 어느 영역에서 그것을 쓸 수 있는지 확인하며 쓰기 가능한 내용들을 선택하게 되는 것이다.

논제는 글쓴이의 태도가 반영된 것이고, 글쓴이는 이를 지원하기 위해 상세화함으로써 글의 설득력을 확보한다. 고교생 수험자에게 논증 텍스트를 선행 텍스트로 제시할 때 문제 제기 방법으로 생략삼단논법이 유용하게 쓰일 수 있다. 나아가, 이는 일상생활의 문제 해결적 의사소통에 적용 가능하며, 쓰기에도 영향을 미쳐 논증 구조의 모습을 익히는 데 도움을 줄 것이다. 문제 제기는 비판적 사고를 수반하며, 논증 텍스트 생성의 동기를 제공하는 방법이다. 문제 제기의 전략상 텍스트가 제시될 수도 있다. 아래의 생략삼단논법은 선행 텍스트(제시문)에 대한 요약으로 구성된 경우로서 생략된 소전제는 당해 문화권의 공유 지식이며 복원 가능하다.

> 대전제: 웰빙 운동은 물질적 풍요와 정신적 풍요를 함께 회복하는 것이다.
> (소전제: 화폐를 가짐으로써만 웰빙을 추구할 수 있는 것은 아니다.)
> 결　론: 참살이는 나 자신에게 맞는 삶을 사는 것이다.

사례 텍스트4_3_245의 경우 텍스트4_3_246의 '진정한' 대신 '참_살이'라는 명사를 주어로 하였듯이, 모국어 학습자는 대개 대전제의 정의 방식에 상응하도록 기술한다. 그리고 이러한 선택은 당해 사회·문화적 맥락과 밀접하게 관련하며, 웰빙이 상품화된 시대에 소전제가 생략되어도 대전제나 결론을 통해 서술자의 비판적 관점이 짐작된다.

어느 유형보다 설득적 텍스트의 절차적 구조에서는 논제 - 논점 - 논거의 관계가 분명히 드러난다. 왜냐하면 이 텍스트는 논제에서 핵심 쟁점인 논점을 찾고, 그것에 타당한 논거를 마련하는 순서로 구성되기 때문이다. 대상 학습자들이 논점에 대하여 어떻게 논의를 산출했는가를 살펴보자. 논제는 글쓰는이가 세계에 대한 문제의식을 가짐으로써 설정할 수 있는 것이기에 사전에 동기가 부여되어야 한다. 마찬가지로 논제를 설정하고 표현할 때에도 인간은 감각 기억(iconic memory)을 통해서 최소량의 어휘를 선택하고, 선택한 어휘를 결합하여 체계적으로 문장을 만들 수 있다[52]. 이 연구를 위해 7학년 소집단의 글쓰기에서는 이미지를 통해 어휘를 연상하고 나아가 줄거리를 그려 보는 순서로 사고를 확장해 갔다[53]. 이때 문제는 어휘 기억 용량이 텍스트의 양·질적 수준에 영향을 줄 수 있는가 하는 점이다. 텍스트의 양적 수준에서는 언어 사용의 유창성을, 질적 수준에서는 정확성과 언어 사용의 밀도[54], 즉

---

[52] 본 연구 대상에서 기억에 영향을 준 요소를 살펴보면 이미지가 학습자들에게 공통적으로 유의미하게 사용된 사실을 알 수 있다. B1O1(여)과 C1O1(여), C8O2(남)의 경우는 장면(네 컷 만화 구성)도 보조적으로 기능했으며, C2A1(남), D1O1(남), D2A1(여), A1O1(남), A8A1(남), B7A1(남), D7O1(남)의 경우는 작품 속 문장 표현을 통해 언어 감각을 체화하였다. 다만 이미지보다 언어가 더 우세하게 영향을 준 경우는 D2A1(여)과 D7O1(남)에게서 나타난다. 또 구어의 리듬이 기억 요인으로 작용한 경우는 A1O1, A8A1, B7A1인데 모두 남학생이다. 이 구어 리듬은 남학생의 토론 화행에서 알 수 있었듯이 발화의 길이가 짧고 연쇄적으로 구성된 점과 상관한다. 특히 C2A1(남)은 구어 표현의 영향을 받은 경우인데, 여기서 주제를 전달하는 목소리가 설득력을 갖는 데 필요한 주요 요인이 됨을 확인할 수 있다.
[53] 7학년 학습자들이 문학 독서 토론을 위해 대상 자료를 이해하고자 선택된 활동은 자가 질문(Q&A), 어휘목록을 생성해 내는 것으로 구체화되었다.
[54] 언어 사용에 있어 문체의 무질서한 정도에 의해 엔트로피가 증가하면 텍스트의 결속성이 약해지고 엔트로피가 낮아지면 텍스트의 결속성이 강해진다. 즉 언어의 어휘적 결속성, 통사적 결속성, 주제와 뒷받침 문장 사이의 결속성이 글쓴이와 읽는이의 상호작용을 돕는 것이다.

충분함이나 깊이를 알 수 있다. 이 연구에서 학습자들은 텍스트를 듣거나 읽고 기억에 남는 단어나 그림을 머릿속에 저장하고, 나아가 연상한 단어들을 관계 지어서 글을 산출하였다. 산출물들을 살펴보면 핵심 어휘(범주 용어)를 중심으로 더 포괄적인 상위어와 특칭으로서의 하위어로 형상화되어 있다. 그리고 어휘의 양과 그 관계성(응집성)을 통해 사고의 수준을 가늠할 수 있는 것과 아울러 남녀 학습자의 성향도 변별할 수 있다. 본고에서 고교생의 경우는 주어진 논제에 반응하여 텍스트를 생성하였으므로 이미지를 문자로 바꾸는 과정과는 무관하다. 다만 문자를 이미지로 바꾸어 기억했다가 다시 문자로 바꾸는 학습자가 있을 수 있지만, 여기서는 텍스트 생성에 관여하는 논제 파악 능력에 초점을 맞추기로 한다. 7학년 수준의 논제 유형을 아래의 표로 정리한다.

<표 10> 소집단별 담화 및 학습자별 토론 텍스트의 논제

소집단	토론 담화의 논제	학습자	토론 텍스트의 논제
A3	이 작품의 주제는 익호의 애국심이다.(익호는 애국심이 있다.)	A3A1 55	익호는 애국심이 있는 사람이다.
A7	붉은산의 의미는 긍정적으로 쓰였다.	A7A1	붉은산의 의미는 긍정적이다.
A9	붉은산은 감동적이다.	A9O1	붉은산은 감동적인 작품이라는 것에 반대한다.
B1	러브레터는 믿을 만하다.	B1O1	러브레터는 믿을 만하다(믿을 만하지 않다).
B2	학생(셋째처녀)의 생각에 찬성/반대	B2O1	학생(셋째처녀)의 생각에 반대한다.
B4	B사감의 생각은 옳다/아니다.	B4A1	B사감의 생각은 옳다.
C2	'간사하고 요망한 것은 여우가 아니라 인간이다.'라는 말에 찬성한다.	C2A1	저는 여우의 말에 찬성합니다.
C3	의견은 까마귀의 말에 반대한다는 것입니다.	C3A1	까마귀 의견에 찬성합니다.
C5	여우가 말한 것 중 '사람이 여우가 되어야 하고 여우가 사람이 되어야 한다.'에 대해 찬성/반대한다.	C5O2	사람이 여우가 되어야 하고 여우가 사람이 되어야 한다는 여우의 말에 반대한다.

소집단	토론 담화의 논제	학습자	토론 텍스트의 논제
C8	'나는 인간이 어리석다'에 반대/찬성	C8A1	나는 인간이 어리석다는 것에 찬성한다.
		C8O2	나는 인간이 어리석다는 거에 반대한다.
D1	성식의 삶은 이해할 만하다/아니다.	D1O1	성식의 삶은 이해할 만하지 않다.
D3	이 소설의 주제는 (가족간의 사랑)이다.	D3A1	소설의 주제는 가족 간의 사랑이다/아니다. (찬성)
		D3O3	이 소설의 주제는 가족간의 사랑이다.에 반대한다!!
D6	아버지노인; 치매에 대한 가족의 태도를 이해한다./못한다.	D6A1	아버지(노인:치매)에 대한 가족의 태도를 이해한다.

(※ 칠한 부분을 중심으로 분석함.)

  이 연구에서 살펴볼 주요 논제들은 거의 모두 문학작품의 감상을 위한 교과 핵심 정보에서 유도된 것이다. 그리고 필자가 작품 감상을 위해 그러한 핵심 정보를 제시하고, 학습자들이 그것에 대한 반응을 소집단별로 교환하면서 당해 상황에 적용해 본 끝에 쟁점을 이끌어 냈다. 물론 이때 작품 감상의 핵심 정보는 중등 국어과 교육과정과 교과서 구성 체제에 입각한 장르적 요소였다. 예를 들어 소설의 경우라면 소설의 3요소나 구성의 3요소를 중심으로 학습하게 되는데, 이 논증 방법에 의하면 핵심 정보들을 가지고 토론 수업으로 학습할 수 있는 가능성도 생각할 수 있다. 궁극적으로 소설에 대한 토론은 구성 요소를 소설적으로 형상화하는 방법에 대해 탐구하도록 이끈다. 본고에서 고교생의 경우는 선행 텍스트의 요약 텍스트를 구성하므로 논제가 이미 설정된 상태이고 학습자의 뭊은 논점을 발견하는 것에서부터 시작된다. 따라서

---

55) 논문의 기호 표기상 A3A1의 경우 앞의 A는 학급을, 다음의 숫자는 소집단의 일련 번호를, 그 다음의 A는 찬성(Approval) 입장을, 맨 끝의 숫자 1은 찬성 입장의 첫 번째 토론자를 나타낸다. 한편 반대 입장의 경우는 둘째 알파벳 자리에 O(Opposite)로 표기한다.

이에 대해서는 다음 항에서 논의하기로 한다.

2) 논점 발견

전략적으로 텍스트를 설계하기 위해서는 주요 내용의 단편들이 필요하다. 그래서 선행 텍스트를 요약할 때 핵심어가 놓인 문장이나 문단에 주목하는 것이다. 이 행위는 말터[56]를 찾아가는 과정에 해당한다. 즉 여기에서는 선행 텍스트의 줄거리를 통해 관점을 분명히 하게 된다. 선행 텍스트의 서사구조는 표층적으로 논증이 드러난 텍스트보다 저학년층의 학습자가 이해하기에 용이하다[57]. 먼저 7학년 수준에서 발견한 논점들을 아래에 정리한다.

<표 11> 표본 소집단별 논점과 진술 양상

소집단	논점	담화 유형	기술된 내용
A1	동포애	토론	• 집을 내어 줌. • 괴롭힘을 제거해 줌. • 물건을 탐하지 않음.
A2	바람직함	〃	• 인격을 존중함. • 피해를 주지 않음.
A3	애국(심)	〃	• 동포에게 피해 주지 않음. • 극한 상황에서도 생각함.

---

56) Aristoteles는 '토포이(topoi)'를 '논의하는 방법들' 또는 '논리적 규칙들'을 총칭하는 말로서, '논의의 터전'이나 '논점'을 의미하는 '토포스(topos)'의 복수 표현이다(김재홍 옮김, 1999: 28). 여기서 논점은 핵심 쟁점을 말한다.
57) 본고의 대상 중에, D4A2(여)는 기초학습부진아로 판명된 경우이다. 이 학생은 국가 수준의 진단 평가에서 초등 2학년 수준의 국어·수학 성적을 0점 받고, 소집단 토론도 할 수 없는 정도이다. 그러나 문학작품을 실생활 맥락에 관련지어 이야기의 흐름을 따라 유추하였을 때 자기의 생각을 말할 수 있었다. 그 이후 이 학습자는 논술 평가에서 더 이상 백지 답안을 제출하지 않았다. 물론 이 모둠에서 읽은 텍스트가 학습자 D4A2의 성향과 비슷한 배경을 담고 있기는 하다. 이 학습자의 환경 여건은 형제 수가 4명으로 상대적으로 많은 집안이고, 개별적 특징은 외향적 성격의 소유자라는 점이다.

소집단	논점	담화 유형	기술된 내용
			• 고통 받는 사람들을 구해 줌.
A4	본받을 점	〃	• 애국가를 부름. • 노인을 위해 희생함. • 자기의 할 일(예:주권을 주장)을 다함.
A5	본받을 점	〃	• 소중한 사람을 위해 목숨을 바침. • 죽을 때 애국가를 부름.
A6	진정한 한국인	〃	• 사람들을 죽이지 않음. • 같은 민족을 때리거나 괴롭히지 않음. • 동방예의지국의 성격에 맞음. • 친일적 지주에게 복수함.
A7	붉은산의 의미	〃	• 열정과 정열 • 시련의 산 • 우리들의 모습
A8	작품의 결말	〃	• 생명의 소중함. • 인과응보 • 괴로운 삶에 대한 자책
A9	소설의 감동	〃	• 마지막에 애국가를 부름.
A10	감동	〃	• 죽을 때 애국가를 부름. • 붉은산은 익호의 피로 물든 산임.
B1	러브레터	〃	• 조심할 수 있음. • 추억이 될 수 있음. • 진실하지 않음.
B2	(소설 속) 인물/학생	〃	• 역할이 충분함. • 한 인물이 한 가지 역할을 하면 됨. • 선생님께 욕을 하면 안 됨. • 할 말과 안 할 말을 구분함.
B3	(소설의) 주제	〃	• 일관성이 있어야 함. • 재미있어야 함. • 보통사람들에게도 해당되어야 함.
B4	B사감(의 생각)	〃	• 공부를 하는 곳이 학교임. • 피해를 주지 말아야 함. • 러브레터로 학교를 시끄럽게 만들지 말아야 함.
B5	사감	〃	• 학생을 위함. • 엄격하고 규칙이 셈.
B6	B사감	〃	• 신중하나 권위적임. • 이중심리적임.
B7	인물 수와 성격	〃	• 인물 수가 많으면 내용이 복잡해짐. • 인물 수가 많으면 성격 파악이 어려움.

소집단	논점	담화 유형	기술된 내용
B8	재미	〃	• 인물 수가 많으면 이야기 전개가 힘들어짐. • 러브레터를 싫어하는 게 특이함. • 비현실적임. • B사감의 행동이 흥미로움.
C1	인간	〃	• 부모의 뜻을 거스르는 자가 많음. • 양심이 있음. • 물질적으로만 효도함. • 물질에 정신이 담기면 상관 없음.
C2	인간	〃	• 사람은 출세를 위해 요망한 짓(뇌물)을 함. • 교육을 받아도 반성하지 않음.
C3	인간	〃	• 공경하는 마음이 있어야 함. • 성실해야 함. • 부지런해야 함. • 이타적이어야 함.
C4	여우	〃	• 남을 속임. • 약자를 잡아먹는 것도 도망가는 것도 당연함. • (살기 위해 잡아 먹음.)
C5	간사함	〃	• 돈이 세상을 지배하기에 인간이 간사해짐. • 돈에 죽고 사는 세상임. • (자원 봉사도 할 수 있음.) • (돈 때문에 인격을 위협할 수는 없음.)
C6	인간	〃	• 형식만 중시함.
C7	인간	〃	• 자식을 학대하거나 버리기도 함. • 노인 문제를 발생시킴.
C8	인간	〃	• 환경을 파괴함. • 대선 생각이 있어 어리석음.
D1	인간	〃	• 능력이 없으면 기회를 기다려야 함. • 자신의 개성을 살려 일해야 함. • 게으르지 말아야 함. • 한탕을 노리지 말아야 함. • 노력해야 함.
D2	정혜	〃	• 순종하는 사람이 힘든 일을 맡음. • 맡은 일을 확실히 함. • 얌전한 사람이 참을성 있음. • (너그러우면 만만하게 봄.) • (가부장 사회에서는 말을 하지 못함.)
D3	(소설의) 주제	〃	• 가족을 그리워하는 것은 관심 있고 사랑한다는 의미임.

소집단	논점	담화 유형	기술된 내용
			• 서로를 이해하고 걱정하며 협동함. • 화해하기 위해 대화를 나눔.
D4	인물 수	〃	• 가족들만 나오면 내용이 부족함. • 약한 사람이 선한 사람보다 많음. • 인물이 많으면 읽기 힘듦. • 인물이 많으면 내용이 길어지고 지루해짐. • 인물이 많다고 재미있지 않음.
D5	선재	〃	• 남자들도 집안일을 도와주는 시대임. • 맡은 일을 성실히 함. • (집에 안 들어옴.) • 다시 돌아올 사람임.
D6	가족의 태도	〃	• 늙은 부모도 자기를 사랑해 줌. • 자식된 도리는 효도임. • 치매노인을 보살피는 것이 효도임.
D7	가족	〃	• 흥을 보면 행복한 가정을 이룰 수 없음. • 늦게 들어오면 무책임한 것임. • 성격 때문에 화목해지지 못할 수 있음.
D8	가족	〃	• (구성원마다) 나름대로의 삶이 있음. • 함께 있음. • 서로 일을 나누어 함.

(※칠한 부분은 본 연구의 중심 대상임.)

한편 고교생 수준에서 제시문을 해독하여 발견한 논점은 4_3의 텍스트 모음에서 6가지 유형으로 나타났다. 그 구체적 유형은 아래와 같고, 이로써 새로운 학습자에 따라 텍스트가 개시된다.

ㄱ. [용어] 웰빙은/웰빙운동은/참살이란 등 … (62%)
ㄴ. [사람] 필자는/글쓴이는/제시문에서 … (12%)
ㄷ. [사건] 웰빙의 상품화는 … (11%)
ㄹ. [시간] 현대는/현대사회는/산업화 이후에는/요즘/최근 … (6%)
ㅁ. 기타[58] … (9%)

---

[58] 기타로 분류한 유형은 한두 가지로 구별되는 사례들로서 군집의 특징을 찾을 수 없는 경우에 한한다. 이것은 이하 다른 논제 유형에 나타난 내용에서도 동일하게

ㄱ과 ㄴ은 전경화 방법으로서 기본 전제나 논의의 관점을 텍스트의 도입부에 제시하여 글을 전개하는 유형이다. ㄷ은 논의에서 다루는 문제, 즉 쟁점을 바로 드러내는 유형이다. 이 유형은 논제에서 언급한 내용을 이어서 답하는 경향을 보여준다. ㄹ은 배경화 방법의 한 예로서, 초점을 지향한 설정으로 간주되는 뜸들이기 전략[59]이다. ㅁ은 제시문의 초점을 바로 드러내어 시작하는 유형이다. 그 밖에도 다양하게 텍스트를 시작하는 방법이 보이지만 유형으로 묶을 수 있을 만큼 수효가 많지 않아 필자는 기타 유형으로 분류하였다. 여기서는 수식어구(절)를 포함한 예들이 많았다. 이들 중에서 가장 많이 나타난 ㄱ유형은 '웰빙'이 제시문 전반에 빈번하게 쓰인 유형으로서 기억하기 쉬운 2음절어인 점을 특징으로 비춘다.

제시문6_1을 파악하는 방식에 있어서는, 첫 문단의 첫 문장이나 논제에 제시된 관점에 주목하는 경향이 강하게 나타났다. 특정 국가를 대상으로 내용이 전개되었기 때문에 독자들에게 대상을 어떻게 바라보느냐가 관건으로 여겨졌을 것이다.

ㄱ. [중심 국가명] (켈트) 스코틀랜드는 (30%),
ㄴ. [체제] (국가) 전체주의는 (27%),
ㄷ. [대상] 문화는 (26%),
ㄹ. [상대 국가명] 아일랜드는 (7%),
ㅁ. [인간] 인간은/국민은/시인들은 (4%),
ㅂ. [글] 제시문은 (2%),
ㅅ. 기타 (4%)

적용된다.
59) 이 전략은 통상적으로 주의 환기의 기능을 하는 도입부에 사용된다.

또 아래 제시문8_1에서는 죄의 판결 내용을 구분해서 다룬 예에 의존하는 경향을 보였다. 즉 구체적 사례로 제시된 내용을 직접 언급하며 개념을 적용해 보인 과정이 나타나 있다. 다만 학습자가 사례를 보는 방식이 비교·대조에 의한 까닭에 근거를 분류하는 연습을 꾀할 수 있다.

ㄱ. [제시문 기호] (나)는 (36%),
ㄴ. [제시문 기호] (가)는 (25%),
ㄷ. [주요 개념] 사실판단은 (17%),
ㄹ. [제시문 병합] (나)와 (다)는/의견들은 (9%),
ㅁ. 기타 (13%)

제시문10_1에 7회 나타난 '영웅'을 중심으로 내용을 파악하려는 경향이 강하게 나타났는데, 끝부분의 '영웅주의'에 대한 당위적 진술에도 영향을 미친 것으로 보인다. 아래와 같이 사건보다 목표에 주목한 사실은 독자의 입장에서 감정이입이 이루어진 결과로 해석할 수 있다.

ㄱ. [핵심어] 영웅은 (31%),
ㄴ. [주체] 사람들은/일반인이/개인은 등/ (32%),
ㄷ. [제시문 기호] (가)는 (11%),
ㄹ. [사건] 미화는 (9%),
ㅁ. [관념/체제] 영웅주의는/영웅의 -는 (8%),
ㅂ. [글] 제시문은/이 글에서는 (3%),
ㅅ. [인물명] 피터는 (2%),
ㅇ. 기타 (4%)

한편 제시문11_2에 대한 텍스트들에는 논제에 명시된 대로 (가)글부터 정리하면서 구성해 나간 과정이 드러나 있다. 이 점을 통해, 학생 독자들은 배경이나 주체 중심으로 내용을 정리하기보다 제시문의 서술 방식이 건조하고 어조가 단호하게 나타나는 경우를 더 신뢰한다는 것을 알 수 있다.

ㄱ. [제시문 기호] (가)는 (52%),
ㄴ. [제시문 병합] (가)는…(나)는… (17%),
ㄷ. [주체] 기업/생산자는 (14%),
ㄹ. [초점] 대응 방식은 (3%),
ㅁ. [사건] 문제는 (3%),
ㅂ. [속성] 책임은 (3%),
ㅅ. [구성 방식] 차이점은 (2%),
ㅇ. [배경] 현재 세계는/요즘 전세계는 (2%),
ㅈ. 기타 (4%)

이렇게 해서 첫 문장이 기술되면 본문 내용을 구성하는 방법이 둘로 나누어진다. 하나는 제시문의 순서대로 중심 내용을 발췌하는 경우이고, 다른 하나는 제시문의 순서를 바꾸어 재배열하는 경우이다. 전자는 논제에 쉽게 접근할 수 있는 방법이고, 후자는 논제의 핵심어를 기준으로 하여 해당 부분을 먼저 선택하는 경향을 보인다.

요컨대 논제4_3의 경우는 '웰빙의 상품화'에 대해 비판적인 관점으로 대응해야 하는 유형으로서, 관점의 파악이 우선시된다. 논제6-1과 논제11_2도 관점을 명시한 유형이며, 논제8_1에 대응한 사례들 중에는 핵심어를 추출하여 요약 텍스트를 생성한 경우가 많았다. 10_1은 대상을 구체적 예에 적용하여 관점을 확인하도록 유도된 유형이다. 이상에서 보다시피 학습자는 우선적으로 논제의 초점 정보를 발견하여야 한다.

실제 학습자들이 반응 텍스트를 생성하기 위해 생각을 몰입했던 어휘에서 논점을 발견할 수 있는 단서가 찾아진다. 그 유형은 아래와 같다.

<표 12> 고교 학습자군의 논증 텍스트 생성 기제

논제번호	텍스트	핵심어	단서	논제	텍스트	핵심어	단서
4_3	문**59[60)](#)	웰빙	주어	8_1	*미*14	판단	주어
					문**49	판단	〃
	*채*71	상품화	〃		**훈54	대답	셋째 문장에 출현
	천**82	웰빙	〃		정**127	중심사건	주어
	*아*85	웰빙	〃		서**175	판단	〃
	*수*106	웰빙	〃	10_1	천**16	영웅	주어
	서**217	웰빙	〃		*수*21	이상	〃
	**진_가 229	상품화	〃		정**29	영웅	〃
	*미*_가 243	웰빙	〃		서**44	영웅	〃
	*상*247	웰빙	〃		*민*_가 89	영웅	〃
	*미*_나 257	상품화	〃		**훈113	힘	〃
	**진_나 275	웰빙	〃		*민*_나 133	미화	〃
6_1	문**1	문화	주어		*채*159	욕구	〃
	**진20	스코틀랜드	〃		*솔244	영웅	〃
	*솔24	스코틀랜드	〃	11_2	*수*21	극대화	목적어
	*수*40	전체주의	〃		*상*30	기업	주어
	*상*55	창출	〃		*민*_가 58	기업	〃
	천**83	전체주의	내포절		*민*_나 96	기업	〃
	*아*_가 191	스코틀랜드	주어		정**129	생산자	〃
	*채*206	전체주의	〃		**훈_가 177	기업	〃
	*민*_가 220	스코틀랜드	〃		**훈_나 183	생산자	〃
	*민*_나 245	전체주의	목적어		*민*_다 248	이윤	주어부
	*아*_나 265	스코틀랜드	주어		*솔253	기업	〃
8_1	**진7	학문	주어				

제시문4_3에 대해서는 '웰빙' 8회, '상품화' 3회로, 6_1에 대해서는 '스코틀랜드' 5회, '전체주의' 4회, '문화' 1회, '창출' 1회로, 8_1에 대해

---

60) 필자는 텍스트 사례를 표시함에 있어 동일한 학습자의 여러 텍스트를 '가, 나, 다'로 구분하고, 제출 순서를 숫자로 나타내었다.

서는 '판단'61) 3회, '학문' 1회, '사건' 1회로, 10_1에 대해서는 '영웅' 5회, 기타 1회로, 11_2에 대해서는 '기업' 5회, '생산자' 2회, 기타 2회로 선택되었다. 이 결과는 제시문에 나타난 어휘의 반복 횟수와 상관하며 주로 첫 문장에서 선택된 점이 특징이다. 또한 핵심어로 주목한 어휘의 문법적 단서는 주어인 경우가 압도적으로 많았고 가끔 목적어나 절의 형태에서 발견되기도 했다.

3) 궤도 설정

여기는 논점을 분명하고도 다양하게 진술하는 단계이다62). 온전한 텍스트를 구성하기 위해서는 자신이 처리할 수 있는 내용을 선정하되 반박이 있을 수 있는 범위까지 고려하여 적정한 궤도를 설정하고, 그 분포를 정리한다. 이 범위는 '말터(토포이)'로서 생각의 단편들이 모여 있는 場이다. 핵심어를 통해 생각이 이끌려 나오므로 제시문의 문장마다 반복되는 단어를 찾고, 연상어를 생각해 내도록 한다. 아래의 목록은 고교 학습자가 생성할 텍스트 궤도의 기반으로서 선행 텍스트의 핵심어를 추출한 반응이다. 학습자들은 주로 제시문의 주어를 선택하거나 주어와 유의관계인 어휘에 주목하였다.

---

61) 예를 들어 첫 문장을 제시문의 구조에 따라 정리하고 둘째 문장을 논제에서 끌어다 쓴 후 셋째 문장에 글쓴이의 주관적인 선택을 노출한 경우가 있다. 이는 제시문에 나타난 따옴표 인용에 주목하면서 읽어 내려가다 제시문 끝 문장이 머릿속에 각인된 결과로 보인다.
62) 이 다양성은 개별 학습자의 관점들을 통칭한 표현이다. 즉 이 용어는 개별 학습자가 나름대로 주어진 논제를 소화하거나 스스로 논제를 마련하여 텍스트를 생성할 것을 함의한다.

<표 13> 논제별 추출 가능한 핵심어(Stockwell, P., 2008: 180 참조)

회차	논제	핵심어 추출(반복횟수)	비고
4_3	제시문에서 필자가 '웰빙의 상품화'를 비판하는 핵심적인 이유를 200자 내외로 요약해 보시오.	'웰빙'(24회/총 27개 문장)	주어
6_1	제시문의 논지를 국가 전체주의에 대한 경계로 확장시켜 나가고자 할 때, 글의 내용을 포함하여 하나의 완성된 글로 재작성해 보시오. (350자)	'스코틀랜드'(11회/총 11개 문장)	주어
8_1	제시문 (가)에서 말하는 '사실 판단'과 '가치 판단' 개념에 초점을 맞추어 (나)와 (다)에 나타난 의견 대립을 비교 분석하시오. (400자 내외)	(가)'사실'5회, '가치'2회, '판단'2회/총 3개의 문장) (나)'보고'(3회/총 11개 문장) (다)'도박'5회, '우연'2회/총 4개 문장)	'사실', '가치' (주어) '판단', '보고' (술어) '도박', '우연' (목적어/술어)
10_1	제시문 (가)의 요지를 정리해 보시오. (300자 내외)	'영웅'7회, '이상'5회, '힘'2회/총 27개 문장(유의관계)	'영웅'(주어) '이상', '힘'(술어)
11_2	제시문 [가]와 [나]의 관점에 입각하면 전 세계적인 에너지 고갈과 환경파괴의 문제와 관련해, 생산자들이 취할 수 있는 전혀 다른 대응을 생각해볼 수 있다. 그 대응방식의 차이를 설명하고, [다]를 참조하여 그 차이를 발전적으로 통합할 수 있는 가능성에 대하여 논술하라. (400자 내외)	(가)'기업(4회/총 3개 문장)' (나)'기업(3회/총 4개 문장)' (다)'소비자'(3회/총 2개 문장), '소비'1회, '구매'4회, '서비스'3회(총 2개 문장)	'기업'(주어) '소비자'(주어)

    핵심어를 중심으로 궤도가 그려진 다음에, 그 주변을 감싸듯이 궤도를 확장하면서 우주를 횡단하는 위성들은 논거에 비유될 수 있다. 논거는 글의 힘을 보장해 주는 단서이다. 더 정확히 말해서, 독자를 설득하고 영향력을 행사하는 것은 논거의 힘이다. 마치 '연사와 청중이 바람직한 목표로 나아가기 위해 동의를 이끌어 내고자 청중 각자에게 공통된

경험, 교육, 문화, 지식 그리고 공통된 이해관계가 있어야'(Perelman, 2006: 78-88) 하듯이, 설득적 글쓰기에서도 예상 독자와의 공통된 이해관계를 기반으로 할 때 논증은 성공적으로 기능할 수 있다. 여기에 주요한 動因으로 작용하는 것이 바로 논거인 것이다. 논거를 마련하는 능력은 개별 학습자의 배경지식과 적극적 태도에 따라 다른데, 여기서 나타나는 수준과 이를 고려한 실제 교육 내용 설계에 대해서는 4장에서 자세히 논의하기로 한다.

한 편의 글을 구성하려면 자료로서 제시문 내용을 파악한 결과[63]를 가지고 텍스트 국면을 조망하며 설득력을 부여해야 할 것이다. 즉 이는 논거를 풍부하게 갖추는 일이다. 먼저 제시문4_3에서 추출한 핵심어를 기점으로 하여 주변 맥락에 연상어들을 배열한다[64]고 하자.

> [1문단]…웰빙 운동이다. 이는 이전의 삶과 다른 방식으로서의 삶을 말하며, 이전의 삶에서 정신적으로 한층 진일보한 삶을 말한다.
> [2문단]…웰빙의 상품화는 바로 웰빙의 타자화이다.…
> [3문단]…각자의 본분에 따라 각자에게 만족할 만한 '참-살이'를 알고 행해야 하는 것이다.… (제시문4_3 중에서)

---

63) Stockwell, P(2009: 170-173)을 따르면 TR(Trajector)는 제시문에서 주목할 내용(focus)인데 본고에서는 '궤도'로 번역한다. 이 궤도는 조사에 의해 확장되어 텍스트를 구성한다. 주로 '-으로/-에(지향점)', '-으로/ 때문에/-에 의해'(원인), '아래/이상으로'(전제) 등과 같이 체언 뒤에 붙어 실현된다. 그리고 LM(Landmark)은 대상이나 장(場; background)으로서 TR이 지향하는 대상에 해당되므로 본고에서 '지표'라 칭하기로 한다. 이 지표는 인과, 은유, 원인 - 경로 - 목표 등의 다양한 방법으로 나타난다. 즉 이것은 일련의 행위 형식을 명사구와 술어 관계로 구성하되 절 구조로 묶임으로써 텍스트 국면에서 완결성을 갖는다.
64) 어휘 연상에 있어서는 선행 텍스트(제시문)에 쓰인 것을 추출한 경우도 있지만, 엄밀히 말해 독자의 선택에 의한 재구성이므로 연상 행위의 일종으로 볼 수 있다.

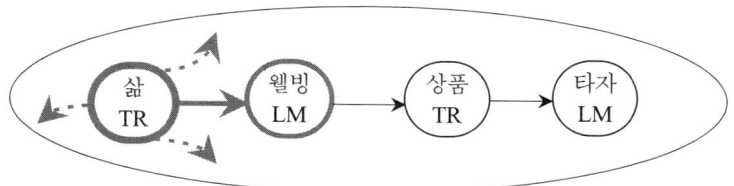

<그림 5> 제시문4_3에서 추출한 '삶'의 영역

위 제시문을 읽으면 누구나 인지구조(Schema) 속에 만족감, 정신, 물질, 풍요, 내것, 미래, 현재, 과거, 고급 등을 구축한다. 그리고 '삶'에 대해 떠오르는 어휘를 기록해 두며 글쓰기를 시작하는데, 이것을 '중심 궤도를 둘러싸고 있는 위성'에 비유할 수 있다. 이 위성들 중에는 제시문에 선택된 예들이 그대로 인용될 수 있으나 변형된 구조 안에서 새롭게 조명되기도 한다. 왜냐하면 논제는 시의성을 고려하여 당시의 사회 현상들에서 설정된 것처럼 독자의 환경에서 재해석되기 때문이다. 우리 문화권에서 논술은 그렇게 현상에 새로운 정보를 추가하고 기존의 정보를 변형하고 해서 문제 해결적 사고를 요구하는 텍스트 유형으로 합의되어 왔다.

> [1]웰빙의 상품화는 웰빙을 '물질을 통해서 고급스러워지는 삶', '수준높은 삶'으로 왜곡시켜서 웰빙을 타자화한다. [2]그래서 현재의 내것이 되어야 하는 웰빙을 과거의 웰빙의 삶을 되찾는 또는 미래의 웰빙의 삶을 위해서 준비하는 것으로 나의 삶과 웰빙을 분리한다. (4_3;**진_가[65])

> [1]웰빙 운동은 물질적 풍요와 정신적 풍요를 함께 획득하는 것을 말한다. [2]하지만 현재 우리 주변에서 보이는 웰빙은 화폐가 있어야 획득할 수 있는,

---

[65] 본고에 인용되는 텍스트 사례들은 교육용으로서 그 실제성을 고려하여 어문규범의 오류를 수정하지 않고 원전 그대로 밝힌다.

소위 수준 높은 삶이라고 남에게 불리는 삶의 모습을 구매하는 것으로 변질되었다. [3]진정한 웰빙, 즉 참-살이는 다른 누군가가 고급스럽게 여기는 삶이 아닌, 지금 이 자리에서 나 자신에게 맞는 삶을 사는 것이어야 한다. (4_3;**진_나)

<4_3;**진_나>의 경우는 유행어('웰빙')에서 글이 시작되어 사회문제('운동')로 확산된 분위기를 포착한 후 우리말('참살이')을 연결하였다. 이 텍스트가 생성되기 위해 <9_3;**가>에서 유행어('웰빙')를 '물질', '고급', '왜곡' 등의 어휘와 연관지어 '상품화' 현상으로 접근하고, 그것을 통해 자아와 삶이 분리되는 느낌을 비판하는 국면에서 '타자'로 의인화한 과정이 드러났다. 그래서 이러한 비판이 '웰빙'의 문자적 의미 그대로로 환원되는 것이다.

아래의 내용은 제시문6_1의 일부이다.

[1문단] 그들의 문학은 … 모방하는 것이었다. … 켈트 스코틀랜드는 독자적인 전통을 지니지 못했고 지닐 수도 없었던 것이다.
[2문단] 아일랜드에 대한 문화적 반란이 있었다. … 새로운 고지대 전통들이 인위적으로 창출되는 과정이 있었다. … 소개되고 재차 적응되어 그럴싸한 전통으로 형성되어 가는 과정이 있었다. (제시문6_1 중에서)

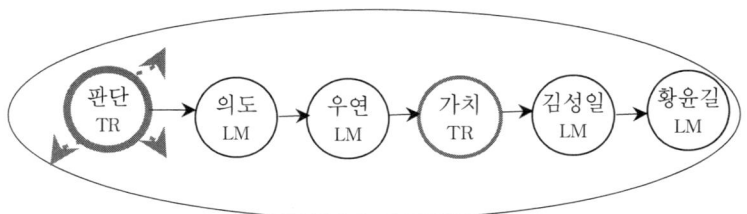

<그림 6> 제시문6_1에서 추출한 '문화'의 영역

위 제시문에 관해 인지구조는 '전통', '모방', '조작' 등과 같은 어휘를 선택하여 구축될 수 있다. 실제 고교생 독자에게 어떻게 수용되었는지를 확인해 보자.

> [1]스코틀랜드는 아일랜드의 문학 모방하고, 17세기와 18세기 잉글랜드의 억압적인 통치에서 켈트 스코틀랜드는 독자적인 전통을 지니지 못했다.
> [2]그런데 스코틀랜드민족 전체가 초기 스코틀랜드의 역사를 다시 써서 아일랜드가 자신들의 문화적 속국이라고 문화적 반란을 일으키고 새로운 고지대 전통들이 인위적으로 나오고, 독자적인 역사를 가지고 있던 저지대 스코틀랜드가 동부 스코틀랜드에 전해져서 자신들의 전통인 것처럼 형성해 가고 있다.
> [3]국가 전체주의는 국가의 권력으로 국민들의 생활을 간섭 하는 것이다. [4]이러한 국가 전체주의에 의해 스코틀랜드 사람들은 자신들의 문화가 더 좋다는 우월감에 빠지게 되므로 국가 전체주의는 경계 되어야 한다. (6_1;*아*)

'스코틀랜드'를 통해 상이 포착된 바 <6_1;*아*>의 텍스트처럼 제시문의 첫 문장 주어로 시작될 수 있다. '스코틀랜드'가 문장의 주어 기능으로 인식된 이후, 내용 전반을 이끄는 행위자로서 자연스럽게 회상된다. 마침내 '반란'을 일으킨 결과 독자적인 문화를 형성하여 전파한 것을 논제에 언급된 '전체주의'와 연결해 가는 과정으로 구성한다. 이러한 경향은 논제에 제시된 글의 성격과 방향을 따라 사고가 구축되는 유형으로 활용될 수 있다.

아래의 내용은 제시문8_1의 일부이다.

> [1문단] …올바른 실천을 궁극의 목적으로 삼는 학문을 서로 영역이 다른 두 가지 분야의 소속으로 보는 것은 아리스토텔레스 이래의 전통이다. 만약 전자를 '존재의 학(學)' 또는 '사실의 학(學)' …
> [2문단] …두 사신은 같은 사안에 대해 정반대로 보고했다. … 서인인 황윤길은

일본의 침략 가능성을 보고했고, 동인인 <u>김성일</u>은 이를 부정했다. … 김성일이 대답했다. … 조정과 백성이 모두 놀라고 어지러워질까봐 그리했던 것뿐이오." …

[3문단] …도박이란 '재물을 걸고 우연에 의하여 재물의 득실을 결정하는 것'을 의미하고, 여기에서 <u>우연</u>은 '당사자 사이에 확실히 예견하거나 자유로이 지배할 수 없는 사실'을 뜻한다. … 기량과 재능에 의하여 승패가 결정되는 경우에는 이를 <u>우연</u>이라고 할 수 없기 때문에 … 우연이 경기 승패의 중요한 요소가 되는 도박의 조건을 얼마든지 만들 수 있기 때문에 내기 골프는 도박에 해당한다…. (제시문8_1 중에서)

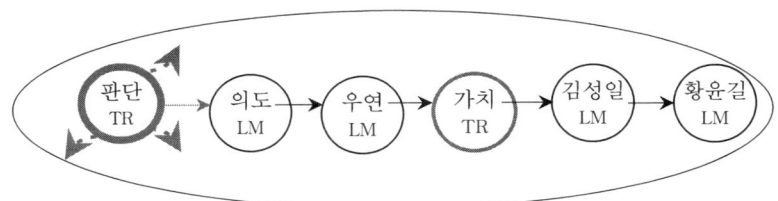

<그림 7> 제시문8_1에서 추출한 '판단'의 영역

위 제시문을 통해 인지구조는 첫 문장에 언급된 순서를 따라 보통 '사실판단', '가치판단'을 비롯하여 형성된다. 그런데 이와 다른 문체적 특징이 독자의 인지구조에 영향을 줄 수도 있다. 이는 아래의 사례에서 확인된다.

[1]스스로 존재하는 사실에 관한 물음에 대한 대답을 <u>사실판단</u>이라 하는 반면 앞으로 해야 할 것을 위한 실천에 관한 물음에 대한 대답을 <u>가치판단</u>이라고 한다. [2]제시문 (나)에서는 일본의 동향이 어떤지를 두고 <u>의견</u>대립이 나타나고 있다. [3]여기서 황윤길은 사실대로 <u>의견을 밝혀</u> 국란에 대한 대비를 하여야 한다는 가치를 근거로 판단을 내리고 있다. [4]반면, 사실을 말함으로써 나라가 어지러워지는 것에 중점을 둔 김성길은 황윤길의 의견을 부정하는 가치판단을 내린다.

[5]제시문 (다)에서는 내기 골프 행위가 도박인가, 즉 사실을 판단함에 있어 대립이 발생하고 있다. [6]이에 대하여 1심 재판부는 내기골프가 기량과 재능에 의하여 승패가 결정되므로 도박이 아니라는 사실판단을 내리고 있다. [7]반면, 2심재판부는 경기승패를 가리는 우연의 조건을 만들 수 있으므로 도박이라는 판단을 내리고 있다. (8_1;**훈)

<8_1;**훈>에서는 제시문의 특징적인 표현으로 전체 글의 구성 방식을 창조할 수 있음을 예시한다. 문장[1]은 제시문의 처음 부분을 정리한 것이지만 문장[2]에 직접적인 영향을 주지 않는다. 이 텍스트는 문장[2]에서 시작된 경우로 볼 수 있는데 문장[3]의 '여기서'로 연결한 사실로 확인된다. 제시문8_1에는 큰따옴표가 전체 15개의 문장들 중 10회 사용되었듯이, 학습자는 (나)부분에서 김성일 관리의 대답이 끝에 위치해 있는 사실을 통해 전체 내용이 논점에 수렴된다고 본 것이다. 그래서 그는 '의견을 밝혀'를 선택하여 생각을 촉발시킨 다음, 그 의견의 유형이 '사실판단'과 '가치판단'으로 나누어지는 특징을 언급하고, 기억된 '일본'의 예와 '도박'의 예를 인출해 냈다.

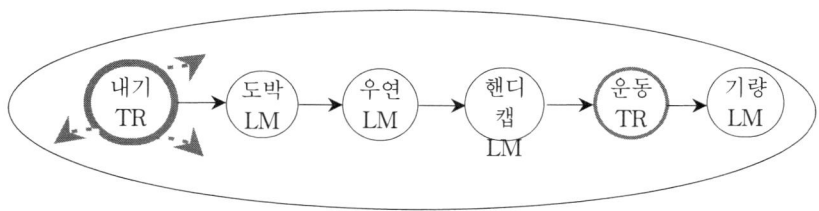

<그림 8> 제시문8_1에서 추출한 '내기'의 영역

또한 제시문8_1에 삽입된 예를 접하게 되면 인지구조가 '승부'와 연결된 판단으로 형성될 수도 있다. 독자는 대개 삶의 한 부분으로서 '내

기'에 관심을 가진다고 할 때, 제시문의 (다)부분에 언급된 '도박'에 접근할 수 있다. 그리고 도박에 우연이 따르는 사실도 예측할 수 있으며, 이는 구체적으로 '운동'을 통해 증명해 보일 수 있다. 이러한 경로로 어휘는 끊임없이 생산됨으로써 텍스트 생성의 기제가 확보된다.

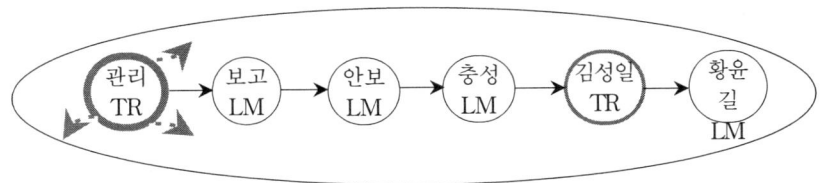

<그림 9> 제시문8_1에서 추출한 '관리'의 영역

여러 제시문들이 복합된 유형은 독자의 머릿속에 어느 부분이 포착되는가에 따라 인지구조가 다양하게 구축될 수 있다. (나)부분의 예도, '관리'와 상관하는 어휘를 연상함으로써 궤도를 확장한 경우이다. 여기서의 초점은 관리 임무를 수행한 뒤에 보고하는 방식이다. '안보'를 위해서 '충성'을 다하는 관리가 누구인가를 알아보려 할 때 보고 방식은 근거로 선택될 수 있다. 이는 제시문의 문체적 특징을 포착한 경우로서 위에 분석한 <8_1;**훈> 텍스트에서 확인된다.

한편 제시문10_1에 대한 인지구조는 '영웅'을 중심으로 '스파이더맨', '목표' 등으로 형성된다[66]. 여기서는 '영웅'이 제시문의 첫 문장에 주어로 나타난 사실로 미루어 학습자들이 대개 핵심어를 중심으로 기

---

66) 영화 텍스트는 인간의 문화생활을 구성하는 장르이므로 충분한 논거를 마련하기 위해 얼마든지 연상할 수 있는 자료이다. 이러한 자료가 7학년 학습자들의 토론 활동이나 논증 텍스트 생성에도 영향을 준 사실이 본고에서 확인되었는데, 이에 관해서는 3.4.에서 논의하기로 한다.

억한다는 사실을 알 수 있다.

[1문단] 영웅의 미화는 곧 그의 삶이 현실로부터 유리되는 과정이다. …
[2문단] …피터는 우연히 놀라운 능력을 가지게 되었을 때도, 특별한 소명 의식 없이 행동한다.…
[3문단] …현실의 그가 아무리 나약하고 평범하더라도, 스파이더맨으로서의 그는 우리와는 비교할 수 없는 힘을 가지고 있고 그 때문에 영웅일 수 있다. …우리가 원하는 것은 언제나 절대적인 힘이다.
[4문단] 우리는 전혀 다른 스파이더맨과 피터를 동일시함으로써 우리도 영웅들과 같은 절대적인 능력을 갖출 수 있으리라는 기대가 현실화되는 착각에 빠진다.…
[5문단] …우리는 현실에서는 우리 주위의 사람들을 좀체 인정하지 않는다.
[6문단] 영웅의 시대는 곧 자신의 한계를 알고 그것을 인정하며, 제 자리에서 자신의 삶을 성실히 살아가는 주체적인 인간들이 부재한 시대다. …이상이 현실과 유리될 때, 그리고 그 덕분에 이상에 부여된 비현실적인 힘이 세상의 기준-유일한 기준이 될 때, 영웅주의는 타락한다. …건강한 영웅주의는 오로지 다양한 가치가 공존하고, 그리하여 누구라도 타인의 다름과 뛰어남을 인정할 수 있는 진정으로 관용적인 사회에서만 제 몫을 할 수 있는 것이다.(제시문10_1 중에서)

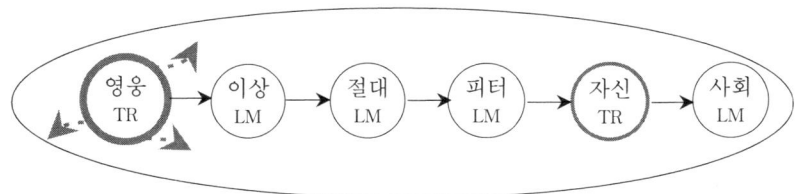

<그림 10> 제시문10_1에서 추출한 '영웅'의 영역

<10_1;정**>에서는 '영웅'에서 기억이 촉발되고 그 유의관계인 '(절대적인) 힘'를 연결하고 '자신'의 (힘을) '증명'하고 싶은 욕구로 내면화

하였을 것이다. 그리고 제시문에서 지적한 '남을 인정하지 않는 태도'를 확인하여 '관용'과 연결한다.

> [1]제시문에서는 영웅의 이상화가 현실과 동떨어져 자신이 할 수 없는 것을 영웅이 해 주길 바라는 수동적인 마음에서 나온 것으로 간주한다. [2]이상을 꿈꾸는 것은 인간의 삶에 반드시 필요하지만, 인간이 가지고 싶어하는 '절대적인 힘'으로 평범한 개인도 악을 무찌르는 영웅이 될 수 있다는 착각을 할 때 부정적인 반응을 일으킨다. [3]자신의 가치를 증명하면서, 남은 인정하지 않고 자신만 인정되려 더욱 능력을 키우게 되는 것이다. [4]그러므로 올바른 영웅주의는 남과 자신을 모두 인정하고 포용하는 관용적인 사회에서만 제 역할을 할 수 있다. (정**)

아래의 텍스트는 이전과 달리 몇 개의 사례가 복합적으로 구성된 유형을 대표한다. 이 유형에 대응하기 위해서는 개념을 분석하여 주어진 사례에 적용하고, 전체 논점에 수렴할 수 있는 종합 능력이 요구된다.

> [1문단] 기업의 사회적 책임이라는 개념 …도덕적 책무라는 윤리원칙의 관점에서 …소비자 만족의 극대화보다는 삶의 질의 극대화에 더 치중하여 기업이 야기하는 각종 환경적 비용 내지 사회적 비용을 기업 스스로 부담할 것을 주장한다.
> [2문단] 기업의 목적은 주주들에 대한 이익을 최대화하는 것 …사회적 복지가 실제로 각 기업들의 자유시장 논리, 즉 자신의 비즈니스를 충실히 수행한 결과로서 나타난 것이다.
> [3문단] 소비자중심주의는 이러한 배경에서 형성된 소비자 운동으로, 인간, 동물, 환경에 대한 부정적인 영향을 최소화하는… 긍정적 구매활동… 부정적 구매활동으로 나타난다. (제시문11_2 중에서)

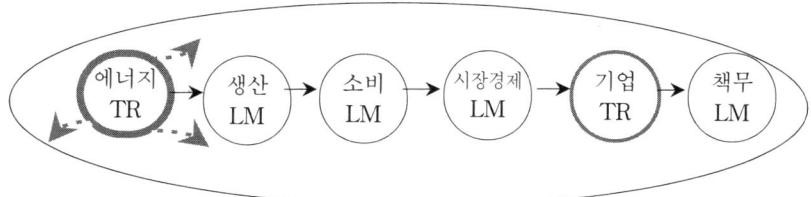

<그림 11> 제시문11_2에서 추출한 '에너지'의 영역

위에서 인지구조는 '에너지'를 '자원'으로 번역하여 '환경', '오염', '사회문제' 등으로 확장될 수 있다. 제시문의 주어로 쓰인 '기업'과 연결하면 '에너지'를 통해 시작되었던 궤도가 수정될 수도 있다. 아래의 사례는 객체를 강조하여, '기업활동'에서 주로 사용되는 '에너지'에 주목한 경우로 보인다. 즉, 문제의 배경을 포착하는 것보다 문제 현상을 분석함으로써 해결 방안을 생각하기가 수월한 것이다. 아래의 경우에서도 문제의 배경과 대상 두 가지로 접근한 차이가 확연히 드러난다.

[1]<u>기업</u>의 지나친 <u>이윤추구</u>는 오늘날 환경오염과 같은 <u>문제</u>를 나았다. [2]이를 해결하기 위해서는 기업의 사회적 책임과 자유시장 원리에 따라 <u>기업 활동을 충실히 함으로써 나타나는</u> 사회적 복지를 강화하는 방법이 있다.
[3]전자의 경우는 기업이 존재할 수 있도록 해준 사회에 스스로 도덕적 책임을 지는 것이고 후자는 <u>기업활동의 결과물</u>이 사회구성원의 삶의 질을 향상시킨다는 것이다. [4]환경오염이 날로 심각해지는 지금, 우리는 사회구성원이자 소비자로써 무엇을 해야 하는가?
[5]우리는 환경과 동물,인간에게 부정적 영향을 주는 소비를 지양 해야 하며 이를 소비자운동이라고 부른다. [6]이 소비자운동을 적절히 사용하여 기업의 탐욕을 막을 수 있다면 사회는 더욱 발전하고 지구는 깨끗해 질 것이다.
(11_2;*민*_다)

<11_2;*민*_다>의 경우는 문제의 원인을 구체적으로 밝힌 '이윤 (추구)'에서 촉발되어 그 결과 '오염'을 연결하고 해결 방안으로서 '복지'를, 그 대상으로 '소비자'를 연결했다. 제시문에 '에너지 고갈', '환경 파괴'를 절제하고 '생산자들이 취할 수 있는 대응'으로 방향을 제시해 주었기 때문에 이 과정대로 기억한 내용이 인출된 것이다. 한편 <11_2;*민*_나67)>에서는 주어인 '기업'에서 생각이 촉발되어 '환경(문제)'을 연결하고 해결 방법을 강구할 때 '소비자'에 주목한 사고 과정이 드러나 있다. 이 텍스트가 산출되기 전에 <11_2;*민*_가68)>에서는 주어인 '기업'에서 시작하여 '환경(문제)'을 연결하였다가, '기업'으로 다시 환원하여 '개인'의 이익으로 초점을 명료화하고 '마케팅(전략)'으로 구체화하기도 했다.

---

67) [1](가)에서는 <u>기업</u>이 행하는 경영활동 에 따르는 환경적인 책임에 있어서 기업의 사회 전반적인 책임을 물어 <u>기업</u>이 소비자를 만족시킴으로써 야기되는 환경적 비용에 <u>책임을 질 것</u>을 주장하고 있다.[2]그러나 (나)에서는 자유시장 원리에 따라 기업의 기본 목적인 이익에 입각하여 사회 전반적인 책임은 묻지 않으려고 하고 있다. [3]그러므로 소비자들의 판단 하에 윤리원칙에 어긋나는 제품에 대해서 부정적인 입장이라면 기업경영의 목적인 이익에도 부정적인 영향을 끼치므로 비즈니스의 기본적인 원칙도 지키며 자연히 환경에 끼치는 부정적인 영향을 최소화 할 수 있다.
68) [1](가)는 세계적인 에너지 고갈과 환경파괴의 문제가 <u>기업</u>이 가지는 당연한 도덕적 <u>책무</u>라고 말한다. [2]기업의 <u>이익보다는 환경적인것</u>에 더 비중을 두고 거기에 따른 비용들을 다 기업이 지불해야한다고한다 [3]반면에 (나)는 사회문제에 대한 책임은 기업이 아닌 개인이 가지는 것이라고 하며 <u>기업은 거기에 대하여 관여할 필요가 없다고한다</u>. [4]그들은 <u>이익을 우선시하며 복지는 중요시하지 않는</u>다. [5]그들의 권리는 그들이 그들의 일을 열심히 한 결과인 것이다. [6]오늘날은 사람들의 시민 윤리의식이 발달해 올바른 소비를 하려고 노력하는 사람이 점점 더 증가하고 있다. [7]환경에 피해를 입히는 제품을 최소화 하는 소비경향이 나타난다.[8]<u>기업은</u> 이에 맞춰서 마켓팅을 함으로서 기업의 <u>이익도 늘리고</u> 환경적으로도 순영향을 끼치는 방향으로 나아가야 한다.

4) 위성 구축

이제는 논점을 지지하기 위한 계획을 세울 차례이다. 여기서 궤도 주변에 위성들을 마련하고, 궤도와 위성들 간의 적절성을 검토하게 된다. 궤도를 감싸듯이 위성들이 결집해 있는 상황은 말터를 구성하기 위해 토포스들을 배열해 놓은 모습과 같다. 그래서 궤도와 지표를 상정하고 나면 주요 문장을 만들 수 있게 된다. 여기서 필자는 기능적 통합 문법에 의해 문장을 분석[69]하여 주요 내용을 충분하게 모으는 방법을 시사할 것이다. 처음에는 동작주와 서술을 보완하는 매재 영역이 복잡하게 구성될 수도 있다. 이는 선행 텍스트의 내용을 주어진 조건에 입각해서 요약하는 경우에 흔히 나타난다. 그 까닭은 학습자의 입장에서 제시문의 서술부들을 주어진 조건에 의도적으로 맞추려 하기 때문이다. 따라서 이 단계에서는 밑그림을 그리듯이 개괄적으로 접근하는 것이 좋다.

먼저 7학년 수준에서 논점에 적절한 논거들을 지원하여 텍스트를 구성한 모습을 살펴보자. 문장 단위로 마련해 놓은 논거들이 논점을 지원하기에 적절한지는 통합 기능 문법이나 논증모델에 의해 확인할 수 있다. 실험에 참여한 학습자들은 각자 이미지에서 '기아'와 '가난'이라는 핵심어를 연상해 냈다. 그리고 본문을 구성하는 방식이 이미지 대상 자체에서 시작한 경우와 대상의 주변(표정, 옷차림, 피부색 등)에서 대상으로 옮겨 간 경우로 구분된다[70]. 7학년 수준에서 논점에로 유도하는

---

69) Elhadad, M.(2010), *Control in Functional Unification Grammers for Text Generation*, Columbia Univ., CUCS-020-91 현재 논증 텍스트를 산출하기 위해서는 먼저 제시문을 읽고 의미 입력(semantic input)의 단계를 거친다. 즉, ①동작주(agent): 이름name, 개념concept, 의미단서sem-cat), ②매재(medium): 수cardinal, 개념concept, 의미단서sem-cat, ③서술(predicate): 시제tense, 개념concept, 의미단서sem-cat. 이렇게 기능문법의 의미 입력을 통해 문장구조를 산출하는 것이다.
70) 학습자들은 이미지 정보를 먼저 제시한 후, 그 정보에 대한 추측이나 사실 정보로 명료화하며, 이로써 개별적 판단을 도출하기에 이르렀다. 이러한 텍스트 구성

핵심어를 기술하는 능력은 다음과 같이 확인되었다.

<표 14> 학습자의 글에서 추출한 주제어와 그 성격

학습자	대상	해석	판단		해결
A3A1	고아/울다/지저분	전쟁/6.25/떠돌아다니다/피난/죽이다	주관	마음아프다	평화 타협 이해
			객관	가언판단 (-라면 -이다)	
B1O1	사진/앙상히	전쟁/가난/힘든/죽여가고/죽어가고	주관	슬픈/어리석은	막아야 이해심 배려심
			객관	정언판단 (-은 -이다)	
C3A1	기아/울고/남아프리카	식민지/지배받다/무기/못 먹고/억울한/못 살게/병/죽은것/빼앗고	주관	-	500원 배려
			객관	가언판단 (-라면 -이다)	
D3A1	가난/굶어죽는/죽어가고	천지차이/환심/하찮게	주관	-	500원 기부 봉사
			객관	가언판단 (-라면 -이다)	

학습자들은 위와 같이 중심 생각을 구성해 내고 이어서 그것을 다음과 같은 문장구조로 표현하였다. 이 방법은 선행 텍스트가 저자(출제자)의 인지구조에 기억된 방식과 그 기억 내용(스키마)을 명제로 인출하기까지 그 과정을 학습자가 추론해 보는 것이다.

틀은 소집단 토론을 통한 구성 틀의 약식으로 비치기는 하나, 이전의 산출 경험을 토대로 하여 추론 연결사만 가지고도 전후 맥락을 구성할 수 있음을 실제적으로 깨닫게 하는 데 의의를 둔 것이다. 당시 교육과정이나 교과서에는 세부 기술이 다루어지지 않은 까닭에, 텍스트를 효과적으로 구성하도록 교수자에 의해 다음과 같이 약식 틀이 제시되었다. ① ~ -이 있다. [대상 소개], ②왜냐하면(그 이유는) [논중], ③그러므로 _____ -야 한다. [판단 기술]

<표 15> 7학년 학습자의 스키마 인출

사례		기술(주부Agent-매재Medium-술부Target)	성격
A3A1	주부	전쟁으로 인한 기아 발생은(전쟁이 일어나면 기아가 발생한다)	명제
	매재	중동과 아프리카 같은 나라에서/ 옛날 우리의 6.25 전쟁에서도	증거
	술부	볼 수 있다.	확인
B1O1	주부	국제 사회 문제인 전쟁은	원인
	매재	많은 사람들을 가난에 허덕이게	심화
	술부	(문제를 발생시킨) 한다.	결과
C3A1	주부	전쟁으로 인한 기아 발생은	명제
	매재	사람들을 질병으로 고생하게/ 사람들 사이에 갈등을 조장하며 삭막한 관계를/ 산업화 이후에 일어난	사태
	술부	한다./ 만든다./ 사회적 문제이다.	결과 결과 판단
D3A1	주부	전쟁이 일어나면	원인
	매재	몇 백 명의 기아가/ 500원 정도씩 모아서 (많은 이들을)	증거
	술부	(문제가) 나온다./ (도와준다.)	결과

이미지를 활용하여 텍스트를 생성한 경험 이후에 A3A1(남)은 소집단 토론으로 논거를 마련할 수 있었고, 토론 후 텍스트를 산출하면서 논점을 위한 개념 파악이 이루어졌다. 이 경험이 토론을 생략한 경우에서도 논증 텍스트의 산출을 가능케 했다. 또한 이미지를 통해 산출한 텍스트에서는 유추에 의해 생각이 발전된 사실이 드러났다.

B1O1(여)은 소집단 토론 참여자들 가운데 가장 많은 수의 논거를 마련하여 토론에 적극적으로 참여한 결과 가장 많은 발언권을 행사하였다. 토론을 통해서 얻은 자신감이 텍스트에 반영된 이 경우, 이 학습자

의 표현 성향을 고려해 보면 어휘의 속성을 파악하여 대상과 개념을 일대일의 관계로 진술한 특징이 있다. 이러한 분석적 진술은 이미지를 통해 어휘 사용의 맥락을 확장한 결과이다.

C3A1(남)은 소집단 토론을 통해 발언권을 적극적으로 행사하였는데 이 경험으로 산출한 텍스트는 타당성이 부족했으나, 토론을 생략한 경우에서는 예를 많이 듦으로써 설득력이 향상되었다. 이는 이전 경험이 긍정적으로 전이되어 이후 이미지를 통해서 텍스트를 산출했을 때도 예증이 사용되었다.

D3A1(여)은 소집단 토론 참여자들에게 성실하게 설명하고 응수하였다. 그러나 이 과정이 바로 텍스트에 반영되자 동어 반복이 나타났고 근거와 근거 간의 관계가 모호한 것은 흠으로 지적된다. 이후 토론 과정이 생략된 텍스트 산출에서도 이전 텍스트와 같은 오류가 드러났으나, 이미지를 통해서는 일관된 논점을 위해 나타난 동어 반복이 핵심어를 강조하여 텍스트 전체의 통일성에 기여하였다. 이 경우는 이미지 기호의 의미를 이해하는 데 이전 논증 경험의 영향이 있었음을 암시한다. 따라서 이미지와 언어가 결합되는 과정에서 논증적 인지구조가 구축될 수 있는 것이다.

이 네 명의 학습자들을 통해 알 수 있는 것은 남학생은 유추 해석을, 여학생은 대상의 속성이나 구조 분석을 통하여 논증 텍스트를 구성하는 경향이다. 이렇게 텍스트의 구성 기제가 성별 등에 따라 다른 사실은 생성되는 텍스트 유형과 표현력의 다양성을 시사한다.

아래의 표는 7학년 학습자들이 이미지를 통해 논증 텍스트를 생성하고자 계획한 문장이다. 먼저 글을 쓰는 필자가 어떤 텍스트 유형을 선택하여 적절한 문체로 표현하려는가를 고려해야 한다. 즉 이것은 주체의 상황에서 효과적으로 독자에게 메시지를 전달하는 방법을 생각하는 것이다. 그리고 주요 개념을 정하고 그 개념의 의미역을 확장하여 유창하게 내용을 구성할 수 있어야 하며, 신뢰적이고 타당하게 뒷받침할 수 있는 내용(warrant)을 조사하여 텍스트의 문제 해결적 기능을 드러내어야 한다.

<표 16> 논증 텍스트의 생성 목표와 계획 예(7학년)

주체(Agent)		주요 개념		의미역		서술(Target)	
나 ― 학급 대표로서	A3A1	전쟁	-	피해	-	알리고 싶다	기사
	B1O1	전쟁		가난		알고 싶다	발의
	C3A1	산업화		기아		궁금하다	토론
	D3A1	전쟁		원조		봉사하다	광고

<보장(Warrant) 예71)>

자원봉사단체를 만들어야 한다	→부모님모임에 참가
잔반을 줄여야 한다	→급식실 실태 조사
외국어 공부를 열심히 해야 한다	→외교 학습 준비
남아프리카에 기아가 있다	→영상자료 조사
가난한 사람들의 마음을 헤아려 본다	→6.25자료와 비교조사
학용품을 아껴 쓰자	→물자 절약 계획

한편 논증 텍스트를 구성하기 위해 주어진 제시문을 목표와 계획으로 나누어 볼 수도 있다. 고교 학습자군을 대상으로 시행되는 선발 목적의 텍스트 유형은 대개 현상에서 문제를 제기하여 문제 해결적 사고를 유도한 설득적 텍스트이다. 통합 기능 문법의 틀로 주체와 매재, 서술을 구분한 것을 토대로 하여 Beaugrande(1997)의 의미역을 확장하면 근거를 충분히 갖춘 텍스트로 생성된다. 후자의 계획에는 보장(warrant)도 갖추어지기 때문에 실천가능성이 확인된다. 논제 유형별로 각 텍스트의

---

71) 여기에 제시한 예들은 당시 학습자들 사이에서 회자된 문화이다. 학습자의 텍스트를 수업자료로 하거나 쓰기 교육을 실행할 때 글을 쓰기 전에 쓸 내용의 주제에 대해 내면화를 유도하려고 교수자가 관련 예를 들어 줄 수 있다.

주요 문장을 아래와 같이 간추려 보면 문장들이 궤도를 확장해 가는 경로가 드러나 내용의 풍부함도 알 수 있다.

- 평범한 내게∥고급 물건을 사서 웰빙의 삶을∥준비했다.(4_3)
- 켈트 스코틀랜드는∥문화적 반란을 일으켜서 창출한 독자적 문화를 저지대에서 고지대로∥전파했다.(6_1)
- 조선 시대 김성일 관리는∥나라와 민심을 생각해서 사실을∥정확히 보고하지 않았다.(8_1)
- 조선 시대 황윤길 관리는∥나라를 지키기 위해서 사실을∥정확히 보고했다.(8-1)
- 1심재판소는∥개인의 기량에 따른 결과를 우연으로∥보지 않았다.(8_1)
- 2심재판소는∥핸디캡의 조정 등으로 우연이 일어날 수 있다고∥(말)하였다.(8_1)
- 스파이더맨 피터는∥혼자 악을 물리친∥영웅이다.(10_1)
- 이윤을 추구하는 기업이∥소비자 운동을 통해 지구를 깨끗하게∥할 수 있다.(11_2)

위의 분석을 보다시피 제시문4_3에 대한 문장은 현대 사회의 문제 현상을 잘 드러내며, 6_1에 대한 문장은 켈트 스코틀랜드 문화를 예로 들어 국가 전체주의의 성격을 나타내려는 목적을 암시한다. 8_1에 대한 문장도 (사실판단과 가치판단의) 예를 들어 각 판단의 차이를 분명히 대조해 보여주는 데 비해, 10_1에 대한 문장은 구체적인 예를 들어 영웅의 성격을 규명한다. 한편 11_2에 대한 문장은 독자로 하여금 텍스트 전반의 의미를 회상하도록, 즉 기업의 윤리적 기능을 주장하는 글임을 알 수 있게 한 전제이다. 각 논제에 관련된 논거를 학습자 나름의 경험으로 보증한다면 주제의 의미역이 창발적으로 생성되고 초점과 근거 사이의 결속력이 강해져 텍스트 구조도 더 안정될 것이다. 이는 아래의 예를 통해 확인해 볼 수 있다.

<표 17> 논증 텍스트의 생성 목표와 계획 예(고교)

주체(Agent)			주요 개념		의미역		서술(Target)	
4_3	나	-	웰빙	-	고급 물건	-	준비한다	논술
6_1	스코틀랜드		문화		반란, 창출		전파한다	〃
8_1	관리		판단		나라, 민심, 책임		보고한다	〃
					기량, 핸디캡			〃
10_1	피터		영웅주의		관용, 인정		역할을 하다	〃
11_2	재판소		소비자운동		윤리원칙		판결하다	〃

<보장(Warrant) 예72)>
너무 비싼 가격에 오늘 점심은 굶는다.
지각의 아픔 때문에 친구들을 선동하여 함께 지각한다.
건강을 위해 잠을 잘까, 숙제를 위해 밤을 샐까?
어제 밤새워 시험을 못 봤다, 어젯밤에 본 내용이 시험에 나왔다.
누구한테 인정받느냐가 중요한 게 아니라 나만 만족하면 돼.
저 가게에서 나오는 쓰레기 냄새가 너무 심해.

위 표를 보다시피 자연스럽게 글을 구성하는 데 학습자들의 내면화 과정이 전제된다. 4_3에 대하여 학습자가 스스로 고급 물건이 웰빙을 보장해 주지 않는다는 것을 확신했거나, 6_1에 대하여 사건이 발발하게 된 원인에 천착함으로써 내용을 전개할 수 있다. 또 8_1에 대해서는 맡은 바 임무를 마땅히 수행하는 것과 실제 상황을 고려하여 사실을 은폐하는 것이 옳은지 구분할 수 있어야 한다. 또 다른 예로서 운에 의해 일이 잘 해결된 경험을 돌이켜보고 가치를 부여할지 말지도 고민해 볼 필요가 있다. 10_1에서는 자기 나름의 가치 기준을 최고로 믿는 태도에 대해, 11_2에서는 시민들(소비자들)을 위해 지켜야 할 사회 준칙을 성

---

72) 고교생의 경우, 원격지도나 개별 첨삭지도에서 일일이 인터뷰를 하여 체험을 이끌어 내지 못할 수도 있다. 이에 대한 대안으로 교수자가 학습자 주변의 예나 당해 문화권에서 공유한 일상 경험을 견주어 설명하거나 메모해 줌으로써 논제에 대한 이해를 촉진할 수 있다. 이를 전제로, 인터뷰를 통해 내면화를 확인하지 않는 논술 평가 상황에서는 구술 면접의 방식 등과 같이 텍스트를 통해 학습자 개인의 내적 대화가 이루어졌는지를 검토할 수 있다.

찰하는 경험이 수반되어야 한다.

5) 궤도 이동과 수정

궤도 이동은 문장 층위에서 문단 층위로 확장되는 행위로서 문장의 개수가 늘어날수록 궤도도 확장된다. 이 확장은 동기 유발에서 시작된 논의가 다양한 경로로 이동했다가 논점으로 환원되는 곳에서 끝난다. 그리고 문장들 간의 결속 관계를 검토하는 지점에서 궤도 수정이 일어난다.

이제 필자는 텍스트들의 통사적 특징을 알기 위해 문장의 확장 유형들을 추출하고, 문장이 어휘의 의미정보를 중심으로 어떻게 구성되는지를 보고자 한다. 글에 사용된 어휘가 개별 학습자의 안목을 대변하지만 문장 속에서 일정한 질서로 나타나야 가치(맥락적 의미)가 규명되기 때문이다. 논증 텍스트에서 어휘 연결은 논제에 대한 논거로 나타난다. 여기서는 궤도 이동의 특성, 즉 논거의 선택 환경과 정당화 방법을 논하기로 한다.

논거는 담화나 텍스트에 주된 정보로 기능하는데 학습자들이 사용한 논거에 드러난 출처 정보는 그들의 문식 환경을 대신한다. 7학년 대상 전체의 토론 텍스트에 나타난 논거 유형은 사실 논거가 50개, 소견 논거가 328개, 선험 논거가 8개로 집계됐다. 같은 학년의 논술 텍스트에서는 사실 논거가 78개, 소견 논거가 175개, 선험 논거가 4개로 나타나 토론 텍스트에서와 같이 설득적 성격의 글에는 소견 논거가 압도적으로 많은 점을 알 수 있다. 사실 논거는 주로 당시의 실제 사건을 활용한 경우이며, 소견 논거는 전문가의 의견보다는 토론 참여자 개인의 주관적 느낌을 많이 비추는데 대부분 선험 논거와 관련되어 있다. 선험 논거는 문화권의 기본 윤리나 관습인 바 7학년일수록 가정환경이 깊게 반영된다는 사실을 짐작할 수 있다. 이는 7학년의 주관적 감상 대신 객관적 사실 정보를 판단 기준으로 설정하려는 태도와 상관한다. 그러나 정보들을 선택한 개인의 판단 과정은 명시적으로 나타나지 않았다.

하나의 화두를 가지고도 논의하는 양상이 다양하듯이 하나의 말터(모티브[73]))에는 여러 개의 토포스가 있을 수 있고, 각각의 토포스는 화자나 필자 집단의 사회·문화적 배경이 담겨 있으므로 집단의식의 원형을 발견할 수 있다. 이때 원형은 집단무의식 내지 공동체 성립의 기반으로 이해할 수 있는 것이다. 말터(모티브), 토포스, 모티프[74]의 관계는 아래과 같이 도식화할 수 있다.

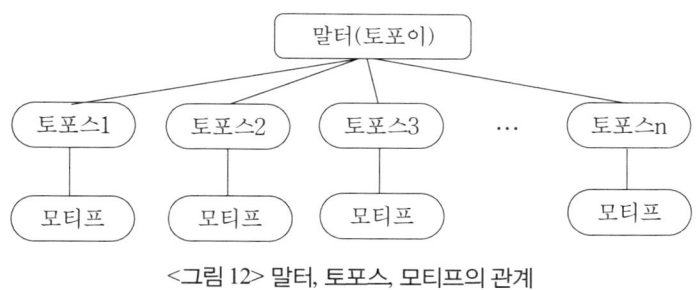

<그림 12> 말터, 토포스, 모티프의 관계

위 그림대로 필자는 소집단별 토포스를 추출하기 위해 대전제, 소전

---

[73] 모티브(motive)는 사건 자체에서 나온 논거(토포스)가 인물, 동기, 장소, 시간, 방법, 정의, 장르, 종류, 차이, 특성, 제거, 구분, 근원, 확대, 결론, 유사, 상이, 반대, 결과, 動因, 효과, 결과, 비교에 의해 제공되는 것이다.

[74] 모티프는 모티브를 구성하는 더 작은 단위로서 문화 원형의 근본적 서사 단위라고 할 수 있는 것이다. 이를 통해 문화 분석이 이루어지고, 문화의 이해 및 습득은 궁극적으로 정체성 교육과 관련지을 수 있다.

제, 결론의 삼단논법을 적용해 보았다. 이 과정에서 얻어진 토포스는 결론의 형태로 구성된다. 단, 대전제는 하나인 경우가 일반적이나 소전제는 소전제1, 소전제2, …, 소전제n으로 나타날 수 있다.

2007학년도 7학년 문학 독서 토론 담화를 통해 참여자들의 공유 신화소를 추출한 결과가 말터로 소급된다. Widdowson(1979: 166)은 실제 텍스트의 개념에 대하여 텍스트 안에 놓여 있는 것이 아니라 텍스트를 구성하는 필자와 독자의 상호작용으로 정의하면서 '실제성(authenticity)은 화자(필자)들의 의도와 청자(독자)들의 적절한 반응으로 이루어지는 데 있다'(Kramsch, 1993: 178에서 재인용)고 강조했다. 이때 의도와 반응(해석)이 일치하려면 필자와 독자 간에 공유 지식이 수반되어야 한다. 여기서도 확인되는 것은 학습자의 언어 능력은 문화적 상황의 이해 여부에 달려 있다는 점이다. 이 공유 지식을 언어학적 관점에서 이해하면, '필자가 텍스트 내·외적 맥락에서 의미를 얻기 위해 문장을 사용하는 방법에 대한 지식도 알아야 한다'(Nattinger와 DeCarrico, 2009: 2)는 것을 의미한다. 또한 이를 Widdowson(1979: 5)는 '효과적인 의사소통을 위한 언어 사용 능력을 포함하는 개념으로서 화용적으로 접근할 것'(Nattinger와 DeCarrico, 1992: 3)을 제안하기도 하였다.

이 연구에서 분석틀로 사용된 신화소는 한 문화권에서 공유하는 가치로서 원형 모티프에서 발견될 수 있는 것이다[75].

---

[75] 일반적으로 언어 사용자들 간 공유 지식의 경우, 문학작품의 독서 토론에서는 문화의 기원을 발견하기도 하므로 여기서 예외적으로 '신화소'라고 부르기로 한다.

<표 18> 소집단 토론의 말터와 토포스

소집단	말터-변항	모티프	토포스-결론
A3	인물-익호	생존	• 진정한 애국심은 나라를 위해 싸우는 것이다. • 익호는 고통 받는 우리나라 사람들을 구해 주려고 싸웠다. • 익호는 진정한 애국자이다.
A7	인물-제목	영웅	• 붉은산은 익호의 열정과 정열을 뜻한다. • 붉은산은 익호의 현재 모습을 마음을 나타낸다. • 붉은산은 긍정적이다. ↕ • 붉은산은 시련의 산이다. • 일제강점기 때 우리 민족의 시련을 보여준다(죽음의 산이다). • 붉은산은 부정적이다.
B1	동인-러브레터	혼사장애*	• 러브레터는 조심스럽게 맘을 전하는 방법이다. • 러브레터는 추억이며 속마음을 담고 있다. • 러브레터는 믿을 만하다. ↕ • 러브레터는 가식적으로 표현할 수 있다. • 러브레터는 말투, 행동, 표정을 담지 못한다. • 러브레터는 믿을 만하지 못하다.
B2	인물-셋째처녀	영웅	• 셋째처녀는 이야기를 이끌어간다. • 학교에서 일어나는 일을 밝힐 수 있다. • 셋째처녀는 중요한 인물이다.
B4	동인-러브레터	혼사장애*	• 러브레터는 사적인 물건이다. • 러브레터는 학교에서 소문을 야기한다. • 러브레터는 공공장소에서 불필요한 것이다. ↕ • 러브레터는 서로 소식과 감정을 주고받을 수 있는 것이다. • 학교는 공부하는 곳이다. • 러브레터는 소식을 전달하는 방법으로 공부할 만하다.
C2	특성-인간	출세장애	• 인간은 출세를 위해 간사해진다. • 여우는 생존을 위해 간사해진다. • 인간은 여우보다 더 간사한 존재이다.[76]
C3	특성-인간	인신공희*	• 인간은 효를 귀찮게 생각한다. • 인간은 성실하지 못하다. • 인간은 못된 존재이다.[77]

소집단	말터-변항	모티프	토포스-결론
C5	인물-본능	생존*	• 사람은 돈 앞에서 약해진다. • 사채업자는 돈을 갚지 못한 사람에게 폭력을 쓴다. • 따라서 사람은 간사하다.
C8	특성-인간	생존(역) 78)*	• 인간은 생각을 한다. • 인간은 고기를 섭취해서 강해진다. • 인간은 어리석지 않다. ↕ • 인간은 환경을 파괴한다. • 인간은 사냥을 한다. • 인간은 쓰레기를 버린다. • 따라서 인간은 어리석다.
D3	장르-주제	생존*	• 가족은 핏줄로 이루어진 공동체이다. • 가족은 안 좋은 상황에서도 협동한다. • **따라서 가족은 서로 사랑하고 관심 있는 사람들이다.**
D4	인물-구성	생존*	• 인물이 많으면 내용이 길어지고 지루하다. • 인물이 많다고 해서 내용이 재미있는 것은 아니다. • 따라서 소설 속에서 인물들은 전체 분위기에 맞게 구성되어야 한다.
D6	인물-태도	인신공희	• 아버지는 자식을 키워 주는 사람이다. • 아버지라고 부르는 것은 좋은 감정의 표시이다. • 따라서 아버지를 사랑하는 마음은 자식의 도리이다.

(*표시는 학습자들이 모티브를 변용하여 논의를 전개한 경우를 구별한 것임.)

　소집단 A3와 D6의 경우는 신화소를 그대로 유지하여 논의를 펼쳤고, 소집단 B1과 C3과 D3에서는 신화소를 변용하였다. B1의 찬성 입장에서는 러브레터의 조심스러운 전달 방법(전건)을 긍정하여 속마음을 담은 것(후건)으로써 신뢰성을 지원하였고, 반대 입장에서는 가식적 표현

---

76) 대전제는 이차적 욕구이고, 소전제는 일차적 욕구이다. 이차적 욕구는 우리나라의 출세장애 모티프로서 서사 장르의 기원이 되기도 한다.
77) 이 논법이 추출된 담화는 소전제로 발화[32](노인 문제)와 발화[28](실업자 증가 현상)에 의해 지지되었다.
78) 소집단 C8의 논의는 생존 모티프의 역을 보여준다. 다시 말해, 이는 자기 희생 모티프가 아닌 정복 욕구를 통해 성악설을 지지하며 인간의 본성을 지적한 논법이다. 여기서 소속 환경에 대하여 학습자들의 사회·문화적 인식틀이 어떠한가를 알 수 있다.

가능성(전건)을 긍정하여 말투나 행동을 담지 못하는 성격(후건)을 지원하였다. C5의 결론은 쟁점에 대해 과연 일반화가 가능한지를 논쟁할 필요가 있는가 하는 반문인 셈이다. 여기서 '사람은 돈 앞에서 약해진다.'는 전제는 자본주의 체제에서 용인되는 것으로서 어떤 체제와든 상관된 것으로 일반화하기는 어렵기 때문이다. C7의 찬성 입장은 짐승과 비교할 수 있는 인간의 특징을 더 추가해야 정당화될 수 있다. 이에 비해 반대 입장은 씨고기의 특징과 인간 사회의 문제를 대비시킴으로써 찬성 입장보다 설득력이 있다. D4의 찬성 입장은 가족 이야기라는 장르적 특성상 가족으로만 구성되어 있어야 한다는 전건에 대하여, 장르적 특성보다 전체 내용 분위기에 따라야 한다는 후건으로 부정됨으로써 내용과 인물 수의 상관관계가 논박당했다. 즉 여기서 후건은 장르적 특성이 고정적이지 않고 작품의 내용 전개에 따라 얼마든지 변용이 가능함을 전제하고 있다. 그런데 D6에서, 아버지의 사랑과 자식의 도리를 논하는 중에 '아버지'라는 호칭이 그것을 반영한다고 보기는 어렵다. 호칭 이외에 인물의 행동이나 심리 묘사 내용이 간단한 호칭으로 개괄화될 수 없기 때문이다. 이렇게 궤도 이동은 문화권의 영역 안에서 합의된 내용에 한해서만 정당화될 수 있다.

또한 토론을 하거나 개요 텍스트를 보완할 때 논점을 이탈하지 않아야 한다. 하위 담화나 하위 문단을 포함하든 포함하지 않든 이 점에 유의하여야 온전한 텍스트의 생성을 기대할 수 있다. 텍스트 생성 과정에 있어 논의 방향을 통제하고 조절하는 방법에는 면대면 수정, 자가 수정, 교차 수정의 세 가지가 있다.

첫 번째 방법은 면대면 수정이다. 이는 가장 역동적이고 실제적인 상황에서 유용한 전략을 익힐 수 있는 유형이라 할 수 있으며, 논증 방법상 논쟁적 논증에 해당되는 영역이다. '논쟁적 논증은 자신의 입장을 변호하고 상대방의 논지를 비판하는 방식'(하병학, 2001: 166)으로서 토론 담화가 주장과 반박의 연속으로 이루어지면서 논증 텍스트를 산출하는 유형이다. 이 연구에서는 소집단 토론 담화와 토론 텍스트를 통해 논쟁적 논증에 나타나는 다양한 사례들을 살펴봄으로써 논증 텍스트를 구성하는데에 필요한 요소를 추출하는 데 목표를 둔다. 이는 논증 텍스트의 예상 독자를 세심하게 관찰하여 효과적으로 설득하기 위한 전략을 정당화하기 위함이다. 미시적으로 언어적 구성부가 수사적 구성부와 결합하여 드러나는 형태는 다양하다. 다음의 유표들은 7학년 논증 텍스트에서 추출된 논증소들이다[79]. 이들은 담화나 텍스트 전반을 통제하는 장치로서 담화 상황이나 텍스트 국면에의 몰입을 꾀한다.

먼저, 소집단 A3(남)에서 쓰인 '**-이지 … 아니다**' 구문은 선택항을 제시하되 한쪽을 부정함으로써 논의 방향을 통제하는 상황에 쓰인다. 이는 담론을 응집시키기 위한 수사적 장치이며, 논증 방향을 도치시키는 논증소로서의 기능을 입증한다[80].

-주제: 이 작품의 주제는 익호의 애국심이다.
[1]A3O3: 저는 이 주제가 옳지 않다고 생각합니다. 왜냐하면, 진정한 애국심은 나라를 위해 싸우는 것이지, 중국 만주의 모촌 사람들을 위해 싸우는 것이 아닙니다.

---

79) 7학년 담화와 텍스트에 나타난 논증소들은 '-이지 … 아니다'와 '-면/-는데/-도 … 아니-/않-', '꼭(굳이) … 않아도(없어도)'와 비교격의 '-보다', '-을 위해'와 상위어 대체, 'P -(어/아)지 … ⌐P -아니(없)'와 정도성 어휘, 보조사 '-도'이다.
80) 남학생의 산출 결과로서 논증 방향을 도치시키는 논증소가 논의를 통제하고 관리하기도 한다(D6의 발화[7], [15]). 이때 추출된 논증소는 'P -(어/아)지 … ⌐P -아니-(없-)'이다.

(주변 친구들: 옳소!!)
[2]A3A2: 그렇지 않습니다. 저는 이렇게 생각합니다. *애국*은 사랑애, 즉 나라를 <u>사랑</u>하는 뜻이지, *싸우라*는 뜻은 아닙니다.
[3]A3O1: *그렇지* 않습니다. 주인공 익호는 *싸웠습니다.*
[4]A3A1: 주제에서 조금 벗어난 것 같습니다. 다시 정리하자면, 저는 이 주제에 찬성합니다. 그 이유는, 모촌에 사는 <u>우리나라 사람들을 위해</u> *싸우기* 때문입니다.
[5]A3O2: 저는 *그렇게* 생각하지 않습니다. 왜냐하면 익호는 우리나라 사람들을 위해 *싸웠다*고 하지만, 익호는 그 전까지, 우리나라 모촌 사람들에게 *피해*를 주고, 칼부림도 하고 행패를 부렸기 때문입니다.
[6]A3A2: 저는 A3O2 군의 의견에 반박합니다. 그 이유는, 비커어즈/ 모촌 사람들에게 *피해*를 주었다고 해서, 익호의 *애국*심이 없다고 할 수는 없습니다.
[7]A3O2: 반박합니다. 그렇다고 해서 익호가 모촌 사람들에게 *피해*를 준 것이 *애국*심이 있다고 할 순 없지 않습니까? A3A1 군, 답해 주십시오.
[8]A3A1: *그렇지* 않습니다. 왜냐하면 엔딩 부분에서, 익호는 마지막까지 *애국*가를 생각했기 때문입니다.
[9]A3O1: *그렇지* 않습니다. 그 이유는, 나라를 팔아먹은 매국노가 마지막, 죽을 때 *애국*가를 생각했기 때문입니다.
[10]A3A2: *그렇지* 않습니다. <u>지주 때문에 고통받는</u> *우리나라* 사람을 *구해* 주려 했기 때문입니다.
[11]A3O2: 자신은 우리나라 사람들에게 *피해*를 주었으면서, 남이 우리나라 사람들에게 피해를 주는 것을 막는 행동은 이해하지 못하겠습니다. 이에 대하여 대답하십시오.
[12]A3A1: 그래도 익호는, *애국*심이 있었기 때문에, 우리나라 사람들을 <u>구해 준</u> 것입니다. 익호는 모촌에 사는 우리나라 사람을 위해 <u>죽었고</u>, 마지막 순간까지 <u>애국가를 불렀기</u> 때문입니다.

위 담화는 발화[1]-[2]의 대립으로 통제되고 있다. 즉 '-이지 … 아니다' 구문이 담화 상황을 통제한 것이다. 발화[1]에서는 화제인 '진정한 애국심'에 대하여 말하는이 자신의 생각을 먼저 제시하고 논점을 반박한 후, 이어 발화[2]에서 사랑과 싸움의 관계를 지적하였다. 발화[4]에서 싸운 대상의 예외 조건을 명시하였는데, 여기에는 배경과 주체의 관련성을 입증할 수 있는 전제를 필요로 한다. 즉 우리나라 사람들은 지주로 인해 모촌에까지 옮겨 가서 고통스럽게 살고 있다는 사실을 전제한다. 발화[10]에서는 익호가 싸운 이유를 기술하여 행위를 정당화하였다. 그리고 나서 발화[12]에서 최종 결론을 기술하였는데, 그 내용은 마음(애국심)을 전제로 하고 행동(우리나라 사람들을 구해 주다/우리나라 사람들을 위해 죽다/애국가를 부르다)을 결과로 도출한 것이다. 이 담화에 참여한 학습자들이 산출한 텍스트를 살펴보면 담화에 나타난 정보구조로 구성된 점이 확인된다. 이 토론을 기호현상학적으로 분석하면 '나라를 위해 싸우는 것은 나라를 구하는 것이다.'라는 정언명제가 추론된다. 아래 분석 내용을 보면, 이 구조는 출발 단서 [T1-R1]에 대한 결론 [R1-R5]이 먼저 주어지고 나서 [T1-R2], [T1-R3], [T1-R4]을 통해 정당화된 유형이다.

    [T1] 진정한 애국심은, [R1] 나라를 위해 싸우는 것이다.
    [R1→ T2] 나라를 위해 싸우는 것은, [R5] 나라를 구하는 것이다.
    [T1] 진정한 애국심은, [R2] 나라를 사랑하는 것이다.
    [T1] 진정한 애국심은, [R3] 우리나라 사람들을 위해 싸우는 것이다.
    [T1] 진정한 애국심은, [R4] 마지막 순간까지 애국가를 부르는 것이다.

남학생의 담화는 위와 같이 발화들 간의 관계가 어휘망에 의해 결속되어 있다. 발화[1]에서부터 논점인 '애국'과 반의관계인 '피해', '피해'와 하의관계인 '싸우다', '애국'을 서술한 '(우리나라 사람을) 구하다' 등으로 어휘사슬이 드러난다. 또한 선행 발화에 대한 응수 표지 '그렇(다/지)'도 담화 응결성에 기여하여 의미를 강조한다.

위 토론 담화는 논제의 반대 입장을 통해 개시된다. 발화[1]에서 '진정한 애국심'의 국가 영역을 설정하고 발화[5]에서 익호의 구체적 행위가 그 의미역에 들어맞지 않음을 밝혔다. 이를 지지하고자 발화[9]에서 참여자들의 통념('나라를 팔아먹고 애국가를 부른들 애국자로 볼 수 없다.')을 들고, 발화[11]에서 재확인하였다. 다만 여기에는 한정사가 없어서 추론 능력이 부족한 결함을 보이고 있다. 그렇기 때문에 최종 발화 [12]와의 연결성이 약해졌다. 이 구조를 도식화하면 다음과 같다.

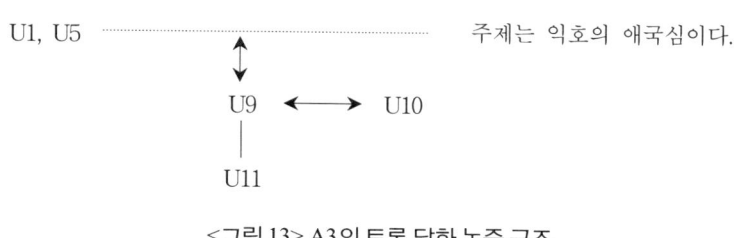

<그림 13> A3의 토론 담화 논증 구조

위 담화에 참여한 학습자들이 산출한 아래 텍스트를 살펴보면 위의 정보구조로 구성된 점이 확인된다. C3A1의 토론 텍스트에 담화 정보가 가장 많이 반영되었고, C3A2의 경우는 [R3]과 [R4]를 중심으로 하였다. 반대 입장에서도 C3O1은 [R1]과 [R2]를 구분하고 [R4]를 인정하지 않으며, C3O2도 [R2]와 [R4]에 이의를 제기하여 텍스트를 구성하였다.

-논제: 익호는 애국심이 있는 사람이다.
-논거:
첫째, 우리나라 사람이고, 매국노가 아닌이상 애국심이 있다.
둘째, 익호는 만주에 사는 우리나라 사람들에게 욕을하고 칼부림을 하며 행패를 부렸지만, 마지막 부분에서는 지주 때문에 고통받고있는 마을 사람들을 생각하며 지주와 싸우러간다.[R3] 그 부분을 보면 익호는 우리나라사람들을 생각해 주는 착하고 애국심 있는 사람이다.
셋째, 익호는 죽을때까지 우리나라의 애국가를 생각하며 불러달라고 했다.[R4]

넷째, 애국심은 <u>나라만</u> <u>사랑하는</u>[R2] 것이 아니라 우리나라 국민도 사랑하는 것이다.

- <C3A1의 토론 텍스트>

아래 담화는 여학생들이 산출한 결과이다. 여기서는 B1A1의 입장이 비교격 조사 '**-보다**'를 사용하여 토론을 통제하면서 안정적으로 진행하였다. 즉 이항대립으로 논의를 통제하며 쟁점화하고 논의 방향을 융통성 있게 도치시키기도 하면서 논증을 이끈 것이다.

-주제: 러브레터는 믿을 만하다.
[1]B1A1: 저는 찬성입니다. 어렸을 때 만나는 것보다, 서로 조심하기 위해 러브레터가 낫다고 생각합니다.
[2]B1O1: 저는 반대입니다. 러브레터만으로 사랑을 주고받으면 나중에 진실한 사랑을 잘 모를 수 있기 때문입니다.
[3]B1A2: 그러나 서로의 마음을 확인할 수 있습니다.
[4]B1O2: 저는 그렇게 생각하지 않습니다. 왜냐하면 만나는 것이 러브레터를 주고받는 것보다 그 사람에 대해 잘 알 수 있기 때문입니다.
[5]B1A1: 저는 만나서 잠깐씩 말을 주고받는 것보다 러브레터를 주고받으면, 나중에 모아 두고 보면서 옛 추억을 떠올릴 수 있어서, 서로 편지를 주고받아야 한다고 생각합니다.
[6]B1O1: 그렇지만 러브레터만으로 사랑을 얘기하고 마음을 주고받는 것은 한계가 있습니다. 만나서 서로 인연을 맺는 것이 더 좋다고 생각합니다.
[7]B1A2: 바로 만나는 것보다는 러브레터로 먼저 친해져서 가까워지는 것이 좋다고 생각합니다.
[8]B1O2: 왜 러브레터로 친해질 수 있다고 생각하십니까?
[9]B1A1: 서로 간에 약간의 친분을 쌓을 수 있기 때문입니다.

[10]B1O1: 물론 친분을 쌓을 수도 있겠지만, 그 사람을 잘 알지 못하는 상태에서 친한 것보다, 일단 만내 보고 상대방을 평가해 보는 것이 낫습니다.
[11]B1A2: 만나면 겉모습만 평가하게 되는데, 일단 러브레터에는 상대방의 속마음이 드러나 있기 때문에 만나는 것보다 러브레터가 더 좋은 방법이라고 생각합니다.
[12]B1O2: 그렇지 않습니다. 겉으로도 속마음을 알 수도 있습니다.
[13]B1A1: 어떻게 겉으로 속마음을 알죠?
[14]B1O1: 상대방의 말투나 행동, 표정 등을 잘 보면 알 수 있습니다.
[15]B1A2: 안 그러는 사람도 있습니다. 이유는 사람마다 각각 보는 눈이 다르기 때문입니다.
[16]B1O2: 보는 눈이 달라도 대부분 느낌이 비슷하기 때문에 그런 것은 문제가 되지 않습니다.

위의 토론은 여중생 내지 여고생에게 러브레터가 신뢰적인 것인지를 생각해 보게 만드는 논의이다. 반대 입장의 참여자들은 '진실성'을 문제 삼는 단서로 사람의 외적인 기호를 들었다(발화[14]). 이 담화는 출발 단서 [T1-R1]의 기술이 [T2-R2]로 환원되어 학교 문화권의 규범이라는 관습적 지식을 명료화하고, [T3-R3]에서 전제 지식을 이끌어 내어 해석함으로써 궁극에는 [T3-R3']로 일반화한 구조를 보여준다. 이 최종 지식은 학생다움의 조건적 지식이 관습에서 비롯된 사실임을 확인시켜 주는데, 참여자들 스스로 이를 깨우치도록 동기를 제공한 점에서 토론 담화의 체제 유지 기능도 증명된다.

또한 여기서는 담화 결속성을 위하여 어휘가 반의적으로 관계하는데, 이는 지속적인 논박 행위로 진행되는 유형의 특징일 것이다. 발화[1]의 '조심성'은 발화[2]에서 '진실성'을 문제 삼아 논박된다. 이에 대해 발화[3]에서 '(마음) 확인'으로 단서를 밝히고, '만나는 것'과 '러브레터'의 관계를 대립항으로 놓음으로써 후행 발화를 연결하고 있다. '만나는 것'의 범주에는 '보는 (행위)', '말투나 행동, 표정', '보는 눈(관점)'이, '러브레터'의 범주에는 '추억', '(약간의) 친분', '느낌'이 재수용되었다. 즉 그런데 발화[8]의 단서에 대하여 발화[9]는 긴밀하지 못한 응수이다. 발화[9]의 '약간'은 정도 부사이므로 발화[8]에서 '왜'가 아니라 '얼마나'로 물었어야 한다. 발화[12]는 후건부정으로 자신의 입장을 주장한 데에 대하여 발화[13]은 논박하는 의도를 질문의 방식으로 나타낸 것이다. 여기서 알 수 있듯이 평서형보다 의문형이 상대방과의 합의나 논쟁을 적극적으로 드러냄으로써 결론을 유도하기에 더 효과적일 수 있다.

[T1]러브레터는, [R1]가식적으로 쓸 수 있다.
[T2]러브레터를 주고받는 것은, [R2]학생의 위치를 벗어났다.
[T3]학생은, [R3]학생다운 태도로 문제를 해결해야 한다.
[T3]학생은, [R3']학생다워야 한다.

위에서 맨 처음 구정보(화제)[T1]과 신정보(초점)[R1]은 담화 구조의 도입부로서 기술 층위에 해당하며, 여기서 현상학적 환원을 거쳐 최종 명제를 추론하였는데 그 결과가 [T3]-[R3']이다. [T1]에서 대상 자체로 다룬 것이 [T2]에서 행위로 바뀌어 환원이 이루어진 것이다. 이때 [T2]는 [R2]와 연결되어 '학생' 군으로 초점화되었다. 결과적으로 이 담화에서는 '러브레터를 주고받는 행위'가 용인되는 범위에 대하여 '학생' 군이 포함될 수 있는지 여부를 문제 삼고, 결국 '학생다움'이란 '러브레터를 주고받는 행위에서 찾을 수 없는 성격'으로 규정하고 있다.

B1O1의 토론 텍스트는 첫째 논거, 둘째 논거, 넷째 논거에 [T1]-[R1]을 뒷받침하는 기술로 반영되었다. 같은 소집단에서 같은 입장으로 토

론한 B1O2의 텍스트도 B1O1의 경우와 같다. 이 점은 사고 체계가 의사소통 맥락을 닮아 산출된 결과임을 보여준다.

아래 담화는 남학생 집단에서 산출한 것인데, '-을 위해'가 문장이나 문맥의 의미를 통제하는 수단으로서 '(인간이) 한심하고 요망하다'는 판단을 정당화하는 데 기여하고 있다. 또한 '-을 위해'는 말하는 주체의 의도와 그것이 객체에 미치는 영향을 분명히 하여 '의도'라는 단어와 연결되고 나아가 '-면'을 유표화하여 배경이나 조건을 종속시켰다.

-주제: '한심하고 요망한 것은 인간이 아니라 여우이다.'에 반대한다.
[1]C2A1: 여우는 자신의 목숨을 위해 하지만, 사람은 자신의 출세를 위해 그런 짓을 합니다.
[2]C2O1: 여우가 자신의 목숨을 위해 그런 짓을 한다지만, 사람도 다른 측면으로 보면, 목숨을 위해서 합니다.
[3]C2A2: 여우와 사람이 하는 일은, 같은 의도가 될 수 없습니다.
[4]C2O2: 왜 의도가 다른가요?
[5]C2A1: 그렇다면 여우가 출세를 해서 돈을 벌겠습니까?
[6]C2O1: 여우가 출세한다는 것은 먹이를 버는 것이고, 사람은 돈을 버는 것입니다.
[7]C2A2: 둘을 비교했을 때 같다고 하면, 사람은 그런 짓을 악용하고, 여우는 자기 앞에 처해진 위기만을 처리했기 때문에 같을 수가 없습니다.
[8]C2O2: 앞에서 말씀하신 악용은 무슨 뜻인가요?
[9]C2A1: 악용은 뇌물을 말합니다.
[10]C2O1: 모든 사람들이 뇌물을 바치는 것이 아니고, 몇몇의 사람들이 뇌물을 바치기 때문에 모든 사람들이 간사할 순 없다고 생각합니다.
[11]C2A2: 소수의 사람들이 간사한 짓을 해도, 국민들이 간사한 짓을 안 하면 나라 전체가 영향을 받을 수 있습니다.
[12]C2O2: 대표하는 사람들이 그런 짓을 해도, 국민들이 간사한 짓을 안 하면

[13]C2A1: 국민들도 간사한 짓을 할 수 있기 때문에, C2O2의 말은 옳지 않습니다.

[14]C2O1: 그 이야기에 대해서 예를 들어 주십시오.

[15]C2A2: 예를 들어서, 나라의 대표에게 주권을 들어서, 투표를 아는 사람들에게 뽑아 달라고 하며, 그 대가로 성과급을 받는 것입니다.

[16]C2O2: 그 뇌물에, 약 50배에 해당하는 벌금을 물어야 합니다.

[17]C2A1: 그렇다면 뇌물을 주다가 걸리는 사람들은 죄의식이 없고, 재수없게 걸렸다고 생각합니다.

[18]C2O1: 걸린 사람들이 죄의식이 없고 재수없게 걸렸다고 생각해도, 그에 맞는 벌을 받으면 반성할 수 있기 때문입니다.

[19]C2A2: 그에 따른 예를 들어 주십시오.

[20]C2O2: 대기업 사장들끼리 불법거래를 해서 그 행동이 걸려, 징역 5년에서 10년 사이를 선고 받은 적이 있습니다.

[21]C2A1: 그렇다면 벌을 받아도 반성하지 않는 사람들은 어떻게 해야 합니까?

[22]C2O1: 모든 사람들이 벌을 받고 반성하지 않는 것은 아닙니다.

[23]C2A2: 벌을 받아도 반성하지 않은 사람들은, 또 간사한 짓을 하여 걸리면, 또 벌을 받아도 반성하지 않기 때문에, 자신의 인생을 평생 감옥에서 지내야 합니다.

[24]C2O2: 감옥에서 있으면 반성할 수 있는 계기가 될 수 있습니다.

[25]C2A1: 그에 따른 예를 들어 주십시오.

[26]C2O1: 감옥에서 오랜 시간 동안 있으면, 감옥에서 교육받는 정서교육을 받으면 자신의 죄를 반성할 수 있기 때문입니다.

[27]C2A2: 감옥에서 오랜 시간 있다고 해도, 독종들은 그런 생각을 하지 않습니다.

[28]C2O2: 독종들 소수입니다.

[29]C2A1: 아무리 소수만 있다고 해도, 독종들은 그런 생각을 하지 않습니다.

[30]C2O1: 그에 따른 예를 들어 주십시오.

[31]C2A2: 연쇄 살인범들은 자신이 왜 사람을 죽이는지도 모른다고 하며, 단지 재미로 죽였다고 하는 사건들이 많이 있습니다.
[32]C2O2: 그런 사람들은 정신적인 충격을 많이 받아서 그렇습니다.

위 담화는 발화[1]이 발화[2]에서 재수용되면서 진행되었는데, 이때 재수용 형식은 인용문으로 나타났다. 한편 발화[2]의 기술 방식은 선행 발화를 인용하여 말하는이의 관점을 유표화한 다음 그 관점에서 다시 반박을 이은 유형이다. 논의 대상에 대해서는 발화[1]에서부터 지칭어 '그런 (짓)'으로 명명하여 담화를 결속하고 있다. 그리고 토론 참여자들 각자의 관점이 유사한 어휘에 의해 결속되고 있다. 발화[3]의 '의도'가 발화[4]에 그대로 나타나고, 발화[5]에서 '출세'로 구체화되며 발화[6]에서 그것을 이어받고, 다시 발화[7]에서 발화[1]의 대용형(지칭어)이 쓰였다. 그 대용형과 연결되는 술부에 '악용'이라는 단어를 넣어 말하는이의 뜻을 전달하기도 하며, 이것은 발화[9]에서 '뇌물'로 연결되었다. 또 발화[10]에서 이것은 '간사한 짓'으로 풀이된 이후, 발화[12]에서는 지칭어로 대체됨으로써 처음 발화와 강하게 결속되었다. 발화[17]에서 논의 내용의 결과가 '걸리다'라는 단어에 함축된 이것은 발화[18]에서 '벌'로 규정되었고, 발화[24]에서는 그 성격이 구체적으로 '감옥'을 통해 명징하게 드러났다.

이 담화의 논증 구조는 논제로 제시된 주장에 발화 [1]과 [3]이 근거로 구성되었다. 이를 위해 발화 [5], [7], [11], [23]의 뒷받침으로 정당화된다. 논의 범주를 발화 [9], [13], [15], [17], [21], [27], [29], [31]로 상정하여 주장의 타당성과 명료성에 기여하고 있다. 발화[9]는 '악용'의 의미역을 설정하고, 발화[13]은 현실에서의 성격을 규명하며, 발화[15]는 실제 예를 통해 귀납적으로 당해 문화권의 특성을 밝히고, 발화[17]은 발화[15]

에서와 같이 대상을 구체적으로 묘사하며, 발화[21]은 선행 발화의 예외 조건을 명시하고, 발화 [27]과 [29]는 발화[21]을 재진술하여 강조하며, 발화[31]은 발화 [27], [29]를 통해 증명함으로써 타당성이 확보된 것이다. 따라서 이 논쟁은 '한심하고 요망한 존재가 여우가 아니라 인간'이라는 논제(주장)에 대해서 구체적 현상을 통해 증명하는 과정이다.

이 담화에서는 출발 단서[T1-R1]의 술어[R1]이 주어가 되어 [R2]와 결합함으로써 출발 단서를 보증한 기술이 되고, 그 결과 [T3-R3]에서 결론을 이은 후 최종적으로 [T3-R2']라는 정언명제(일반화)를 얻은 구조로 응집되어 있다. 또한 이 담화의 특징은 출발 단서를 현상으로 환원하는 데 비교가 사용된 점이다. 여기서는 인간의 출세를 대기업 사장과 연쇄 살인범에 유추하여 비교·분석하였다.

> [T1]출세한다는 것은, [R1]먹이 버는 것과 돈 버는 것으로 말할 수 있다.
> [R1(T2)]둘은, [R2]생존전략이다.
> [T3]모든 존재는, [R3]생존하기 위해 간사해질 수 있다.
> [T3]모든 존재는, [R2']생존력이 강하다.

C2A1와 C2A2의 토론 텍스트는 모두 [T3]-[R3]을 뒷받침하는 논거들로만 구성되어 있어 응집성이 강하다. 반대 입장인 C2O1의 토론 텍스트도 [T1]에서 시작하여 [T3]-[R3]을 집중적으로 논의한 경우이다.

아래 담화는 여학생들에 의해 구성된 예로서 위의 소집단 C2와 같은 내용으로 토론한 경우이다. 여기서는 상하관계의 어휘를 대체하면서 논증 담화를 진행하고 있다. 또 '정말', '아무리', '물론' 등과 같은 부사어로써 참여자들과 공유하는 입장이 두드러지도록 감성에 호소하기도 하였다.

-논점: 물질 앞에서는 사람이 간사해진다.

[1]C5A2: 돈이 세상을 지배하기 때문에 사람들은 간사해집니다.

[2]C5O1: 정말 착한 사람은 남의 돈을 넘보지 않습니다.

[3]C5A1: 아무리 착한 사람이어도 돈 앞에선 변합니다.

[4]C5O2: 아무리 착한 사람이 돈 앞에서 약하다 해도 자기가 성실히 일해서 얻지, 남의 돈을 탐하지는 않습니다.

[5]C5A2: 아무리 착한 사람도, 돈만 있으면 죽고 사는 시대입니다.

[6]C5O2: 아까도 말했지만, 그 시대에서도 단 한 명이라도 돈에 죽고 살지 않는 사 람이 있다면, 사람들은 모두 다 물질 앞에서 약해진다 할 수 없습니다.

[7]C5O2: 그럼, 다음 얘기로 넘어가죠. 이 세상에 잘 알려진 자원봉사자들도 있습니 다. 그런데 사람들이 물질 앞에서 변하고 간사해진다고 하였습니다. 그럼, 물질을 기부하고 나눠 주는 자원봉사단은 무엇입니까? 이 점에서 설명해 주시기 바랍니다.

[8]C5A2: 물론 자원봉사자들은 세상에 얼마 없는 부지런하며 착한 사람입니다. 반 대 측은 지금 착한 사람을 예로 들고 있습니다. 그럼, 저희는 나쁜 사람을 예로 들겠습니다. 사채업자입니다. 이자를 먹고 사는 직업을 가진 사채업자들은 돈을 갚지 않으면 신체 포기나, 자식한테 빚을 돌려 줍니다. 어떻게 생각하시나요? 이 요망하고 간사한 사람들을.

[9]C5O2: 알려지지 않은 착한 자원봉사자들도 많습니다. 찬성 측, 사람들은 '모두' 물질에 욕심이 있다고 주장하셨습니다. 하지만 스스로 물질을 기부하는 자원봉사자들은 물질에 욕심이 없는 거라 할 수 있죠. 이 점에서 자세히 설명해 주시고/ 사채업자로 넘어가겠습니다. 사채업자, 그 수가 늘긴 늘었지만, 이 대한민국에 몇이나 될까요? 또 사채업자들은 비리 많고, 비겁한 이 세상 때문에 어쩔 수 없이 먹고 살기 위한 비겁한 직업입니다. 즉, 직업이 말입니다. 저는, 그런 사람뿐만 아니라, 봉사하는 사람도 있고, 사채업자를 생기게 만든 물질 만능주의 세상에 대해 비판하고자 하는 것입니다.

[10]C5A2: 위에서 사채업자들은 비겁한 세상 때문에 어쩔 수 없이 그러는 거라 하니다. 먹고 살기 위해 돈을 요구하며 비겁합니다. 결국에는 사람들이 돈 때문에 비겁하고 사기치고 요망하고 간사해지는 것입니다.

[11]C5O2: 하지만 사채업자들은 아무런 노력 없이 돈을 갖는 것이 아니지 않습니까? 사채업자들도 직업에 대해 노력하고 땀흘려 버는 것입니다. 그러기 때문에 쉽게 돈을 탐낸다고 할 수 없습니다.

[12]C5A1: 사채업은 직업의 일종입니다. 직업을 성실히 수행하지만, 자신의 사채를 갚지 않은 사람에게 괘씸한 마음이 생긴다면, 담보 물건이 만족스럽지 않아서 악한 마음이 생길 수 있습니다.

[13]C5O1: 사채업자들이 엄연히 자기 돈을 빌려 준 것인데/ 그것을 갚지 않는 것은, 돈 빌린 사람의 책임이 있는 것입니다.

[14]C5A1: 돈을 갚지 않으면 신체 포기나 큰 폭력을 휘두릅니다. 돈을 위해 사람에 게 피해를 주는 것이므로 나쁩니다.

[15]C5O1: 돈을 갚을 수 있기 때문에 빌린 돈인데, 갚지 못하면 어떤 벌이든지 받을 수 있어야 합니다.

[16]C5A1: 그렇다고 그깟 돈 때문에 인격을 위협할 수 있는 겁니까?

[17]C5O2: 그럼, 돈을 갚기 위해 빌린 돈을 갚지 않는 게 잘한 일입니까? 빌리기 전, 그런 각오는 하고 빌렸던 게 아닙니까?

[18]C5A1: 말로 해결할 수 있습니다. 꼭 다치지 않아도 됩니다.

[19]C5O1: 처음에는 말로 하겠지만, 기간이 지나 폭력을 쓰는 것입니다.

[20]C5A2: 빚을 갚지 않아서 담보를 가져갈 수 있는데, 그게 안 되면 심한 폭력을 씁니다. 돈에 대한 집착 때문에 그런 것입니다.

[21]C5O1: 기간 내에 돈을 갚지 않아 돈에 집착을 보이는 것입니다.

[22]C5O2: 그러니깐, 저희는 사채업자에 대해 논하고자 하는 게 아닙니다. 사채업자 들은 그저 직업을 수행할 뿐입니다.

[23]C5A2: 앞서 반대 측이 돈에 집착하는 이유가, 갚지 않아서라고 하였습니다. 사람이 돈에 대한 생각이 돈만 있으면 된다는 것으로 생각하므로, 집착하는 것입니다.

[24]C5O1: 돈이 없어도 사는 사람이 있는데, 어떻게 돈만 있으면 됩니까?
[25]C5A1: 예를 들어 보겠습니다. 거지는 돈이 없습니다. 구걸을 해서라도 돈이 있어야 먹고 삽니다. 그러므로 돈이 필요합니다.

위 담화는 출발 단서[T1-R1]의 결과를 비추고 현상에로 환원한 후에 논의가 진행된 경우이다. 물론 현상으로 환원된 [T2-R2]의 표현 형식을 보증하는 사례가 토론 담화에서 확인되었다. 이 기술을 해석한 [T1-R1']의 경우는 공간 요소를 전제하여 내린 결론이고, 나아가 [T1-R3]에서 일반화되었는데 에믹(체제내적) 관점에서 이익사회 중심의(게젤샤프트적) 사고가 드러난다.

담화의 구성 단위인 발화들을 분석해 보면 발화[2]-[5]의 내용이 발화[7]에서 재수용되었는데 그 실체는 '돈'의 상위어인 '물질'과 '착한 사람'의 하위어인 '자원봉사자'이다. 발화[8]에서는 대조적으로 '사채업자'를 예로 듦으로써 논지를 분명하게 드러내고 있다. 이 단어는 발화[13]에까지 재수용되고 있다. 또한 발화[13]에서 '책임'을 유표화하여 발화[15]의 '벌'과 대응시켰으며 이에 대한 원인으로 발화[16]에 '인격'을 명시하였다. 물론 '위협'이라는 단어의 자질상 [+의도성], [+부정성(폭력성)]이 내포되어 있기에 인격(덕)에 반하는 속성이 지각된다. 그리고 전체적으로 발화[9]에서 '직업'을 유표화한 것이 발화[22]에 재수용됨으로써 토론 참여자들의 인식 기반을 드러낸다. 요컨대 직업의 책무성에 의한 의도적 행위를 윤리적으로 문제 삼느냐, 사회적 기능으로 용인하느냐로 갈등이 야기되는 것이다.

[T1]인간은, [R1]돈의 필요성을 느끼면 집착하게 된다.
[R1(T2)]집착은, [R2]병을 부른다(병이다).

[T1]인간은, [R1']돈이 지배하는 세상에서 돈에 집착한다.
[T1]인간은, [R3]사회체제에 종속된다.

발화[3]과 발화[20]은 현상학적 환원을 통해 근거가 되고, 발화 [1], [5], [23]은 시대적 특성으로써 보증하여 논점을 지지한다. 표면적으로 '시대'나 '-면 된다'(당위성이나 관습성을 의미)와 같은 유표가 없는 발화[8]은 그에 대한 구체적 정보인 직업적 특수성으로써 시대의 단면을 보여주었다. 발화 [10], [12], [14], [16], [25]도 마찬가지인데 '시대'를 구체화하여 직업의 특성을 나타내고 논의 범주를 예외 조건으로 명시한 것이다. 그리고 발화[18]에서 '꼭' 다치지 않게 해도 문제를 해결할 수 있는 것을 간사하고 치사한 방법으로까지 내비친다고 판단하였다. 여기서 '꼭 - 않아도 된다.'라는 표현은 '언제나 그렇지는 않다.'나 '누구나 그런 것은 아니다'와 같은 의미를 내포하고 있어 논점을 분명히 하는 데 도움을 준다. 여기에는 발화[2], [4]에서 '정말 착한 사람'의 성격에 대해, 발화[6]에서 '모든 사람'에게 해당되는 것이 아니라는 반론을 제기함으로써 논의 영역이 좁혀졌다. 이 논증 구조를 다음과 같은 도식으로 나타내어 볼 수 있다.

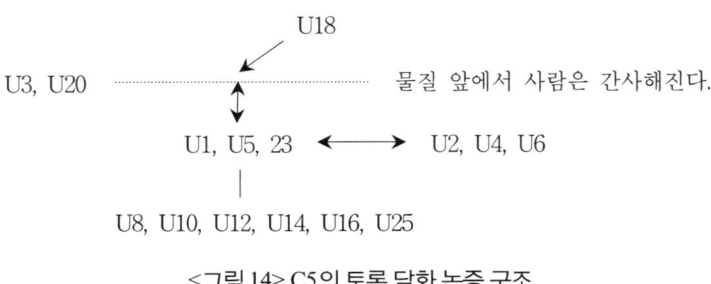

<그림 14> C5의 토론 담화 논증 구조

아래 담화의 발화[1]에 나타난 단어 '**정도**'는 대상을 제한하는 정보로서 전제가 된다. 즉, 개시 발화의 애매성이 토론의 쟁점으로 포착되고, 이에 대해 논의를 펴 나가는 동안 참여자들의 세계관이 드러났다. 따라서 여기서는 발언의 정확성을 기반으로 담화 구성에 대한 책임이 강조된다.

-논제: 치매노인에 대한 가족의 태도를 이해한다.
[1]D6A1: 저는 노인에 대한 가족의 태도를 찬성합니다. 왜냐하면 정혜는 아버지에 대한 좋은 감정을 갖고 있고, 영희가 딸과 아버지라고 말했을 정도여서 찬성합니다.
[2]D6O1: 반대합니다. ∅(노인은) 비록 늙고 병들긴 했지만, 나를 사랑해 주셨기 때문입니다.
[3]D6O2: 그 의견에 찬성합니다. 비록 아버지가 아무것도 안 하지만, 자식의 도리가 아니라고 생각합니다.
[4]D6A1: D6O2한테 묻습니다. 그 자식의 도리란 무엇인가?
[5]D6O2: 아버지를 사랑하고 아끼는 마음이 그 자식의 도리인데, 이 가족은 그 가족 의 도리를 안 지켰습니다.
[6]D6A1: 저는 D6O2의 의견에 반대합니다. 왜냐하면 이 가족이 완전히 전부가 그 가족의 도리를 안 지킨 것은 아니기 때문입니다.
[7]D6O2: 가족구성원들이 모두 도리를 지켜야지, 한 사람이라도 안 지키면 안 됩니다.
[8]D6A1: 어떻게 자식의 도리를 안 지켰습니까?
[9]D6O1: 아버지가 늙었다고 무시하고, 지금까지 키워 준 보답도 안 하고, 태도도 바로 하지 않았습니다.
[10]D6A1: 그러면 모두가 가족의 도리를 안 지켰나요?
[11]D6O2: 아닙니다. 아버지를 보살피지 않은 사람이 ∅ 안 지켰습니다.
[12]D6A1: 제가 D6O2의 의견에 반박을 하겠습니다. 이 이야기의 마지막에, 영희는 아버지를 부축을 했다?(↗)라는 점에 대해서 어떻게 생각하

십니까?

[13]D6O1: D6O2 대신 제가 *하겠습니다*. 가족구성원 전부가, 아버지 부축을 한 건 아니지 않습니까?

[14]D6A1: 제가 여기서 질문을 한 것은, 모두가 아버지한테 잘한다 못한다를 물어 본 것이 아니라, 제가 말한 위의 질문에 어떻게 생각하는가입니다.

[15]D6O2: 영희는 정혜가 왔다고 부축한 거지, 딴 생각은 없던 걸로 압니다.

[16]D6A1: 제가 보기에는 정혜가 아니라 성식인 거 같습니다. 그리고 제가, 이 가족 이 가족의 도리를 지킨 부분에 대해서 말하겠습니다. 일단, 며느리인 정혜는 아버지에 대해 좋은 감정을 가지고 있고, 또 영희가 아버지를 부축했다는 점에서, 아버지에 대한 태도가 좋다는 것을 알 수 있습니다.

[17]D6O1: 영희는 단순히, 정혜가 지켜 보기 때문에 좋은 행동을 한 것입니다.

[18]D6O2: 저도 그렇게 생각합니다. 영희는 아버지를 나쁘게 생각했었습니다.

[19]D6A1: 만약 제가 영희라면, 치매노인에게 어떻게 하겠는지 말하겠습니다. 저 같으면은 치매노인에게 좋은 생각을 가지고 행동을 하겠습니다. 그 예로는, 긍정적으로 생각하여 모든 행동을 이해하는 것입니다.

[20]D6O1: 그런 행동은 당한 것이 아닌가요? 하지만 싫은 감정은 누구나 가질 수 있습니다.

[21]D6O2: 보충하겠습니다. ∅(아버지는) 늙고 병들었기 때문에 싫어질 수도 있습니다.

[22]D6O1: 다시 보충합니다. 행동이 그만큼 어려지기 때문에 싫어질 수도 있지만, 자신을 키워 준 아버지에 대한 보답은 당연합니다.

[23]D6O2: D6O1의 의견에 찬성합니다. 그 가족은 도리를 안 지켰습니다.

위 담화는 참여자들의 소속 문화권을 상징하는 관습적 지식에서 시작되는데, 출발 단서([T1-R1])를 기점으로 해서 담화 내의 특정 대상을 보편적으로 인식하여 현상으로 환원([T1-R2])한 후, 유교문화권의 관습적 지식으로 해석하여 전통을 유지하는 관점을 [T2-R2]에 드러내고, 최종적으로 [T3-R1']과 같이 정언명제로 일반화한 구조이다. 이 경우에 앞선 전제들(T1, R1, T2, R2)이 절대론적 가치를 내포하고 있으므로 최종 진술과 순서를 바꾸어 기술해도 의미가 모순되지 않는다.

    [T1]자식은, [R1]아버지의 은혜에 보답해야 한다.
    [T1]자식은, [R2]부모에게 도리를 해야 한다.
    [T2]아랫사람은, [R2]윗사람에게 도리를 지켜야 한다.
    [T3]부모가 자식을 키우는 것은, [R1']은혜를 베푸는 것이다.

  위에서 보다시피 '보답'으로 시작된, 첫 번째 정보구조를 현상학적으로 환원하여 '자식의 도리'로 표현하며, '자식'을 '아랫사람'으로 재해석하여 윗사람과의 위계질서를 통해 최종적으로 부모의 역할을 재인식하게 한다. 결과적으로 이 담화는 '부모를 초점으로 보나 자식을 초점으로 보나 그 상호 관계의 행위를 은혜로 인식하는 것은 같다.'라는 명제로 귀결된 것이다.

  발화[1]에서 명시한 '가족의 태도'는 '도리'로, 구체적으로는 '보살피다', '보답', '부축'으로 대체하기도 하여 결속성을 갖추고 있다. 즉 발화[1]에서 제시한 논점에 적절한 어휘가 담화 전반에 선택됨으로써 통일성이 확인된다.

  발화[5]는 2012년 2월 20일2012년 2월 20일'-ㄴ데'로 이끈 선행절 다음에 말하는이의 의견을 표명한 경우이다. 여기서 '-ㄴ데'의 기능은 후행절에 올 의견에 대하여 전제를 표시하는 것이다. 다시 말해 이 전제가 후행절의 내용을 판단할 수 있는 기준이 된다. 그리고 발화[9]에 이르러 논증이 이루어졌다. 그 과정상에는 전제에 대한 의심([6])과 기본 윤리의 절대론적 가치([7])로 근거를 제시하고, 작품 속의 근거를 검증하도록 유도하기도([8]) 했다.

한편 발화[14][81]에는 말하는이의 선행 발화를 보충하거나 보다 엄밀하게 하려는 의도를 유표화하는 기능이 있다. 토론 담화에서는 참여자들 간에 갈등이 생길 때 혹은 의도가 잘못 전달되었을 때 보충하거나 재진술할 필요가 있다. 그 방법은 발화[14]에서처럼 다시 설명하거나, 발화[19]에서처럼 감정이입의 표현으로 재진술할 수도 있으며, 발화[21], [22]에서처럼 첨가·보충할 수도 있다.

이 담화는 발화[1], [16]을 근거로 하고 이를 발화[4], [8]로 지원하는 구조로 짜여져 있는데, 여기에는 발화[12], [19]가 논의 범주에 대한 단서조항으로 추가되었다. 물론 이는 발화[5]로 반론을 제기할 수 있음을 고려한 판단이며, 발화[6]에서 논의를 수용하는 데 결정적인 단서가 한정사로 대별되기도 했다. 이 논증 구조를 다음과 같은 도식으로 나타내어 볼 수 있다.

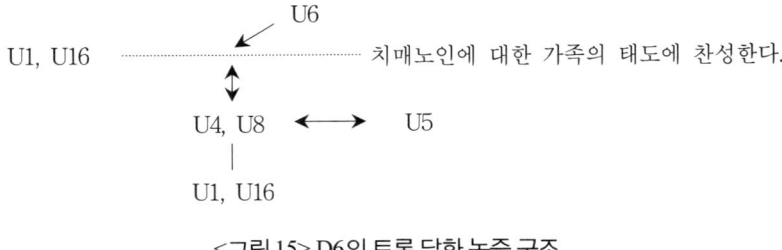

<그림 15> D6의 토론 담화 논증 구조

D6O1의 토론 텍스트는 위 담화의 정보들에 의해 구성된 경우이다.

---

81) 토론 참여자가 토론 내용을 메모하던 중에 앞서 제기된 발언을 가리키고자 비친 대용어로서, 머릿속에 기억했다가 인출한 경우라면 담화 상에서 '앞의'라고 명시했을 것이다.

여기서 '자식된 도리'가 핵심 정보로 반복된 것은 암묵적으로 합의한 내용이기 때문이다. D6O2의 토론 텍스트도 그 핵심 정보가 둘째 논거에 명시적으로 드러난 예다.

두 번째 방법은 자가 수정이다. 고교 학습자가 중계 담화를 통해 논증 텍스트를 생성한 경우, 자신의 삶을 성찰하면서 가치관이나 태도를 수정하거나 무의식적으로 변화된 순간을 통찰할 수 있다. 이는 텍스트 생성을 위한 동기를 제공받은 동시에 자가 수정을 유도했다는 점에서 교육적 의의를 갖는다.

> 청소년 여러분, 안녕하세요-? 방송인 정현경입니다. 사람이라면 누구나, 다른 사람으로부터/ 사랑과, 관심을, 받고 싶은 마음이/ 있을 텐데요? 자, 여기-↗, 일본의 정신의학자가 밝히는, 사랑 받는 비결이 있습니다. 사랑받는 사람들에겐, 이런 공통점이 있대요. 첫째-↗, 남에게 무리한 요구를 하지 않는다. 요구를 들어 줄 수 없을 때/ 상대방이, 얼마나 힘들어할지 알기에↗ 사랑받는 사람들은↗ 남에게 부담스러운 요구를 하지 않습니다. 둘째, 작은 것에서도↗ 기쁨을 느낀다. 사람들은 불평하는 사람보다↗ 작은 일에도, 행복해하고, 웃는 사람을 좋아합니다. 이런 사람과 같이 있으면↗, 내 기분도, 덩달아 좋아지지 않을까요? 셋째, 의지가 된다. 사랑받는 사람들은↗, 남에게 어려운 일이 생겼을 때, 든든한 의논 상대가 돼 줍니다↗. 그들은, 남의 실패에 대해서, 진심으로 걱정할 줄 알구요↗, 남의 험담이나, 나쁜 소문이 돌아도↗, 절대 퍼뜨리지 않습니다. 사랑받는 사람들의 공통점/ 어떠세요? 마음에 와 닿는 부분이, 있으신가요? 사랑받는 능력은, 저절로 타고나는 것이 아닙니다. 사랑받는 것에도↗, 그만큼의 노력이 필요한 거죠↗. 여러분 모두, 주위로부터↗, 사랑, 듬뿍 받으시길 기원합니다.
>
> - <'마음의 문을 열고'의 중계 담화[82]>

---

82) <전사 기호> (↗): 올림조, (-): 끎, (,): 쉼(호흡), (/)휴지(30초 이상 간격).

위 사례는 계명과 같이 중심 내용을 현재형의 간결 명료한 표현으로 언급하고, 듣는이 자신의 상황을 점검해 가는 과정 그대로 의문문 형태를 연결하면서 구성한 담화이다. 여기서 의문문의 올림조는 자가 수정을 유도하는 기능을 갖는다. 아래 텍스트는 이 담화에 대한 반응으로서 성실하게 자가 수정이 이루어진 경우이다.

> [5]이 세 가지 비결을 보면서 <u>나는 과연 지금까지 사랑받으며 살았나 하는 생각이 들었다</u>. [6]일단 첫째번은… 남에게 무리한 요구를 한 것 같기도 하고 아닌 것 같기도 하다. [7]내가 생각하기에 무리한 요구가 아닌 요구들이 상대방 입장에서는 무리한 것일 수도 있기 때문이다.
> [8]두번째는… <u>작은 것에서도 기쁨을 느낀 것 같다.</u> [9]한… 80% 정도?
> [10]완벽하게 두번째 내용에 맞게 살지는 않았지만 대체로 그렇게 살았다. [11]<u>마지막 세번째는</u> 남에게 의지가 되었던 것 같다. [12]친구들이 고민상담을 하거나 얘기를 하면 끝까지 다 들어 주었고 도움이 되고 싶어 나 나름대로 혼자 해결책이나 해줄 말을 생각하고 또 생각한 적이 많다. [13]<u>아니 항상 그래왔다.</u>
> [14]<u>세번째 내용은 한 95% 정도? 지켰다고 생각한다.</u>
> [15]<u>그치만 세 개의 내용 모두 100% 확실히 맞게 살진 않았다.</u>
> 　　　　　　　　　　　　　　　　　　- <자료110-3 중에서>

텍스트110-3에는 중계 담화의 내용에 기반하여 초점 정보를 반복적으로 상기시킨 의도대로 학습자가 논의 대상에 감정이입하여 자신의 태도를 스스로 수정한 과정이 드러나 있다.

> 청소년 여러분, 안녕하세요-? 방송인 정현경입니다. 친구와 대화를 나누다가↗, 갑자기, 중간에↗, 대화가 뚝 끊겼던 경험/ 있으시죠? 그럴 땐, 분위기도 어색해질 뿐이 아니라↗, 이런 경험이 반복되다 보면↗, 사람 만나는 일이↗ 두려워진다고 하는데요↗. 어색한 분위기를 피하려면↗, 비록, 큰 의미는 없

이하 동일하게 표시한다.

어도↗, 소소한 대화들이 계속 이어나가야만 합니다. 이런 작은 이야기들을 ↗, 스몰/ 토크라고 합니다. <u>스몰토크란↗, 잡담/ 수다</u> 라는 뜻을 가지고 있지만↗, 이런 작은 이미지들이↗, 사람의 이미지를 좌우하고↗, 또 학교생활과↗, <u>친구관계에도, 많은</u> 영향을 준다고 합니다. 스몰토크, 어려운 것이 아닙니다. 우리는 이미-, 하루에도, 수십 번 넘게/ 스몰 토크를↗ 나누고 있거든요? 스몰토크는↗, 이렇게 하면 잘할 수 있다고 합니다. <u>첫째, 위험을 감수하라.</u> 누군가가 먼저 다가오기만을 기다리지 말고↗, 여러분이 먼저↗, 다가가세요. 둘째↗, 대화의 짐을 떠맡아라. 재미난 얘깃거리를 생각해내고↗, 중간에 대화가 끊겨도 -↗, 대화를 이어나갈 수 있도록↗ 용기를 내야 합니다. 나말고 상대방이 해 주겠지/ 무작정 기다리지 마세요. 끈끈한 인간관계는, 그냥 생기는 게 아닙니다. 누군가와 소통하기 위해선, 나의 노력도 필요하다는 것/ 잊지 마세요.
- <'마음의 문을 열고'의 중계 담화>

위의 담화에서는 3인칭 불특정 다수에게 강연하는 특징을 보이는데, 이러한 문제는 아래와 같이 반응 텍스트의 구성을 유도하는 기능으로 선택된다. 즉 '-해야 합니다'나 '-마세요'와 같은 완곡한 명령 표현을 통해 자신의 모습을 스스로 수정하기를 유도한 것이다.

[13]<u>그 친구가 있기에 지금의 나는</u> 많은 친구들을 사귈 수 <u>있게 되었고,</u> 남의 고민도 들어줄 수 있는 친구가 된 것 같다는 생각이 들었다. [14]<u>지금 내가 그런 좋은 사람이 될 수 있었듯이</u> 나도 나의 옛 친구처럼 지금 남들에게 사랑받지 못하는 사람들에게 힘이 되어주고 그들도 사랑받을 수 있게 해 주고 싶다는 생각도 들었다.
- <자료16-1 중에서>

텍스트16-1에서는 중계 담화에 삽입된 예를 자신의 상황에 유추하여 스스로 변화를 계획하였다.

[7]난 <u>예전</u>에 아이들과 공통적으로 좋아하는 것이 없어서 말하는 것이 <u>약간</u>

부담이었다. [8]그리고 정말로 나는 마구 오가는 대화의 바다 속에서 <u>소외감을 느꼈다</u>. [9]그냥 멍청히 바라만 보고 있는데 내가 대화에 낄 곳이 없다고 생각하니깐 얼굴이 화끈거릴 정도였다.
[10]그러고 ∅(나는) <u>집에 돌아가서 한참을 생각했다</u>. [11]맨처음에는, ∅(나는) 아이들을 나쁘게 봤다. [12]∅(나는) 그러다가 곧 또 내 잘못인 거 같기도 했다. [13]결국 마지막에 내린 결론은 내가 대화를 이끌어보기도 하고 아이들과의 공통관심사를 늘리자는 것이었다. [14]<u>다음날 결국 내가 대화의 주제를 이끌어보고 소소한하나 씩의 이야기를 준비해 보고 했다</u>.
[15]그리고 ∅(나는) <u>이제는 더이상 대화에서 소외감을 느끼거나 하지 않는다</u>.
- <자료18 중에서>

텍스트 자료18에도 나타나 있듯이 중계 담화의 내용을 자신의 상황에 유추하고, 변화 추이까지 회고하여 보였다. 결국 변화된 자신의 모습을 스스로 인정하는 단계에까지 이른 과정을 기술한 것이다.

셋째 방법은 교차 수정이다. 서신은 웹에서도 주고받을 수 있으며, 필자와 독자 상호 간에 텍스트를 검토하는 도구로서 인류 역사상 가장 오래된 수정 방법이다[83]. 습작 횟수가 증가되었거나 같은 논제를 의도적으로 여러 번 접한 경우는 모두 교차 수정의 결과이다. 이는 논제 유형에 상관없이 나타난 특징으로, 목적 지향적 수행이라 할 수 있다. 아래 텍스트의 오류는 웹상에서도 교수자의 첨삭을 통하거나, 동료 학습자와의

---

83) 국어교육학계에서 토론 교육의 방법으로 서신의 활용을 언급하기 위해 이황의 사단칠정 논쟁을 다루어 본 바(김평원, 2011)가 있다. 이렇듯 우리나라의 상호작용 문화는 면대면에서보다 물리적 도구를 이용하여 이루어져 온 것이 특징이다. 때문에 텍스트 유형이나 무늬에 대해 구어보다 상대적으로 많이 고민해 왔고 그만큼 텍스트 구성에 관한 관습이 엄격하다. 아울러 정보화 사회 웹 환경에서 이루어지는 토론의 내용 체계 및 토론을 기반으로 한 설득적 말하기 수업 방법을 제시한 졸고(2011a, 2011b)에서도 확인되었다시피 텍스트 구성의 방법은 다양하게 수용될 필요가 있다.

토론 등을 통해 확인될 수 있다.

> [1]웰빙의 상품화는 웰빙을 '물질을 통해서 고급스러워지는 삶', '수준높은 삶'으로 왜곡시켜서 웰빙을 타자화한다. [2]그래서 ∅ 현재의 내것이 되어야 하는 웰빙을 과거의 웰빙의 삶을 되찾는 또는 미래의 웰빙의 삶을 위해서 준비하는 것으로 나의 삶과 웰빙을 분리한다. (4_3;**진_가)

위의 텍스트는 학습자를 포함한 보편 독자의 관점에서 '웰빙'을 하나의 사건으로 보고 어떻게 변화되었는지를 기술한 결과이다. [1]의 주어 '상품화는'이 [2]에서도 연결되었는데, 바로 이웃한 거리에 있기 때문에 생략된 경우이다. [1]에 절과 절의 관계에 주목해 보면, '웰빙을 왜곡시켜서 웰빙을 타자화한다'의 구조가 적절한지 판단할 필요가 있다. 동일한 목적어가 불필요하게 반복되었고, '왜곡시키다'와 '타자화하다'의 관계가 인과적으로 성립될 수 있는지를 생각해 보아야 한다. 즉, 타자화가 왜곡을 증명하는 단서인 것이다. [2]는 두 개의 문장을 대등하게 연결한 형태이다. 즉 두 개의 종속절이 '또는'으로 연결되어 동일한 술어 표현과 구성되었다. 이 구조를 다음과 같이 풀어 볼 수 있다.

(1) 상품화는 현재의 내것이 되어야 하는 웰빙을 과거의 웰빙의 삶을 되찾는 것으로 나의 삶과 웰빙을 분리한다.
(2) 상품화는 미래의 웰빙의 삶을 위해서 준비하는 것으로 나의 삶과 웰빙을 분리한다.
- 대전제: 상품화는 현재의 내것이 되어야 하는 웰빙은 과거의 웰빙의 삶을 되찾는 것이다.
- 소전제: 상품화는 미래의 웰빙을 위해서 준비하는 것이다.(?)
- 결 론: 상품화는 나의 삶과 웰빙을 분리한다.

이러한 삼단논법이 타당한지를 검토해 보자. 주어들은 모두 같으므로 술어로 연결된 관계를 살펴보면 될 것이다. 이 논법이 옳다면 '상품화는 삶을 되찾는 것이고 준비하는 것이므로 나와 분리한다'와 같은 관계가 성립되어야 한다. '되찾는'과 '준비하는'이 긍정성을 의미하는 반면 '분리한다'는 그것과 같은 성격으로 이해되지 않으므로 이 논법은 옳지 않다. 웰빙이 상품화되고 타자화되는 사건을 기술한다고 할 때 상품화 주위에 '물질', '왜곡', '고급'과 같은 위성이, '타자화' 주위에는 '분리'와 같은 위성이 결집될 것이다. 아래와 같이 궤도의 서술 양상을 정리해 보아도 둘째 문장구조에서 오류가 나타난다.

[궤도]상품화　[서술]타자화하다
[궤도]∅　　　[서술]분리하다(×)

아래의 텍스트들은 같은 논제에 대한 여러 명의 수정 결과이다. 순번에 따라 텍스트의 수정 양상을 살펴보면 첫 문장의 주어와 최종 술어의 일관성 여부, 중간 문장들의 주어에 이끌린 구조가 나타난다. 그래서 제시문11_2는 궁극적으로 '소비자'를 지향한 논점을 수용하도록 유도하여 학습자들 각자의 경험을 구성하게 한다.

한편 수정의 방향에 따라서도 유형화해 볼 수 있다. 본고에서는 다섯 가지 유형을 추출할 수 있는데, 그 첫째로 **사회적 당위성에 기반한 추론**이 있다. 아래 사례들에서 알 수 있듯이 기업이나 생산자의 역할을 규명하는 논제에 대해서 사회적 당위성을 간파하는 능력이 요구된다.

<표 19> 제시문11_2에 대한 반응 텍스트 사례

사례11_2	순번	궤도	→ 궤도
*민*_가	58	기업	마케팅
*민*_나	96	기업	소비자
정**	128	생산자	경쟁력
**훈_가	177	기업	이익
**훈_나	183	생산자	소비
*민*_다	248	이윤	소비자

아래의 자료는 교차 수정이 있기 전의 텍스트이다.

[1](가)는 세계적인 에너지 고갈과 환경파괴의 문제가 <u>기업</u>이 가지는 당연한 도덕적 책무라고 말한다. [2]기업의 이익보다는 <u>환경적인것</u>에 더 비중을 두고 거기에 따른 비용들을 다 기업이 지불해야한다고한다 [3]반면에 (나)는 사회 문제에 대한 책임은 기업이 아닌 <u>개인</u>이 가지는 것이라고 하며 기업은 거기에 대하여 관여할 필요가 없다고한다. [4]그들은 이익을 우선시하며 복지는 중요시하지 않는다. [5]그들의 권리는 그들이 그들의 일을 열심히 한 결과인 것이다. [6]오늘날은 사람들의 시민 윤리의식이 발달해 올바른 소비를 하려고 노력하는 사람이 점점 더 증가하고 있다. [7]환경에 피해를 입히는 제품을 최소화하는 소비경향이 나타난다.[8]기업은 이에 맞춰서 <u>마켓팅</u>을 함으로서 기업의 이익도 늘리고 환경적으로도 순영향을 끼치는 방향으로 나아가야 한다.

- <11_2;*민*_가 58>

윗글에서는 '기업' 궤도가 어떤 배경에 의해 최종적으로 '마케팅' 궤도를 향해 가는 과정을 보여준다. 즉 '기업' 궤도가 위성으로 둔 '책무'에 의해 '마케팅' 궤도가 선택된 것이다. 그 경로에는 '환경' 궤도가 '개인' 궤도의 '이익'과 '시민' 위성과 연결함으로써 당위성을 보장하고 있다. 이 맥락에서 [1]의 '기업'은 '책무'를 보충하여 언급된 아래 [2]에서 '지불'로 대치되었다. [3]은 [1]의 '책무'를 '책임'으로 대치한 부분이고,

[4]는 '복지'를 첨가하여 주장으로 유도하고 있다. [5]는 [4]를 '결과'로 대치한 문장이고, [6]은 '시민'과 '윤리'가 첨가되어 주장의 단서가 밝혀진 부분이다. [7]은 [6]을 '제품'으로 대치하여 구체화된 문장이며, [8]은 '기업'을 다시 주어로 재수용하여 '마케팅'을 해결 방법으로 첨가한 부분이다. 그런데 아래 궤도에 대한 서술 양상에서는 동작주(주어)가 일관적으로 기능하지 않았다.

[궤도](가)　　　　[서술]말하다
[궤도]기업　　　　[서술]지불하다
[궤도](나)　　　　[서술]하다
[궤도]그들　　　　[서술]우선시하다/중요시하지 않는다
[궤도]권리　　　　[서술]결과이다
[궤도]윤리의식　　[서술]발달하다
[궤도]사람　　　　[서술]증가하다
[궤도]소비경향　　[서술]나타나다
[궤도]기업　　　　[서술]하다/늘리다/끼치다/나아가다

제시문, 근거, 문제는 동작주(기업)의 태도나 행위를 판단하거나 기술하는 데 보충적으로 개입되는 요소들이다. 이러한 관계를 엄밀히 하기 위해 동작주는 일관된 성분으로 문장구조에 드러나는 것이 좋다. 즉, 각 문장의 궤도가 어떤 동작주에서 비롯되는가에 따라 일관성이 확인된다.

둘째는 보편 상식(common sense)에 기반한 추론으로서, 주체의 행위와 객체의 행위를 짝지어 보임으로써 확인되는 유형이다.

[1](가)에서는 기업이 행하는 경영활동 에 따르는 환경적인 책임에 있어서 기업의 사회 전반적인 책임을 물어 기업이 소비자를 만족시킴으로써 야기되는 환경적 비용에 책임을 질 것을 주장하고 있다.[2]그러나 (나)에서는 자유시장 원리에 따라 기업의 기본 목적인 이익에 입각하여 사회 전반적인 책임은 묻지 않으려고 하고 있다.
[3]그러므로 소비자들의 판단 하에 윤리원칙에 어긋나는 제품에 대해서 부정적인 입장이라면 기업경영의 목적인 이익에도 부정적인 영향을 끼치므로 비즈니스의 기본적인 원칙도 지키며 자연히 환경에 끼치는 부정적인 영향을 최소화 할 수 있다.　　　　　　　　　　　　　　　- <11_2;*민*_나 96>

윗글에서는 '기업' 궤도가 '환경' 궤도와 만나 '소비자' 궤도에 이르러야 하는 필연성이 확인된다. 더 자세히 '기업' 궤도는 '경영'을 위성으로 두고 '환경' 궤도는 '비용'을 위성으로 둠으로써 '기업'의 책임을 문제시하며, 결국 '소비자' 궤도가 '윤리'를 위성으로 선택함으로써 논의 방향을 분명히 보여주고 있다.

[1]의 '기업'은 주어로 기능하여 전체 내용을 이끌고 있다. 또 [1]의 '책임'이 [2]에서도 재수용되며, [3]에서 '소비자'가 첨가됨으로써 그 책임의 범위가 분명해졌다. 궁극에 '기업'과 '경영'을 '비즈니스'로 대치하고 '원칙'을 첨가하여 문제 해결을 당위적으로 드러내었다. 물론 이를 정당화하는 단서로서 '소비자를 만족시키는 책임'이 나타났는데, 기업과 소비자의 관계는 생산과 소비 활동이라는 보편 상식을 함의하기 때문이다. 다만 아래 궤도에 대한 서술 양상은 논점이 늦게 나옴으로써 글의 방향을 알게 하는 과정상에 지루함을 줄 수도 있다. 다만, 이 경우 사고의 과정을 확인하려는 의도로 논제에 선행 텍스트(제시문)를 요약할 것을 명시한 경우라면 독자를 고려한 소통 전략으로 의의 있다. 이 전략은 아래와 같은 구도로 나타내며, 제시문이 근거로 상관하는 방식이다.

[궤도](가) [서술]주장하다
[궤도](나) [서술]묻지 않는다
[궤도]입장 [서술]끼치다/지키다/최소화하다

셋째로 주체의 입장을 중심으로 한 추론이 있다.

[1]생산자들은 물건을 생산할 때, 사회적 책임에 따라 2가지 방법으로 생산 방향을 결정한다. [2]한 가지는 환경을 개발하고 연구하는 것이다. [3]기업은 사회적 책임을 지지 않고, 경쟁하여 이익이 최고가 되는 활동이 올바르다 주장한다. [4]그리하여 충실한 자유시장의 원리를 추구한다. [5]다만 개인적 이익추구로 환경파괴가 심할 수 있다. [6]또 다른 한 가지는 환경친화적 생산으로 윤리적인 관점에서 기업에게 사회적 책임을 지우고 환경적 비용을 지불하는 것 이다. [7]그렇면 자연친화적이지만 생산에는 걸림돌이 생겨 생산 비용이 올라가게 된다. [8]그러나 제시문 (다)를 보면, 소비자들의 환경에 대한 관심증가로 가격이 좀 더 비싸도 친환경제품을 선호하게 되었다. [9]그러므로 기업은 친환경제품을 선택하는 쪽에서 경쟁력을 높이는 방안을 검토해야한다.

- <11_2;정** 129>

위의 자료는 '생산자' 궤도에서 행위를 나타내는 '개발' 궤도로 연결되고 장소를 의미하는 '시장' 궤도와 연결된 후 '생산자'의 '윤리' 궤도에 초점을 맞춤으로써 '경쟁력' 궤도로 뻗게 된다. 물론 '개발'은 '이익'을 위성으로 두어 '시장'과 긴밀하게 연결될 수 있고 이 맥락에서 당연히 '비용'을 떠올릴 수 있으며 '환경'과 함께 '윤리' 궤도의 위성이 결집되었다. 그리고 처음 시작된 '생산자' 궤도와 짝을 지을 수 있는 '소비자'를 마지막 궤도의 위성으로 연결하면서 상호 관계성을 암묵적으로 전제한 끝에 '경쟁력'을 부각시켰다.

[1]의 '생산자'는 [2]의 '연구'와 '개발', [3]의 '기업', [4]의 '추구'로

대치되었고, [5]의 '환경파괴'를 첨가하여 [6]의 '환경친화'로 진행되게 끔 구조를 이루었다. 또한 [6]의 '환경친화'는 [7]의 '자연친화', [8][9]의 '친환경제품'으로 대치되었다. 이러한 대치는 [8]에서 '소비자'와 '선호' 를 첨가함으로써 [1]-[5]의 관점을 전환하도록 유도하였다. 결국 이 전개는 [9]에서 '경쟁력'을 첨가함으로써 전체 글의 의도가 강조되기에 이른다. 아래와 같이 각 궤도에 대한 서술 양상을 보면 첫 문장의 동작주와 최종 문장의 동작주가 일관적이며, 그 중간 구조도 대칭을 이룬다.

- •[궤도]생산자들   [서술]결정하다
- •[궤도]한 가지   [서술]연구하는 것이다
- √[궤도]기업   [서술]지지 않다/경쟁하다/최고되다
- √[궤도]파괴   [서술]심하다
- •[궤도]한 가지   [서술]지불하는 것이다
- √[궤도]비용   [서술]올라가다
- √[궤도]관심   [서술]증가하다
- •[궤도]소비자들   [서술]선호하다
- •[궤도]기업   [서술]검토하다

넷째로 **객체를 지향한 추론**이 있다. 이는 내용상 첫째 유형과 상관하며, 사회적 상황을 전제하여 관계지향성이 뚜렷이 나타난 유형이다.

[1]제시문 가는 기업이 야기하는 환경적 문제를 기업 스스로가 부담해야 한다고 말한다. [2]사회 측면과 윤리 측면에서 볼 때 기업활동으로 발생되는 사회적 비용과 환경적 문제는 기업의 책무라는 것이다. [3]따라서 제시문 가에서의 생산자들은 이러한 문제와 밀접한 관계를 맺으며 환경문제에 적극적으로 참여한다. [4]반면 제시문 나는 기업은 사회적 책임을 질 필요가 없다고 말한다. [5]기업의 사회적 책임이라는 것이 기업의 본질과 목적에 불합치하며 자유시

장 원리에도 위배된다는 것이다. [6]따라서 제시문 나에서의 생산자들은 에너지 고갈과 환경파괴의 문제에 관련해 책임을 지지 않으며 간섭하지도 않는다. [7]그러나 (다)에서와 같이 (가)와 (나)의 차이를 극복할 수 있는 가능성 또한 존재한다. [8]소비자들이 사회적 책임을 지는 기업의 상품을 구매한다면 이는 (나)가 주장하는 자유시장의 원리에 위배되지 않으며 이익실현이라는 기업의 목적에도 부합하기 때문이다.   - <11_2;**훈_가, 177>

위의 자료에서 '기업'의 궤도는 '책무'를 위성으로 두고 궁극에 '이익' 궤도와 연결된다. 이 궤도가 이동하는 중에 '사회'와 '윤리' 궤도가 삽입되었는데 '목적'이나 '본질'을 위성으로 둔 '위배' 궤도와 '극복'의 궤도를 거쳐 '소비자' 궤도로 넓게 이동했다가 '극복'의 궤도 쪽으로 선회한다.

[1]의 '기업'은 '부담'과 호응을 이루면서 주술구조를 명백히 나타낸다. [2]는 [1]의 '부담'을 '책무'로 대치하고 [3]은 [1]의 '기업'을 '생산자'로 대치하였다. [4]는 [2]의 '책무'를 '책임'으로 대치하고, [5]는 '기업'에 '본질'과 '목적' 말고도 '자유시장 원리'라는 단서까지 첨가하였다. [6]은 앞의 '기업'을 '생산자'로 대치하여 '책임'의 주체를 부각시켰다. [7]은 앞의 '문제'에 대하여 '극복'을 첨가하고 '가능성'을 시사한다. [8]은 앞의 '생산자'에 대하여 '소비자'를 첨가하고 앞의 '자유시장 원리'를 근거로 하여 '부합'을 첨가했다. 그러나 아래 궤도에 대한 서술 양상은 정태적인 유형과 동태적인 유형이 섞여 있어 동작주의 일관성이 결여된 오류를 보인다. 또한 전반적으로 제시문의 구조를 따르고 있어 학습자 나름대로 재구성한 독창성도 빈약하다.

[궤도]가   [서술]말하다
[궤도]문제   [서술]책무이다
[궤도]생산자들   [서술]맺다/참여하다(√)

[궤도]나	[서술]말하다
[궤도]기업	[서술]필요없다
[궤도]책임	[서술]불합치하다/위배되다
[궤도]생산자들	[서술]책임지지 않는다/간섭하지 않는다(√)
[궤도]가능성	[서술]존재하다
[궤도]소비자들	[서술]구매하다
[궤도]구매	[서술]위배되지 않는다/부합되다(√)

아래 자료도 앞의 텍스트와 비슷한 논거가 드러난 텍스트로서, 객체 지향적 추론 유형을 대표한다.

> [1]생산자는 제시문들의 내용을 바탕으로 환경 파괴,에너지 고갈 문제를 해결할 수 있다.[2](가)는 기업을 사회 구성원으로 보고 그에 맞는 책무를 다하라고 요구한다.[3]이는 기업 활동의 결과로 생기는 환경,에너지 문제를 기업이 스스로 해결해야 함을 의미한다. [4](나)는 사회적 책임은 개인이 지는 것으로 보고 기업이 책임질 필요는 없다고 본다. [5]자유를 지향하는 시장경제 원리에 위배되기 때문이다.[6]따라서 기업은 에너지나 환경문제보다 수익 창출에 힘써야 한다.[7](다)에서 시민들이 그들의 소비가 긍정적인 영향을 끼치기를 기대한다.[8]부정적인 품목은 소비를 자제한다. [9]따라서 (가)와 (나)의 의견차는 소비자가 긍정적인 소비를 원하므로 사회적인 책임을 다하는 (가)쪽으로 통합될 가능성이 높다.   - <11_2;**훈_나, 183>

위의 '생산자' 궤도는 문제 해결에 대하여 '책무'를 위성으로 두었다. 이 궤도는 '기업'의 궤도와 대치되어 문제를 '수익 창출'로 바꾸어 놓고 있다. 결국 '문제' 궤도는 '생산자' 궤도의 짝인 '소비(자)' 궤도와 연결되기에 이른다. '소비' 궤도는 '시민'을 위성으로 두며 생산자의 자제를 유도하는 방향에서 '생산자'의 '책무'와 일치된다.

[1]의 '생산자'는 [2]의 '기업'으로 대치되고 [2]에서는 '책무'를 첨가함으

로써 초점 정보가 뚜렷해졌다. [3]은 [2]의 '기업'과 [1]의 '해결'을 재수용하여 [1]과 [2]를 통합한 문장으로 재구성한 것이다. [4]는 [2]의 '책무'를 '책임'으로 대치하고, [5]는 '자유'를 첨가하여 단서로 시사하였다. [6]에서는 앞의 '자유'에 근거하여 '수익 창출'이 첨가되었다. [7]은 '시민'과 '소비'가 첨가되어 앞 내용으로부터 전환될 전경을 구성한다. [8]은 앞의 '소비'를 재수용하며 '부정'을 첨가하고 '자제'와 연결한다. [9]에서는 [7]의 '긍정'을 재수용하여 강조하고 '통합'을 첨가하였다. 이 궤도에 대한 서술 양상은 첫 문장과 일관된 구조로 안정적이다. 즉 끝문장이 초점으로 확인되는 것은 입장에 대한 분석이 일관적으로 구성되었음을 입증한다.

[궤도]생산자   [서술]해결하다
[궤도](가)   [서술]보다/요구하다
[궤도]이   [서술]의미하다
[궤도](나)   [서술]보다
[궤도]∅(문제) [서술]위배되다
[궤도]기업   [서술]힘써야 하다
[궤도]기민들   [서술]기대하다
[궤도]∅(시민) [서술]자제하다
[궤도]의견차   [서술]통합되다

다섯째로 **사태를 중심으로 논점에 접근한 유형**이 있다. 여기서는 사태를 분석하여 글의 흐름을 통찰한 능력이 드러난다.

[1]기업의 지나친 <u>이윤추구</u>는 오늘날 <u>환경오염</u>과 같은 문제를 낳았다. [2]이를 해결하기 위해서는 기업의 <u>사회적 책임</u>과 자유시장 원리에 따라 기업 활동을 충실히 함으로써 나타나는 <u>사회적 복지</u>를 강화하는 방법이 있다. [3]전자의 경우는 기업이 존재할 수 있도록 해준 사회에 스스로 도덕적 책임을

지는 것이고 후자는 기업활동의 결과물이 사회구성원의 삶의 질을 향상시킨다는 것이다. [4]환경오염이 날로 심각해지는 지금, 우리는 사회구성원이자 <u>소비자</u>로써 무엇을 해야 하는가?

[5]우리는 환경과 동물,인간에게 부정적 영향을 주는 소비를 지양 해야 하며 이를 <u>소비자운동</u>이라고 부른다. [6]이 소비자운동을 적절히 사용하여 기업의 탐욕을 막을 수 있다면 사회는 더욱 발전하고 지구는 깨끗해 질 것이다.

<11_2;*민*_다 248>

위의 '기업'을 위성으로 둔 '이윤' 궤도는 '오염' 궤도를 만나 '복지' 궤도에서 굴절되어 '소비자' 궤도에 닿는다. 이 경로에서 '복지' 궤도는 '책임'과 '질'을 위성으로 둠으로써 '소비자' 궤도에 연결될 수 있는 필연성을 갖는다.

[1]은 '기업'을 주어부인 '이윤 추구'의 범위에서 문제의 원인을 분명히 한다. [2]는 [1]의 '문제'와 인접쌍인 '해결'을 첨가함으로써 두 문장의 필연적 관계를 나타낸다. [3]은 '기업'을 재수용하고 '책임'과 '질'을 첨가하여 논의 방향을 암시하였다. [4]는 [1]의 '환경오염'을 재수용하여 논점의 일관성을 증명하였고 '소비자'를 첨가하여 해결을 유도하였다. [5]는 [4]의 '소비자'를 재수용하되 '운동'을 첨가하였고, [6]은 앞의 '소비자운동'을 재수용하며 '탐욕을 막고', '깨끗해질' 결과를 강조하였다. 이러한 궤도에 대한 서술 양상에서는 아래와 같이 문제를 먼저 짚어내고 논의를 전개하는 방식이 발견된다.

[궤도]이윤(추구)　　　　[서술]낳다
[궤도]방법　　　　　　　[서술]있다
[궤도]기업　　　　　　　[서술]지다
[궤도]결과물　　　　　　[서술]향상시키다
[궤도]오염　　　　　　　[서술]심각해지다
[궤도]우리　　　　　　　[서술]구성원이다/하는가

[궤도]우리 　　　　[서술]지양하다/부르다
[궤도]∅(우리) 　　 [서술]사용하다/막다
[궤도]사회 　　　　[서술]발전하다/깨끗해지다

6) 텍스트 국면으로의 확장

텍스트의 목표를 지향하여 문장들을 배열하면 텍스트 안에서 일정한 질서가 발견된다. 텍스트 안에는 몇 가지 기능에 따라 문단이 구분되는데, 대칭적으로 구성된 문단에 규칙적인 무늬가 드러난다. 글무늬가 나타나기까지의 과정을 살펴보면, 어떤 요소의 규칙이 생성되고 그것의 독특한 특질이 어떻게 전이될 수 있는지가 분명해질 것이다. 이러한 무늬는 가장 고학년인 대상을 중심으로 살펴보고, 이전 단계는 무늬를 발견하기 위한 준비기로 구분하기로 한다. 본고의 대상에서는 한 명의 학습자가 여러 논제 유형을 접하고서 각 유형에 맞게 문장을 재배열한 경우도 있었고, 유형들을 접한 기회만큼 조화로운 무늬가 생성된 경우도 있었다. 또 여러 텍스트 사례들과의 상관성이 나타난 경우도 있었다. 뿐만 아니라 텍스트성을 저해하는 요소에 대해서 검토가 이루어지기도 했다. 가령 문장들의 관계를 장황하게 구성한 오류, 초점이 후반부로 밀려난 오류, 단순한 연쇄구조 등은 쓰기 기회를 확보한 비율에 따라 교정되었다.

본고의 대상인 고교 학습자군의 논증 텍스트에서는 9가지 구조적 특징이 발견되었다. 이 특징들은 텍스트 구조에 반영되는 지식으로 볼 수 있으므로 텍스트 구성의 규칙으로 간주해도 좋을 것이다.

첫째, 핵심어의 포착 단계를 놓침으로써 텍스트 구조가 변경될 수 있다. <4_3;*미*_가>에서 분명히 언급하지 않았던 대상을 <4_3;*미*_나>에서 밝히면서 논의를 시작하고 있다. 한편 <4_3;**진_가>는 잘못된 인과관계와 주술관계의 잘못된 호응을 바로잡아 두 개의 문장을 <4_3;**진_나>와 같이 세 개의 문장으로 분리하였다. 제시문은 세 개의 문단으로 이루어져 있기 때문에 각 문단의 주요 문장을 정리하면 세 개의 문장으로 요약되어 글의 구조를 보다 쉽게 알 수 있다. 이를 그림으로 그리면 아래와 같다.

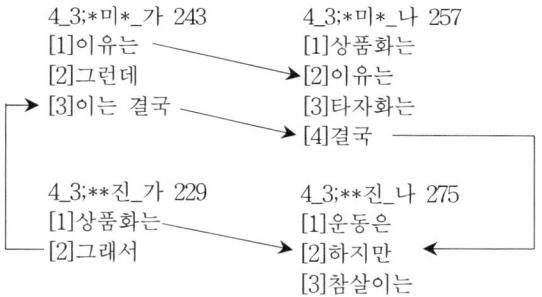

둘째, 텍스트 구조는 일련의 반복과 훈련에 의해 정교해진다. <4_3;**진_나>의 구조 무늬가 다음 회차에서도 발견되었다. 여기에서 확인된 것으로, 텍스트의 개시 유형은 주제어를 통해 논의를 시작하는 기능을 분명히 나타내며, 반복을 통해 온전한 텍스트의 틀로 구축된다.

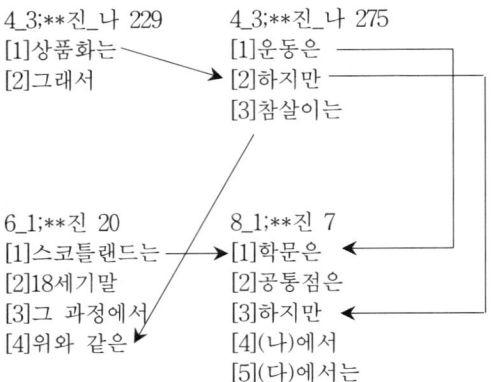

셋째, 텍스트 O 구조는 인간의 사고 과정 전반을 대강화한 기호이다. 즉 구조란 주체와 목표 행위를 중심으로 생각을 집중함으로써 텍스트 표면에 나타나는 결과이다. <8_1;**훈>에서 <10_1;**훈>으로 변형된 모습을 보면 텍스트 결속성이 약해져 있는데 <11_2;**훈_가>에서 환원된 것을 확인할 수 있다. 또 <11_2;**훈_나>에서는 주체(동작주)와 목표의 관계 안에 제시문(선행 텍스트)의 분석 내용이 삽입되어 이전에 산출한 텍스트 무늬가 확장되었다.

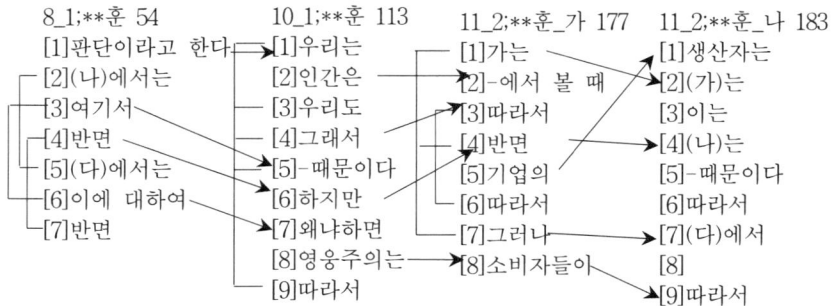

넷째, 텍스트 구조는 초두 효과를 갖는다. 그래서 같은 논제에 여러 번 반응할수록 텍스트 구조의 결속성은 약해진다. <4_3;*미*>나 <4_3;*아*>, <6_1;*아*> 모두 초기에 생성된 텍스트에서 구조 무늬가 인식된 예로 볼 수 있다. 다음 회차에서는 그러한 특징이 확연히 드러나는데, 동기를 촉발한 대상을 정리하면서 시작하다가 머릿속에 인식된 구조 무늬를 인출하여 종결하였기 때문이다. 또한 6_1의 서사성으로 인해 쟁점이 늦게 포착되는 경향은(6_1;*아* 191) 구조의 인출을 방해하는 요인으로 발견된다.

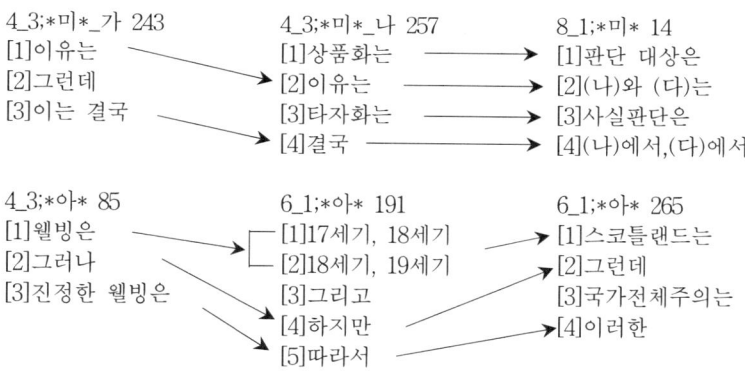

다섯째, 텍스트 구조는 텍스트 유형에 따라 다르게 인식되는 결이다. 6_1과 11_2의 차이는 예시 내용의 유무에서 나타난다. 6_1에서는 예시 내용을 서사적으로 따라가며 읽는 동안 논제가 요구한 관점을 놓칠 수 있다. 제시문에는 논제의 관점이 유표화되어 있지 않기 때문에 학습자에게는 인지구조 안에 저장해 둔 내용을 인출하면서 관점에 따라 재구성하는 시간이 필요하다. 그래서 아래와 같이 주체와 목표의 관계가 초기 텍스트에 설정되지 못하고 수정을 거치게 된다.

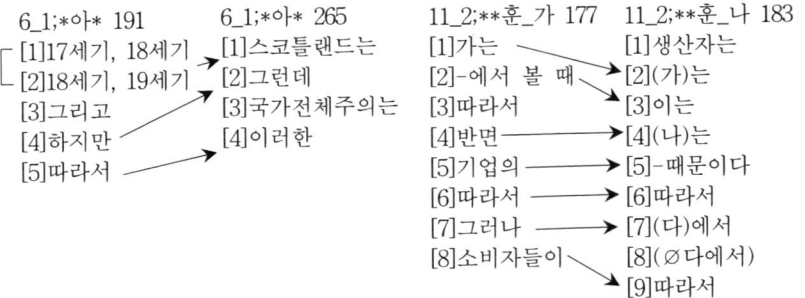

또 <*솔> 텍스트의 경우도 6_1의 문장 기능과 순서가 10_1의 반응 텍스트에서 재수용되기도 하고 뒤의 문장이 앞으로 치환되기도 했지만 11_2에 대해서는 문장들이 선별되어 간결하게 구성되었다. 선행 텍스트(제시문)에 예시 내용이 있는 경우는 학습자의 분석 과정이 늦게 나타나며, 그 텍스트 유형이 서사적 성격을 비출 때 독자의 인지구조에 저장된 내용이 인출되는 시간이 상대적으로 많이 필요하다. 이것은 <8_1;서**>의 구조 무늬가 4_3이나 10_1에서 다르게 나타난 점을 통해 입증된다. <서**> 텍스트에서는 4_3이 10_1과 동일한 구조로 나타난 반면 8_1에 대해서는 구체적 사례들이 병렬적으로 삽입되어 초점에 이르는 경로가 길다.

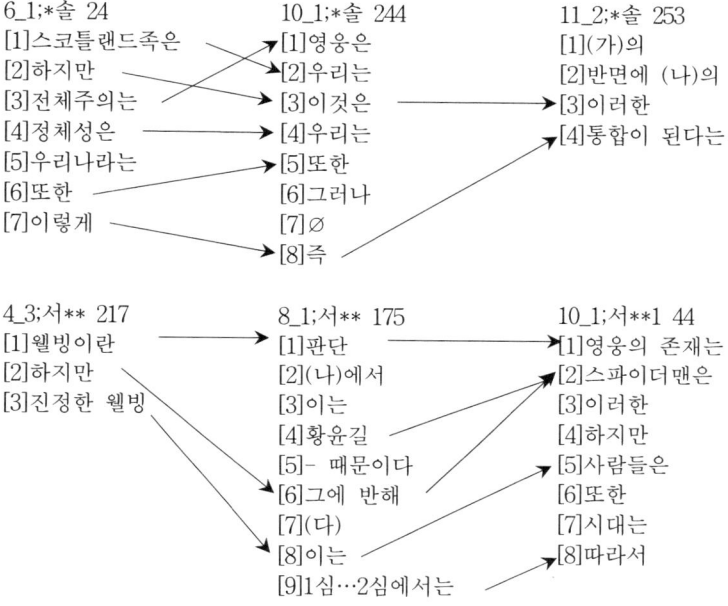

　　<천**> 텍스트들과 달리 <*상*> 텍스트들은 서로 비슷한 구조를 보이나, 후자의 11_2에서는 전반부의 긴장이 약해져 있다. 그리고 <10_1;천**> 다음에 <6_1;천**>이 이어질 필요도 있어 보인다. 왜냐하면 서사 방식이 삽입된 텍스트 유형도 논증적으로 접근할 수 있다는 가능성을 시사한 점에서 의의를 찾을 수 있으나 접근 방법에 대한 탐구가 없이는 시행착오를 겪어야 했기 때문이다. 그래서 텍스트의 논증 구조를 해독한 경험이 수반될 때 <천**> 텍스트에서와 같이 불안정한 구조 변경은 우려하지 않아도 될 것이다[84].

---

84) '전체주의를 경계해야 한다'는 관점이 주어졌기 때문에 학습자는 '전체주의'에 반대되는 '개인주의'를 생각했을 테고, 개인의 관점에서 스코틀랜드 문화의 독점을 비판할 때 정체성을 느낄 수 있는 체제 안에서 소수자의 문화로 생각은 연결될 수 있다. 그러나 이 제시문에서는 켈트 문화가 형성된 과정을 근거로 해서 속국에 대한 열등감

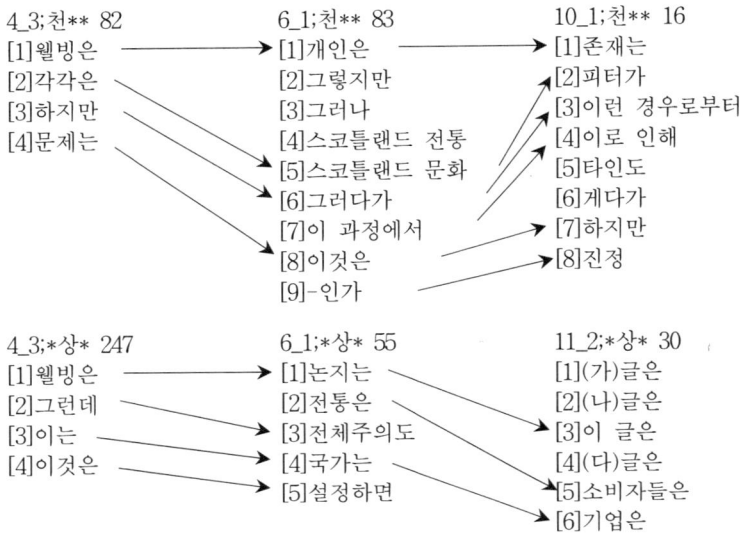

여섯째, 텍스트 구조는 텍스트 생성자의 성향에 따라 자유롭게 선택될 수 있는 것이다. <문**>에서 보이듯이 논제 유형마다 쟁점을 담보한 대상을 인출하여 논증하는 과정이 같지 않다. 6_1의 경우, 예시 내용이 서사적으로 구성된 텍스트를 학습자의 인지구조 안에 저장했다가 외부에서 주어진 관점에 굴절시켜 인출하는 경로가 상대적으로 복잡하다. 텍스트 구조는 아래와 같이 비교된다.

을 해소하려는 의도 이상의 가치를 찾을 수 없다는 점을 비판하고 있다. 즉 제시문에서 요구하는 사고력은 문화가 근대의 필요에 의해 형성된 것을 비판할 수 있는 수준이다. 따라서 독자는 켈트 문화가 스코틀랜드의 문화적 독립을 도운 것으로서보다 역사적 사실로 등재되기까지 조작된 과정을 간파해야 한다.

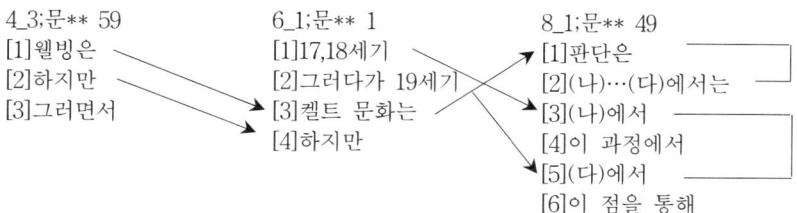

일곱째, 텍스트 구조는 텍스트 길이의 영향을 받는다. <정**>은 선행 텍스트의 길이에 따라 집중도가 떨어진 결과를 비추었다. 10_1에서 학습된 결속성이 11_2에서 적용되지 못했다. 즉 11_2에서는 텍스트의 내적 정보가 구조화되어 인출되지 않고 분절되었던 기억을 순간순간 되살려 내느라 나중에 문장을 추가하는 일이 일어났다. 이 같은 경우를 통해 텍스트의 길이가 독자의 인지구조를 확장하는 데 중요한 변수가 됨을 밝힐 수 있다.

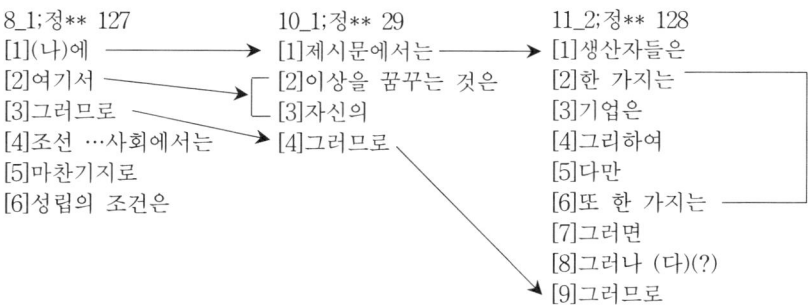

여덟째, 텍스트 구조는 텍스트의 생성 동기에 의해 짜여진다. 6_1과 10_1에 대해서는 보편 개념에서 유발된 동기로 구성되지만 11_2에 대해서는 특정 목적에 기반하여 의미역이 확장된다. 이러한 차이를 간과하면 텍스트 유형마다 적절한 구조를 발견하기 어렵다. 이는 구조 변경이 불규칙적인 <*수*>의 텍스트들과, 구조적으로 안정되어 있는 <*민*> 텍스트에서 확인된다. 이러한 특성은 내용을 배열할 때 유형에 따라 적절한 텍스트 구조를 고려하여야 한다는 시사점을 준다.

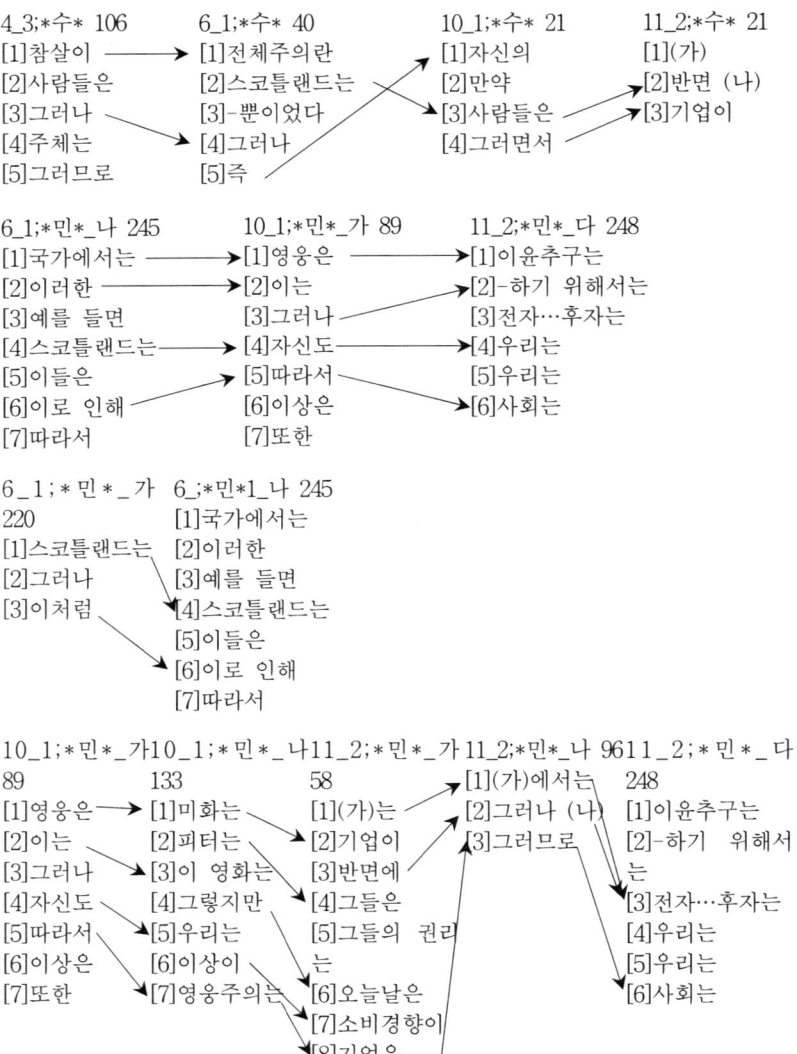

아홉째, **텍스트 구조는 완결된 텍스트에 나타나는 자질이다.** <천**> 텍스트들의 경우 4_3이 6_1에서 펼쳐졌다가 10_1에서 환원되었고, <*채*> 텍스트들도 앞의 경우와 유사한 모습으로 나타났다. 6_1에서 10_1로 변경된 무늬를 보면 어느 학습자든 동일한 모습으로 반응한 결과에 주목하게 된다. 다만 <10_1;*채*>의 경우 첫 문장이 지시어로 시작됨으로써 논제와 분리되지 않은 결함을 보였다. 논제는 수행 목표 정보를 전달하는 텍스트로서 완결된 기능을 하지만, 그에 대한 반응 텍스트는 답안(종속적인 텍스트; 기생 텍스트)의 기능만 갖지 않는다. 이는 제시문(선행 텍스트)을 독자 나름대로 이해하여 재구성한 텍스트로서 독립된 유형으로 보기에 충분하다. 텍스트를 생성하기 위해 들인 필자의 노력을 감안해도 논제를 스스로 정하여 내용을 구성한 유형과 다르지 않다. 주어진 논제를 독자가 자신의 경험 속에서 검증한 결과 제시문(선행 텍스트)의 어휘 결속성이나 문장구조를 온전히 재구축할 수 있기 때문이다.

3.3.3. 텍스트 처리의 환원

필자는 텍스트를 채색하기 전에 전체 구도를 확인하는 목적으로 환원 단계를 추가한다. 다시 말해, 이 즈음은 텍스트를 생성하는 주체가 스스로 텍스트의 적절성을 판단해 보는 때이다. 텍스트 입안 단계에서부터 설계 단계를 거쳐 텍스트 국면이 구성되는 동안 인간 사회의 여러 의사소통 사건들이 개입되기 때문에 새로운 내용(위성)이 추가됨으로써 크게 궤도가 변경될 수도 있다. Beaugrande(1997: 163-165)에서는 계획(plan)과 목표(goal)의 의제로서 상황에 대한 적절성(appropriate), 목표에 관한 효과성(effective), 텍스트 국면과 자료들의 조절에 따른 효율성(efficient)을 제시하였다. 이렇게 텍스트 유형이나 상황 등의 변인들을 고려해야만 성공적인 수행을 기대할 수 있는 것이다. 이제 필자는 텍스트가 처리되기까지 모든 과정을 환원하여 운율·어휘·문장·텍스트 층위에서의 적절성·효과성·효율성을 판단해 보려고 한다.

1) 운율의 적절성

독자의 입장에서 운율은 읽기 행위에 더 많이 기여하는 요소인데, 글을 쓸 때도 소리내어 습자함으로써 독자의 입장을 예측할 수 있다. 텍스트 무늬에 대해 감각을 지니는 단계로서 7학년의 경우는 발화 또는 문장의 수와 길이, 문장구조에 관한 리듬을, 고교생의 경우는 글자 수와 반복 구문의 형태를 중심으로 살펴보기로 한다. 운율 요소는 언어학적 요소들에 의해 의미가 구성되는 속도 내지는 맥락 속에서 의미를 통합적으로 구성하는 요인으로 기능한다. 게다가 이는 특정 문화권의 언어 양식을 심리·사회학적으로 확장하는 사고의 전제이기도 하다.

7학년 사례 중 발화 수가 많은 경우는 토론을 이끌어 가는 주체인 경향이 많았다. 또 담화가 시작되기 전의 준비 상태가 발화 수에 영향을 주기도 한다. C3O1의 경우 소집단 C3의 다른 참여자들보다 가장 많은 수의 논거를 준비함으로써 토론을 주도적으로 이끌었다. 토론에서 나온 총 발화 수 36개 중 12개(33.3%)가 C3O1에 의해 제시된 것이다. 그래서 발화 수는 논쟁적 담화의 성취 수준을 높여 준다. 발화 수가 증가함에 따라 문법 요소들이 전략적으로 선택되어 운율 효과를 내기도 한다. 가령 보조사의 사용으로 강조 효과를 주기도 하고, 부정어나 접속 표현에 의해서도 발화 의도를 분명히 드러내기도 한다. 그럼, C3O1의 발화에 어떤 특징들이 비치는가를 살펴보자.

[3]C3O1: 현대사회의 인간은 효를 안하는 것이 <u>아니고</u>, 바빠서 못하는 것입니다.
[5]C3O1: 효를 <u>안</u> 하는 것이 <u>아니고</u>, 효를 <u>덜</u> 하는 것뿐입니다.
[7]C3O1: 공경하는 맘<u>이 있어야</u> 합니다.
[10]C3O1: SOS 경우는 <u>아주 특별한 경우</u>입니다.
[12]C3O1: 공경하는 마음이 <u>아예 없는</u> 사람은 <u>없습니다</u>.
[14]C3O1: 효를 귀찮아하는 거지, 안 하는 게 <u>아닙니다</u>.
[17]C3O1: <u>대부분</u>의 사람들이 그런 것은 <u>아닙니다</u>.
[19]C3O1: <u>대부분이</u> 성실합니다.
[21]C3O1: 동물만 그런 것이 <u>아니고</u>, 사람도 부지런합니다.
[23]C3O1: 사람들 중에는 성실한 사람이 <u>더</u> 많습니다.
[29]C3O1: 역할에 충실하지 않은 동물도 있습니다.
[30]C3O1: 이타적인 사람<u>도</u> 있습니다.

위에서 보다시피 C3O1의 발화는 의지 부정보다 능력 부정으로 상대방의 의견을 반박하는 경향이 짙다. 그리고 부정적인 의견에 대해 전체 부정으로 맞서기도 하며, 첨가 보조사를 통해 긍정적인 사례를 제시하되 상한계선을 정하지 않고 발언하였다. 따라서 C3O1의 사고 성향은 본래 자율적이어도 외부의 차단으로 인해 현상을 바라보는 틀이 왜곡될 수 있음을 보여준다.

그리고 발화의 길이는 그 자체로서 발화성숙도를 측정할 수 있는 단위가 되기도 하는데, 말하는이가 담화 맥락에서 듣는이와의 관계를 고려하여 소통할 때 부수적으로 개입되는 요인들이 많기 때문이다. 친밀한 두 사람 사이에서는 공유 정보를 생략할 수 있어 발화의 길이가 짧지만, 공식적인 상황이나 상하관계에서는 함부로 생략할 수 없고 격식적 표현을 유표화해야 하는 등의 이유로 발화 길이에 영향을 준다. 또한 성별 등의 변인에 따라 듣는이를 고려하는 태도가 다르게 나타나 발화의 길이가 길어질 수도 있다. 가령 듣는이를 이해시켜야 할 때 설명을 반복하거나 말하는이의 적극성으로 인해 의욕적인 태도를 비치는 경우가 그렇다.

아래 자료는 7학년 여학생의 발화인데 발화 길이나 발화 구성면에서 위 자료와 대조를 이룬다. 이를테면 '-면/ - 때문에' 등의 복합문(종속절과 주절의 결합)이 많은 것은 발화마다 상황 관리 태도를 드러내기 위한 의도로 보인다.

> [2]D3A1: 가족들을 그리워한데는 것은 곧, 사랑을 하고 관심이 있데는 뜻인 것 같습니다.(5)
> [6]D3A1: 가족들이 아무리 안 좋은 상황에 있더라도, 협동을 하는 것에 있어서 사랑의 감정이 있기 때문에, 그런 사랑의 감정이 생길 수도 있는 것 같습니다.(8)
> [8]D3A1: ∅ 가족들이 누군가를 기다리는 장면이 나왔습니다.(2)
> [10]D3A1: 아버지는 맏딸, 영희는 언니를 기다립니다.(2)
> [16]D3A1: 가족도 사람이기 때문에 감정 조절이 안 될 때도 있기 때문에, 그걸 사랑이 없다고 보진 않습니다.(8)
> [20]D3A1: 나쁜 일이 생겼을 때, 가족끼리 대화를 하게 되면 좋은 감정이 생길 수도 있습니다.(5)
> [22]D3A1: ∅ 서로 화해를 하기 위해 대화를 나눌 것입니다.(3)
> [26]D3A1: ∅ 글을 읽는 독자의 생각에 따라, 주제가 다 달라질 수 있다고 생각합니다. 그러므로 ∅ 무조건 아니라고 할 수는 없습니다.(6)
> [34]D3A1: 그건 모두에게 일어나는 것이 아니기 때문에 무조건, 모든 가정이 그렇다고 볼 수는 없습니다.(6)
> [38]D3A1: ∅ 마음에 없는 말을 홧김에 한 것입니다.(3)

D3A1의 발화를 절로 끊으면 그 절의 수가 평균 4.8개이다. 이 연구 대상인 소집단의 경우 여학생의 발화보다 남학생의 발화에 상대적으로

생략이 많으며, 그 유형은 대체로 주어나 배경 정보 생략이다. 듣는이가 생략된 내용을 복원할 수 있도록 말하는이는 문법적 장치를 동원하는데, 특히 대용형은 참여자들을 화맥에 집중시킴으로써 소통을 촉진한다. 예를 들어 발화[8]에서는 '책에는'이라는 배경 정보가, 발화[22], [26], [38]에서는 각각 '가족이', '저는', '영희는'이라는 주어가 생략되었다. 발화[6]의 대용형 '그런'은 선행절의 '협동하는 상황'을 지칭하며 의미상 초점을 강조하는 기능을 한다. 또한 '- 때문에'라는 종속절을 선행절로 구성한 유형이 빈번한데 발화[16]에서도 선행절(종속절)을 가리켜 초점화하였다. 이와 달리 발화[34]에서 주어 '그건'은 단순히 다른 참여자의 선행 발화를 받은 대용형이며, 술어 '그렇다'도 같은 기능을 하는 표지이다. 다만 발화[34]의 주어 '그건'은 초점화나 강조 기능의 대용형보다 후건부정의 논증 표지의 성격이 강하다. 그래서 D3A1은 발화[2]에서 정언명제로 시작하여 발화[38]로 종결할 때까지 가족을 사랑과 관심이 있는 사람들로 본 관점 그대로 일관성 있게 태도를 유지하였다. 즉 그 '사랑'은 발화[6]에서 '협동'으로, 발화[20]과 [22]에서 '대화'로 구체화되며, 발화[38]에 함축된 예외 조건에 대하여 '마음에 없는 말을 홧김에 한 것'이라고 판단하고 있는 것이다. 이 발화[38]은 다른 참여자의 선행 발화를 해석한 진술이지만, 이 발화는 본래 응수 형식이므로 예외 조건이 함축되었으리라는 것을 추정할 수 있다. 이렇게 대용이나 함축은 발화 길이를 간결하게 함으로써 운율 효과를 낸다. 이는 듣는이로 하여금 메시지를 효과적으로 기억하도록 촉진하는 요소이다.

　한편 고교생의 논증 텍스트에서는 음소(ㄴ)를 반복함으로써 세 가지 기능이 발견된다. 하나는 주제어 다음에 연결되어 쉼(pause)을 두고 강조하려는 의도를 나타내는 것이다. 또 하나는 긴 수식어구(절)로서 쉼이 필요한 경우이다. 그리고 서술어의 현재형 어미(-ㄴ)를 사용하여 운을 맞춘 특징도 보인다[85].

<표 20> 고교 학습자군의 논증 텍스트에 나타난 음운과 자소 특징

논제	텍스트	음운의 특징 ('ㄴ'의 반복횟수[86])	자소 (글자수)	논제	텍스트	음운의 특징 ('ㄴ'의 반복횟수)	자소 (글자수)
4_3	문**59	15회	201	8_1	*미*14	43회	406
	*채*71	16회	199		문**49	48회	348
	천**82	25회	213		**훈54	37회	425
	*아*85	14회	197		정**127	60회	514(√)
	*수*106	15회	178		서**175	39회	399
	서**217	18회	151(√)[87]	10_1	천**16	31회	333(√)
	**진_가 229	8회	141(√)		*수*21	18회	340(√)
	*미*_가 243	15회	204		정**29	34회	293
	*상*247	23회	276(√)		서**44	37회	320
	*미*_나 257	14회	272(√)		*민*_가 89	33회	338(√)
	**진_나 275	15회	201		**훈113	38회	329
6_1	문**1	50회	348		*민*_나 133	33회	274
	**진20	10회	238(√)		*채*159	25회	301
	*솔24	37회	320(√)	11_2	*솔244	39회	323
	*수*40	39회	349		*수*21	33회	402
	*상*55	32회	354		*상*30	32회	415
	천**83	27회	329		*민*_가 58	40회	398
	*아*_가 191	32회	295(√)		*민*_나 96	30회	301(√)
	*채*206	40회	351		정**129	48회	398
	*민*_가 220	32회	213(√)		**훈_가 177	50회	373
					**훈_나 183	34회	460(√)

[85] 앞의 7학년과 달리 '쉼'이 반복된 현상은 사고 행위가 이루어지고 있음을 증명한다. 이는 곧 말로 드러내기 전에 숙고의 시간을 가짐으로써 능숙한 화자(필자)가 되는 것이다.

논제	텍스트	음운의 특징 ('ㄴ'의 반복횟수86))	자소 (글자수)	논제	텍스트	음운의 특징 ('ㄴ'의 반복횟수)	자소 (글자수)
	*민*_나 245	16회	363		*민*_다 248	28회	370
	*아*_나 265	28회	348		*솔253	33회	348(√)
8_1	**진7	32회	416				

2) 어휘의 적절성

본고의 대상인 텍스트들은 주어진 선행 텍스트에서 학습자 나름대로 선택한 어휘를 기반으로 구축된 것이다. 이 선택 행위에는 독자의 배경지식이 스며들어 있는 것으로서 통사적 요소와 관계를 맺는 범위에서 확인된다. 어휘 사용 능력은 인지구조 내부에 구축된 배경지식을 통사적 요소와 결합함으로써 드러나기 때문이다. 여기서는 학습자들의 배경지식이 구축되는 과정 속에서 어휘의 궤도 이동에 따라 기표·기의를 분석해 보기로 한다. 그러면 학습자의 언어 사용 환경에 따라 텍스트가 생성되는 모습이 보일 것이다.

먼저, 7학년 학습자의 논증 텍스트에 나타난 어휘를 살펴보기로 한다. B1O1(여)의 경우는 외향적 성격의 소유자로서 다른 학생들보다 평소 수업 시간에 발표를 자주 한다. 반면에 C3A1(남)의 경우는 다소 내성적인 성격의 소유자인데 학급에서 대표 역할을 수행할 정도로 책임감이

---

86) 'ㄴ' 말고도 'ㄹ'이나 대등적 연결어미 '-고', 공동격 조사'-와/과'의 반복도 눈에 띈다. 제시문4_3에 대한 <**진_가>에서 'ㄹ(7회)', <*미*_가>에서 '-고(3회)', <*미*_나>에서 'ㄹ(10회)', 제시문8_1에 대한 <**진>에서 '-와/과-고(총합 10회)', 제시문10_1에 대한 <*민*_가>에서 'ㄹ(12회)'이 확인되었다.
87) √표시는 글자수 규정에 위배된 예를 구별한 것이다. 논제4_3은 200자를, 논제6_1은 350자를, 논제8_1은 400자를, 논제10_1은 300자를, 논제11_2는 400자를 규정하고 있다. 규정을 초과하거나 부족한 경우, 다음 회차에서 대부분 극복되었는데 위 표의 해당 사항에 색을 달리하여 구분하였다.

강하다. 두 학습자 모두 성적은 총괄평가를 기준으로 학급 석차 상위 3위 안에 든다. 그런데 이렇게 성별이 다른 두 경우에 발화 습관이나 텍스트의 구성 방법은 차이를 보인다. 아래 제시된 것은 토론 담화에 나타난 B1O1의 발화이다.

    [2]B1O1: 저는 반대입니다. 러브레터만으로 사랑을 주고받으면 나중에 진실한 사랑을 잘 모를 수 있기 때문입니다.
    [6]B1O1: 그렇지만 러브레터만으로 사랑을 얘기하고 마음을 주고받는 것은 한계가 있습니다. 만나서 서로 인연을 맺는 것이 더 좋다고 생각합니다.
    [10]B1O1: 물론 친분을 쌓을 수도 있겠지만, 그 사람을 잘 알지 못하는 상태에서 친한 것보다, 일단 만나 보고 상대방을 평가해 보는 것이 낫습니다.
    [14]B1O1: 상대방의 말투나 행동, 표정 등을 잘 보면 알 수 있습니다.

담화 B1을 구성하는 발화들 중에서 B1O1의 발화 수가 가장 많다. B1O1의 발화들은 '러브레터의 신뢰성'에 대하여 학습자가 알고 있는 러브레터의 기능을 근거로 들면서 문제 삼고 있다. 그 근거들은 어휘 층위에서 결속되고 있어 논점에 일관된 구조를 밝혀 준다. 여기서 러브레터는 친교적 기능을 하는 매체이지만 진실한 사랑을 이루기에는 한계가 있는 것으로 폄하되었다. 아울러 진실한 사랑에 대해서는 말투나 행동, 표정을 통해 평가될 수 있는 것으로 규정하고 있다. B1O1의 발화에 나타난 어휘의 의미관계는 '인연'이라는 상위어 아래 '진실한 사랑' 범주가 설정되고 그것의 속성으로서 '평가'나 '판단'이 추출되었으며, 이 같은 속성이 배제된 '러브레터'도 넓게 보면 '인연'과 '진실한 사랑'의 하위어로 연결됨으로써 당해 문화권의 기표로 인식된다. 이렇게 담화가 진행될수록 추상어의 의미가 구상어에 의해 논증되는 것이다. B1O1이 참여한 소집단 토론에서 생산된 어휘의 의미관계를 보면 '러브레터' 궤도가 '사랑'을 지향하는 표상으로 펼쳐지고 궁극에는 '인연' 궤도와 연결되었다. 그 중간에 '러브레터'에 대한 의심을 '평가'하는 단서로서 행동, 표정, 말투를 들어 논쟁이 이루어졌는데 이는 학습자들이 당해 환경에로 궤도를 확장한 증거이다.

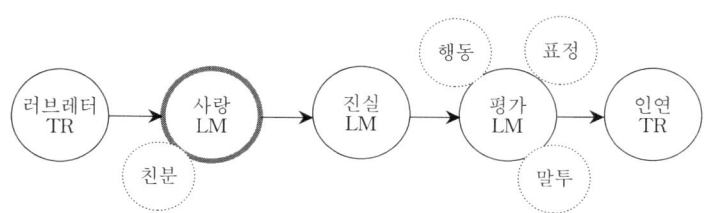

<그림 16> '러브레터' 궤도에서의 기표 '사랑'

7학년 학습자(여)는 위의 토론을 통해 얻은 어휘그물이 배경지식(위성)으로 구축되어 다음과 같이 텍스트를 생성해 냈다.

-논제: 러브레터는 믿을 만하다(믿을 만하지 않다).
-논거:
첫째, 러브레터만으로 사랑을 얘기하고 마음을 주고받는 것은 한계가 있다. 왜냐하면 얼굴을 맞대지 않고 편지상으로만 마음을 표현하면 상대방의 진실된 마음을 모르고 거짓으로 꾸며내고 부풀릴 수 있기 때문이다.
둘째, 러브레터만으로는 서로의 마음을 확인할 수 없다. 러브레터에는 자연스레 과장된 표현도 쓰게 되고, 남들이 보기에 좀 안좋은 닭살스런 말도 많이 쓸 수 있는데 만나지 않고 그렇게만 하다보면 점점 지겨워질 수도 있기 때문이다. 변하는 마음까지 편지에서 읽을 수는 없다고 생각한다.
셋째, 러브레터만으로 사람을 판단할 수는 없다. 만약 나중에라도 만났을 때 서로 마음에 안들면 상처를 받고 끝날 수도 있다. 사람은 직접 보고 판단해야 하는데 러브레터는 그렇지 못하기 때문에 믿을만하지 않다.

넷째, 진실한 사랑을 모를 수 있다. 어릴 때 러브레터만으로 자기 마음을 전하고 그러는 행위는 나중에 커서 사람을 만났을 때 상대방을 제대로 평가할 수가 없다. 러브레터는 편지로 사랑을 말하고 마음을 전하는 것인데 직접 사람을 만나지 않는 이런 방법은 나중에 다른 사람을 만나도 사람을 제대로 평가하지 못하고 잘 속아 넘어가게 된다. 그렇기 때문에 러브레터보다는 직접 만나서 연애하는 것이 좋다고 생각한다.

다섯째, 사랑하는 마음을 온갖 말을 지어내서 쓰는 것보다는 직접 마음을 전하는 것이 낫다. 직접 마음을 전하는 것이 고민도 덜 돼고 또한 상대의 반응도 빨리 알 수 있기 때문입니다.   - <B1O1의 토론 텍스트[88]>

위 텍스트도 B1O1에 의해 산출된 예로서 발화에 드러난 어휘가 거의 모두 사용되고 추가 생산되기도 했다. B1O1는 '러브레터'의 '한계'를 '진실된 마음을 알 수 없음'으로 진술하고 나아가 '거짓됨'과 '부풀림', '꾸밈'으로 설명하며 '닭살스런 말'과 '과장된 표현'으로 구체화하였다. 또 사람의 마음을 '판단할 수 없음'이라는 한계에 대하여 만나서 '상처 받을 수 있는' 경우를 지원하고, '고민하게' 하고 '반응이 더딘' 점도 추가하였다.

[1]C3A1: 인간은 말로만 효도하고 행동으로 실천을 하지 않습니다.
[6]C3A1: 물질적으로도 효도를 하는 사람이 많고, 공경심으로 효를 하는 사람이 적습니다.
[8]C3A1: 모든 인간은 공경하는 마음이 있습니다.
[11]C3A1: SOS가 아니더라도, 주변에서 많이, 공경하지 않는 마음을 볼 수 있습니다.
[15]C3A1: 귀찮아서 바쁘단 핑계로 안 합니다.

---

88) 맞춤법·띄어쓰기 등의 어문규범은 학습자들의 원 텍스트에 표기된 대로 옮기며, 이하 제시하는 사례에도 똑같이 반영한다.

[20]C3A1: 동물들도 부지런히 다니는데, 사람이 성실하지 않은 것은 수치스러운 일입니다. 예를 들어, 닭은 매일 (일찍) 일어나 사람을 깨워 줍니다.

[24]C3A1: 닭은 매일 읽찍 일어나 우는데, 사람들은 그렇지 못해 성실하지 않습니다.

[28]C3A1: 역할에 충실하지 않는 사람들이 늘어나면서, 실업자도 증가합니다.

[32]C3A1: 요즘 핵가족 제도로, 관심을 기울이지 않아 노인 문제가 늘어났습니다.

[26]C3A1: 이타적인 사람보다 이기적인 사람이 더 많습니다.

위의 사례는 C3A1(남)의 발화들로서 B1O1(여)의 경우와 다르게 사회적 배경이 뒷받침되어 있다. C3A1은 '효도'의 의미를 해석함에 있어 [+실천성]이라는 의미자질을 강조하고자 이에 수반되는 요소로 [-물질]의 자질을 [+공경]으로 밝히고, [-공경]에 대해서는 'SOS'라는 텔레비전 방송 프로그램을 통해 기술하였다. 'SOS'는 당해 문화권에서 현대인의 일상을 묘사한 내용으로서 '귀찮다'와 '바쁘다'를 연상시키며, 이것은 [-성실성]이라는 의미자질로 분석될 수 있다. 이를 유의어 [-충실]과 연결하고 '실업자'와 '노인 문제', '핵가족 (제도)', '이기적'이라는 어휘로 묘사한 상상력도 드러난다. 학습자들은 고전 작품에 드러난 가치관 '효'를 그들의 배경에서 재해석하여 궤도에 대한 지표로 연결한 것이다. 이러한 해석 과정이 토론을 통해 이루어짐으로써 고전의 창조적 재해석이 가능해진다.

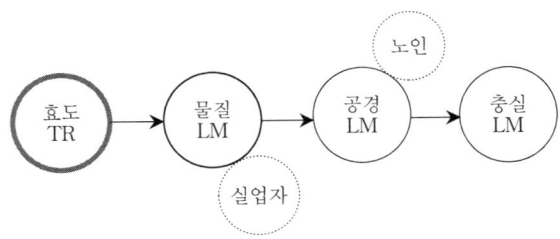

<그림 17> 기표로서의 '효도'

위의 배경지식(위성으로 구축된 것들)으로 생성된 텍스트는 아래와 같다.

-논제: 까마귀 의견에 찬성합니다.
-논거:
(1) 효를 하는 것은 당연한 일이다.
이유: 부모님의 사랑에 대해 당연히 해야 되고, 우리나라는 '동방예의지국'이라 해서 예부터 예의를 지켜오면서 효 정신이 중요시되어 왔었다.
　　　부모님에 사랑에 대해 당연히 자식이 부모에게 해야 할 도리이다.
(2) 동물들도 부지런히 다니는데 사람이 성실하지 않은 것은 수치스러운 일이다.
이유: 예를 들어 닭은 매일 일찍 일어나 울어 사람들을 깨워 준다.
(3) 물질적 효도를 하는 사람이 많고, 공경심으로 효를 하는 사람은 별로 없다.
이유: 요즘 사람들은 주말에 시간도 많으면서 귀찮다고 물질적 효도만 한다.
(4) 핵가족 제도로 관심을 기울이지 않아 노인문제가 늘어났다.
이유: 산업화, 도시화 등으로 사람들이 서울로 가서 핵가족 제도로 되어 관심을 가져 주지 않아서이다.　　　　- <C3A1의 토론 텍스트>

C3A1의 토론 텍스트에는 토론 담화에서 표출한 발화가 그대로 기록되어 있다. 담화 상황에서보다 추가된 것으로 '효'를 '당연한 일'로 규정하였는데 여기에는 '동방예의지국'이라는 역사적 정보의 지원이 결정

적이다. 그리고 발화들에서 확인된 의미자질 세 가지 [+성실성], [-물질], [+공경]이 텍스트 구성에 상관한다. 이와 대조적으로 [-성실성], [+물질], [-공경]을 함축한 '핵가족 제도'는 '산업화'와 '도시화'의 결과로 부각되었다. 또 '핵가족 제도'가 원인이 되어 '노인 문제'를 발생시킨다는 데에까지 생각이 확장되었다. 결국 이 '노인 문제'의 의미자질, 즉 '노인 문제'가 함의한 정보는 [-물질], [-성실], [-공경]으로 분석될 수 있는 것이다.

-질문: 러브레터는 믿을 만한가?(믿을 만하지 못하다.)
-논술:
이유: 러브레터는 얼굴을 보이지 않고 서로를 잘 모르고 편지로 이야기하는 것이기 때문에 다른 목적으로 쓸 수 있기 때문이다.
이유1: 또 다른 목적, 돈을 목적으로 러브레터를 쓸수 있기 때문이다. 예를 들어 납취 등이 있기 때문이다.
이유2: 우리나라에는 제비가 많다. 제비들은 사랑하는 척하면서 돈을 뜯는다. 뭐 대학등록금 등을 떼가서 학생들은 공부만 해야한다.
이유3: 요즘 세상은 무섭다. 나쁜 목적으로 납취할 수도 있다.
예를 들어 납취범.
이와 같이 러브레터는 믿을 수가 없다.
그래서 순수한 사랑, 법, 사감은 세상에 필요하다.
- <C3A1의 논술 텍스트>

위의 학습자가 다른 논제로 산출한 논술 텍스트를 살펴보면, 위의 텍스트 구성 방식과 유사한 구조로 나타난다. 즉 '러브레터'라는 핵심 개념(기표)에 대하여 핵심 의소(기의) '러브(사랑)'의 대척점인 '다른 목적', '나쁜 목적'을 대조함으로써 의미를 선명하게 나타내었다. '다른 목적'은 '돈'이라는 구상어로, '나쁜 목적'은 '납치'라는 구상어로 묘사되며 이에 관해 환원한 단어로서 '제비'가 선택되었다. 즉 이 단어의 선택은 현실 상황에서 관련 예를 검증한 결과이다. 따라서 이 학습자는 '러브레터'가 '제비'의 수단이 될 수 있다고 추론하여 '믿을 만하지 못하다'는 결론을 내린 것이다. 이 경우는 '러브레터' 궤도에서 토론이 시작되어 '러브'와 '편지'의 합성 관계를 분리하면서 지표를 '돈'으로 표상했는데, 이는 당해 생활환경에서의 문식성이 굴절된 현상으로 보인다. 나아가 이 논의는 사회 문제의 궤도로 연결되고 결국 응징할 수 있는 수단이 추가될 것을 지향했다.

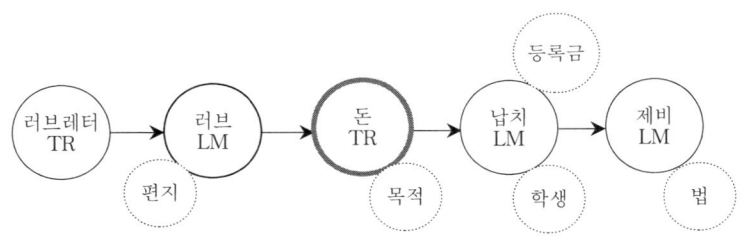

<그림 18> '러브레터' 궤도의 확장

이상의 분석을 보다시피 생성될 텍스트는 학습자의 세계관을 드러내기 때문에 책임감 있게 수행되어야 한다. 좋은 텍스트를 판별하는 방법으로서 담론윤리학적 논증이 상관하는데, 이 방법은 토론 참여자들이 논점에 대해 회의를 갖는 논증 방식으로서, 규준의 타당성을 문제화하여 궁극적으로는 합의로 귀결된다(하병학, 2001: 168). 이는 보통 철학적 대화에서 특징적으로 나타나며, 한 예로 토론의 진행 과정이 어떻게 합의에 도달하는지를 미시적으로 들여다보면 사용된 어휘와 논거들의 목표 지향성이 두드러진다.

지향적 체험으로서, 적절한 어휘 활용 능력을 알아보기 위해 학습자들이 어휘 계열의 속성을 규명한 과정을 살펴보자. 아래 담화는 여학생 집단의 자료로서 속성이 유사한 추상어휘 계열체가 하나의 구상어휘로 특성화됨으로써 문맥적 의미를 생산하는 과정을 밝혀 준다. '익호'라는 궤도에서 시작해서 '붉은색'을 지향하며 상징성(이념성)을 띠기까지 정적인 맥락에서 궤도 이동을 보여주었다. '마음'이나 '열정', '정열' 모두 추상어휘로서 '붉은색'의 상징적 의미와 연결되고 '붉은색'에서 또다시 궤도가 바뀌어 시작된다.

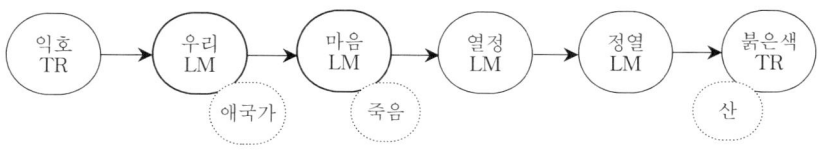

<그림 19> 7학년 A7의 담화에 나타난 어휘 계열체

그러면 A7의 담화 상황을 통해 위와 같은 어휘 계열체가 표상하는 개념을 추론해 보자.

[1]A7A1: 붉은산의 의미는 긍정적으로 쓰였습니다. 이유는 익호가 나라에 대한 열정과 정열이 없었다면 ∅(으레) 죽을 때 애국가를 안 들으려고 했을 것입니다.

[2]A7O1: 저는 그렇게 생각하지 않습니다. 왜냐하면 익호가 살아 있을 때 행동과 말로 보아, 예를 들어 사람들을 괴롭히고 참견하는 등, 죽기 전에 애국가를 불렀다고 해도 진심으로 나라를 사랑하는 그런 애국자는 아닌 것 같습니다.

[3]A7A2: 붉은산의 의미는, 열정적이고 정열적인 붉은 마음과 높은 산을 나타낸 것입니다. 붉은산의 의미가 무엇이라고 생각하십니까?

[4]A7O2: 붉은산의 의미는 죽음의 산입니다. 그 이유는 주인공 익호가 죽었기

　　　　　때문에 그렇게 생각합니다.
　　[5]A7A1: 붉은산에서 익호가 죽었다 하더라도 그 넓은 산의 의미를 한번에
　　　　　죽음의 의미로 볼 수 없다고 봅니다. 그러면 반대측1의 의견은 무엇
　　　　　입니까?
　　[6]A7O1: 붉은산의 의미는 시련을 겪은 산으로 부정의미로 쓰인 것 같습니다.
　　　　　일제강점기 때 사람들이 힘들게 살았는데, 산이 우리나라 사람들의
　　　　　모습을 보여주는 것 같기 때문입니다.
　　[7]A7A2: 제 생각은, 붉은산이 우리나라 사람들의 모습을 보여주는 것이 아닌
　　　　　것 같습니다. 붉은산의 모습은 정익호의 현재 모습과 마음을 나타낸
　　　　　것이 아닙니까?

　소집단 A7의 토론은 제목의 긍정적 의미 대 부정적 의미에 관한 논쟁에 그친 것이 아니라 제목이 둘을 다 포괄한 익호의 마음으로 합의함으로써 종결되었다. 담화 구성에 있어서는, 논점인 '붉은산의 의미'를 참여자마다 재수용하면서 논점에 집중하고 있다. 또한 주인공 '익호'를 중심으로 그 의미를 해석하고 궁극의 '그의 모습과 마음'으로 귀결됨으로써 담화 응집성이 확인된다. 구체적으로, '정익호' 개인의 삶에 대한 의견들이 갈등을 빚다가 발화[6]에서 '우리나라 사람들' 전체의 모습으로 인해 익호도 우리나라 사람들 중 한 명이라는 전제가 합의를 이끈 것이다. 또 '일제강점기'라는 시대적 배경도 전제로 추가됨으로써 범위가 분명해졌다.

　다음으로, 고교 학습자들의 논증 텍스트에 나타난 어휘 분포를 아래에 표로 정리한다. 대상 텍스트는 학습자별로 선행 텍스트에서 선택한 어휘로 구성된 것이다. 논제 유형별로 어휘 수가 증가된 것은 텍스트의 결을 정교하게 할 수도 있지만 그 출현 횟수가 일정한 비율로 증가할 때 표현 능력이 체계적으로 신장되었음을 보여준다. 어휘관계의 기능에

대해서는 통사적 구조(구·절) 안에서 검토되어야 하므로 다음 항에서 논의하기로 한다. 이는 어휘 사용의 창조성과 아울러 문법 지식의 활용 수준을 알아보는 준거이기도 하다. 선행 텍스트에 분포된 어휘는 텍스트 생성을 위한 스키마로 머릿속에 저장되지만, 그 연결망을 표층적으로 심층적으로 확인하는 일은 문장 층위에서 이루어지기 때문이다.

<표 21> 고교 학습자군의 논증 텍스트에 선택된 주요 어휘

논제 번호	텍스트	주요 어휘
4_3	문**59	웰빙, 현대 사회, 물질, 폐해, 정신, 건강, 삶, 상품화, 수준, 병폐, 추구, 본래, 의미, 상실
	*채*71	웰빙, 상품화, 타자화, 초래, 비판, 화폐, 사람들, 기준, 방식, 다양, 존재, 추구, 본질, 왜곡
	천**82	웰빙, 물질, 풍요, 정신, 만족감, 취지, 개인, 삶, 방식, 상품화, 다수, 미래, 상황, 추구, 문제, 전제
	*아*85	웰빙, 후기산업시대, 인간, 물질, 삶, 풍요, 정신, 건강, 계발, 창조, 수준, 물질, 고급, 화폐, 분수, 상황, 적합, 진정
	*수*106	웰빙, 참살이, 상품화, 타인, 돈, 보여주기, 주체, 분리
	서**217	진정, 웰빙, 삶, 정신, 건강, 아름다운, 물질, 고급, 오류, 진정, 주체, 만족, 참살이
	**진_가 229	상품화, 웰빙, 물질, 고급, 삶, 수준, 왜곡, 타자화, 현재, 내것, 과거, 미래, 준비, 분리
	*미*_가 243	웰빙, 시대, 화두, 물질, 삶, 병폐, 극복, 정신, 건강, 획득, 취지, 상품화, 구경, 종속, 폐해, 결과, 초래
	*상*247	웰빙, 물질, 삶, 병폐, 극복, 정신, 건강, 획득, 취지, 수준, 화폐, 고급, 기형, 상품화, 타자화, 만족감, 정신, 개인, 부정
	*미*_나 257	웰빙, 상품화, 물질, 고급, 삶, 정의, 문제, 타자화, 자신, 분리, 부정, 외부, 추구, 발전, 취지, 발전, 결과, 종속
	**진_나 275	웰빙 운동, 물질, 풍요, 정신, 획득, 주변, 화폐, 수준, 삶, 남, 구매, 변질, 진정, 참살이, 자리, 자신
6_1	문**1	켈트, 스코틀랜드, 문화, 아일랜드, 종속, 전통, 형성, 상위 문화, 반란, 독창적, 지역, 민족, 우월, 특별, 독일, 게르만, 히틀러, 선동, 유태인, 말살, 참여, 대중, 선동,

논제 번호	텍스트	주요 어휘
		단합, 전체주의, 발전, 가능성
	**진20	스코틀랜드, 아일랜드, 문화, 모방, 형성, 부정, 고지대, 전통, 인위적, 전파, 과정, 조작, 수동적, 역사적 사실, 국가 전체주의, 경계
	*솔24	전통, 켈트, 스코틀랜드, 민족, 정체성, 전통, 주체적, 전체주의, 부정, 식민지, 지배, 우리나라, 일본, 대화, 상투머리, 강요, 언어, 혼란, 파괴, 대항, 소중, 자세
	*수*40	전체주의, 존재, 권력, 간섭, 통제, 사상, 체제, 스코틀랜드, 억압, 통치, 전통, 모방, 반란, 창출, 소개, 형성, 인위적, 독자적, 반전체주의, 경계, 개체
	*상*55	스코틀랜드, 아일랜드, 속국, 전통, 창출, 반란, 국민, 의식, 국가, 확산, 전체주의, 민족 공동체, 매개체, 지배, 안보, 국민, 의지, 지배
	천**83	국가, 전체주의 개인, 사회, 희생, 지리, 경계, 포함, 문화, 통치, 경쟁력, 과거, 자신, 뿌리, 전통, 아일랜드, 모방, 고지대, 스코틀랜드, 부족, 저지대, 전파, 합의, 권력, 남용
	*아*_가 191	스코틀랜드, 역사, 민족, 전통, 아일랜드, 반란, 결합, 창조, 국가 전체주의, 소수, 무시, 게인, 자유, 억압, 다양화, 추구, 획일화, 초래
	*채*206	국가, 전체주의, 왜곡, 국민, 가치관, 형성, 부정, 스코틀랜드, 문화, 열등, 자국, 우수성, 아일랜드, 전통, 창출, 지배, 역사, 타국, 교류, 정당성, 국익, 타국, 인식, 혼란, 경계
	*민*_가 220	켈트, 스코틀랜드, 문화, 형성, 아일랜드, 조악, 모방, 전통, 전파, 다수, 집단, 개인, 소수, 획일화, 경계
	*민*_나 245	국가, 전체, 이익, 개인, 활동, 제약, 전체주의, 과정, 창출, 아일랜드, 속국, 스코틀랜드, 전통, 찬탈, 역사, 왜곡, 폐해, 통치, 희생
	*아*_나 265	스코틀랜드, 아일랜드, 문학, 모방, 잉글랜드, 억압, 통치, 켈트, 전통, 초기, 속국, 반란, 고지대, 인위적, 역사, 동부, 자신, 형성, 국가 전체주의, 권력, 국민, 생활, 간섭, 우월감, 경계
8_1	**진7	아리스토텔레스, 학문, 사실, 진실, 인식, 인간, 도리, 가치, 공통점, 차이점, 의견, 갈등, 황윤길, 김성일, 일본, 나라, 민심, 보고, 1심재판소, 2심재판소, 개인, 기량, 운동, 결과, 우연, 핸디캡, 조정, 방식
	*미*14	사실판단, 대상, 가치판단, 사실관계, 의견, 대립, 개입,

논제 번호	텍스트	주요 어휘
10_1		존재, 참, 거짓, 상대적, 외교, 사법, 사안, 결과, 김성일, 황윤길, 조정, 백성, 혼란, 방지, 고등법원, 운동경기, 우연, 도박죄, 내기골프, 처벌, 사회질서, 유지
	문**49	사실판단, 가치판단, 당위, 일본, 침략가능성, 대응, 내기골프, 도박, 의견대립, 과정, 정답률, 우연, 존재, 인정, 개인, 해석, 주관적, 가변적
	**훈54	존재, 사실, 물음, 대답, 사실판단, 가치판단, 실천, 일본, 동향, 의견대립, 황윤길, 국란, 대비, 가치, 나라, 김성일, 부정, 내기골프, 도박, 1심재판부, 2심재판부, 경기, 승패, 우연, 개인, 재능
	정**127	임진왜란, 발발, 일본, 파견, 관리, 견해, 군사력, 사실판단, 역사, 방향, 존재, 측정, 사료, 결과, 진실, 거짓, 양분, 사형제도, 인식, 차이, 가치판단, 대치관계, 물정, 시찰, 당파싸움, 조선후기, 선진문물, 전쟁, 발생, 충돌, 대립, 잣대, 내기골프, 도박, 성립, 우연성
	서**175	사실, 자체, 목적, 사실판단, 실천, 가치판단, 당위성, 왜, 침략, 중점, 황윤길, 보고, 국가, 안보, 김성일, 골프내기, 판결, 우연성, 당사자, 기량, 도박, 2심, 승패, 조작, 도박
	천**16	영웅, 따분, 평범, 이상, 목표, 스파이더맨, 평범, 피터, 월등, 사회, 우월, 착각, 주변, 인정, 상황, 착각, 열등감, 질투, 탁월, 존재, 불가능, 영웅주의, 삶
	*수*21	자신, 위치, 삶, 성실, 현실, 이상, 유리, 미화, 영웅, 허황, 꿈, 열등감, 복수심, 절대, 능력, 인정, 동일시, 위로, 목표, 한계, 무지, 주체적, 길
	정**29	영웅, 이상화, 현실, 자신, 수동적, 꿈, 삶, 인간, 절대적, 힘, 평범, 개인, 악, 착각, 부정, 반응, 가치, 증명, 남, 인정, 능력, 영웅주의, 남, 자신, 포용, 관용, 사회, 역할
	서**44	영웅, 존재, 현대인, 목표, 이상, 삶, 위로, 스파이더맨, 매력, 능력, 악, 세력, 이용, 절대, 힘, 착각, 현실, 주위, 인정, 자신, 우월, 획일적, 타인, 인정, 관용
	*민*_가 89	영웅, 단점, 제거, 장점, 극대화, 탄생, 이상, 존재, 목표, 삶, 주위, 가치, 인정, 자신, 노력, 능력, 영웅주의, 사회, 존재, 현실, 괴리감, 극복, 비현실, 부담감, 시선, 타인, 진심, 건강
	**훈113	영웅, 힘, 추대, 인간, 절대적, 착각, 주변, 인정, 기회, 영웅주의, 비현실, 추구, 열등감, 이해

논제 번호	텍스트	주요 어휘
11_2	*민*_나 133	영웅, 미화, 인간, 추악, 제거, 깨끗한, 이상, 영화, 스파이더맨, 피터, 악, 세력, 신비, 힘, 평범, 주위, 인정, 탁월함, 짓밟는다, 이상, 현실, 유리, 영웅주의, 타락, 다름, 뛰어남, 관용
	*채*159	절대, 힘, 사람들, 욕구, 반영, 영웅, 이상, 목표, 약점, 완벽, 자신, 월등, 실력, 능력, 노력, 인정, 태도, 열등감, 시기심, 성실성, 주체성, 경시, 진정, 영웅주의, 장애
	*솔244	영웅, 추구, 이상, 목표, 현실, 시간, 동일시, 성향, 타락, 영웅주의, 절대, 힘, 착각, 타인, 인정, 자신, 열등감, 복수심, 타락, 영웅주의, 한계, 다름, 타인, 퇴폐적, 다양, 가치, 공존, 건강
	*수*21	소비자, 만족, 극대화, 삶, 질, 기업, 환경, 비용, 사회, 부담, 자유시장, 원리, 위배, 개인, 책임, 의무, 욕구, 충족, 부정, 최소화, 제품, 서비스, 선호, 긍정, 구매, 거부, 생산, 세계, 에너지, 고갈, 파괴, 대응
	*상*30	기업, 소비자, 욕구, 충족, 환경, 책임, 자원, 고갈, 해결, 주주, 이윤, 추구, 복지, 상황, 개인, 문화, 결과, 사회, 윤리, 소비, 구매, 지혜, 발전, 가능성
	*민*_가 58	세계, 에너지, 고갈, 환경, 파괴, 도덕, 책무, 이익, 비중, 비용, 지불, 사회문제, 책임, 개인, 복지, 권리, 결과, 시민, 윤리의식, 소비, 노력, 마케팅, 순영향
	*민*_나 96	기업, 활동, 환경, 책임, 사회, 소비자, 만족, 비용, 자유시장, 목적, 이익, 윤리원칙, 제품, 경영, 목적, 비즈니스, 원칙, 부정, 최소화
	정**129	생산자, 물건, 책임, 방향, 환경, 개발, 기업, 경쟁, 이익, 최고, 활동, 충실, 자유시장, 추구, 환경, 파괴, 환경친화, 윤리, 비용, 지불, 걸림돌, 소비자, 관심, 증가, 친환경제품, 선호, 경쟁력, 방안
	**훈_가 177	기업, 환경, 문제, 부담, 사회, 윤리, 활동, 비용, 책무, 관계, 참여, 책임, 본질, 목적, 자유시장, 위배, 에너지, 고갈, 파괴, 간섭, 차이, 극복, 가능성, 존재, 상품, 구매, 자유시장, 이익, 실현, 목적
	**훈_나 183	생산자, 환경 파괴, 에너지, 고갈, 기업, 사회구성원, 책무, 기업활동, 결과, 해결, 책임, 자유, 지향, 시장경제, 위배, 수익, 창출, 시민, 긍정, 기대, 부정, 품목, 소비, 자제, 통합

논제 번호	텍스트	주요 어휘
	*민*_다 248	기업, 이윤, 추구, 환경오염, 해결, 책임, 자유시장, 활동, 복지, 강화, 존재, 사회, 도덕, 책임, 사회구성원, 삶, 질, 소비자, 인간, 부정, 지양, 소비자운동, 발전, 지구
	*솔253	대응방식, 에너지, 고갈, 환경파괴, 기업, 생산자, 소비자, 욕구, 충족, 과정, 발생, 비용, 책임의식, 부담, 목적, 이윤, 창출, 통합, 의견, 절충, 결정

3) 문장의 적절성

학습자가 나름대로 선택한 어휘로 문장을 구성한 방식을 살펴보면 7학년 학습자의 논증 텍스트에서 절의 수(또는 논증 담화의 발화 수), 문장 구조화 방식, 어휘 의미의 문맥 구성 등으로 두루 나타나는 수준을 가늠할 수 있다. 그리고 이를 고려하여 보다 세심하게 교육 내용 요소를 추출해야만 개별 학습자의 쓰기 능력을 신장시키는 데 도움을 주게 된다. 또한 7학년 논증 텍스트의 경우, 문장 구성 방식이 선행 경험의 영향을 받아 독자와의 관계를 도모하였으므로 발화 습관과 문장 표현 능력의 상관성도 간과할 수 없다.

2007학년도 7학년 학습자들을 대상으로 글쓰기 전(前)의 토론 과정을 살펴보면 참여자들의 언술 행위와 함께 텍스트 생성에 관한 적성이 드러난다[89]. 모국어의 경우, 논증소는 언어적 구성부의 주요한 요소인 구어 담화 표지와 상응한다. 즉 구어 담화 표지는 의사소통의 목적과 상황에 적절한 기능을 하기 때문이다. 이 구어 담화 표지[90]는 언어관습의 한 예

---

[89] 참여자들이 담화를 진행시켜 나갈 때 발화들 간의 관계에 주목하게 마련인데 선·후행 발화를 통일성 있게 구성하기 위해 명시적으로 담화 표지를 사용한다. 이것은 효율적인 담화를 위한 신호로 기능하며 문화권의 관습적 지식이기도 하다. 그런데 세계 곳곳의 문화권이 이질화, 파편화됨에 따라 담화 표지의 사용 양상도 무수히 재발견된다. 민족적으로, 지역적으로, 연령별로, 성별로 공유하는 표지가 끊임없이 재발견되는 것이다.

[90] 담화 표지를 어휘적 담화 표지와 비어휘적 담화 표지로 분류한 논저도 있다. 전자에는 반복 정보 담화 표지(선행 담화의 성분을 반복한 것으로, 감탄사로 보

로 수용될 수 있는 가치체계이다. 이 연구의 대상인 7학년 학습자들에게서 출현 횟수가 많은 경우를 보면 이들의 논증 표현 무늬를 알 수 있다.

<표 22> 논증소로서의 구어 담화 표지 유형(7학년의 예)

사례 기능	A	출현 횟수	B	출현 횟수	C	출현 횟수	D	출현 횟수
나열	-고	23	-고/-며	13	-고/-며	33	-고/-며	23
양보	-도	17	-도/-자	13	-도	·	-도/-자	34
인과	-서91)	23	-서/ 때문	·	때문	19	-서/ 때문	17/ 35
명료화	것	52	것	53	것	105	것	115
배경	-는데/-면		-면	27	-면	33	-면	29
초점화	그럼/그러면 /그렇다면	·	그럼/그렇 다면	·	그럼/그렇 다면	·	그럼	·
설명	아니라	·	아니라	·	아니라	·	아니라	·
의문	-니까?	23	-니까?	14	-니까?	33	-니까?	·
대립	-지만	·	-지만	·	-지만	32	-지만	·
공손	같습니다	·	같습니다	·	같습니다	·	같습니다	·
반박	반박합니다/ 아닙니다	·	같습니다	·	아닙니다	·	같습니다	·
요구	-오	·	-오92)	·	-오	·	-오	·
비교	-보다	·	-보다	·	-보다	·	-보다	·

A학급에서는 명료한 표현을 위해 인과형 진술, 요구 목적의 의문형 진술, 정당화를 위한 근거 나열 표시, 상대방에 대한 예우 표현으로서 양보 기능 표지가 주로 나타났는데, 중요한 것은 표지가 기능에 따라

지 않음)가 있고, 후자에는 어휘적 담화 표지로 '뭐냐하면, 자, 뭐냐면, 마, 참 등'을 언급하였다. 비어휘적 담화 표지에는 지시어 담화 표지(음, 에, 예, 그, 저, 아, 이), 감탄사 담화 표지(오, 아뿔사, 아이고), 초분절음 담화 표지(쉼, 억양, 강세)가 포함된다(허재영 2001: 90에서 재인용).
91) 인과 기능의 담화 표지는 네 학급 모두에서 '-서' 말고도 '왜냐하면', '이유', '원인', '-니', '-므로', '-니까'가 추출되었다.
92) 담화 표지 '-오'는 7학년 학습자들의 담화 상황에서 격식체의 요구 화행으로 출현된 것이다.

토론 담화(또는 텍스트)를 구성하는 데 주의 깊게 선택되어야 하는 점이다. B학급도 A학급의 결과와 비슷한 빈도를 보인다. C학급도 앞의 두 학급과 비슷하다. 다만 이 학급에서는 대립의 기능 표지가 빈번하게 쓰인 것으로 보아 토론에 대립항을 통해 보다 역동적으로 논의를 전개한 특징을 알 수 있다. D학급 역시 담화 표지 유형의 출현 횟수와 분포가 앞의 세 학급과 다르지 않다. 이는 7학년 수준의 공통점으로 확인된다.

논증을 이끄는 표지로 주로 사용되는 예들은 다음과 같이 추출되었다. 이들은 모두 구정보와 신정보의 관계로서 담화의 전후 맥락이나 텍스트 문맥을 구성하며, 정보 내용은 참여자들의 문화적 공통 지식에 근거를 두되 성별이나 연령 등의 사회적 요인에 따라 선택되었다. 다시 말해 논증 상황에서 사용되는 표지는 문화권 안에서 논증을 위해 전제가 되는 정보들을 이끄는 신호가 될 수 있는 것이다.

<표 23> 7학년 학습자의 논증 유도 표지 용례

논증을 이끄는 표지	상황	학습자	성격
-면/-는데/-도… 아니(않)-	담화, 텍스트	7(남/여)	특성화
꼭 … 않아도	담화	7(남)	판단 유보
-보다	텍스트	7(여)	논의 통제
상위어 대체	담화, 텍스트	7(여)	사고 확장
정도성	담화	7(남)	범위 획정
-에서는	담화, 텍스트	7(여)	관점 표명
-을 위해	담화	7(남)	명료화

한편 고교 학습자군의 텍스트에는 문법 요소들에 의해 궤도에서 지표에 이르는 경로가 드러난다. 7학년 학습자들이 토론으로 논증 담화를 구성한 것처럼 학습자 개인도 내적으로 논증 대화를 할 수 있다. 이때

선행 문장이 후행 문장과 연결되는 곳마다 문법 요소를 동반하는데 이 요소는 문맥에 기능적으로 관여한다. 설득을 목적으로 한 텍스트에서 논증에 관한 요소[93])들이 아래 표에서와 같이 의도, 목표, 대상, 조건, 대립, 수단, 지향, 이유, 근거, 강조 등의 기능을 가지고 절과 절을 연결한다. 보다 내용을 정교화하기 위해 유래, 설명, 비교, 대조, 유추, 열거, 첨가, 전환 등의 기능 요소들이 쓰이기도 했다. <4_3;**진_나>에서는 문법 요소 앞의 체언을 고려하여 의미를 파악할 수도 있지만 상관하는 문법 요소의 기능이 결합됨으로써 그 의미는 명백해진다. 여기서는 선행 텍스트의 필자가 당시 상황을 살펴보고 나아가야 할 자세를 생각하고 있음을 암시한다. 곧 이 경로는 논점을 지향한다. 또한 문장의 확장 방법을 보더라도 근거를 밝히거나, 가정을 덧붙이거나, 글의 내용을 이해하기 위해 유추하기도 했는데 거기에 동원된 문법 요소들은 <11_2;**훈_가>에서 보듯이 내용을 풍부하게 하는 장치로서 의의가 있다.

<표 24> 논증소의 절 접속 기능(고교)

논제 번호	텍스트	논증소의 절 접속 기능
4_3	문**59	'(넘)어':지향, '하지만':완곡한 대립, '아니라':강조, '(이용)해':수단, '그러면서/-(하)면서':병행, '위해':목표
	*채*71	'- 점에서':근거, '-를 통해':수단 '나아가':지향, '때문에':이유

---

93) 문법 요소들 각각에 대하여 국어학의 통사론적 전거를 참조할 수도 있겠으나, 국어교육의 대상으로서는 사용(usage) 측면에 주목하므로 이들이 맥락에 따라 선택되는 양상도 다양하다. 또한 문체적 변이도 배제할 수 없다. 예를 들어 '수단' 정보를 명시할 때 '-로써', '-을 통해', '-(으)로' 등이 선택되기도 했는데, 이러한 사실은 글쓴이의 인지구조에 따라 선택·변용될 수 있음을 시사한다. 가령 '경로'를 의미하는 '-을 통해'와 구별하여 쓰이지 않은 점을 볼 때 누군가에게는 한 국면을 묘사하는 데 필요한 '수단'으로 파악될 수도 있고 다른 어떤 이에게는 인과적 사고에 의해 현상의 '발생과정'을 추론할 수도 있는 것이다. 이러한 다양성은 언중과 상황의 변수로 나타난다.

논제번호	텍스트	논증소의 절 접속 기능
	천**82	'-에서 나아가':지향, '(취지)에서':근거, '(살기)에':근거, '아니라':강조
	*아*85	'(시대)에':배경, '(풍요)에 비해':비교, '(그것)에 맞게)':조건, '(물질)을 통해':수단, '(상황)에 (적합한)':조건
	*수*106	'(고려하)여':근거, '그러나':대립, '-으로부터':유래
	서**217	'-으로':수단, '-을 통해':경로
	**진_가 229	'(물질)을 통해서 (고급스러워지는)':수단, '(수준 높은 삶)으로':목표, '(미래의 웰빙의 삶)을 위해서':목표, '(준비하는 것)으로':수단
	*미*_가 243	'그런데':전환, '(없으)면':가정, '(물질)에':대상, '(초래하기) 때문에':이유
	*상*247	'(취지)로':근거, '그런데':전환, '-를 통해서':수단, '(의미)로':근거, '-는데':설명, '(속)에':대상, '-이 아니라':강조, '-으로써':수단
	*미*_나 257	'(물질)을 통해':수단, '(분리해 놓는 것을 말하)는데':설명, '(누리는 것) 아니라':강조, '(추구해야 하는 것)으로':수단, '(물질)에':대상
	**진_나 275	'(주변)에서':상황, '(구매하는 것)으로':수단, '(이 자리)에서':상황
6_1	문**1	'(문화)에':대상, '(종속되)어':원인, '(만듦)으로써':수단, '(만들었)고':열거, '(합쳐짐)으로써':수단, '하지만':완곡한 대립, '(갖게) 해':이유, '(것)처럼':비유, '(일어나)면':조건, '(넘)어':지향
	**진20	'(과정)을 통해서':경로, '(과정)에서':대상, '(역사적 사실)로':근거
	*솔24	'-면서':병행, '-와 같이':유추, '-으로':수단, '-으로부터':유래, '-으로써':수단, '-를 통한':수단, '위해서는':목표
	*수*40	'(속)에서':대상, '(근거)로', '-하에':근거, '그러나', '그리고', '-을 통해':경로, '-로 인해':근거
	*상*55	'-기 위해':목표, '(지역)에서':대상, '(합쳐)져':이유, '(전통)으로':수단, '-을 통해':경로, '-과 같이':유추, '-하에':근거, '(설정하)면':조건
	천**83	'-에 따르면':근거, '그렇지만':완곡한 대립, '(된다)면':가정, '그러나':대립, '뿐더러':첨가, '그러다가':전환, '(과정)에서':대상, '-하에':근거
	*아*_가 191	'(18세기)에':배경, '(민족)으로':자격, '(초)에':대상, '(전체)에':대상, '(반란)을 통하여':수단, '(씀)으로써':수단, '(결합하)여':이유, '하지만':완곡한 대립, '(무시하)여':이유, '(어려)워':이유, '따라서':인과

논제 번호	텍스트	논증소의 절 접속 기능
8_1	*채*206	'-를 통해':수단, '나아가':지향, '이처럼':비유, '-을 위해':목표
	*민*_가 220	'-을 위하여':목표, '(전체주의적)으로':근거, '(전통)으로':수단, '-로 하여금':의도, '(고려하)여':이유
	*민*_나 245	'그러나', '-에 따라':근거, '-면서':첨가, '-을 위해'
	*아*_나 265	'(통치)에서':대상, '그런데', '(전해져)서', '(권력)으로':수단, '(전체주의)에 의해', '(되)므로'
	**진7	(아리스토텔레스) 이래에:기원, (가치) 때문에:이유, (다녀왔)는데, (어지럽히지 않는 것)에, (나라를 지키)는데:설명, (방식)으로, (사실) 때문에
	*미*14	'(반하)여':대조, '(있)는데', '(상대적이)므로', '(사안)에서':대상, '(한 데)에':대상, '(운동경기)에서', '(처벌)을 통해':수단
	문**49	'-이라면:가정', '(앞)으로':지향, '-고':첨가, '-만':완곡한 대립, '(과정)에서', '-을 통해':경로, '(근거)로', '-에 따라':근거
	**훈54	'반면':대립, '(의견을 밝)혀':원인, '(근거)로':수단, '(말함)으로써', '(이에 대하)여':대상, '(재능에 의하)여', '(있으)므로'
	정**127	'로써', '(바탕)으로':수단, '-는데', '(달)라', '-으로', '-에 따라', '-게 해서':의도, '-지만', '마찬가지로':유추, '-고'
	서**175	'-으로', '반해', '-는데', '-에서', '-에 따라'
10_1	천**16	'(넘)어', '-에서', '-로부터', '-로 인해', '뿐만 아니라', '때문에', '-기 위해', '하지만'
	*수*21	'-기 위해서', '(퍼지)면':조건, '(빠)져', '-지만':완곡한 대립
	정**29	'(동떨어)져', '(마음)에서', '(삶)에', '-지만', '-으로', '-면서', '-려':의도, '그러므로'
	서**44	'-지만':완곡한 대립, '-는데', '때문에', '또한', '따라서'
	*민*_가 89	'(이상)으로':목표, '-에서', '-는데', '그렇지만', '(않)아', '(유리되)면':조건
	**훈113	'하지만', '왜냐하면', '따라서', '(-는)데':배경
	*민*_나 133	'-에 의해', '(극대화시키)어':인과, '-로 하여금', '-로 인해', '(존재)로', '(거치)면':조건, '-기 위해서'
	*채*159	'-와 동시에':열거, '-을 들어', '-으로써'
	*솔244	'-보다', '-와 달리':대조
11_2	*수*21	'(관점)으로', '(여기)어', '(관점)에서':근거, '(과정)에서', '-므로', '(한다)면':가정, '-에 따라', '-기 위해', '-게 되어'
	*상*30	'(전)에':근거, '(후)(에)', '-으로써', '-기 위해', '-으로서', '-에 따라', '-을 통해'

논제 번호	텍스트	논증소의 절 접속 기능
	*민*_가 58	'반면에', '-해', '-으로', '-으로써'
	*민*_나 96	'-에 따르는', '(물)어', '-으로써', '-에 따라', '-에 입각하여':근거, '그러므로', '하에', '-므로'
	정**129	'-에 따라', '-으로', '그리하여', '(경쟁하)여', '그러므로'
	**훈_가 177	'(목적)에', '(원리)에', '따라서', '(문제)에 관련해', '그러나', '-에서와 같이', '(구매한다)면', '(원리)에', '(목적)에'
	**훈_나 183	'(바탕)으로', '(사회구성원)으로':대상, '따라서', '(원하)므로', '(-쪽)으로'
	*민*_다 248	'-기 위해서', '-에 따라', '-으로써', '(사용하)여'
	*솔253	'-에서':대상, '때문', '-으로까지':범위, '-려면':의도, '때문', '-보다'

(※ 동일한 기능에 대해서는 설명을 생략함)

체계적 기능 문법은 문장의 확장 원리와 유형을 발견하는 데에는 물론 장황한 구조나 적형성(잘 구성된 특질; well-formedness)을 갖추지 못한 표현을 수정하는 데에도 유용하다. 아래 텍스트에서 문장의 성격을 살펴보자.

> [1]웰빙의 상품화는 웰빙을 '물질을 통해서 고급스러워지는 삶', '수준높은 삶'으로 왜곡시켜서 웰빙을 타자화한다. [2]그래서 현재의 내것이 되어야 하는 웰빙을 과거의 웰빙의 삶을 되찾는 또는 미래의 웰빙의 삶을 위해서 준비하는 것으로 나의 삶과 웰빙을 분리한다. (4_3;**진_가)

위 텍스트의 문장[2]를 보면 주어가 분명히 나타나 있지 않고 술어와의 호응이 어색하다. 문장[1]의 주어인 '상품화는'과 호응을 이루는 술어로서 '분리한다'가 가능하지만 그 앞부분과 호응되지 않는다. 문장[2]는 다음과 같이 기술되어야 바르다.

 a. 나의 웰빙은 현재 내 것이 되어야 하며 과거의 삶을 되찾아 미래의 웰빙을 준비하는 것이다.

b. 그런데 웰빙의 상품화는 나의 삶과 웰빙을 분리한다.

 위와 같이 문장의 주어가 빠진 오류는, 첫 문장의 주어인 '상품화'에 집착한 결과 무의식적으로 머릿속에 전체 문장들의 술어들과 그것을 연결해 놓은 것에서 발생했다.

   [1]17세기와 18세기에 스코틀랜드는 역사적 민족으로 남아있는 반면에 독자적인 전통 문화를 지니고 있지 않았다. [2]18세기 말 19세기 초에는 새로운 전통이 민족 전체에 부과되었는데 아일랜드의 문화적 반란을 통하여 역사를 다시 씀으로써 독자적인 전통을 만들었다. [3]그리고 이를 다른 문화와 결합하여 새로운 문화를 창조하였다. [4]하지만 국가 전체주의는 소수의 의견을 무시하여 개인의 자유를 억압할 수가 있고, 문화적 다양화를 추구하기가 어려워 문화적 획일화를 초래하는 문제가 발생한다. [5]따라서 국가 전체주의를 경계할 필요가 있다. (6_1;*아*_가)

 위 텍스트의 문장[1]은 '스코틀랜드'를 '민족'으로 대치할 수 있는지와, '민족'과 '전통'을 같은 성격으로 보고 '남아 있다'라는 술어와 연결될 수 있는지 검토할 문제를 비춘다. 민족이 전통을 보전하는 주체인 것을 감안하면 민족이 남아 있는 것이 아니라 민족이 전통을 남긴다고 표현해야 옳다. 그러므로 이 문장은 '스코틀랜드는 역사에 기록되어 있으나 그 민족의 독자적인 전통 문화는 전해지지 않았다'와 같이 수정되어야 한다. 따라서 국가는 있다고 해야 하고 전통은 전해지거나 파괴되는 것으로 기술해야 맞다. 또한 문장 [2]와 [3]의 연결관계도 검토할 대상이다. 술어들을 비교해 보아도 '그리고'로 연결하기에 적절한 관계는 아니다. '만들었다'와 '창조하였다'는 같은 성격의 단어이고 동어 반복으로 보아 하나를 삭제할 필요가 있다. 그러나 문맥상으로는 두 문장의 기능과 의미가 다르다. 문장[2]는 독자적인 문화를 만든 과정이고, 문장

[3]은 독자적 문화의 성격이다. 따라서 문장[2]는 '18세기 말 19세기 초에는 새로운 전통이 민족 전체에 부과되었는데 (이는) 아일랜드의 문화적 반란을 통하여 역사를 다시 쓴 결과이다'로, 문장[3]은 문장[2]의 초점 정보를 해석한 진술로서 '즉 스코틀랜드의 전통은 다른 문화와 결합하여 창조된 것이다'로 수정되어야 한다. 이로써 문장[3]이 바로 논증 문장의 형태로 드러난 것이다. 이러한 오류는 서사적 내용을 논증 문장으로 바꾸는 데에서 나타난 것으로 보인다. 그래서 장르별 진술 방식의 특징과 변환 과정을 별도로 다루어야 할 필요가 있다. 마지막으로 문장[5]에는 주어가 빠져 있다. '국가 전체주의는'을 주제어로 보면 '경계되어야 한다'와 같이 피동형으로 수정해야 한다. 이 술어를 능동형으로 쓰면 '국가 전체주의는'은 목적어가 되어 주어를 필요로 하는데, 여기에서는 빠져 있는 성분으로서 앞문장들에서도 관련된 주어를 찾기 어려우니 피동 표현으로 수정하는 것이 적절하다.

> [1]스코틀랜드는 아일랜드의 문학 모방하고, 17세기와 18세기 잉글랜드의 억압적인 통치에서 켈트 스코틀랜드는 독자적인 전통을 지니지 못했다.
> [2]그런데 스코틀랜드민족 전체가 초기 스코틀랜드의 역사를 다시 써서 아일랜드가 자신들의 문화적 속국이라고 문화적 반란을 일으키고 새로운 고지대 전통들이 인위적으로 나오고, 독자적인 역사를 가지고 있던 저지대 스코틀랜드가 동부 스코틀랜드에 전해져서 자신들의 전통인 것처럼 형성해 가고 있다.
> [3]국가 전체주의는 국가의 권력으로 국민들의 생활을 간섭 하는 것이다. [4]이러한 국가 전체주의에 의해 스코틀랜드 사람들은 자신들의 문화가 더 좋다는 우월감에 빠지게 되므로 국가 전체주의는 경계 되어야 한다. (6_1;*아*_나)

위 텍스트의 문장[1]에서는 동일 주어가 반복된 오류와 관계언(조사)이 빠진 오류가 보인다. 이 문장은 '스코틀랜드는 아일랜드의 문학을 모방하고, 17세기와 18세기 잉글랜드의 억압적 통치 아래 독자적인 전통을 지니지 못했다'와 같이 수정할 수 있다. 그리고 문장[2]에서는 '문화적 속국'이라는 표현에 집착한 나머지 의도적으로 추출해 내려는 태도가 보인다. 이렇게 주요 용어로 생각되는 것을 빠뜨리지 않으려는 태도는 내용이 부정확하게 옮겨질 것을 우려한 결과로 나오기 때문이다. 이 문장은 '스코틀랜드 민족 전체가 초기 스코틀랜드의 역사를 다시 써서 아일랜드를 상대로 문화적 반란을 일으켰다. 그 이후 스코틀랜드에서는 새로운 고지대 전통들이 인위적으로 나왔고, 독자적인 역사를 가지고 있던 저지대 스코틀랜드가 동부 스코틀랜드에 전해져서 자신들의 전통인 것처럼 형성되었다'와 같이 두 개의 문장으로 수정해 볼 수 있다. 주어와 술어의 호응을 분명히 하고 시제를 적절하게 현재의 시점에서 과거형으로 바꿈으로써 지나간 역사적 사실을 옮기는 것이 자연스럽다.

> [1]사실판단의 대상은 있는 그대로의 사실임에 반하여 가치판단은 있어야 할 것을 대상으로 한다. [2](나)와 (다)는 같은 사실관계를 두고 정반대의 의견이 대립함을 보여주고 있는데 이는 가치판단이 개입했기 때문이다. [3]사실판단은 존재 그대로를 밝히는 것이기 때문에 참,거짓이 분명하지만 가치판단은 상대적이므로 외교적 문제나 사법 판단과 같은 중요한 사안에서 어떠한 가치를 중요시 하느냐에 따라 결과가 달라진다. [4](나)에서 김성일이 황윤길과 반대의 판단을 한 데에는 조정과 백성의 혼란을 방지해야 한다는 가치가 개입된 것이고, (다)에서 고등법원이 운동경기에서도 우연적 요소가 개입할 수 있다는 이유로 내기골프가 도박죄에 해당한다고 판결을 내린 것도 도박죄의 처벌을 통해 사회질서를 유지해야 한다는 가치가 개입된 판단이라고 볼 수 있다. (8_1;*미*)

위 텍스트의 문장 [1]과 [3]은 대등하게 연결된 구조에서 동어 반복을 처리하는 방법을 보여준다. 같은 단어를 반복하지 않기 위해서 구조적으로 대등한 형태가 파기되는 문제가 발생되기도 한다. 문장[1]은 '사실판단의 대상은 … 사실임에 반하여 가치판단의 그것은 … 것이다'와 같이 지시 표현을 통해 동어 반복을 피할 수 있다. 그리고 문장[3]은 '사실판단은 … 참거짓이 분명하지만 가치판단은 상대적이다. 즉 후자의 경우는 … 달라진다'와 같이 두 개의 문장으로 나누어 구성될 수 있다. '사실판단은'과 '가치판단은'이라는 두 개의 주어가 같은 형태이고, 이들에 호응되는 술어 표현도 동일한 형태로 나타나야 자연스럽기 때문이다.

> [1]사실판단은 있는 사실에 대한 판단이라면, 가치 판단은 당위, 앞으로 어떻게 해야 하는가에 대한 판단이다.
> [2](나)에서는 '일본의 침략 가능성'과 '앞으로 대응 방향'에 대한 의견대립이 나타나고, (다)에서는 '내기 골프가 도박인가?'에 대한 의견 대립이 나타난다.
> [3](나)에서 '일본의 침략 가능성'이라는 사실판단은 둘 다 같았지만, '앞으로 대응 방향'에 대해서 서로 다른 가치판단이 이루어졌다. [4]이 과정에서, 사실판단에 의거한 가치판단이 더 정답률이 높음을 보여준다. [5](다)에서 내기골프의 도박 성립에 중요한 '우연적 요소 존재의 인정'에 대한 가치판단이 다름을 보여준다. [6]이 점을 통해, 가치판단은 개인이 판단의 근거로 삼을 증거를 어떻게 해석하느냐에 a.따라 달라지는 주관적이고 가변적임을 알 수 있다. (8_1;문**)

위 텍스트의 문장들은 대체로 간결하고 주술관계의 오류도 보이지 않는다. 대등적으로 연결된 문장도 같은 모습으로 짝을 지을 수 있다. 다만 문장[6]에 동일한 의미의 단어 반복이 비치기는 하나, 모국어 화자들의 언어습관상 강조하려는 의도로 볼 수도 있다. 문장[6]의 a부분은 '… 따라 달라지는 것임을 알 수 있다'와 같이 '주관적이고 가변적'이라는 표현을 삭제하여 수정할 수 있다. '가변적'이라는 말의 의미가 '달라진다'는 것이고 '주관적'이라는 말도 유의관계로 볼 수 있기 때문이다.

문장[1]의 '당위'는 '마땅히'로 바꿈으로써 문장 안에서 다른 성분과 연결되도록 적절한 기능을 하게 된다.

> [1]우리는 영웅의 약한 모습 대신 놀라운 힘만을 추대한다. [2]인간은 절대적인 힘을 원하기 때문이다. [3]<u>영웅의 약한 모습을 보면서 우리도 강해질 수 있다는 착각을 한다.</u> [4]그래서 <u>우리는 주변의 사람을 잘 인정하지 않는다.</u> [5]<u>나보다 뛰어나봤자 강해질 기회는 항상 주변에 있다고 여기기 때문이다.</u> [6]하지만 힘만을 중요시하고 요구하는 영웅주의는 올바르지 않다.[7]왜냐하면 나와 남이 다름을 인정하지 않고 오직 비현실적인 힘만을 추구하기 때문이다.[8]그러한 <u>영웅주의는 결국 힘을 못얻는 자신에게 열등감을 갖게되고 나보다 잘난 사람을 시기하는 감정까지 갖게한다.</u> [9]따라서 좋은 영웅주의는 남을 이해하는데 중점을 둬야한다. (10_1;**훈)

위 텍스트에서 문장 [3]-[5]를 보면 의미가 분명하게 파악되지 않는다. 왜냐하면 문장[1]의 '놀라운 힘'과 문장[2]의 '절대적인 힘'은 동의어 반복으로 볼 수 있으며, 문장[3]의 '영웅'은 앞서 언급한 힘 외에도 다른 의미를 내포할 수 있기 때문이다. 그리고 문장[5]에서는 주어가 생략되어 있지만 앞문장과 연결되는 것으로 보아 쉽게 복원된다. 그러나 이 세 문장들이 주어를 갖추어 놓았음에도 전달하는 의미가 애매하다. '영웅의 약한 모습'이 우리가 강해질 수 있다는 착각을 하게 만드는 이유, 또 그런 이유가 주변의 어떤 사람을 인정하지 않게 만드는지, 주변 사람이 자신보다 뛰어나도 강해질 수 있는 기회가 어떻게 생기는지에 대해 밝혀져 있지 않다. 제시문을 읽은 독자는 스스로 감정이입을 하여 분노의 감정을 절제하지 못하고 성급하게 이 글을 썼을 수 있다. 또 영웅의 약한 모습에 인간적임을 느끼고 영웅의 초인적인 힘을 평범한 자신에게서도 발견할 수 있으리라 기대할 수 있다. 또 자신도 스파이더맨처럼 선택받을 수 있다는 환상을 가지고 남과 경쟁하는 무의식이 모름지기 내재해 있을 것이기에 주변 사람을 생각하지 않으리라는 짐작도 가능하다. 그러므로 영화 속 주인공과 자신을 동일시한 경험은 백일몽과 같아서 고백적으로 드러낼 만도 하다. 이렇게 인간의 심리적 특성으로 인해 문장구조의 비약이 나타날 수 있다. 이는 '영웅주의'를 정의한 문장 [8]에서 알 수 있다. 이와 같은 맥락에 감정이 이입됨으로써 '열등감'과 '시기'라는 어휘가 선택되었을 수 있다.

> [1]제시문에서는 영웅의 이상화가 현실과 동떨어져 자신이 할 수 없는 것을 a.영웅이 해 주길 바라는 수동적인 마음에서 나온 것으로 간주한다. [2]b.이상을 꿈꾸는 것은 인간의 삶에 반드시 필요하지만, 인간이 가지고 싶어하는 '절대적인 힘'으로 평범한 개인도 악을 무찌르는 영웅이 될 수 있다는 c.착각을 할 때 부정적인 반응을 일으킨다. [3]자신의 가치를 증명하면서, 남은 인정하지 않고 d.자신만 인정되려 더욱 능력을 키우게 되는 것이다. [4]그러므로 올바른 영웅주의는 남과 자신을 모두 인정하고 포용하는 관용적인 사회에서만 제 역할을 할 수 있다. (10_1;정**)

위 텍스트의 a는 '영웅에게 넘기고 싶은 마음'으로 바뀜으로써 '자신이 할 수 없는 것을'과 연결되기에 자연스러워진다. 주어를 '영웅이'로도 분산시키지 말고 '자신'으로만 규정할 필요가 있기 때문이다. 그리고 b는 이유를 밝히지 않아서 신빙성이 없다. 인간의 삶에 있어 이상을 꿈꾸는 것이 무슨 이유로 반드시 필요한지를 밝혀야 의견과 근거가 짝을 이루어 논증적 성격을 갖추게 된다. c는 반응을 일으키는 객체가 빠져서 불완전한 구조를 보이므로 '사람들에게서 부정적인 반응을 일으킨다'와 같이 수정되어야 한다. 또는 '부정적 반응을 일으킨다'보다 더 쉽게 '믿음을 얻지 못한다'와 같이 일반적 표현으로 바꾸어도 좋을 것이다. 또한 d는 피동의 오류이다. 목적어와 연결되려면 '인정되려'가 아니고 '인정받으려'가 맞다. 그런데 문장[3]은 문장[2]의 이유로 연결될 수 있으므로 d는 '자신만 인정받고자 하기 때문이다'와 같이 수정될 필요가 있다. 그렇게 되면 '자신만 인정받고자 하는' 것과 '자신의 가치를 증명하는' 것은 같은 행동의 표현으로 반복되었다고 할 수 있다.

> [1]생산자는 제시문들의 내용을 바탕으로 환경 파괴,에너지 고갈 문제를 해결할 수 있다.[2](가)는 기업을 사회 구성원으로 보고 그에 맞는 책무를 다하라고 요구한다.[3]이는 기업 활동의 결과로 생기는 환경,에너지 문제를 기업이 스스로 해결해야 함을 의미한다. [4](나)는 사회적 책임은 개인이 지는 것으로 보고 기업이 책임질 필요는 없다고 본다. [5]자유를 지향하는 시장경제 원리에 위배되기 때문이다.[6]따라서 기업은 에너지나 환경문제보다 수익 창출에 힘써야 한다.[7](다)에서 <u>시민들이 그들의 소비가 긍정적인 영향을 끼치기를 기대한다</u>.[8]<u>부정적인 품목은 소비를 자제한다</u>. [9]따라서 (가)와 (나)의 의견차는 소비자가 긍정적인 소비를 원하므로 사회적인 책임을 다하는 (가)쪽으로 통합될 가능성이 높다. (11_2;**훈)

위 텍스트의 문장[8]은 불완전한 구조이다. 문장[7]의 내용이 원인으로 연결된다면 문장[8]의 주어는 '생산자'나 '기업'이 되어야 옳다. 그러면 이 문장은 '그래서 생산자는 부정적인 품목에 관해서 소비를 자제한다'와 같이 구성될 수 있을 것이다. 이렇게 주어가 생략되는 오류는 독자가 시민의 입장에 감정이입하여 기업에 대해 과민반응을 일으킨 결과 발생된 것으로 보인다[94].

---

94) 물론 문장 오류에 대하여 학습자와 인터뷰를 함으로써 학습자 스스로 오류를 인식하게 하고, 어디서 오류가 비롯되었는지를 보다 분명하게 밝힐 수도 있을 것이다. 그러나 현재 대입 논술 평가는 이러한 인터뷰 방식에 의해 시행되지 않고 있을 뿐더러 실제 글쓰기 행위가 직관에 의해 이루어지는 점을 감안할 때 학습자

4) 텍스트 구조의 적절성

논증 텍스트의 구조는 논증의 과정을 한눈에 보여준다. 다만 갈래에 따라 논증의 성격이 글 표면에 뚜렷하게 나타나는가 하면 숨겨져 있기도 하다[95]. 제시문(선행 텍스트)의 논증 구조를 얼마나 파악했는지는 요약 능력으로 확인되기도 한다. 본고에서는 제시문의 논증 구조를 분석함으로써 학습자들의 요약문에 그 구조가 온전히 선택되었는지를 살펴보기로 한다.

> [1]웰빙 운동은 a.물질적 풍요와 정신적 풍요를 함께 획득하는 것을 말한다. [2] 하지만 현재 우리 주변에서 보이는 웰빙은 화폐가 있어야 획득할 수 있는, 소위 수준 높은 삶이라고 남에게 불리는 삶의 모습을 구매하는 것으로 변질되었다. [3]b.진정한 웰빙, 즉 참-살이는 c.다른 누군가가 고급스럽게 여기는 삶이 아닌, 지금 이 자리에서 d.나 자신에게 맞는 삶을 사는 것이어야 한다. (4_3;**진_나)

제시문(선행 텍스트)의 논증 구조는 <**진_가>에 반영되어 있다. 즉 이 텍스트는 근거(d)와 주장(b)의 관계와 함께 보장(a), 반박을 고려한

들이 자신의 논증 텍스트 생성 과정을 설명하지 못할 것을 배제할 수 없다.
[95] '빗방울이 또르르 떨어진다'는 일반적 표현이지만, '빗방울이 또르르 춤을 춘다'는 시 장르에서나 용인될 수 있을 뿐 적용의 폭이 제한된다. 후자를 '빗방울이 춤을 춘다고 표현한 것으로 보아 그렇게 말한 이의 심리적 상태는 즐거울 것이 틀림없다'고 하면 보편성을 획득한다. 따라서 비유적 표현은 논리적 해석을 통해 언중에게 용인될 수 있다. 이렇게 볼 때 논증이란 어떤 표현의 맥락적 의미를 해석하여 정당화하는 표현 행위라고도 할 수 있을 것이다. 유추가 보편적으로 용인되면 타당성이 확보된다. 논증 원리는 일상 세계의 문학적 표현에서 독자나 청중을 고려하여 충분히 활용될 수 있음을 사실(fact)로 밝혀 그 표현 영역을 확장하는 의의를 갖는다. 가령 연설자가 청중의 주의를 끌기 위해 시를 낭송할 수도 있기 때문이다. 그러면 연설 텍스트 안에 삽입된 시 텍스트는 정서를 자극하기 위해 논증 기능을 담보한 것이다.

예외 조건(c)이 모두 갖추어져 있어 논리성이 입증된다.

<표 25> 제시문4_3의 논증 구조

분수에 맞는 삶을 살아야 한다 ┄┄┄┄┄ 웰빙은 참-살이다
                    ↑
    물질적·정신적으로 풍요로워야 한다 ↔ 고급스럽고 수준 높은 삶이다
                    ↑
        남에게 보여주는 것이 아닌 한,

아래 텍스트는 각 문장의 첫 부분으로 하여금 구조가 총체적으로 파악될 수 있는 경우이다.

[1]스코틀랜드는 아일랜드의 문학 모방하고, 17세기와 18세기 잉글랜드의 억압적인 통치에서 켈트 스코틀랜드는 독자적인 전통을 지니지 못했다. [2]그런데 스코틀랜드민족 전체가 초기 스코틀랜드의 역사를 다시 써서 아일랜드가 자신들의 a. <u>문화적 속국이라고 문화적 반란을 일으키고</u> 새로운 고지대 전통들이 b.<u>인위적으로 나오고</u>, 독자적인 역사를 가지고 있던 저지대 스코틀랜드가 동부 스코틀랜드에 전해져서 자신들의 전통인 것처럼 형성해 가고 있다. [3]국가 전체주의는 c.<u>국가의 권력으로 국민들의 생활을 간섭</u> 하는 것이다. [4]이러한 국가 전체주의에 의해 스코틀랜드 사람들은 d.<u>자신들의 문화가 더 좋다는 우월감에 빠지게 되므로</u> e.<u>국가 전체주의는 경계되어야 한다.</u> (6_1;*아*)

<*아*>의 텍스트에도 논제가 요구하는 근거(b)와 주장(e), 보장(c), 반박(a)을 예상한 예외 조건(d)이 구성되어 있다. 이들의 관계는 아래 도식과 같이 나타난다.

<표 26> 제시문6_1의 논증 구조

```
국가 전체주의는 인위적이므로 ············· 경계되어야 한다
                    ↑
    권력으로 국민의 생활을 간섭한다 ↔ 문화적 속국에서 벗어나야 한다
                    ↑
    자문화 우월주의에 빠진 경우에 한해서
```

제시문8_1 유형에 대해서는, 삽입된 예를 모두 분석하여 생성될 텍스트에 어떤 특질이 비칠지를 생각해 볼 필요가 있다. 아래의 도식들을 보자.

<표 27> 제시문8_1의 논증 구조-1

```
김성일의 대답은(가치에 중점을 두어서) ············· 가치판단이다
                    ↑
    사실을 말하지 않았다 ↔ 나라를 지키기 위해서 사실을 말해야
            ↑
    민심이 혼란스러워질 것을 염려하여,
```

<표 28> 제시문8_1의 논증 구조-2

```
황윤길의 대답은 (사실에 중점을 두어서) ············· 사실판단이다
                    ↑
        관리의 책무이므로 ↔ 민심이 혼란스러워지므로 감추어야
            ↑
        국란을 대비하는 한,
```

<표 29> 제시문8_1의 논증 구조-3

```
피고인은 (상습적으로 내기골프를 하여) ………… 도박죄로 인정된다
                                    ↑
    핸디캡을 조정하는 등 도박의 조건이      ↔기량과 재능에 의해 승패가 결정된다
                    있어
                    ↑
            우연으로 보는 한,
```

위의 도식들에서 보는 바와 같이, 근거와 판단으로 이루어진 단문에 대해서 보장과 예외 조건에 의해 문맥을 구성해 줌으로써 정확하게 정보를 전달할 수 있다.

또 아래 텍스트는 통사구문에 적절한 어휘를 선택하는 데에 주의를 기울인 경우로 보인다.

[1]스스로 존재하는 사실에 관한 물음에 대한 대답을 사실판단이라 하는 반면 앞으로 해야 할 것을 위한 실천에 관한 물음에 대한 대답을 가치판단이라고 한다. [2]제시문 (나)에서는 일본의 동향이 어떤지를 두고 의견대립이 나타나고 있다. [3]여기서 a.황윤길은 사실대로 의견을 밝혀 b.국란에 대한 대비를 하여야 한다는 가치를 근거로 c.판단을 내리고 있다. [4]반면, 사실을 말함으로써 d.나라가 어지러워지는 것에 중점을 둔 김성일은 황윤길의 의견을 부정하는 가치판단을 내린다. [5]제시문 (다)에서는 e.내기 골프 행위가 도박인가, 즉 사실을 판단함에 있어 대립이 발생하고 있다. [6]이에 대하여 1심 재판부는 f.내기골프가 기량과 재능에 의하여 승패가 결정되므로 도박이 아니라는 사실판단을 내리고 있다. [7]반면, 2심재판부는 g.경기승패를 가리는 우연의 조건을 만들 수 있으므로 h.도박이라는 판단을 내리고 있다. (8_1;**훈)

<**훈>의 텍스트는 제시문의 근거(a, e)와 주장(c, h), 보장(생략, g),

반박(d, f)을 고려한 예외 조건(d, g)을 갖추었다고 볼 수 있다. 또 한 가지 특징은 내기골프에 대해 핸디캡의 조정 같은 '우연'을 '우연의 조건'이라는 표현으로 대치한 점이다. 이 대치는 규정 사항(글자 수, 설득력)을 지키기 위한 효율적 방법과 상관하며, 상위어를 통해 논점을 더 신속하고 정확하게 드러내는 전략이다.

<표 30> 제시문10_1의 논증 구조

피터는 악을 무찔렀으므로 ─────── 영웅이다
　　　　　　　　　　↑
　　절대적인 힘을 지닌 존재로서　↔　평범한 개인의 착각이다
　　　　　　　　　　↑
　　남을 인정하고 관용적인 사회에서만,

아래 텍스트는 주술구조가 분명히 나타난 사례로, 명료성이 강하여 논증 텍스트로서의 기본 특질에 부합되고 전체적 인상이 좋다.

[1]제시문에서는 영웅의 이상화가 현실과 동떨어져 자신이 할 수 없는 것을 영웅이 해 주길 바라는 수동적인 마음에서 나온 것으로 간주한다. [2]이상을 꿈꾸는 것은 인간의 삶에 반드시 필요하지만, a.인간이 가지고 싶어하는 '절대적인 힘'으로 평범한 개인도 b.악을 무찌르는 c.영웅이 될 수 있다는 d.착각을 할 때 부정적인 반응을 일으킨다. [3]자신의 가치를 증명하면서, 남은 인정하지 않고 자신만 인정되려 더욱 능력을 키우게 되는 것이다. [4]그러므로 올바른 영웅주의는 e.남과 자신을 모두 인정하고 포용하는 관용적인 사회에서만 c´제 역할을 할 수 있다. (10_1;정**)

<정**>의 텍스트에는 제시문의 근거(b)와 주장(c-c´), 보장(a), 반박(d)

을 고려한 예외 조건(e)이 분명히 드러나 있어 논리적이다. 여기서 나타나는 특징은 c´에서 알 수 있듯이 피터의 예를 평범한 개인의 속성으로 규명하여 주장을 정당화한 것이다.

<표 31> 제시문11_2의 논증 구조

```
       소비자운동은 사회를 발전시키므로 ················· 고려되어야 한다
                                    ↑
      기업 활동의 사회적 복지를 위해서        ↔ 기업의 이윤을 무시한다
                                    ↑
            기업이 사회적 책임을 지는 한,
```

아래의 <*민*_다> 텍스트에는 제시문의 근거(e)와 주장(d), 보장(c), 반박(a)을 고려한 예외 조건(b)이 잘 드러나 있어 논리적으로 정당화하는 능력이 입증된다.

> [1]기업의 지나친 a.<u>이윤추구</u>는 오늘날 환경오염과 같은 문제를 나았다. [2]이를 해결하기 위해서는 b.<u>기업의 사회적 책임과 자유시장 원리에 따라</u> c.<u>기업 활동을 충실히 함으로써 나타나는 사회적 복지를 강화하는 방법</u>이 있다.
> [3]전자의 경우는 기업이 존재할 수 있도록 해준 사회에 스스로 도덕적 책임을 지는 것이고 후자는 기업활동의 결과물이 사회구성원의 삶의 질을 향상시킨다는 것이다. [4]환경오염이 날로 심각해지는 지금, 우리는 사회구성원이자 소비자로써 무엇을 해야 하는가?
> [5]우리는 환경과 동물,인간에게 부정적 영향을 주는 소비를 지양 해야 하며 이를 소비자운동이라고 부른다. [6]이 d.<u>소비자운동을 적절히 사용하여 기업의 탐욕을 막을 수 있다면</u> e.<u>사회는 더욱 발전하고 지구는 깨끗해 질 것이다</u>.
> (11_2;*민*_다)

논증 텍스트의 장르적 성격은 문장의 기능과 마찬가지로 문단별 기

능을 통해서도 알 수 있다. 문단은 텍스트 층위에서 살펴볼 내용이지만 문장의 기능을 확장한 모습으로 참고할 필요가 있기에 여기에서 다룬다. 논거는 절 접속 기능을 통해 논증 능력의 단서로 확인되며, 확장된 문단 범위 안에서도 의미를 가져 지지하거나 반박하는 등의 영향을 미치므로 논증 능력의 유창성을 도모하는 방법과도 상관한다. 7학년에 주로 활용된 논증 방법들은 다음과 같다.

<표 32> 논증 텍스트 구성을 위한 지식으로서의 논증 방법

	지식	
	\multicolumn{2}{c}{7학년 수준에서 활용 가능한 논증 방법}	
논증 방법	연역 논증	논제 확인 후 바로 작성하기-설계 단계
	귀납 논증*	A9, 논제에 대하여 근거 들고 일반화하기-입안 단계
	유비 논증*	D4, 예를 들어 증명하기-환원 단계
	귀추 논증	결론 확인 후 작성하기-환원 단계
	변증 논증*	B4, 참여자들 간에 합의하여 종결하기-환원 단계

이들 중에서 이 연구의 표본으로 삼은 학습자들에게서 나타난 특징을 아래에 예시한다. 먼저 연역 논증의 표본으로 소집단 A3, C3, D3을, 귀추 논증[96]의 표본으로 D6을 살펴보자. 앞에 제시한 경우는 제외하고 논의되지 않은 예를 중심으로 한다.

---

96) 귀추 논증은 a를 b의 설명으로 추론해 내는 방법이다. 이 때문에 귀추법은 'a는 b를 수반한다'의 전제조건 a가 결과 b로부터 추론되도록 한다. 이는 발견적 방법(heuristic)에서 유용하고, 특히 b를 발생시키는 여러 다른 원인들의 확률을 알고 있다면 효과적이다. 다시 말해, 이 논증은 최선의 설명으로의 추론, 즉 주어진 사실에서 시작해서 그럴 듯한 가정을 선택하는 추론이다.

-메모: 악덕 B사감
-질문: B사감의 생각이 옳은가?
-논술:
B사감의 생각은 옳지 않다고 생각한다.
이렇게 생각하는 이유에 대해 밝혀 본다.
첫째 학생들이 연애편지를 주고받는 것을 검사하는 것은 사생활을 침해하는 것이기 때문이다. 둘째 B사감이 연애하는 것이 부러워 그랬다면 학생들이 소개를 시켜줘도 된다.
셋째 학생들이 공부를 못할까봐 연애를 못하게 한다면 공부도 하면서 연애를 한다고 약속을 하면 될 것이다.
나의 결론은 B사감이 자기 마음대로 학생들의 사생활을 침해해서는 안 된다고 생각한다.   - <A3A1의 논술텍스트>

위 텍스트의 논거들을 간략히 옮겨 보면 '(1)사생활 침해, (2)사감과 학생들의 공조, (3)좋은 약속'으로 나타난다. 이 논거들을 등장 인물인 B사감의 생각으로 재진술하면, '(1)러브레터는 검사받아야 한다, (2)연애하는 것에 질투난다, (3)연애를 하면 공부를 못 한다'가 된다. 이에 대해 반대 입장을 지지하는 근거는, '(1)러브레터를 검사받는 것은 사생활을 침해하는 일이다, (2)연애를 할 줄 아는 학생들로부터 소개받을 수도 있다, (3)공부에 소홀히 하지 않도록 약속을 받는다'로 나타나 있다. 편지는 일대일의 의사소통 수단이기 때문에 개인의 비밀이 담겨 있다는 전제를 함의하고 있다고 보면 논거(1)은 옳다. 그리고 러브레터를 받았다는 사실에서 연애 의사소통 방법에 대한 지식이 있음을 함의한 전제로 읽으면 반대 논거(2)도 적절하다. 그러나 그것은 B사감의 성격이나 질문에 비추어 생각할 때 통제가 필요한 대상이다. 그런데 논거(3)은 민주적인 방법이 옳은 것은 분명하지만, 강제적인 방법을 비판하는 이유를 밝히지 않아서 설득력이 약하다.

-논제: 까마귀 의견에 찬성합니다.
-논거:
(1) 효를 하는 것은 당연한 일이다.
이유: 부모님의 사랑에 대해 당연히 해야 되고, 우리나라는 '동방예의지국'이라 해서 예부터 예의를 지켜오면서 효 정신이 중요시되어 왔었다. 부모님에 사랑에 대해 당연히 자식이 부모에게 해야 할 도리이다.
(2) 동물들도 부지런히 다니는데 사람이 성실하지 않은 것은 수치스러운 일이다.
이유: 예를 들어 닭은 매일 일찍 일어나 울어 사람들을 깨워 준다.
(3) 물질적 효도를 하는 사람이 많고, 공경심으로 효를 하는 사람은 별로 없다.
이유: 요즘 사람들은 주말에 시간도 많으면서 귀찮다고 물질적 효도만 한다.
(4) 핵가족 제도로 관심을 기울이지 않아 노인문제가 늘어났다.
이유: 산업화, 도시화 등으로 사람들이 서울로 가서 핵가족 제도로 되어 관심을 가져 주지 않아서이다.   - <C3A1의 토론 텍스트>

위 텍스트의 논거(1)은 효의 당위성을 기술한 것으로, 이를 증명하는 데 역사적으로 인식된 국가적 이미지(관습)를 활용하였다. 이로써 '효는 인간의 기본 도리이다.'라는 명제가 나올 수 있다. 논거(2)는 인간의 한계를 규명함으로써 타당해진다. 학습자가 인간이 닭보다 성실하지 못하다고 생각한 데에는 인간의 어떤 성격에서 연유한 것인지를 밝혀야 한다. 논거(3)은 물질과 공경심의 관계를 밝히지 않은 모호한 표현이다. 물질에 의한 표현이 어떠하길래 공경심을 배제하였는지, 즉 효가 될 수 없는 근거를 밝혀 논증하여야 한다. 논거(4)는 사회 변동을 불효의 원인으로 보고 드러낸 기술이다. 그런데 이 진술은 사회 변동이 근본적으로 인간이 야기한 문제임을 밝혀야 타당성을 갖는다.

-줄거리:

어느 한 여학교 기숙사 사감이 있었다. 그 사감은 아주 엄했다. 가장 철저히 검사하는 것은 러브레터였다. 어느 날 한 방에서 이상한 소리가 났다. 3명 모두가 그 소리에 깼다. 맨 처음에 도깨비 소리인 줄 알고 무서워했다. 계속 들어보니 둘이서 얘기하고 있었다. 소리 나는 문을 열어보니 B사감이 러브레터를 펼쳐놓고 혼자서 연기하고 있었다.

-질문: 러브레터는 믿을 만한가? (믿을 만하지 못하다.)

-논술:

이유: 러브레터는 얼굴을 보이지 않고 서로를 잘 모르고 편지로 이야기하는 것이기 때문에 다른 목적으로 쓸수 있기 때문이다.

이유1: 또 다른 목적, 돈을 목적으로 러브레터를 쓸수 있기 때문이다.
　　　예를 들어 납취 등이 있기 때문이다.

이유2: 우리나라에는 제비가 많다. 제비들은 사랑하는 척하면서 돈을 뜯는다.
　　　뭐 대학등록금 등을 떼 가서 학생들은 공부만해야 한다.

이유3: 요즘 세상은 무섭다. 나쁜 목적으로 납취할 수도 있다.

예를 들어 납취범.

이와 같이 러브레터는 믿을 수가 없다.

그래서 순수한 사랑, 법, 사감은 세상에 필요하다. - <C3A1의 논술 텍스트>

위 텍스트의 논제는 '러브레터는 믿을 만한 매체이다(아니다).'라는 명제로 기술될 수 있다. 긍정형의 기술이든 부정형의 기술이든 경우에 따라 참명제도, 거짓명제도 될 수 있다. 소집단 토론 활동에서 이 논제를 선정할 경우, 러브레터를 통신 수단의 한 종류로 보고 유용성의 여부를 토론하면 된다.

'이유'와 '이유1'을 논거(1)로 하여 분석해 보자. 논거(1)은 러브레터를 쓰는 상황과 목적을 변항으로 둔 기술이다. 비대면 상황에서 부정직하게 쓸 수 있다는 점, 사랑의 감정을 이용하여 이익을 챙기려는 속마음이 미사여구에 의해 위장될 수 있다는 생각은 보편독자에게 납득될 수 있다. 논거(2)는 우리나라의 사회 현상보다 작품 속 상황에 나타난 인물을 대상으로 해야 타당해진다. B사감은 학생을 통제 하는 인물이고, 논제 역시 B사감의 생각과 관계가 있기 때문이다. 그러므로 우리나라에 제비(호색한)가 많은 것 때문이 아니라, 학생들의 판단력이 미숙하기 때문에 러브레터를 믿지 말아야 한다는 생각이 설득력을 높여 준다. 그리고 논거(3)은 논거(1)의 한 예로 들 수 있다.

- 메모: (1)호가호위, (2)전국책의 근거 내용, (3)여우의 의견, (4)남이 나를 죽이려 할때 다른 다른 사람을 써서 목숨을 구한 내용-속인 나는 잘못이 없다.
- 질문: 진정 사람이 여우보다 이기적이고 간사한가?
- 논술

서론: 인간은 이기적이고, 요망하고, 간사하다고 여우가 말했다. 이 말에 반대하는 이유를 밝혀 본다.

본론: 그 이유는 첫째, 짐승으로써 인간에게 요망하고 간사하다고 말할수 없다. 예를 들면, 동물인 여우가 요망하고 간사한데 사람에 대해서 모르는데 함부로 그렇게 말할 수 없다.

둘째, 여우가 호랑이의 권위를 속여(→이용하여) 여우의 목숨을 살렸기에 여우는 호랑이에게 고마워해야 하는데 그렇지 않았다.

예를들면, 남이 자신을 죽이려 할 때 호랑이를 속여 목숨을 구했다. 그런데 여우는 호랑이가 속은것이 잘못이라며 자신은 아무잘못이 없다고 했다.

셋째, 전국책에 기록에 보면 인간은 여우나 다른 짐승보다 간사하다고 했는데, 그건 옳지 않다.

예를 들면, 책에 기록되어 있는 것은 정확하지 않다. 그렇기 때문에 여우가 한 말은 옳지않다.

결론: 이와 같이 인간은 여우보다 간사하고 요망하고 이기적이다고 말한 여우의 말이 옳지 않다. 그래서 인간의 여우와 같지 않음을 인정해야 한다.

- <D3A1의 논술 텍스트>

이 논제는 사람을 여우와 비교함으로써 사람의 존재성을 규명하는 데에로 귀결된다. 논의 과정에서, 사람은 이기적이기 때문에 생존에 집착하고, 한편으로 그 점 때문에 생활력이 강한지 등의 문제가 파생될 수 있을 것이다. 만일 반대의 입장이라면 사람은 사람들 간에 정이 있으므로 보호 본능이 강한 존재라고 생각할 수도 있을 것이다. 가령 모성이 강한 까닭에 자식이나 가족을 지키려는 욕구가 생겨난다는 등으로 말할 수 있다.

위 텍스트의 논거(1)은 여우와 인간을 비교할 수 없음을 밝힌 것으로 보인다. 그런데 이 논거(1)은 이종(異種)간 비교를 무의미한 것으로 판단하여 논의 전개를 막고 있다. 논거(2)는 여우와 호랑이의 행동을 기술한 것에 그쳤을 뿐 논점으로 향하지 못한 한계를 보이고 있다. 여기서 논점은 인간과 비교하는 데에 있다. 논거(3)은 판단의 근거가 빠진 진술이다. 책의 내용을 믿지 않는다면 그 이유인 책의 한계를 밝혀야 한다.

한편 D6A1의 경우는 토론 담화 D6을 통해 결론을 미리 상정해 놓은 것이 텍스트 산출에 영향을 준 예다.

[1]D6A1: 저는 노인에 대한 가족의 태도를 찬성합니다. 왜냐하면 정혜는 아버지에 대한 좋은 감정을 갖고 있고, 영희가 딸과 아버지라고 말했을 정도여서 찬성합니다.
[2]D6O1: 반대합니다. 비록 늙고 병들긴 했지만, 나를 사랑해 주셨기 때문입니다.
[3]D6O2: 그 의견에 찬성합니다. 비록 아버지가 아무것도 안 하지만, 자식의 도리가 아니라고 생각합니다.
[4]D6A1: D6O2한테 묻습니다. 그 자식의 도리란 무엇인가요?
[5]D6O2: 아버지를 사랑하고 아끼는 마음이 그 자식의 도리인데, 이 가족은 그 가족의 도리를 안 지켰습니다.
[6]D6A1: 저는 D6O2의 의견에 반대합니다. 왜냐하면 이 가족이 완전히 전부가

그 가족의 도리를 안 지킨 것은 아니기 때문입니다.
[7]D6O2: 가족구성원들이 모두 도리를 지켜야지, 한 사람이라도 안 지키면 안 됩니다.
[8]D6A1: 어떻게 자식의 도리를 안 지켰습니까?
[9]D6O1: 아버지가 늙었다고 무시하고, 지금까지 키워 준 보답도 안 하고, 태도도 바로 하지 않았습니다.
[10]D6A1: 그러면 모두가 가족의 도리를 안 지켰나요?
[11]D6O2: 아닙니다. 아버지를 보살피지 않은 사람이 안 지켰습니다.
[12]D6A1: 제가 D6O2의 의견에 반박을 하겠습니다. 이 이야기의 마지막에, 영희는 아버지를 부축을 했다?(↗)라는 점에 대해서 어떻게 생각하십니까?
[13]D6O1: D6O2 대신 제가 하겠습니다. 가족구성원 전부가, 아버지 부축을 한 건 아니지 않습니까?
[14]D6A1: 제가 여기서 질문을 한 것은, 모두가 아버지한테 잘한다 못한다를 물어 본 것이 아니라, 제가 말한 위의 질문에 어떻게 생각하는가입니다.
[15]D6O2: 영희는 정혜가 왔다고 부축한 거지, 딴 생각은 없던 걸로 압니다.
[16]D6A1: 제가 보기에는 정혜가 아니라 성식인 거 같습니다. 그리고 제가, 이 가족이 가족의 도리를 지킨 부분에 대해서 말하겠습니다. 일단, 며느리인 정혜는 아버지에 대해 좋은 감정을 가지고 있고, 또 영희가 아버지를 부축했다는 점에서, 아버지에 대한 태도가 좋다라는 것을 알 수 있습니다.
[17]D6O1: 영희는 단순히, 정혜가 지켜 보기 때문에 좋은 행동을 한 것입니다.
[18]D6O2: 저도 그렇게 생각합니다. 영희는 아버지를 나쁘게 생각했었습니다.
[19]D6A1: 만약 제가 영희라면, 치매노인에게 어떻게 하겠는지 말하겠습니다. 저 같으면은 치매노인에게 좋은 생각을 가지고 행동을 하겠습니다. 그 예로는, 긍정적으로 생각하여 모든 행동을 이해하는 것입니다.
[20]D6O1: 그런 행동은 당한 것이 아닌가요? 하지만 싫은 감정은 누구나 가질 수 있습니다.
[21]D6O2: 보충하겠습니다. 늙고 병들었기 때문에 싫어질 수도 있습니다.
[22]D6O1: 다시 보충합니다. 행동이 그만큼 어려지기 때문에 싫어질 수도 있지만, 자신을 키워 준 아버지에 대한 보답은 당연합니다.

[23]D6O2: D6O1의 의견에 찬성합니다. 그 가족은 도리를 안 지켰습니다.

위 담화의 참여자들 중 상대 입장(총 발언 수 14개)에 비해 적은 수(9개)로 입장을 표명한 경우가 있다. 그러나 개시 발화(D6A1)는 총 발언 수가 적은 입장에서 보였다. D6A1이 산출한 텍스트를 살펴보자.

-논제: 아버지(노인:치매)에 대한 가족의 태도를 이해한다.
-논거:
첫째: 정혜는 아버지에 대해 좋은 감정을 가지고 있다.
→그 아버지의 딸은 영희가 보았을 때 꼭 아버지와 며느리가 아닌 아버지와 딸 같다고 하였다. 왜냐하면 정혜가 아버지와 함께 친근하게 어깨동무와 같은 행동을 하였기 때문에 아버지와 딸 같다고 하였다.
→내가 만약에 정혜라면 아버지와 같이 어깨동무를 하는 것은 어색하고 또 약간 그래서 곁에 있는 것도 힘들 것 같다. (a)그런데 정혜는 그것을 이겨내고 곁에 있고 또 어깨동무를 했다는 게 정말 자식의 도리는 잘 지켰고, 또 정말로 대단한 것 같다.
둘째: 영희도 아버지에 대해서 좋은 감정을 가지고 있다.
→이 이야기(소설)의 마지막 부분에 '누군가'가 돌아왔을 때 영희가 아버지를 부축하여 그 '누군가'에게 갔다. 이것을 보아서 영희는 아버지를 먼저 챙겨드려 부축하여 그 '누군가'에게 갔다는 것에서도 영희도 아버지에 대해서 좋은 감정을 가지고 있다는 것을 알 수 있다.
→내가 만약 영희라면 여기서의 영희처럼 아버지를 부축하여 그 '누군가'에게 갈것이다. 그것이 진정된(→진정한) 자식의도리이기 때문에 나는 영희처럼 하는 것은 할 수 있다고 생각된다.
○나는 이러한 논거로 인해서 아버지(노인:치매)에 대한 가족의 태도를 이해 할 수 있다.   - <D6A1의 토론 텍스트>

위 텍스트는 토론을 통해 D6A1의 주장이 관철되는 과정을 보여준다.

이러한 점에서 귀추 논증의 예로 볼 수 있다. 텍스트는 담화 상황에서의 발화[16]과 발화[19] 중심으로 담화 전반의 특징을 담고 있다. 즉, 텍스트는 참여자들의 논박과 증명을 통해 등장 인물의 심리를 이해한 과정을 서술한 것이다. 첫째 논거와 둘째 논거가 이율배반적으로 보일 수 있는데 밑줄 친 부분 (a)를 통해 둘째 논거의 타당성이 확보된다. 즉 정혜는 며느리이기 때문에 시아버지에 대한 태도를 조심해야 하는 입장으로 생각했다가, 그러한 행동이 마음 없이 나타날 수 없다는 것을 (a)로써 분명히 하고, 입장이 다른 영희는 딸이기 때문에 며느리 정혜에게 노출하기에 부끄러운 마음이 있었으리라 추정하여 딸로서의 관심과 연결한 것이다. 이러한 추리는 공통 문화권의 상식으로 가능하다.

한편 문단별 기능은 논제 유형에 따라 변별되는 중점 사고력의 특성을 전제하기도 한다. 그 구체적 내용은 다음과 같다.

    4_3 [정보선별형] 현상에 대한 비판 능력
    6_1 [점진적 사고형] 섬세한 읽기 능력
    8_1 [초점 중심형] 반성적 사고 능력
    10_1 [정보탐색형] 분석적 사고 능력
    11_2 [의사결정형] 문제 해결적 사고 능력

4_3은 구체적 현상을 비판적으로 바라보는 연습을 유도하는 유형이다. 이러한 유형에 반응하기 위해 학습자는 비판의 근거를 보편 개념의 속성에서 찾을 수 있어야 한다.

<표 33> 정보선별형 논증 텍스트의 구조

사례4_3	구성 방식	특징	논증
**진_가	문제-분석-결과	문제의 원인을 분석하여 문제성을 추론함.	귀납
**진_나	전제-굴절-환원	보편 개념을 현상에서 굴절하여 회복가능성을 진단함.	연역
*미*_가	전제-문제-주장	보편 개념의 적용태를 비판하여 논점에 이름.	연역
*미*_나	대상-분석-결과	구체적 대상을 분석하여 논점에 이름.	귀납
아	전제-분석-결론	보편 개념의 속성을 분석하여 논점에 이름.	연역
문**	전제-문제-결론	보편 개념을 근거로 하여 비판적 관점에서 논점에 이름.	연역
수	대상-분석-결론	구체적 대상을 분석하여 논점에 이름.	귀납
서**름	전제-문제-주장	보편 개념을 근거로 하여 비판적 관점에서 논점에 이름.	연역
천**	전제-문제-정리	보편 개념을 근거로 하여 비판적 관점에서 정리함.	연역
채	대상-분석-비판	현상을 분석하고 비판함.	귀납
상	전제-주장-결론	보편 개념의 성격을 정당화함.	연역

<**진_가>보다 <**수진_나>에서 인지적 처리 과정이 더 잘 드러난다. <*미*_나>는 <*미*_가>에서보다 초점이 더 일찍 드러남으로써 문장과 문장의 결속성을 강화시켜 준다. 웹에 <**진_가>, <*미*_가>, <*미*_나>, <**진_나>의 순서로[97] 생성되었기 때문에 서로 교차 검토가 있었으리라 추정할 수 있다. 왜냐하면 <**진_가>의 글쓰기 방식이 <*미*_나>를 통해 문장마다 기능을 뚜렷이 보여주는 형태로 진전되었기 때문이다.

6_1은 섬세한 읽기 능력을 신장시키는 유형이다.

---

[97] 물론 네 편의 텍스트 사이 사이에 다른 학습자들의 텍스트도 끼어 있다. 그들의 각 텍스트가 서로 영향을 주었으리라는 짐작도 할 수 있으나, 여기에서는 2회에 걸쳐 동일한 논제를 접한 경우에 한한다.

<표 34> 점진적 사고형 논증 텍스트의 구조

사례6_1	구성 방식	특징	논증
**진	대상-분석-주장	대상에 대한 분석으로 핵심어가 추출됨.	귀납
*아*_가	주체98)-분석-결론	대상에 대한 분석으로 핵심어가 추출됨.	귀납
*아*_나	대상-분석-결론	주체의 관점에서 상황을 분석함.	귀납
문**	대상-분석-결론	대상에 대한 분석으로 핵심어가 추출됨.	귀납
수	개념-예증-결과	관련 사례를 유추하여 논증함.	연역
*민*_가	대상-문제-결론	대상의 문제를 지적하며 논의를 이끎.	귀납
*민*_나	전제-예증-결론	관련 사례를 유추하여 논증함.	연역
*솔	대상-문제-대안	대상의 문제를 지적하고 해결해 나감.	귀납
천**	전제-분석-예증-비판	주요 개념을 분석하고, 관련 사례를 유추·적용한 뒤에 비판함.	연역
채	전제-예증-주장	관련 사례를 유추하여 논증함.	연역
상	대상-확대-가정-비판	대상을 거시적 관점에서 바라보고 가정함.	귀납

<*아*_가>보다 <*아*_나>에서 예화의 기능이 분명히 드러난다. 즉 '켈트 스코틀랜드'는 '국가전체주의'의 성격을 효과적으로 전달해 주는 기능을 하는 것이다. 한편 <*민*_가>와 달리 <*민*_나>에는 예화의 의의를 밝힌 구성 방식이 드러난다. 여기에서는 거시적 관점에서 예화가 주는 의미를 해석한 능력이 확인되었다. <*민*_나>가 제시된 이후 <*아*_나>가 생성된 사실은 <*아*_가>가 정당성을 갖게 된 과정을 증명한다. <*아*_가>와 같은 시도는 <천**>에서 비롯되어 정리되어가는 과정을 보여준다.

8_1은 현상에 대한 관찰을 유도하여 반성적 사고를 신장시키는 유형이다. 학습자에 따라 반응 양상은 다음과 같이 다양하게 드러났다.

---

98) '주체'는 행위가 비롯된 국면이며 문장 또는 텍스트 말미에 그의 행위와 연결된다. 반면에 '대상'은 말미의 결론을 이끌어 내기 위해 도입한 대상이다. '주장'은 주로 당위적 술어로 기술되었으며, '결론'은 대상에 대한 판단이나 주체의 변화 등의 객관적 형식으로 드러났다.

<표 35> 초점 중심형 논증 텍스트의 구조

사례8_1	구성 방식	특징	논증
**진	전제-문제-결론	보편 개념을 현상적으로 검토함.	연역
**훈	전제-예시-예시	보편 개념의 현실태들을 병렬적으로 구성함.	연역
미	전제-분석-예증	보편 개념을 분석한 후 예를 들어 정당화함.	연역
문**	전제-예증-결론	관련 사례를 유추하여 정당화함.	연역
정**	대상-분석-결론	직접 대상을 분석하여 논점에 이름.	귀납
서**	전제-예증-예증	관련 사례를 들어 보편 개념을 정당화함.	연역

<**훈>과 <서**>의 경우를 제외하고는 모두 삼단 구성의 논리를 보여준다. 전자가 제시문의 내용을 간추린 경우라면 후자는 진술들을 인과적으로 연결해 놓은 경우로 구별된다. 즉 후자에서는 '-때문'을 유표화하면서 판단 근거를 밝히고 있다.

10_1은 분석적 사고를 신장시키는 유형이다. 분석이 드러난 문맥은 아래와 같이 유형화해 볼 수 있다.

<표 36> 정보탐색형 논증 텍스트의 구조

사례10_1	구성 방식	특징	논증
**훈	전제-분석-예증-분석	보편 개념을 분석한 후 예를 들고 분석이 이루어짐.	연역
정**	전제-분석-정리-결론	보편 개념을 분석한 후 초점을 정리하고 논점에 이름.	연역
수	전제-가정-분석-결과	보편 개념을 현상에 가정하여 분석하고 결과를 도출함.	연역
*민*_가	전제-분석-주장	보편 개념의 분석을 통해 논점에 이름.	연역
*민*_나	전제-예증-주장	관련 사례를 유추하여 정당화함.	연역
*솔	전제-분석-결론	보편 개념의 분석을 통해 논점에 이름.	연역
서**	전제-예증-결론	관련 사례를 유추하여 정당화함.	연역
천**	전제-예증-결론	관련 사례를 유추하여 정당화함.	연역
채	전제-분석-비판	보편 개념을 분석한 결과로 대상을 비판함.	연역

위의 <*민*_가>에서는 예증의 궤도를 뒷받침하는 위성이 추상적이나, <*민*_나>에서는 궤도와 위성이 삼단 논리로 전개되었다.

11_2는 문제 해결적 사고를 촉진하는 유형이다. 대부분의 학습자들이 문제 해결의 주체를 앞부분에 놓고 논술한 점이 발견된다.

<표 37> 의사결정형 논증 텍스트의 구조

사례11_2	구성 방식	특징	논증
**훈_가	주체-범위-분석-결론	논증할 내용의 범위를 구분하고 분석하여 논점에 이름.	귀납
**훈-나	주체-문제-결론	보편자에 관한 쟁점을 지적하고 논점에 이름.	연역
정**	주체-행위-분석-결론	주체의 행위를 분석하여 논점에 이름.	귀납
수	관점-예증-결과	논의의 관점을 명시하고 관련 사례를 들어 논증함.	연역
*민*_가	주체-문제-반주체-대안	입장의 교류를 통해 문제를 해결함.	귀납
*민*_나	주체-문제-결론	주체의 관점에서 문제를 지적하고 논점에 이름.	귀납
*민*_다	주체-문제-대안	주체의 관점에서 문제를 해결해 나감.	귀납
*솔	주체-역할	주체의 몫을 이분화함.	귀납
상	주체-문제-대안	주체의 관점에서 문제를 해결해 나감.	귀납

<**훈_가>에서는 글을 읽어 가는 인지적 과정이 세세하게 드러난 반면, <**훈_나>에서는 제시문들의 공통 기반이 확실시되고 제시문들의 관계까지 정리되었다. <*민*_가>에는 제시문의 내용 속에서 행위 주체가 어떤 행위를 하게 되는가를 읽는 동안 배경적 사실에 주목했다는 사실이 드러나나, <*민*_나>에는 주체의 행위 중심으로 절제되어 있으며, <*민*_다>에는 주체로부터 촉발되어야 할 행위와 그 당위성이 밝혀져 있다.

3.3.4. 텍스트의 창출과 무늬

여기서는 중등 학습자군의 표현력(Texture Literacy) 수준을 정리하고자 한다. 운율(초분절적) 요소 및 어휘가 문장이나 텍스트 국면 안에 적절하게 결집됨으로써 논증 표현력이 신장될 수 있는 요인들로 정리되고, 그 결과 텍스트 표면에 나타난 무늬의 양상이 드러나는 것이다. 이 무늬들은 글쓰기 능력의 유창성과 융통성을 표상한다.

1) 문장의 선택과 창출

표현력의 첫 번째 유형으로서 **단문**은 남학생들의 담화에 특징적으로 나타나는 유형이다[99]. 논증 담화 상황에서 발화와 발화를 연결하는 장치(논증소)가 적절한가를 살펴보자. 가령 발화[18]의 '하지만', 발화[22]의 '하지만', 발화[30]의 '그래도'를 통해 논의 대상에 대해 깊이 있는 통찰이 이루어짐으로써 논증 교육의 효과가 입증될 것이다. 이 세 가지 발화 연결 장치들은 후건부정 논증과 관계한다.

[12]C3O1: 공경하는 마음이 아예 없는 사람은 없습니다.
[13]C3A2: 인간은 효를 귀찮게 생각합니다.
[14]C3O1: 효를 귀찮아하는 거지, 안 하는 게 아닙니다.
[15]C3A1: 귀찮아서 바쁘단 핑계로 안 합니다.
[16]C3A2: 인간은 성실하지도 못합니다.
[17]C3O1: 대부분의 사람들이 그런 것은 아닙니다.

---

99) 논증 텍스트의 구성은 삶의 문제 상황을 인식하고 해결하는 방법으로서 의의가 있다. 표현력의 내용은 학습자들이 가녜와 브릭스(Gagnet & Briggs, 1979)의 다섯 단계로 수행한 결과 텍스트에 나타낸 또 다른 특성이다.([1] 언어 정보: 논제 정하기, [2] 지적 기술: 개념 구성 요소 확인(줄거리 메모하기), 논증 양식의 선택, [3] 인지전략: 양식에 따라 개요 작성, [4] 운동 기술: 실제 쓰기, [5] 태도: 논증적 글쓰기의 문체 확인 및 논증구조 인식)

[18]C3A2: 하지만 대부분 정보가 그렇습니다.
[19]C3O1: 대부분이 성실합니다.
[20]C3A1: 동물들도 부지런히 다니는데, 사람이 성실하지 않은 것은 수치스러운 일입니다. 예를 들어, 닭은 매일 (일찍) 일어나 사람을 깨워 줍니다.
[21]C3O1: 동물만 그런 것이 아니고 사람도 부지런합니다.
[22]C3A2: 하지만 사람보다 동물이 더 부지런합니다.
[23]C3O1: 사람들 중에는 성실한 사람이 더 많습니다.
[24]C3A1: 닭은 매일 일찍 일어나 우는데, 사람들은 그렇지 못해 성실하지 않습니다.
[25]C3O2: 사람은 일찍 안 일어나도 맡은 역할을 충실히 합니다.
[26]C3A2: 역할에 충실한 사람은 별로 없습니다.
[27]C3O2: 역할에 충실하기 때문에 직업이 유지되는 것입니다.
[28]C3A1: 역할에 충실하지 않는 사람들이 늘어나면서, 실업자도 증가합니다.
[29]C3O1: 역할에 충실하지 않는 동물들도 있습니다.
[30]C3A2: 그래도 동물은 사람보다 충실합니다.

위 담화는 먼저 발화[12]-[17]에 대하여 발화[18]로 논박당했다. 물론 발화[19]에서 발화[18]을 재진술함으로써 주장이 명료하게 드러났다. 그 주장은, 인간이 바쁜 생활 탓에 효를 실천하지 못하는 것일 뿐 공경하는 마음이야 매 한 가지이고 효를 실천하지 못한다고 해서 사람의 성실성을 의심할 수 없다는 것이다.

다음 발화 [20]-[21]에 대하여는 발화[22]로 논박당했다. 동물 못지않게 사람도 성실하다는 주장을 하다가 사람의 성실성이 더 우세하다는 주장으로 점철된 것이다. 이에 대해 그 다음 발화[23]이 지원한다. 그러나 무엇을 통해 입증할 수 있는지는 관련 자료가 없어 신빙성이 약하다.

다음 발화 [24]-[29]에 대하여 발화[30]이 주장을 또렷이 하는데 여기에는 발화[24], [26], [28]의 지원이 상대방의 발화보다 우세했기 때문이다. 발화[25]나 발화[27]의 경우 구체적인 지원이 없어서 타당성이 의심 받을 수 있지만, 상대방의 발화에서는 당시의 사회 현상에 문제를 제기함으로써 참여자들의 합의를 이끌 수 있었던 것이다. 이렇게 단문을 중심으로 표현하는 경우, 논증 정보를 충분히 담지 못하여 담화 구성에 있어 비약이 생길 수 있다.

두 번째 유형인 **내포문과 복합문의 양상**에서도 논증 텍스트의 표현을 특징짓는 단서를 찾을 수 있다. 7학년 자료에서 주로 나타난 내포문의 유형은 크게 세 가지로 정리할 수 있다. 그 하나는, 인용문이 절로 접속된 경우이다. 인용절이 안기면, 텍스트의 신뢰성을 보장하여 본래의 목적을 담보해 줄 수 있는 것이다.

    셋째, 핵가족 제도로 노인 공경이 전혀 안되고 있다고 하지만 세계 여러 나라는 확대 가족 제도를 추진하여 노인문제가 거희 나지않는다.
                                          - <C3O1의 토론 텍스트 중에서>

위의 인용문을 보다시피 C3O1의 토론 텍스트에 제시된 근거들 중에서 '핵가족 제도'는 당시의 사회체제이고 노인 공경에 대한 문제가 쟁점으로 떠오른 현상은 인간이 불효한다는 주장을 지원하기에 족하다.
다른 하나는, 연결어미 '-는데'나 '-는' 등에 의해 절이 접속된 경우이다. 이 유형은 논의의 전제가 문두에 놓일 때 유표로 확인된다.

    (2) 동물들도 부지런히 다니는데 사람이 성실하지 않은 것은 수치스러운 일이다.
    이유: 예를 들어 닭은 매일 일찍 일어나 울어 사람들을 깨워 준다.
                                          - <C3A1의 토론 텍스트 중에서>

위 C3A1의 텍스트에서 '-는데'는 후행절 앞에 '하물며'를 동반하여 전제가 지원될 수 있는 경우이다. 여기서는 사람보다 하급으로 취급받는 동물도 부지런한데 하물며 사람이 그렇지 못하다는 것은 자격을 의심할 정도라고 강조하는 셈이다. 따라서 '-는데'는 후행절에 오는 판단의 타당성을 보장하기 위해 전제를 수반하는 기능을 갖는다.

한편 어미 '-ㄴ'에 의한 관형절은 대부분의 종속절에서 발견되는 유형이라고 할 수 있는데, 수반되는 내용은 문장의 의미를 보다 정교하게 나타낼 수 있는 관계항으로 기능한다[100].

앞서 살펴본 C3A1의 발화[6]에서도 그러한 특징이 나타났는데, 이는 선행절과 후행절이 대립된 환경에서 역접 관계 표지를 연언 표지로 대체한 결과로 볼 수 있다. C3O1의 발화[21]에서도 C3A1의 발화[6]과 같은 특징이 발견된다. 아래 C3A1의 토론 텍스트에서 논거(1)은 떠오르는 생각을 순차적으로 적는 중에 연언의 유표가 선택된 예다.

    -논제: 까마귀 의견에 찬성합니다.
    -논거:
    (1)효를 하는 것은 당연한 일이다.
    이유: 부모님의 사랑에 대해 당연히 해야 되고, 우리나라는 '동방예의지국'이라 해서 예부터 예의를 지켜오면서 효 정신이 중요시되어 왔었다.
    (3)물질적 효도를 하는 사람이 많고, 공경심으로 효를 하는 사람은 별로 없다.
    (후략)   - <C3A1의 토론 텍스트 중에서>

---

100) 이 내포문 유형('-ㄴ'에 의한 관형절)은 7학년 학습자에게서보다 10학년의 학습자에게서 자주 발견되고, 10학년 학습자들의 경우는 문예 재능이 있는 경우에 두드러졌다. 이 10학년 학습자들은 서울 지역의 군부대 근처에 거주하는 중·하류층 수준의 여학생들로서, 대상 텍스트는 한 학급에 39명인 6개 학급을 대상으로 하여 생산한 논술 텍스트들 가운데 상위 수준을 무작위로 선정한 9편이다. 이때 상위 수준을 판별한 기준은 글의 분량(800자 이상), 처음과 끝의 완성된 구조이다.

학습자들은 텍스트 처리 과정에 따라 토론한 결과 텍스트 결속성(통일성), 즉 논점의 지원 체제를 강화하였다. 여기서 구어가 문어와 호환된 특징도 발견된다. 가령 구어의 반복성은 논의를 진행하는 이점으로 나타나나, 문어에서는 비문법성으로 인해 초점을 불분명하게 만들기도 한다. 아래의 텍스트를 보자.

>-논제: 셋째 처녀의 생각에 반대한다.(1)
>-논거:
>첫째, 셋째 처녀가 밤에 무슨 소리를 들었을 때[상황] 구경을 가재고 하였다.(3) A그때 셋째 처녀가 한 행동은 옳지 않은 행동이다.(2) (a)왜냐하면 셋째 처녀가 한 행동은 다른 사람의 사생활을 침해하는 것이기 때문이다.(2) 만약 B그 이야기가 매우 중요한 이야기였을 경우 C그것은 명백히 사생활 침해이다.(2) 하지만 사람들이 하는 보통 이야기를 들었을 경우는 예외이다.(3) (b)D그러므로 셋째 처녀가 한 행동은 옳지 못한 행동이다.(2)
>둘째, 셋째 처녀가 소리를 듣고 따라가서 근원을 보았다.(3) E그때 B사감이 기숙사로 날아온 러브레터를 읽고 있었을 때[상황] 셋째 처녀는 B사감을 보고 미쳤다고 하였다.(5) F이때 선생님에게 이상한 행동을 보고 미쳤다고 단호하게 말한것은 옳지않다.(4) 아무리 선생님의 이상한 행동을 본후 미쳤다고 한 것은 우리나라 예절에도 어긋나고 바르지 못한 행동이라고 초등학교 도덕 시간에 배운다.(6) G그러므로 ∅ 옳지 못하다.(1) H또 선생님이 못듣는 곳이라고 막말을 한 것도 옳지 못한 행동이다.(3) 일상생활에서도 다른사람이 없을 때[상황] 없다고 않좋은말을 하고 비평하는행동은 옳지 못하다.(4) 아무리 아무리 이상하다고 해도 미쳤다고 한것은 옳지 못한 행동이라고 생각한다.(6) I그러므로 셋째처녀의 생각에 반대한다.(1)   - <B1O1의 토론 텍스트>

위 텍스트는 논제에 입장을 표명한 다음에 근거를 제시하고 있으며, 글의 구성 단위로서 문장당 평균 절의 수는 3.2개이다. 텍스트의 문장 (a)(b)에서 '셋째처녀가 한 행동'은 하나의 구로서 주어부를 구성하는데,

이는 앞서 제시된 것을 재수용한 단위이며, 문장 전체에 전제로 기능한다. 따라서 언어 사용의 경제적 효과를 고려하여 '-의 …' 구문('셋째처녀의 행동은')으로 표현하는 것도 바람직하다. 또 '이상한 행동'이라는 진술도 선행 문장의 'B사감이 기숙사로 날아온 편지를 읽고 있는 행동'에 대한 판단이다. 즉 '그 행동'이라는 대용형을 사용하지 않고 '이상한'이라는 수식어를 통해 글쓴이의 입장을 비추고 있다.

한편 결속구조의 측면에서 대용형 A, B, C, E, F와 접속어 D, G, H, I의 사용이 확인된다. 먼저 A는 선행절을 배경으로 하여 판단을 이끌어 내는 데 관여하고, C는 선행절의 주어를 재수용한 것이며, B는 선행절을 배경으로 했을 때 궁극적 실체(논점)를 지칭한 기호로 기능한다. E는 선행절을 배경으로 받음과 동시에 논의의 초점을 명시하는 기능을 한다. F도 선행절을 배경으로 재수용한 표지이다. D는 앞서 논증을 거쳐 추론이 이어지는 찰나 논거의 정당성을 규명하면서 종결을 암시하는 표지이며, G도 이와 같다. H는 선행 문장(F)을 반복하거나 의미상 관련된 표현을 첨가하는 것은 물론, G를 통한 추론을 다시 언급하는 환경에서는 더욱 불필요하다. I는 최종적으로 입장을 표명하고자 추론연결사를 사용함으로써 분명한 논조를 띠게 하는 데에 관여한다.

의미 구성에 있어서는 논점을 유지하기 위해 명시적 재수용의 양상으로 어휘의 반복(유의어 대체 포함)이 눈에 띈다. 이를테면 전반부에는 '셋째처녀'를 주체로 하여 '행동'과 이를 구체화한 '구경', 상술 표현인 '사생활 침해'가 반복되었다. 그리고 후반부에는 또 하나의 '행동'으로서 '미쳤다'고 한 언행을 반복하면서 '막말을 한 행동', '안 좋은 말을 한 행동', '비평하는 행동'도 유의적 표현으로 재수용되었다. 이때 대등적 연결어미 '-고'를 사용하여 어휘 간의 관계에 반영된 의도를 명시한다. 이 행동에 대해 글쓴이가 옳지 못하다는 판단을 드러내면서 행동 수정을 주장하기 위해 '행동'과 '생각'을 같은 범주, 같은 등급에 편성한 것이다.

학습자는 텍스트에 문제로 제기한 대상을 강조하고자 '중요한 이야기'로 의의를 부여하고 '초등 학교 도덕 시간' 수준의 등급도 부가하였다. 이같이 단서의 첨가 전략은 설득적 텍스트 유형을 규명하는 자질이 된다. 보다 상세하게, '보통 때'를 예외 조건으로 명시한 것이나 '다른 사람이 없을 때'를 단서 조항으로 밝히고 '이상하다'는 판단을 추가하기도 했다. 또한 이 텍스트에는 '-고 하다'의 인용형 문장도 많이 나타났는데, 논증적 글의 성격상 적절한 단서를 밝힌 문장 유형은 이 장르의 충분조건으로 인식된다.

또한 '글쓴이가 자신의 의견을 객관적으로 기술하여 예상 독자의 동의를 끌어내는 방식으로서 설득지향적인 논변'(하병학, 2001: 166)이 있다. 여기서는 의사소통적 국면에서 글쓴이와 독자 사이의 관계를 통해 글의 영향력을 판단해 볼 수 있다. 미시적으로 텍스트를 짜고 있는 문장 단위의 기능들을 분석해 보면 어떤 체제로 주장이 지원되고 있는가가 밝혀진다. 물론 이 지원 체제는 목적이나 상황을 고려하여 수행되는 글쓴이의 선택에 의한다. 다음 항에서, 이 연구 대상에 나타나는 지원 체제의 양상을 살펴보자.

2) 텍스트 구조의 선택과 창출

2007년 7학년 학습자의 텍스트에 나타난 표현상의 특징은 1인칭 서술자를 유표화한 점이다[101]. 이 특징은 문제를 분석하는 토대

---

101) 1인칭 서술자를 유표화한 특징은 10학년 학습자의 텍스트에서도 나타나는

(predebate)가 될 수 있다. 왜냐하면 1인칭 서술자를 드러내어 생각을 펼치다 보면 자신의 입장에서 직접적으로 어떤 행위를 해야 하는지를 인식하게 되기 때문이다. 그래서 텍스트는 행위자와 행위를 근간으로 구성되는데, 그 둘의 관계를 단절시키려는 장애 요소들이 삽입되어 구조가 복잡해진다. 행위자와 행위가 연결되는 맥락에 삽입되는 장애 요소로 인해 성취 행위가 도드라져 보이는 것은 이 구조의 효과이다. 이를 다음과 같은 도식으로 나타내어 볼 수 있다.

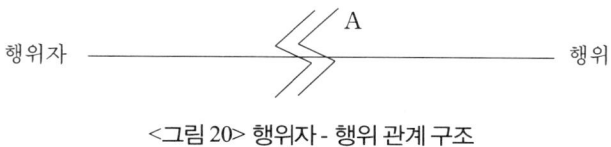

<그림 20> 행위자 - 행위 관계 구조

위 <그림 20>의 행위자와 행위 간 관계 안에서 A는 장애 요소를 나타낸다. 장애 요소가 지각되자 의사소통을 이루기 위해 노력하는 것이 학습의 과정이다. 그래서 위 그림은 화·청자나 필자·독자 관계를 지각과 의사소통의 관계에 유추해 본 것이다. 다시 말해, 행위자가 논증적 의사소통 행위를 함에 있어서와 같이 문제 상황이 전제되어 있고, 그것을 해결하기 위해 당위성을 확인하고 해결 방법의 타당성을 검토하는 순서로 설득적 텍스트가 구성되는 것이다. 이 연구에서는 세 가지 유형을 찾을 수 있었다. 즉 행위자와 행위 사이에 지원 체제가 단층으로 구성된 단일구조, 행위자와 행위 사이에 지원 체제가 겹으로 구성된 중층구조, 의미의 다중 연관을 통해 하나의 새로운 의미를 창조한 융합구조

것이기에 이 특징을 특정 학년(수준)의 고유한 것이라 하기는 어렵다. 다만 대상의 내면화를 위해 가장 기본적인 방법은 될 수 있다.

로 분류된다.[102]

첫 번째, 단일구조 유형이 있다. 아래 텍스트는 다른 어떤 텍스트들보다 어휘 활용에 있어 좀더 융통성이 확인되는 경우이다. 이를테면 '가난'은 '식민지'로 유추되고 문장[4], [9]-[13]에서처럼 예시를 통해 의미가 확장되었다. 그런데 A3A1의 텍스트에서와 같이 처음에 선택된 어휘가 호기심 유발의 기능을 나타내는 점이 눈에 띈다. 마지막 문장[15]에서 문제 해결의 중심 단어 '배려'를 비추었기 때문이다. '행위자(아이) - 행위(쳐다보다)'의 기본 축에 '식민지'라는 배경 정보를 더하고, 결핍 요소로서 '돈(구상어)'과 '배려(추상어)'를 제시하여 '식민지'의 성격을 묘사하고 있다. 이를 아래 도식으로 나타낸다.

-제목: 기아는 왜 울고 있을까?
[1]사진에서 어떤 한 아이가 콧물과 눈물이 범벅이 되어서 억울한 모습으로 쳐다보고 있었다. [2]그런 사람들은 기아들일 것이다. [3]남아프리카 쪽에서는 기아들이 아주 많다. [4]그 기아들은 못 먹고 자라서 비타민이 모자라서 죽는 경우가 많고, 엄마 아빠가 없는 경우도 있다. [5]저 기아는 왜 울고 있을까? [6]남아프리카 사람들은 왜 그렇게 못살게 되었을까? [7]저 기아는 못 먹어 병이 나서 울고 있거나 엄마가 없거나 아빠가 없거나 형제가 죽은 것이거나 약탈범들이 총으로 사람을 이유없이 쏘고 먹을것, 돈을 뺏어서일 것이다. [8]왜 그렇게 못 사는 사람이 있을까. [9]왜냐하면 영국에서 제일 먼저 산업화가 되면서 먼저 침략을 해서 식민지로 살았다. [10]계속 식민지로 지배받다가 결국 사람들은 이렇게 된 것이다. [11]비록 그 사람들은 대항을 했겠지만 무기가 없어 쉽게 대항할 수 없었을 것이다. [12]그래서 영국인들은 일을 시켜서 식량을 빼앗고 거기의 특산물도 빼앗아 가서 그렇게 되었을 것이다. [13]우리

---

102) 융합구조는 2008년도 10학년 여학생들의 경우에서 확인되었는데, 이는 여러 텍스트를 종합하여 핵심 정보들을 연관지어 생산하는 경향이다.

사람들이 밥을 먹고 씹는 껌 한 통 500원이면 남아프리카 기아들이 한 끼를 21명이 먹을 수 있다. [14]우리의 작은 돈들이 모여 작은 소중한 생명들을 살릴 수 있다. [15]세상에서 불쌍한 사람들을 배려해 주는 것이 중요하다.

- <C3A1의 논술 텍스트(2007)>

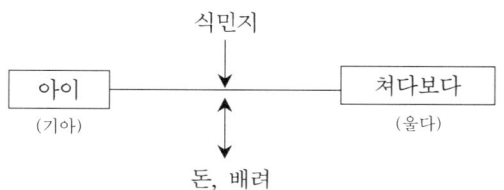

<그림 21> C3A1의 논술 텍스트 구조

아래 텍스트에서도 제목에 문제를 제기하면서 호기심을 유발하고, 문장[9]에 문제 해결의 요체가 되는 단어 '기부'를 비춤으로써 내용을 구성하고 있다. 이 해결의 의도는 문장[6]에서 전제한 500원의 가치를 문장[7]에서 현실화함으로써 강조하였다. '행위자(아이) - 행위(굶어-죽다)'라는 기본 축에 배경 정보 '가난'을 더하고, 이에 대한 대립항으로 '기부' 또는 '500원'을 선택하였다. 이러한 설정을 대립항으로 전반부(문장[2]-[4]까지)에 일찍 명시한 점이 특징이다. 이 텍스트 구조의 도식은 다음과 같이 단순하게 나타난다.

-제목: 가난한 나라를 두고 돈을 쉽게 낭비해도 되는가?
[1]요즈음 내 생활이나 여러 친구들을 보면 가난한 나라에는 하루에 굶어 죽는 아이들이 몇 백 명이나 된다. [2]우리나라 돈으로 500원이면 가난한 나라의 5식구가 한 끼 식사를 거뜬히 먹는다고 한다. [3]그런데 우리나라에서 500원을 하찮게 보고 있는 물건도 새것이 좋아보여 환심에 또 사게 되고, 그러면서 500원을 하찮게 쓰는 여러 사례를 볼 수 있다. [4]그렇기 때문에 나는 우리의

실생활과 그 가난한 나라의 생활을 비교했을 때는 천지차이가 나기 때문에 이 질문을 하게 되었다.
[5]이 사진으로 볼 때 먹을것이 없어 죽어가고 있는 모습인 것 같다. [6]우리에게는 과자 한 봉지 정도 살 수 있는 500원이 그 나라에서는 많은 이들이 생활할 수 있다. [7]그런데 과연 많은 도움을 주는 사이트에도 불구하고 기부도 안 하고, 살아가고 있는 생활에 만족하지 않고 살아가는 사람들이 더 이상 있어서는 안 된다.
[8]따라서 지금 우리가 살고 있는 이 생활에 만족하며 가난한 사람들에게 기부도 하는 사람이 늘어났으면 좋겠다. [9]또 이 세상에 불쌍한 이들에게 봉사하는 사람이 많아져서 가난한 사람이 줄어들었으면 좋겠다.

- <D3A1의 논술 텍스트(2007)>

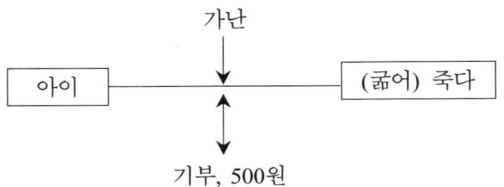

<그림 22> D3A1의 논술 텍스트 구조

두 번째, 중층구조 유형이 있다. 이 유형은 고교 여학생의 텍스트에서 많이 발견되었다. <그림 20>을 틀로 해서 아래 텍스트(전체 텍스트의 서론)를 분석해 보면 '아이(행위자)가 운다(행위)'라는 구조에 대해 전쟁이나 사고 등의 상황이 전제로 나타나 있다. 이에 대하여 어느 독자의 '나(행위자)는 {아이가 울지 않게} 하겠다(행위)'라는 진술은 설득력을 가질 수 있다. {아이가 울지 않게} 부분에 교체될 수 있는 내용은 사회적으로, 심리적으로, 공학적으로 다양하게 생각될 수 있으며 각각의 내용들이 명제 진술에 부응하면서 텍스트가 이루어지는 것이다.

아래 텍스트의 구조를 살펴보면, 행위자(꼬마)와 행위(울다)의 기본 축이 배경 정보인 '전쟁(또는 사고)'에 설정되고 '타협(이해를 기반으로 한 의사소통 방법)'을 거쳐 '평화'에 도달하고 있다. 제목에서는 이유를 분석하려는 의도를 비치고 있으나 문제 해결 구조로 내용을 전개하고 있으므로 제목이 구성 방식을 암시했다기보다 호기심 유발의 기능을 하는 것이다. 이 텍스트 구조를 아래와 같은 도식으로 나타낼 수 있다.

-제목: 꼬마는 왜 울고 있을까?
[1]꼬마가 울고 있는 것을 보고 나는 그 어린이가 왜 울고 있을까 궁금하였다. [2]그 꼬마는 얼굴이 지저분하고 꾀죄죄해 보였다. [3]아마도 그 꼬마는 전쟁이나 사고로 부모님을 잃고 혼자 떠돌아다니며 생활하는 아이일 것이다.
[4]요즈음 소년 소녀 가장이나 고아가 늘고 있다. [5]특히 그 꼬마의 배경이 된 나라인 중동과 아프리카 같은 나라는 나라끼리 전쟁이 많이 나고 있다. [6]그것 때문에 가정을 잃고 떠돌아다니는 아이가 많아졌다. [7]옛날 우리의 6.25전쟁도 피난을 갈 때 많은 사람들이 다치고 사망하였다. [8]내가 본 영상 중에 옛날 6.25 전쟁 당시 피난을 가는 장면이 있었다. [9]그 장면들 중 한 아이가 총에 맞고 쓰러져 있는 자신의 부모 옆에서 울고 있는 장면이 있었다. [10]사진 속의 꼬마와 같은 처지인 것 같다. [11]5살도 채 안 되는 아이가 그렇게 울고 있으니 나도 마음이 아팠다.
[12]나는 세상에서 가장 중요한 것을 평화하고 생각한다. [13]같은 사람끼리 서로 총 겨누고 죽이고 하는 것은 말도 안 되는 일이다. [14]나라 간이나 서로 간에 불미스러운 일이 있을 때 서로 타협하고 이해하는 모습이 있을 때 비로소 평화가 있을 것이다. - <A3A1의 논술 텍스트(2007)>

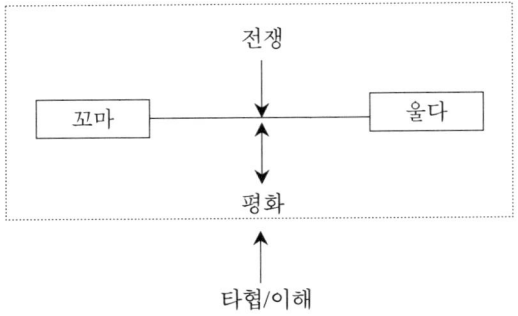

<그림 23> A3A1의 논술 텍스트 구조

아래 텍스트는 제목에서 내용 구성 방식을 전제하고 있다. 그래서 문장[15]를 통해 문제 해결의 당위성을 제시하고, 문장[16]에 '도와주는 배려심'이라는 해결의 요체를 명시한 것이다. '행위자(아이가) - 행위(앉다)'의 기본 축에 '전쟁'이 배경으로 설정되고 그 상황에 대하여 '충돌, 분쟁, 가난'이 추가되어 약호로 기능하였다. 그리고 이와 반대 상황 요소에 '배려심' 항을 두어 문제 해결의 요체를 암시하고 있는데, 이 대조 효과는 강조의 기능을 한다. 이 구조 또한 아래의 도식으로 나타낼 수 있다.

-제목: 전쟁으로 인한 가난을 어떻게 해결해야 하나? [문제-해결의 조직 방식]
[1]어떤 사진을 보게 되었다. [2]그 사진 안에는 몇 명의 아이들과 한 여인이 뼈만 앙상히 남은 채로 길에 앉아 있었다. [3]순간 저들이 가난으로 인해 잘 먹지도 못해서 저런 모습이 되었다는 생각이 들었다. [4]그래서 내 자신에게 물음을 던져 보게 되었다. [5]'저들이 왜 저렇게 되었을까?' [6]그리고는 끝없는 가난과 기아는 길고 잦은 전쟁으로 인한 것이라는 생각이 들었다. [7]그렇다면 전쟁으로 인한 가난을 어떻게 해결해야 할까?
[8]우리들은 막연히 그냥 전쟁으로 인해 많은 사람들이 가난에 허덕이고 있다

는 사실만 알고 있을 뿐, 직접 경험해 보지 않아 잘 모르고 있다. [9]나조차도 그런 사람들에게 많은 관심을 가지고 있지는 않으니 말이다. [10]그런데 전쟁이 길게 지속되거나 하루하루 전쟁 위험에 시달린다는 것은 정말 힘든 일이다. [11]무언가 재기할 힘도 없이 근근히 겨우겨우 일해서 입에 풀칠만 하는 생활인데 지구 반대편의 불쌍한 사람들을 죽여가고 있는 것이다. [12]어떤 사람들은 하루 세 끼 꼬박꼬박 배불리 먹으며 너무 많이 먹어 죽어가고 있는데, 어떤 사람들은 먹을것이 없어 너무 배가 고파 죽어가고 있는 것이다. [13]정말 슬픈 현실이 아닐 수 없다. [14]또한 잘 사는 과도한 욕심이나 서로 간의 의견 충돌, 종교 분쟁 등 사람과 사람이 서로 이해하지 못하여 일어나는 전쟁은 정말 어리석은 짓이라고 생각한다.

[15]이렇듯 어리석은 행동들 때문에 많은 이들이 고통받으며 죽어가고 있는 것은 막아야 한다. [16]그러므로 세상에는 이해심과 자신보다 못살고 불쌍한 이들을 도와주는 배려심이 필요하다고 생각한다.

- <B1O1의 논술 텍스트(2007)>

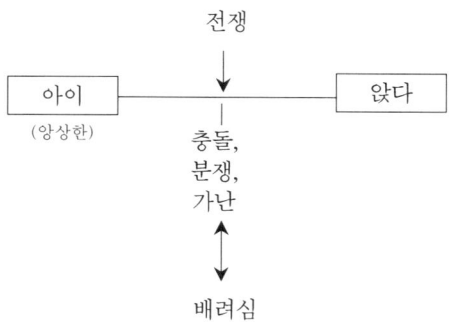

<그림 24> B1O1의 논술 텍스트 구조

    중층구조는 10학년 여학생들에게서 다른 유형보다 많이 나타난다. 이 구조에 관하여 종적으로 지원 체제가 구축된 유형이 있는가 하면, 횡적으로 또는 텍스트 내부에 또 하나의 텍스트가 안겨 있는 유형 등으로 다양하다.

[1]옛날에 오프라 윈프리에 대한 책을 읽어 본 적이 있다.
[2]맨 앞쪽에 오프라 윈프리에 대한 글이 있었는데, 그녀의 어린 시절은 현재 영향력이 큰 그녀와는 다르게 매우 처참했다. [3]그녀는 가난했고 14살, 청소년기에 친척오빠에게 강간을 당하기까지 했다. [4]그녀의 책을 읽고 '아, 왜 이사람이 주관이 강한 미국인의 결정에 큰 영향력을 미치는 줄 알겠다.'라고 생각했다. [5]그럼 그녀가 소개한 계명 몇 개를 내가 다시 소개해 보며 여러분도 같은 생각을 했으면 좋겠다.
[6]첫째, 친절을 베풀라. [7]이 세상 어느 나라에도 친절한 사람을 좋아하지 않는 곳은 없을 것이다. [8]내가 당신에게 친절을 베풀면, 당신도 내게 친절할 수 밖에 없다. [9]인종, 국적을 넘어서서까지도
[10]둘째, 중독된 무언가를 할 때, 시간은 가고있다. [11]어차피 시간을 보낼 것을 내게 해가 되고 중독적인 것보다는 도움이 되는 것을 하자는 것이다. [12]최선의 방법은 이익이되는 것에 중독되는 것이 아닐까.
[13]셋째, 고난과 역경을 포기하지 말라. [14]인생도 산을 넘는 것과 같다는 말이 있다. [15]어렵게 올라가는 오르막길과 쉽게 내려갈 수 있는 내르막길이 있다. [16]여기서 중요한 것은 올라가다 보면 내리막길은 언젠가는 나오게 되어있다는 것이다.
[17]넷째, 돈 생각을 하지 않는 것이라면 굳이 돈에 대해 집착하지마라. [18]물론 돈이 있다면 내 삶은 좀 더 편하고 풍요롭게 할 수는 있다. [19]그러나 모든 일을 돈에 연관한다면 우리는 편협하고 답답한 사람이 되가고 있을 것이다. [20]돈을 인생의 수단이지 목표가 아니라는 것을 잊지 않았으면 좋겠다.
[21]마지막, 보다 나은 사람을 사귀어라. [22]근묵자흑이란 말도 있듯이 내 주위에 있는 사람이 날 결정하는데 큰 역할을 한다. [23]왜 몇몇 사람들에게 "내가 그 때 친구를 잘못 만나서…"라는 말 들어본적 없는가. [24]나보다 나은 친구에게 좋은 점을 배우는 것은 자존심 상하는 일이 아니라 자기계발의 한 부분이 된다. [25]여기서 주목해야 되는 것은 그녀의 성공방법이 몇 개이고 뭐냐는 것이 아니다. [26]여기서 중요한 것은 그녀가 그녀 자신만의 계명을 만들어 그것을 지킴으로서 영향력 있는 사람이 되었다는 것이다. [27]우리도 우리가 중요하게 생각하는 가치들을 삶에서 지켜나가면서 영향력이 큰 사람이 되었으면 좋겠다.

- <16-2의 논술 텍스트>

위 텍스트는 문장[1]에 독자의 개인적 관심을 드러내면서 시작한 경우이다. 그런데 문장[2]를 구분하여 문단을 새로 시작하는 것은 충분치 않다. 문장[2]의 '맨 앞쪽'은 문장[1]의 성분 '책을'에 관련되어 있는 어휘구이다. 문장[1]과 문장[2]의 관계성을 분명히 보이지 않으면 의미상 글 전체의 결속성이 약해진다. 문장[2]에서는 원 텍스트에 대한 반응을 나타낸 것으로, 그것이 문장[1]에서 비롯된 것임을 밝힐 필요가 있다. 문장[3]은 문장[2]를 구체화한 내용이고, 문장[4]는 문장[1]을 보충해 주는 내용으로 추론된다. 그리고 문장[4]에 대하여 문장[5]로써 중심 내용을 소개한다. 문장[6], [10], [13], [17], [21]은 문장[5]의 하위 기술이며, 더 자세히 [7]-[9], [11], [12], [14]-[16], [18]-[20], [22]-[24]로 뒷받침되었다. 문장[25]는 앞의 내용을 정리하면서 강조할 내용을 명시한 부분이며, 문장[26]은 반어적 표현으로 그 의미가 강조된다. 문장[27]은 대상에 대하여 '중요하게 생각하는 가치들'로 포괄하여 맺고 있다.

이 텍스트의 구조는 '행위자(오프라윈프리) - 행위(성공했다)'의 기본 축에 문제 해결 구조가 삽입되어 '행위'를 보증하는 유형이다. 그리고 그 대립항으로서 초구조 안에 전기적 사실이 들어 있다. 이를 도식화하면 다음과 같이 겹친 종적 구조의 특징이 드러난다.

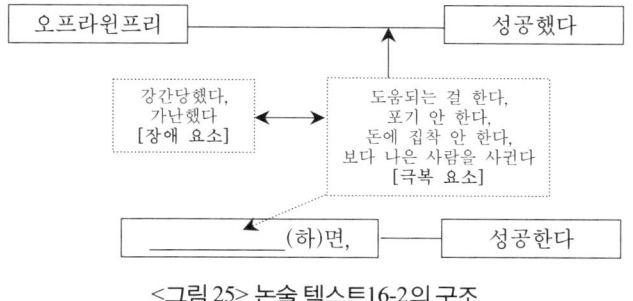

<그림 25> 논술 텍스트16-2의 구조

아래 텍스트는 기본 축에 일화를 삽입한 경우이다.

[1]살다 보면 많은 사람과 접하게 되고, 그런 사람들과 다양한 관계를 맺으며 살아간다. [2]그런데 이렇게 사람들과 관계를 맺기까지는 많은 노력이 필요하다. [3]처음 보는 사람에게 계속 말을 걸어야 하고, 그 대화가 끊기지 않도록 노력해야 하기 때문이다.
[4]대화가 끊겼을 때 어색한 분위기를 극복하기 위해서는 다음의 2가지가 중요하다.
[5]첫째, 용기를 내어 상대방에게 먼저 다가가 말을 걸어야 한다. [6]누군가가 다가오기를 기다릴 것이 아니라 스스로 용기를 내서 적극적인 태도로 대화를 시작해야 한다. [7]둘째, 이렇게 시작한 대화의 짐을 자신이 떠맡아야 한다. [8]즉, 자신이 직접 대화를 이끌고 잡다한 이야기로 대화를 이끌어 가야만 어색한 분위기를 극복하고 친밀한 관계를 맺을 수 있다.
[9]이런 이야기를 들으면서 나는 내 자신에 대해 좀더 깊이 생각해 보게 되었다. [10]나는 내가 소극적이라는 생각을 가지고 항상 누군가가 먼저 말을 걸어오기를 기다렸다. [11]그리고 마침내 누군가가 말을 걸어왔을 때, 나는 항상 대화의 주도자가 아니라 그 대화에 수동적으로 이끌려 가고 있었다. [12]"상대방이 먼저 이야기를 꺼내겠지…", "나는 듣고만 있어도 대화가 이루어지고 있으니까…"와 같은 생각을 하며 내 자신이 먼저 대화를 주도해 본 적은 없다. [13]하지만 이런 태도로 계속 타인을 사귀고 대한다면 인간관계가 굉장히 폐쇄적이고 한정적일 것이다. [14]나는 나의 이런 태도를 바꾸고 싶다. [15]그리고 그러기 위해서는 내가 적극적으로 노력해야 한다. [16]용기있게 먼저 다른 사람에게 다가가서 그 대화를 이끌어 나가도록 노력해야겠다. [17]이 이야기를 들으면서 느낀 것이 많다. [18]유익한 시간이었다.   - <15의 논술 텍스트>

위 텍스트의 문장[1]은 인간의 보편적 삶으로 접근하여 시작한 기호이다. 그리고 문장[2]로 전환하여 문제를 제기하고 문장[3]에서 초점화하고 있다. 이어 문장[4]에서 문장[3]에 비춘 내용을 구체화하기 위한 태도를 보인다. 구체적 내용은 문장[5]와 [7]로 제시되었는데 문장[6]의 '적극적 태도'와 '대화', 문장[8]의 '친밀한 관계'로 명료화하였다. 문장[9]로써 내면화가 이루어진 사실을 유표화하고, 문장[10]-[12]에서 그 과정을 서사적으로 보여준 후, 문장[13]에서 문제를 분명히 하고 있다. 문장[14]는 1인칭 주어를 사용하여 문제 해결의 당위성을 강조한 장치이고, 문장[15]의 '적극적 노력'을 문장[16]에서 '다가가 대화하는' 것으로 구체화함으로써 문장[3]과 일관성 있게 전개하였다. 그런데 문장[17], [18]로 마무리 지은 것은 이 글이 개인 감상을 기록하는 성격의 글임을 입증하는 단서가 되는 까닭에 불특정 다수를 독자로 한 글의 설득적 성격을 약화시킨다.

이 텍스트는 구조상 원 텍스트에서 '대화 방법'을 추출하고 증명하기 위해 독자 자신의 성찰 경험을 단서로 보이고 있다. 문장[3]-[18]의 내용이 바로 그 경험적 증거이다. 즉 문장[9]-[15]를 통해 문장[5]-[8]을 증명하고, 이는 문장[4]로 명백하게 단언할 수 있는 것이다. 그리고 이 글의 목적은 문장[1]-[3]에 나타나 있다. 텍스트 구조를 도식화하면 바로 앞의 경우와 같이 겹친 종적 구조로 나타난다.

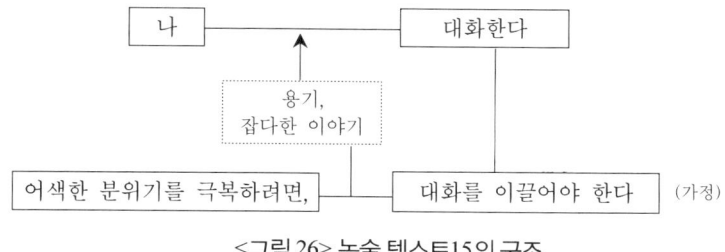

<그림 26> 논술 텍스트15의 구조

아래 텍스트는 서술자의 해석(상위인지 활동)이 삽입된 경우이다.

[1]내가 초등 학생이었을 때 나의 생일 파티는 3년 동안 눈물바다였었다. [2]그 이유는 내가 생일 때마다 친구들과 싸웠기 때문이다. [3]나는 그 때까지만 해도 내 친구들이 이상해서 그러한 일들이 일어난다고 생각을 해왔었다. [4]그렇게 그 일들이 잊혀져갈쯤 우리 가족이 다른 곳으로 이사를 가게 되었다. [5]내가 처음 그 학교에 전학을 갔을 때 그 쪽 친구들 또한 내가 무섭게 생기고 말도 딱딱하게 한다고 나를 멀리했었다. [6]처음 1년 동안은 나는 친한 친구 1명 없이 그 학교를 다녔다. [7]그 아이는 내게 먼저 와서 말을 걸어 주었고 어떻게 해야 좋은 친구 관계를 만들어 갈 수 있는지를 나에게 알려 주었다. [8]그 아이는 항상 날 먼저 배려했고, 친구들에게도 나의 장점들을 말해 주고 다녔다. [9]그 전까지만 해도 나는 남들을 사랑해 본 적이 없었고 남들도 나를 사랑해 주지 않았었는데, 그 친구를 만남으로써 내 인생이 바뀌었다. [10]선생님이 들려 주신 청소년을 위한 방송에서 남들에게 사랑받는 법은 첫째, 무리한 요구를 하지 말 것, 둘째, 작은 것에도 기뻐하는 마음을 가지는 것 셋째 남들에게 의지가 되는 것이라고 했다.
[11]나는 초등학교 4학년때까지 남들에게 의지가 되지 못했고, 작은 일에도 툴툴거렸고, 항상 나의 무리한 요구를 들어달라고 해왔던 것 같다. [12]하지만 나에게 있어서 그 친구는 내가 남들에게 의지가 되고, 작은 일에도 감사할 줄 아는 마음을 가르쳐 준 소중한 친구였다. [13]그 친구가 있기에 지금의 나는 많은 친구들을 사귈 수 있게 되었고, 남의 고민도 들어줄 수 있는 친구가 된 것 같다는 생각이 들었다. [14]지금 내가 그런 좋은 사람이 될 수 있었듯이 나도 나의 옛 친구처럼 지금 남들에게 사랑받지 못하는 사람들에게 힘이 되어 주고 그들도 사랑받을 수 있게 해 주고 싶다는 생각도 들었다.

- <16_1의 논술 텍스트>

위의 텍스트는 문장[1]에서처럼 1인칭 주어와 함께 개인 경험을 소개하며 시작된 경우이다. 물론 문장[1]이 문제 제기의 기능을 보이기는 한다. 그리고 문장[2]에서 그 이유가 명시되었다. 문장[3][4]는 선행 문장[2]와의 결속력이 부족한데 문장[2]가 문장[3][4]의 문제 상황으로 분석되지 않고 단순히 화제로만 기능하기 때문이다. 문장[5]를 단서로 하고 문장[6]의 사건을 더 지원함으로써 논증적 성격이 비로소 드러난다. 한편 문장[7]과 같이 서사의 방법으로 문장[1]과 대응쌍을 이루었는가 하면, 이를 강조하기 위해 문장[8]에서도 똑같이 제시되었다. 문장[9]는 문장 [2], [5]를 상술한 것 이상의 기능을 갖지 않으며, 문장[7]과 같은 기능의 대안으로 문장[10]이 제시되었다. 그런데 문장[7]보다 문장[10]에서 권위 있는 의견이 제시됨으로써 신빙성이 확인된 것이다. 문장[11]도 문장 [2], [5], [9]의 반복이고 문장[12]는 문장[7]의 반복이다. 한편 문장[13]은 문장[12]의 결과로 내용의 정당성이 입증된 단위이다. 따라서 문장[13]의 가정형 진술이 문장[14]에서 다짐조의 확언으로 바뀐 것이다.

따라서 위 텍스트는 텍스트 안에 또 하나의 완결된 텍스트가 들어 있어, '행위자 − (상황 점검) − 행위'의 구조를 기반으로 한다. 문장[1]-[2], [5]-[6]은 문제 상황이고, 문장[7]-[8]에서 상황 점검이 이루어진 후 문장[9]에서 그 결과를 나타내어 텍스트의 목적인 설득을 분명히 수행하고 있다. 그리고 문장[7]-[8]은 문장[10]으로 보증하여 설득력이 강해졌다. 이후 문장[11]-[14]에서 자아성찰 경험을 비춤으로써 텍스트의 목적을 인식한 사실이 드러나는 것이다. 이 텍스트의 도식을 다음과 같이 나타내어 볼 수 있다.

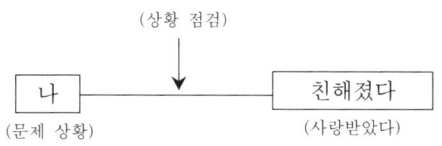

<그림 27> 논술 텍스트16-1의 구조

아래 텍스트는 15와 비교해 볼 수 있는 예로서, 동일한 대상에 대해 다른 구조로 구성된 경우이다.

제목: 짧은 시간 속에 많은 것

[1]우리는 살아가면서 많은 짧은 순간의 시간을 보낸다. [2]그리고 그 짧은 시간의 선택에 의해 많은 것들이 좌우된다. [3]또 그 짧은 시간에 듣는 말에 힘을 얻기도 하고 상처를 받기도 한다. [4]예를 들어 '고마워'라는 말에 우리는 보람과 기쁨을 느끼고 '힘내'라는 말 한마디에 한없이 힘들고 절망스러운 상황에서도 앞으로 나아갈 힘과 용기를 얻기도 한다.

[5]하지만 우리는 이러한 짧은 순간에 경솔함으로 일을 그르치기도 하고 다른 사람에게 치료할 수 없는 상처를 준다. [6]자신은 별 생각 없이 말한 1초의 그 한마디는 자신 혹은 다른 사람에게 엄청난 영향을 주는 것이다.

[7]나는 특히 공부나 부모님과의 관계에서 순간의 선택에 후회할 때가 많다. [8]공부를 할 때 놀고 싶은 마음을 1초에 고쳤다면 후에 더 큰 만족을 느꼈을 텐데 그 순간의 기쁨을 위해 순간의 잘못된 선택을 하고 엄청난 후회를 한다. [9]이번 시험에는 특히 그랬는데 공부를 하려 할 때 1시간만 놀까?라는 1초의 생각에 놓고 그 시간이 점차 늘어나 나중에는 감당하지 못할 만큼까지 간다.

[10]또 한번은 어머니께 짜증내는 것이다. [11]순간의 짜증을 참지 못하고 낸 것이 어머니께 상처를 드리고 서로 싸우게 한다. [12]몇일전에는 어머니께서 머리가 긴 나에게 머리좀 짜르라 하셨는데 더위에 짜증스러움을 참지못하고 공손하지 못하게 '싫어'라는 말을 내뱉어 싸운적이 있었다. [13]어머니께서는 날씨가 더우니 짜르는게 좋겠다고 생각해서 말씀하신건데 나는 '싫어'라는 1초보다도 짧은 시간에 그말을 내뱉음으로써 서로 불쾌감을 일으킨 것이다.

[14]땀이 식고 곰곰히 방에서 생각하면서 어머니께 얼마나 죄송스럽고, 내가 한 말에 얼마나 후회했는지 모른다. [15]그리고 결국 어머니께 죄송하다 말씀드리자 어머니께서도 화내서 미안하다고 하셨다. [16]우리는 살아가면서 많은 대화를 나눈다. [17]이 짧은 대화에서 서로 불쾌하기도 하고 행복하기도 한다.

- <17의 논술 텍스트>

위 텍스트는 문장[1]에서 초점에 대한 보편적 지식('우리가 살아가면서 짧은 시간을 보낸다')을 전제로 하여 시작된다. 학습자는 문장[1]의 '짧은 순간'을 초점화하여 문장[2]를 이끌어 내고, 문장[2]의 '많은 것들'을 문장[3]에서 '힘'과 '상처'로 대상화하였다. 이는 다시 문장[4]에서 '고마워'와 '힘내'라는 발화를 기표로 나타냄으로써 공유 문화권의 설득력을 상징한다. 그리고 문장[4]에 제시한 긍정성으로부터 전환하여 문장[5]에서 '상처'에 주목한다. 이 '상처'라는 단어는 문장[6]의 '엄청난 영향'을 보증하며, '1초'로써 구체화되었다. 이를 정당화하기 위해 문장[7]에서 '부모님과의 관계'라는 상황을 전경화하고, 문장[8]에서 그것을 묘사한다. 문장[9]는 문장[8]을 보장하는 예로 부가된 단위이나, 심리적인 불안정성까지 포괄하여 일반화하기는 어렵다. 문장[10]은 문장[7]의 하위 단위로서 문장[8]과 대등하게 구성되었으며, 문장[11]은 문장[8]과, 문장[12]는 문장[9]와 함께 구체적 경험을 보증함으로써 같은 기능을 한다. 나아가 문장[12]의 경우 문장[13], [14]로 정당화하고 있다. 물론 문장[14]는 정서적 반응으로 판단을 대신한다. 그리고 문장[15]에서는 문장[4]에서 언급하지 않은 기표('죄송하다')가 추가되었다. 문장[16]은 문장[3], [4]와 대응쌍을 이루어 결속된다. 글의 결속성에 기여하는 단위는 문장[6]과 [13], [17]로서 문장[2]를 단락별로 점검하고 있는 것이다. 텍스트 구조는 '행위자(우리는) - 행위(느낀다, 얻는다, {상처} 준다, {영향} 준다)'라는 기본 축에 '짧은 시간'이라는 배경 정보를 추가하여 행위를 부각시킨 유형이다. 그리고 행위를 야기하는 충분조건으로 '대화'를 두고 있다. 그래서 이 텍스트 구조를 도식화해 보면 행위자의 객체도 완결된 하나의 텍스트를 구성하기 위해 중요한 요소로 기여한다.

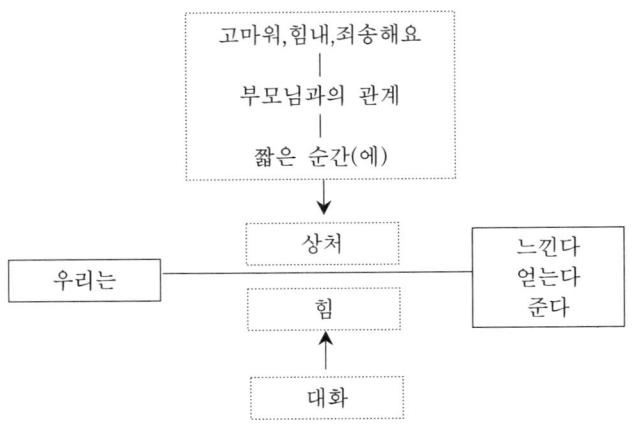

<그림 28> 논술 텍스트17의 구조

세 번째, 융합구조 유형이 있다. 이 유형은 의미상 유사한 어휘집합(논거들의 집합)이 텍스트라는 하나의 기호체계로 응축시킨 표상으로서, 강연 담화에서 주로 쓰인다. 왜냐하면 청중의 주의를 끌고 강연 내용을 주지시키는 데에 구조화 전략이 유용하기 때문이다.

> [1]친구들과 대화를 나누다 보면 말이 끊겨서 무슨 말을 해야 할지 고민되는 경우가 종종 있다. [2]막상 ∅(말을) 다시 이어가려고 하니 그 얘기가 끝이 난 것 같아 다시 말하기 어색하고 다른 이야기를 꺼내려고 하면 좀 전처럼 나에게 호응해줄까 겁도 난다. [3]앞으로는 그런 위험을 감수하더라도 좀더 용기있게 약간의 개그라도 할 수 있어야겠다. [4]점점 말이 줄어들을수록 인간관계가 축소될 수도 있을 것만 같다. [5]또, 가끔하는 그 한마디가 타인을 기분 좋게 할 수도 아니면 기분 나쁘게 할 수 있다는 것에 공감했다. [6]대게 교실에서 흔히 있는 일 중에 펜이나 샤프 등이 떨어지면 주워 달라고 하는데 그 주워 준 것에 대한 감사를 표하는 아이들을 보면 솔직히 괜히 주워준 것 같다는 느낌을 받을 때도 있다. [7]대체로 좋게 넘어가지만 주워주었을 때 뺏어가듯이 획하니 가져가면 다시 뺏어와서 바닥에 던져 버리고 싶을 때도 있다.

[8]"고마워"라는 말 한마디의 파장은 그렇게 큰 것 같다. [9]그 사소한 말로 인해 씨익 미소도 지어줄 수 있는 것이 참 신기하다. [10]'이기주의'라는 검은 가면을 얼굴에 달고 다니는 우리에게 아주 약간의 감사표현은 그 가면의 두께를 얇게 해 준다고 본다. [11]다만 그런 표현이 어색한 건지 아니면 고마움을 느끼지 못하는 건지 나는 그렇게 하지 않도록 해야겠다. [12]인간이 사회적인 동물이라고 하는 만큼 우리는 이런 작은 1초 표현이 더 좋은 인간관계를 이끌 수 있다고 본다.

[13]또, 사랑받는 타인에게 무리한 요구를 하지 않고 사소한 것에 감사한다는 것에 동의한다. [14]사람들 대부분이 타인보다 더 큰 것, 더 좋은 것만 원하고 현재 본인의 삶에는 감사하지 못한다. [15]좀 된 나의 일기 구절이지만 '나는 햇빛을 볼 수 있다는 것에 감사하고, 나를 존중해주고 나와 좋은 인연을 맺은 사람들이 있어서 감사하고 그런 사소한 추억이 있음에 감사하고 그 기억으로 이렇게 글쓰는 것에 감사한다'라고 쓴 적이 있다. [16]내가 사랑받는 사람인지는 의문이지만 이런 감사함이 나를 사랑받을 수있는사람으로 이끌 것이라는 것을 믿어 의심치 않는다. [17]당신도 또 나도, 우리 모두 사소한 것에 감사하자.

- <19의 논술 텍스트>

위 텍스트는 문장[1]에서 문제 상황을 전제로 하여 시작되었다. 그리고 문장[2]에서 그 문제 상황을 보다 더 구체적으로 묘사하고 있다. 문장[3]은 선행 문장[1], [2]에 대한 해결 방안이고 문장[4]는 문장[1]의 '친구'에서 '인간관계'로 범주를 확장하여 문제를 심화시킨 단계이다. 그리고 문장[5]는 선행 문장들([1]-[4])을 전제로 한 해석이다. 문장[6]은 선행 문장[5]를 보증하는 예로 볼 수 있고, 문장[7]은 선행 문장[6]을 더 상세하게 묘사한 기술이다. 문장[5]-[7]에서 문제가 된 요소는 문장[8]에서 밝혀져 있다. 그리고 문장[8]에 대한 평가가 문장[9]에 드러나 있다. 문장[9]는 글쓴이 개인의 반응이지만 문장[10]은 불특정 다수('우리에게')를 향한 범주화('감사 표현') 기술로 보편성을 획득하였다. 여기서 대상의 의

의가 확인되었으므로 문장[11]은 비록 개인적 반응이어도 '인간이 사회적 동물'이라는 단서에 의해 설득력이 확보되니, 문장[12]로 확대되기에 충분하다. 더욱이 문장[13]에 해설 자료의 주제를 첨가하여서 읽는이(또는 듣는이)로서 말하는이의 생각과 일치함을 증명하였다. 문장[14]를 통해 문장[13]의 실현가능성을 문제 삼고, 문제[15]로 일상생활에서의 깨달음이 전제되도록 한 다음 문장[16]에서 확신했다. 나아가 이전의 내용을 근거로 하여 문장[17]에서 청유형으로 설득력을 높이려고도 했다.

이 텍스트는 중계 텍스트인 원 텍스트들 중 '사랑받는 사람'과 '1초'를 스키마로 형성하여 산출한 결과이다. 초점 정보가 문장[5], [12], [13]에 제시된 것으로 보이는데, 각각 유의관계를 맺음으로써 글 전체의 일관성에 기여한다.

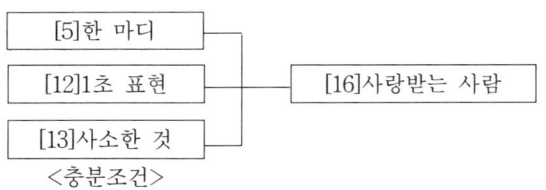

<그림 29> 논술 텍스트19의 핵심어구 구성

이 텍스트는 문장[1]에서 보편적 문제를 제기하면서 글의 목적을 정하고 문장[16]을 지향하는 조건으로서 문장[5], [12], [13]을 배치하였다. 이 밖의 문장들은 세 문장의 조건을 지원하는 내용으로 기술된 것이다. 다만 특정한 상황이 설정되지 않고 일반화하여 두루 적용하도록 의도한 점이 특징적이다. 구조의 기본 도식은 다음과 같이 나타내어 볼 수 있다.

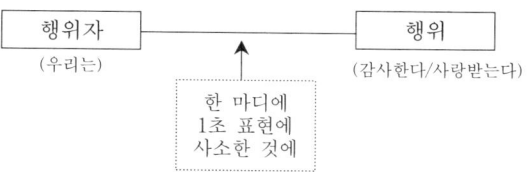

<그림 30> 논술 텍스트19의 구조

3) 텍스트 무늬의 양상

텍스트가 필자의 개성으로 구성되는 것이기에 그 구성 방법을 미시적으로 살펴보면 나름의 결이 찾아질 것이다. 다양한 모양의 도형이 갖추고 있는 조화와 균형을 기하학적으로 설명하듯이 텍스트 무늬의 다양한 양상을 언어학적으로 구명해 보려는 것이 이 연구의 최종 목적이기도 하다. 단어의 부정적 의미가 독자의 배경지식으로 구축되어 있거나 그렇게 구현된 경우에 뾰족한 무늬(-)로 표현했고, 긍정적 의미로 사용된 경우에는 볼록한 무늬(+)로 표현했으며, 중립적 의미인 경우에는 점(·)을 찍어 구별하였다.

논제 유형의 성격에 따라 완성형인 11_2의 무늬가 가장 수려하며, 부분 능력을 평가하는 유형에서는 다소 불균형한 무늬가 나타난다. 제시문4_3의 의미는 삼각형 무늬 일반으로 구성되며, 제시문6_1의 의미는 한쪽이 날카로운 특징이 있고, 제시문8_1의 의미는 길쭉하면서 나름대로 곡선을 포함하여 구성된다. 그러나 제시문10_1의 의미는 조화로운 곡선 미학이 드러나게 구성되고, 제시문11_1에 이르러 의미 구성 양식이 대칭을 이루어 안정적이다. 물론 부분 능력을 평가함에 있어서도 텍스트에 안정적인 무늬가 나타나도록 촉진하는 일이 고무적이다. 그래서 부분 능력을 평가하는 상황이 아닌 경우에 앞의 네 가지 유형은 보통 학습자들에게서 쉽게 나타나는 오류로 볼 수도 있다.

첫 번째 유형은 개념 중심의 텍스트에서 잘 발견되는 삼각 무늬이다. 이러한 텍스트는 어떤 개념을 근거로 구체적인 사태에서 문제를 지적하여 바로 주장에 연결하는 유형이다. 이 유형에는 정삼각 무늬, 깔대기 무늬, 역삼각 무늬, 호리병 무늬, 꽃다발 무늬가 있다[103].

---

103) 본고에서는 텍스트의 주요 어휘를 대상으로 +, -값을 매기고 그 분포의 균형성 여부를 살펴보았다. 단, 논제에 제시되었거나 논점에 직결된 대표 어휘는 중간값을 가진 것으로 보아 제외하였다. 관련 자료는 아래와 같다.
[1]웰빙의 상품화(-)는 웰빙을 '물질(-)을 통해서 고급스러워지는(+) 삶','수준높은(+) 삶'으로 왜곡(-)시켜서 웰빙을 타자화(-)한다. [2]그래서 현재의 내것(+)이 되어야 하는 웰빙을 과거의 웰빙의 삶을 되찾는(+) 또는 미래의 웰빙의 삶을 위해서 준비하는 것(+)으로 나의 삶과 웰빙을 분리한다(-). (**진_가)
[1]웰빙 운동은 물질적(-) 풍요와 정신적(+) 풍요를 함께 획득(+)하는 것을 말한다. [2]하지만 현재 우리 주변에서 보이는 웰빙은 화폐(-)가 있어야 획득할 수 있는, 소위 수준 높은(+) 삶이라고 남에게 불리는 삶의 모습을 구매하(-)는 것으로 변질되었다(-). [3]진정한(+) 웰빙, 즉 참-살이(+)는 다른 누군가가 고급스럽게(-) 여기는 삶이 아닌(+), 지금 이 자리에서 나 자신에게 맞는(+) 삶을 사는 것이어야 한다. (**진_나)
[1]웰빙이 시대의 화두(+)가 된 이유는 물질(-)적 삶의 병폐(-)를 극복(+)하고 정신적(+)으로 건강한(+) 삶을 획득(+)하자는 취지이다. [2]그런데 웰빙의 상품화(-)는 웰빙을 화폐(-)를 들여서 살 수 있는 그 무엇(-)으로 만들고, 이는 화폐가 없으면 웰빙을 구경하기만(-) 해야 함을 의미한다. [3]이는 결국 물질(-)에 종속(-)됨에 따른 삶의 폐해(-)를 극복하지 못하고(-) 오히려 물질(-)에 종속시키는(-) 결과를 초래하기 때문에 옳지 못하다. (*미*_가)
[1]웰빙의 상품화(-)는 웰빙을 물질(-)을 통해 고급스러워 지는(+) 삶이라고 정의하는 것을 의미한다. [2]상품화(-)가 문제되는 이유는 이것이 타자화(-)를 의미하기 때문이다. [3]웰빙의 타자화(-)는 웰빙을 자신의 삶과 분리(-)해 놓는 것을 말하는데 사람들로 하여금 자신의 삶이 주(+)가 되어 그 속에서 웰빙을 누리는 것이 아니라, 자신의 삶을 부정하고(-) 웰빙이라는 외부의 어떤 것(-)을 추구해야 하는 것으로 받아들이게 되었다. [4]결국 ∅(타자화는) 정신적으로(+) 한층 발전된 삶(+)을 살자는 취지에 부합하기는(+)커녕 오히려 물질(-)에 종속시키는(-) 결과를 낳게 된다. (*미*_나)
[1]웰빙은 후기산업시대에 인간이 물질적(-) 삶의 풍요에 비해 정신적(+) 삶이 풍요롭지 못하고 있어 그것에 맞게 정신적으로 건강하고(+) 아름다운(+) 삶을 계발하고(+) 창조되었다(+).
[2]그러나 요즘은 수준 높고(+) 물질을 통해(-) 고급스러운(-) 삶을 살아가고, 화폐(-)가 없이는 할 수 없는 것이 웰빙이다. [3]분수에 맞게(+) 각자 살고 있는 상황에 적합한(+) 웰빙이야말로 진정한(+) 웰빙이라 할 수 있다. (*아*)

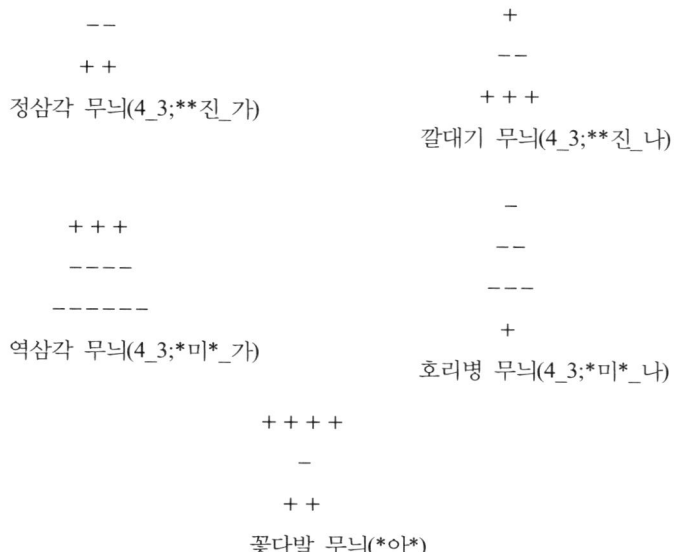

두 번째 유형은 솟은 무늬이다. 이 무늬는 논점이나 생각의 실마리가 먼저 드러나고, 구체적 예를 지원하는 유형에서 찾아볼 수 있다. 구체적 예는 총체적 현상으로서 논점을 지원하기 때문에 대체로 균형이 잡혀 있다. 이 유형에는 바늘 무늬와 긴 모자 무늬가 있다[104].

---

104) [1]스코틀랜드는 아일랜드의 문화를 모방(-)하여 형성되었다. [2]18세기말 19세기 초에 스코틀랜드는 아일랜드의 문화를 모방(-)한 것을 부정(+)하고 고지대의 전통을 인위적으로 만들어 냈으며(-) 그것을 사람들에게 전파하는(+) 과정을 통해서 인위적으로 스코틀랜드의 문화를 조작한다(-). [3]그 과정에서 사람들은 인위적인 문화를 수동적으로(-) 받아들이기만 했다. [4]조작된(-) 것을 자연스럽게 역사적 사실로(+) 받아들이는 위와같은 현상이 국가전체주의에서(-) 경계하여야(+) 할 현상이다. (**진)
[1]전체주의(-)란 개인은 전체 속에서 비로소 존재가치(+)를 갖는다는 주장을 근거로 강력한 국가권력(-)이 국민생활(+)을 간섭(-)·통제(-)하는 사상 및 그 체제를 일컫는다. [2]제시문에 나온 스코틀랜드는 잉글랜드의 억압적인(-) 전체주의적(-) 통치(-)하에 자국의 독자적인(+) 전통(+)을 가지지 못했다. [3]∅ 단지 잉글랜드의 문화를 모방(-)할 뿐이었다. [4]그러나 아일랜드에 대한 문화적 반란(-), 새로운(+)

```
                                              --
       -                                       -
       -                                       -
       -                              + + + + + +
       -                                      + +
       .
   바늘 무늬(6_1;**진)              긴 모자 무늬(6_1;*수*)
```

세 번째 유형은 볼록·파임 무늬이다. 이 유형으로는 펜촉 무늬와 창살 무늬가 발견되었는데, 남녀 성향의 차이를 분명히 구분해 주는 점이 특징이다105). 전자는 여학생에게서, 후자는 남학생에게서 발견되었다. 여

고지대 전통들이(+) 인위적으로(-) 창출(+), 그리고 저지대 스코틀랜드와 동부 스코틀랜드에 이러한 새로운(+) 전통들이(+) 소개(+)되면서 전통을 형성해(+) 나가는 이러한 인위적인(-) 과정을 통해 그들 고유의(+) 전통을 형성할(+) 수 있었다. [5]즉 반(反)전체주의(+), 전체주의(-)에 대한 경계로(+) 인해 비로소 독자적인(+) 개체가 된 것이다. (*수*)

105) [1]아리스토텔레스 이래에 학문은 사실(+)이나 진실(+)을 인식하려는 '사실의 학'과 인간된 도리를(+) 밝히는 '가치의 학'으로 나누어져 왔다. [2]제시문 (나)와 (다)의 공통점은 의견이 대립되고(-) 있다는 것이다. [3]하지만 제시문 (나)는 가치때문에 갈등(-)이 생기고 있고 제시문 (다)는 사실 때문에 갈등(-)이 생기고 있다는 것이 차이점이다. [4]제시문 (나)에서 황윤길과 김성일이 같이 일본을 다녀왔는데 의견이 다른(-) 까닭은 김성일은 나라와 민심을 어지럽히지(-) 않는것(+)에 가치를 두고 있고 황윤길은 정확히 보고하여(+) 나라를 지키는데(+) 가치를 두고 있기 때문이다. [5]그리고 제시문 (다)에서는 1심 재판소는 개인의 기량(-)에 따른 운동의 결과를 우연(-)이라 할 수 없다고 하였고 2심 재판소는 핸디캡의 조정(-) 등과 같은 방식으로 우연(-)의 상황이 일어날 수 있다고 한두 가지 다른 사실 때문에 갈등(-)이 일어났다. (**진)

[1]스스로 존재하는 사실에 관한 물음에 대한 대답을 사실판단이라 하는 반면 앞으로 해야 할 것을 위한 실천에 관한 물음에 대한 대답을 가치판단이라고 한다. (문단 바꿈) [2]제시문 (나)에서는 일본의 동향이 어떤지를 두고 의견대립(-)이 나타나고 있다. [3]여기서 황윤길은 사실대로 의견을 밝혀 국란(-)에 대한 대비(+)를 하여야 한다는 가치를 근거로 판단을 내리고 있다. [4]반면, 사실을 말함으로써 나라가 어지러워지는(-) 것에 중점을 둔 김성길은 황윤길의 의견을 부정하는(+) 가치판단을 내린다. (문단 바꿈) [5]제시문 (다)에서는 내기 골프 행위가 도박인가(-), 즉 사실을 판단함에 있어 대립(-)이 발생하고 있다. [6]이에 대하여 1심

학생의 경우, 장식적 수사나 병렬적인 구성이 특징적으로 나타났다.

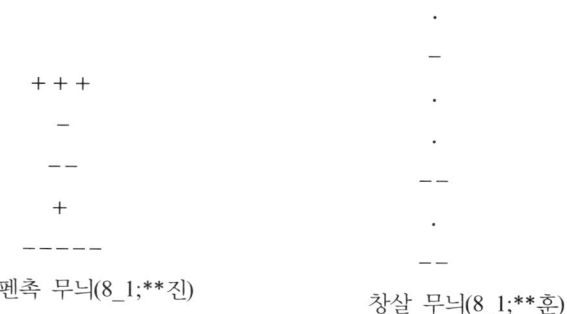

네 번째 유형은 탑 무늬이다. 이 무늬는 먼저 논점을 짚어 내고 예증이나 분석 등의 방법을 통해 주장을 강조하는 유형에서 발견된다. 예증 등의 방법이 첨가됨으로써 중간 부분이 다소 부풀어 있는 모양을 보인다. 본 고의 대상 중에는 드레스 무늬와 트로피 무늬가 있다[106].

재판부는 내기골프가 기량과 재능에(-) 의하여 승패가 결정되므로 도박이 아니라는(+) 사실판단을 내리고 있다. [7]반면, 2심재판부는 경기승패를 가리는 우연의 조건을(-) 만들 수 있으므로 도박이라는 판단을(-) 내리고 있다. (**훈)

106) [1]제시문에서는 영웅의 이상화(+)가 현실과 동떨어져(-) 자신이 할 수 없는 것(-)을 영웅이 해 주길 바라는 수동적인(-) 마음에서 나온 것으로 간주한다. [2]이상(+)을 꿈꾸는(+) 것은 인간의 삶에 반드시 필요하지만(+), 인간이 가지고 싶어하는 '절대적인 힘'(+)으로 평범한 개인도 악을 무찌르는(+) 영웅이 될 수 있다는 착각을(-) 할 때 부정적인(-) 반응을 일으킨다. [3]자신의 가치(+)를 증명(+)하면서, 남은 인정하지 않고(-) 자신만 인정되려 더욱 능력을 키우게 되는(+) 것이다. [4]그러므로 올바른(+) 영웅주의(+)는 남과 자신을 모두 인정하고(+) 포용하는(+) 관용적인(+) 사회에서만 제 역할(+)을 할 수 있다. (정**)

[1]영웅의 존재는 따분하고(-) 평범한(-) 삶을 넘어 이상(+)과 목표(+)를 제시한다. [2]<스파이더맨>에서 지극히 평범한(-) 피터가 감히 우리가 따를 수 없는 영웅(+)이 된다. [3]이런 경우로부터 우리는 충분히 주위 사람보다 월등해질(+) 수 있다고 믿는다. [4]이로 인해 자신이 이미 사회에서 우월한(+) 것으로 착각하고(-) 주변 사람들을 인정하지 않는(-) 상황이 많아진다. [5]자신뿐만 아니라 타인도 자신을 인정하는(+) 경우가 많이 없기(-) 때문에 열등감(-)에 휩싸여 있다. [6]게다가

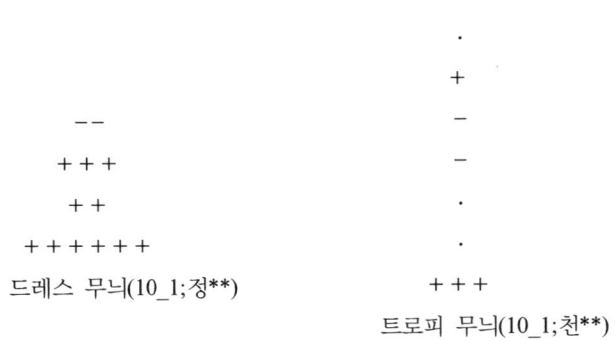

드레스 무늬(10_1;정**)   트로피 무늬(10_1;천**)

다섯 번째 유형은 모래시계 무늬이다. 여기서 텍스트 구조가 가장 안정된 모습을 보인다. 내용이 많은 경우에 텍스트 전반부의 양이 비대할 수 있으나, 중간 부분에서 초점을 짚어 내고 다시 내용이 보충되거나 전환 기능을 통해 주장에 이르기도 한다107).

타인의 질투(-)를 받지 않기 위해 끝없이 탁월해지려고(+) 한다. [7]하지만 이는 인간이 존재(+)하는 것을 불가능하게(-) 한다. [8]진정 타인을 인정하고(+) 자신만의 삶을 살(+) 때에 영웅주의가 올바르게(+) 된다. (천**)
107) [1]생산자들은 물건을 생산(+)할 때, 사회적 책임(+)에 따라 2가지 방법으로 생산 방향을 결정한다. [2]한 가지는 환경을 개발하고(+) 연구하는(+) 것이다. [3]기업은 사회적 책임(+)을 지지 않고(-), 경쟁(-)하여 이익이 최고가(+) 되는 활동이 올바르다 주장한다. [4]그리하여 충실한(+) 자유시장의 원리(-)를 추구한다. [5]다만 개인적 이익추구로(-) 환경파괴(-)가 심할(-) 수 있다. [6]또 다른 한 가지는 환경친화적(+) 생산으로 윤리적인(+) 관점에서 기업에게 사회적 책임(+)을 지우고 환경적 비용을 지불하는(-) 것 이다. [7]그렇면 자연친화적이지만(+) 생산에는 걸림돌(-)이 생겨 생산 비용이 올라가게(-) 된다. (문단 바꿈) [8]그러나 제시문 (다)를 보면, 소비자들의 환경에 대한 관심증가로(+) 가격이 좀 더 비싸도(-) 친환경제품을(+) 선호하게(+) 되었다. [9]그러므로 기업은 친환경제품을(+) 선택하는 (+) 쪽에서 경쟁력을 높이는(+) 방안을 검토해야한다. (정**)
[1](가)글은 기업이 소비자의 욕구(+)를 충족(+)시키기 전에 이 욕구가 환경 미칠 영향(-)을 파악한(+) 후 만들어 사회적 책임을(+) 짐으로서(+) 자원 고갈 문제(-)를 해결 할(+) 수 있다는 견해다.[2](나)글은 기업은 주주들의 이윤을(-) 추구하기(+) 위해 존재하(+)는 것으로서 사회적 책임을(+) 지는 것은(+) 부당하고(-),이미 사회적 복지가(+) 이루어 지고 있는(+) 상황임을 말하고 있다.[3]이 글은 오히려

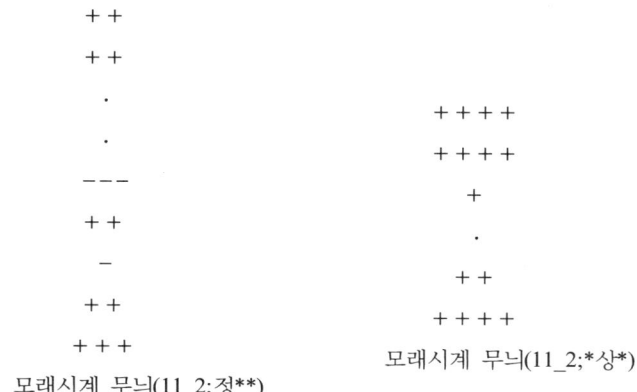

모래시계 무늬(11_2;정**)   모래시계 무늬(11_2;*상*)

3.4. 분석 결과와 활용

  어떤 문식 환경이 글쓴이의 표현에 얼마나 영향을 주었는가를 알면 시대 기호를 약호화하는 기능적 문식성이 배양되었음을 확인할 수 있다. 이는 통시적으로도 집단 문화의 가치를 전승하고, 사회적으로 한 문화권의 구성원으로서 정체성을 획득할 수 있는 가능성이다. 생태학적 배경에서 의사소통의 필요성이 입증된 지금, 의사소통의 다양한 방법을 받아들이는 일은 정당하다. 그러면 그 다양성을 수용할 수 있는 준거가 분명해야 할 것이다.

  독자가 드러내는 태도는 사회·문화권에서 공통으로 전제하는 가치에

개인들의 책임을(+) 더욱 강조하는 입장이다.[4](다)글은 현재의 소비자들의 문화를 일러준다.[5]최근 소비자들은 자신의 소비에 대한 사회적 결과를 관심을 갖게(+) 되고 이에 따라 부정적(-) 사회결과를 방지하는(+) 윤리적(+) 소비가 이루어지고 있음을 알려 준다.[6]각 글의 주장을 통해 기업은 상품을 출시하기(+) 전 환경적 영향을(-) 파악하고(+) 소비자들은 상품을 지혜롭게(+) 구매하여 환경에 영향(-)을 미치지 않는(+) 발전이 이루어 질(+) 가능성(+)을 시사한다. (*상*)

서 비롯된다. 거꾸로 개인의 인식 저변에 다양하게 구축된 세계가 합의를 지향하는 상황에서 기능적 문식성은 고양된다. 다만, 논제 유형별로 학습자의 적성이 나타나는 것은 기능적 문식성의 성향이 다르기 때문이다. 장 독립형과 장 의존형 학습자에게서도 각기 다른 특징이 발견된다.

3.4.1. 장(場) 의존형

7학년 여학생의 보고 담화에서 언어 사용 습관에 관여한 온라인 담화 구조의 특징을 찾을 수 있다. 온라인 담화에서 상호작용하는 태도가 논증 텍스트의 생성 환경에 어떤 영향을 주는지 살펴보기로 한다. 2007학년도 자료에서 7학년 D학급의 한 여학생이 대인 담화에서 보인 언어 사용 습관을 2006학년도 다른 지역의 8학년 여학생 대인 담화 자료와 비교해 보면, 동일한 연령과 동일한 성별에도 불구하고 다른 시기, 다른 지역 맥락이 창의적인 텍스트 생성에 주요하게 작용하는 요인임을 알 수 있다. 그리고 그 결과로써 성별과 연령, 지역에 따른 언어 사용의 습관과 수준을 유형화해 볼 수도 있을 것이다. 여기서는 7학년 여학생의 설득적 표현 책략에 대해 살펴보자.

> 처음 (길동이를) 버디에서 만났어요[배경]. 걔(길동이)가 먼저 저한테 투투 하겠느녜요[사건 정보]. 그래서 전 (투투를 할) 생각 없다고 그랬어요[사건]. 그랬더니 걔(길동이가) 지 말 씹네요[결과].(눈물 보이기 시작) 그래서 아니라구 (그랬어요), (제가 정미랑) 길동이랑 투투 아니냐구 그랬어요. 그랬더니 (길동이가) 정미랑 끝나면 그럼 (투투를) 할래 또 그러는 거예요 그래서 (투투를) 생각해 보겠다구 그랬어요 근데 버디는 계속 말을 해야 되는 거잖아요?[보충] 그래서 (길동이랑) 말하다 보니까 (길동이와) 친구가 됐어요[전환]. 근데 걔는 우리 반의 정미랑 사귀잖아요?[문제] 버디한 다음 날 학교에 오니까 선희가

애들한테 제 얘길 하고 있었어요.[결과1]. 절 야리면서요[결과2]. 그러면서 큰 소리로 (저에게) 저랑 생까자고 그러는 거예요[명료화]. 생까자는 말이 모른 척하자는 뜻이잖아요?[보충] 그래서 (저가 우리반 여자애들이랑) 생까기로 했어요[사건]. 근데 (선희가) 계속 제 욕하면서 야리구요 툭툭 치면서 지나가는 거예요.(약간 흥분) 그리구서 버디 들어가니까 애들(반애들)이 말을 걸었어요. 그래서 제가 말 안 했더니 (선희가) 지 말 씹네요. 그래서 (제가) 생까자며? 그랬어요. 그랬더니 (선희가) 정말 그럴 거녜요. 같은 반인데 어떻게 그러냐면서요. 그렇게 해서 자꾸 제 말에 (선희가) 딴지를 거는 거예요[선행 발화 요약]. ("어떻게?"라는 물음에) 걔(길동이) 사귀냐고 그러면서 정미랑 사귀는 거 모르냐고 그러는 거예요[문제 분석]. 그래서 아니라고 그랬어요. 그랬더니 제가 갤(길동이를) 바라보는 눈빛이 이상하대요[증명]. 그러고 끝났는데 오늘 학교 와 보니까 제 책상이 엎어져 있었어요[결과]. (잠시 휴지) 그래서 요즘 힘든 거예요[최종 결과]. - <2007년 D3O3의 대인 담화(상담)>

(※ 투투란, 고학년 어린이 및 청소년 집단에서 쓰이는 용어로 만난 지 22일째 되는 날을 기념하여 치르는 행사를 일컬음.)

위 대인 담화의 핵심 내용은 어휘(구) '투투 - 생까다 - 딴지 걸기'의 연쇄로 구조화되어 있다. 그리고 세부적으로는 '배경 - 사건 정보 - 문제 - 결과 - 사건 연쇄 - 보충 - 사건 - 결과 - 명료화 - 요약 - 분석 - 증명 - 결과 - 최종 결과'로 배열되어 있다. 화자는 공유 지식이 다른 청자에게 상담 목적의 대화를 요청하고 있기 때문에 보충, 명료화, 요약 전략을 사용한 것이다. [분석]과 [증명]의 내용은 선행 발화를 요약적으로 언급한 '딴지(를 거는 거예요)'에 대한 보장으로서 화자 자신의 정서를 정당화한다. 그리고 구어 담화의 특성상 연쇄적인 전개도 비친다. 담화 전개를 위한 연쇄 유형은 위 자료에서와 같이 지시어와 접속어로 나타난다. 지시어로는 술어 표현의 '그러면서, 그러는, 그럴, 그랬어요'가, 접속어로는 전환의 '근데'이나 인과 기능의 그래서, 그러면서, 그랬더니'가 빈번하게 나타났다. 한편 이 화자의 경우는 서사적으로 자신의 생각을 전달하고 있어 화두에 배경 정보를 제시하고 문제와 사건, 결과 순으로 담화를 짜고 있는 것이다. 한편 화자(학습자)가 자신이 처한 상황을 분석한 내용은 고전의 춘향 이미지 그대로 일부일처제의 관습을 반영하고 있다108). 나아가 자신이 당면한 [문제] 상황이 그 관습적 인식에서 비롯된 것임을 강조하였다. 즉 고전의 춘향 이미지가 전승된 문화권에서 확인되는 현대 7학년 학습자들의 여성 인식이다.

위에서 사건을 연쇄적으로 진행한 점은 구술의 특성이기도 한 서사성이다. 상황을 자세히 묘사하기 위한 전략으로서 서사는 충분히 요구되나 논증 담화·텍스트에서는 말도막으로 분절하여 선후 화행의 인과관계를 분명히 할 필요가 있다. 아래 텍스트에서는 '첫째, 둘째' 등의 서수사와 '-때문'이라는 단어에 의해 서사의 진행이 분절되었다. 이는 논증적 담화의 특징과 상관한다.

> 논제: [C1]이 소설의 주제는 가족간의 사랑 이다.에 반대한다!!
> 논거:
> 첫째, [S1]자식들이 아버지 앞에서 대놓고 나쁜 이야기를 한다는 것은 예의가 없다.
> →[S2]아버지가 아무리 귀를 못 듣는다고 해도 아버지가 눈은 보실수 있으니깐 아버지가 몹시 불편해하실꺼고/ 그건 자식들의 도리가 아닌 것 같다.
> 둘째, [S3]아버지가 누군가를 기다리는 것은/ 사랑이라고 볼 수 있다.
> →아버지가 무조건 누군가를 기다린다고 해서는 그건 사랑이라고 볼 수없다. [S4]이 주제의 배경이 또 있고, 아버지가 자식과 약속이 있어 기다릴 수도 있고/ 집 안에 안좋은 일이 있어서 기다리는 것일 수도 있다.
> 셋째, [S5]가족 이란 자체가 사랑

---

108) 당시 텔레비전 드라마로 <쾌걸 춘향>이 방송되었고, 7학년 학습자들 사이에서 주로 회자된 화제였기에 실제 담화나 텍스트에 반영되었을 공산이 크다.

→만약 [S11]그 가족이란 공동체 자체가 가족간의 사랑이라고 볼수는 있지만 [S6]새엄마가 있을 수도 있고 새이빠가 있을수도 있기 때문에/ 저는 그렇다고 가족간의 사랑이라 볼 수 없다. [S7]계모가 우리가 밉거나 얄미워서 못 살게 굴수도 있고/ 가족간에도 싸움이 나기 때문에/ 서로 미워하고 질투하고 시기할 수 있을 (수)도 있기 때문입니다.
넷째, [C2]사랑이라기 보다는 그리움 이다.
→무조건 사랑이라고는 볼 수 없다. [S12]아버지가 자식을 기다리는건 사랑일 수도 있지만 그리움이라고 볼 수있다. [S8]자식들에게 어머니는 돌아가셔서 그리움이라고 볼 수 있고 아버지는 귀를 못들으시니깐 그것도 그리움 인것 같다. 고 아버지가 귀를 못들으시니깐 심히 답답해 하실 것 ①같아보인다. 그리고 이 소설의 배경을 보아 사랑 보단 그리움 인것 같다.
다섯째, [C2]이 소설의 주제는 그리움 이다.
→이 소설의 주제는/ 가족간의 사랑이 아닌 그리움 이다. [S9]영희가 성식을 비꼬는데도 아무말도 하지 않으니깐 영희가 오빠인 성식을 너무 무시한다. 왜 그렇게 생각하냐면 [S10]이 소설에서 영희가 성식에게 "오빠랑 선재를 비교해 볼 때 오빠가 아니꼬운점이 아주 많아!"라는 말을 하였기 때문에/ 서로 미워하고 질투하고 하니깐 가족간의 사랑보다는 그리움 인것 같다.

- <2007년 10월 D3O3의 토론 텍스트>

위의 담화를 생산한 여학생의 토론 텍스트에는, 텍스트 유형에 적절한 추론이 보인다. 다만 '-니까'나 '왜'를 표시하여 토론 화행에 적합한 단서를 보이고 있으나 술어 표현에 있어 '같다'를 빈번하게 노출함으로써 설득력이 약해졌다. 한편 위의 담화에서 알 수 있는 연쇄 유형은 첨가(연언) 기능의 '-고', 지시어 '그건', 인과 기능의 '-니까/-때문', 역접 기능의 '-지만'이다. 구어로 구성되는 담화의 본질적 특성상 화제가 끊임없이 추가되거나 결과를 지향하거나 반전이 있다. 비공식적 대인 담화일수록 그러한 특성들은 뚜렷하게 나타난다. 이 담화의 화자는 이미

서사 형식에 익숙해져 있으므로 인지구조가 구축되기 전에 어떤 배경 정보가 전제되어 있는지 궁금해할 것이다. 위 담화에서는 사건이 연쇄적으로 전달되다가 마지막에 '지금 힘들다'는 결과를 비췄다. 그리고 ①의 '보인다'는 '-을(를) 근거로 해서 -을(를) 주장한다'의 환경에서 논증적 동사로 쓰인다. 이 점에서 '보이다'는 언술들의 논증 지향성을 갖게 하는 요소로 판명된다.

텍스트의 전체적 구성 방식에 있어서는 첫째, 둘째 등으로 문단이 시작되어 보편적 문단 양식의 틀을 명시적으로 재수용한 사실이 확인된다. 그리고 문장 기술 방식에 있어서도 각 문단의 첫 문장이 '- (것)은 -'의 유형으로 반복되고 있다. 셋째 문단의 첫 문장이 '- (것)은'의 이형태로서 주어 성분의 기능을 동일하게 수행하고 있다.

  첫째, - 것은 예의가 없다.
  둘째, - 것은 … 같다.
  셋째, - 자체가 사랑(이다).
  넷째, (것은) … -이다.
  다섯째, - 주제는 그리움이다.

다음에 이어진 문장들에서는 병행구문과 조응 관계가 눈에 띈다. 병행구문은 화자의 인지구조가 통일성 있게 구축된 사실을 확증하며, 조응 관계는 언어 사용의 경제적 책략이다.

  자식들이 아버지 앞에서 대놓고 나쁜 이야기를 한다는 것은/ 예의가 없다. 아버지가 아무리 귀를 못 듣는다고 해도 아버지가 눈은 보실수 있으니깐 아버지가 몹시 불편해하실꺼고/ 그건 자식들의 도리가 아닌 것 같다.

'예외가 없다'와 '자식들의 도리가 아니다'를 술부로 두면 이 판단의 대상이 앞에 주어부로 구성됨으로써 문장 구성 양식이 동일해진다. 위의 문장은 '아버지가 … 불편해하실꺼고'를 받은 대용형 '그건'이 주어가 된 유형이다. '그건'은 선행된 양보절과 조건절의 결합 구조 전체를 지칭하고, 생략된 목적절('아버지가 눈은 보실'의 목적어 부분 '자식들이 아버지에 대해 불평하는 장면을')과 주절('아버지가 몹시 불편해하실꺼고'의 주어 부분 '자식들이 아버지 앞에서 대놓고 나쁜 이야기를 하는 것')은 대용형 '그건'을 통한 전조응이다.

[1]아버지가 누군가를 기다리는 것은/ 사랑이라고 볼 수 있다.
[2]아버지가 무조건 누군가를 기다린다고 해서는/ 그건 사랑이라고 볼 수없다.
[3]이 주제의 배경이 또 있고, 아버지가 자식과 약속이 있어 기다릴 수도 있고 집 안에 안좋은 일이 있어서 기다리는 것일 수도 있다.

문장[1]의 주절은 문장[2]에서 내포문(부사절)으로 바뀌었으며, 이 내포문 다음에 대용형 '그건'이 삽입되어 초점화함으로써 강조 기능이 추가되었다. 그 이유는 문장[1]을 긍정한 술어가 문장[2]에서 부정되기 때문이다. 또 문장[3]은 연접으로 절들을 연결한 유형인데, 첫 번째 절이 두 번째 절과 세 번째 절의 조건으로서 의미론적 관계를 가진다. 즉 '이 주제를 지향하여 아버지가 자식과 한 약속 때문에 기다릴 수도 있고, 집 안의 안 좋은 일을 해결해 줄 자식을 기다리는 것일 수도 있다'고 표현한 것이다.

[1]만약 그 가족이란 공동체 자체가 가족간의 사랑이라고 볼수는 있지만 새엄마가 있을 수도 있고 새아빠가 있을수도 있기 때문에/ 저는 그렇다고 가족간의 사랑이라 볼수 없다. [2]계모가 우리가 밉거나 얄미워서 못 살게 굴수도 있고/

가족간에도 싸움이 나기 때문에/ 서로 미워하고 질투하고 시기할수 있을 (수) 도 있기 때문입니다.

위의 문장[1]은 가족에 견주어 서술한 유형이다. 그런데 문장의 길이가 길기 때문에 종속절인 선행절을 대용형 '그렇다고'로 대체하여 대상의 술어와 결속된 관계를 분명하게 나타낸다. 내용상에는 일반적인 전제를 양보절로 놓고 가정의 상황을 조건지어서 논점을 지지하고 있다. 문장[2]는 문장[1]의 가정 상황을 부연한 것이다. '새엄마가 있는 상황'에 대하여 '밉거나 얄미워서 못 살게 굴 수 있고 가족 간에도 싸움이 나는' 상황으로 기술하고, 덧붙여 '서로 미워하고 질투하고 시기할 수 있다'는 가능성도 언급하였다.

[1] ∅ 사랑이라기 보다는 그리움 이다.
[2] ∅ 무조건 사랑이라고는 볼 수 없다. [3]아버지가 자식을 기다리는건/ 사랑일 수도 있지만 그리움이라고 볼 수있다. [4]자식들에게 어머니는 돌아가셔서 그리움이라고 볼 수 있고/ 아버지는 귀를 못들으시니깐/ 그것도 그리움 인것 같다 [5]고 아버지가 귀를 못들으시니깐 심히 답답해 하실 것 같아보인다. [6]그리고 이 소설의 배경을 보아/ 사랑 보단 그리움 인것 같다.

문장[1]과 [2]에는 논제의 주어부('이 소설의 주제는')가 그대로 주어부로 쓰여야 하나 생략되었다. 그리고 이에 대해 문장[3]의 주어부로써 상황을 명시하고 분석할 태도를 보인다. 문장[4]는 '-서 …'와 '-니깐 …'의 동일 구문을 병행한 유형인데, 후행절을 강조하여 대용형 '그것'을 유표화함으로써 논점을 분명히 하고 있다. 그런데 이 문장[4]를 인용절로 내포하여 문장[5]와 연결한 것을 보면 '그것도'가 충분하지 않은 것으로 보인다. 그래서 문장[5]는 '-고'라는 인용형 어미를 연결할 것이 아니라 접속어 '그리고'를 넣어 분리시키는 일이 옳다. 또 이 문장[5]도 문장[4]의 구성과 같이 '-니깐'에 의한 종속절을 접속한 것이다. 문장[6]도 순접으로 관계했는데 실제 내용은 문장[1]의 반복이므로 연결어의 기능이 부적절하다. 그래서 앞의 내용을 증거로 하고 결론을 잇는 '따라서' 등의 연결어가 적절하다.

> 이 소설의 주제는 그리움 이다. [1]이 소설의 주제는/ 가족간의 사랑이 아닌 그리움 이다. [2]영희가 성식을 비꼬는데도 아무말도 하지 않으니깐/ 영희가 오빠인 성식을 너무 무시한다. [3]왜 그렇게 생각하냐면 이 소설에서 영희가 성식에게 "오빠랑 선재를 비교해 볼 때 오빠가 아니꼬운점이 아주 많아!"라는 말을 하였기 때문에/ 서로 미워하고 질투하고 하니깐 가족간의 사랑보다는 그리움 인것 같다.

문장[1]은 선행 문장을 재수용한 경우로서, 논제에 대한 반대 기술('-이 아닌')을 부가하여 입장을 강조하고 있다. 그리고 이에 대한 근거로서 문장[2]가 연결되고, '영희가 성식을 비꼬는'을 증명하는 단서로 문장[3]에서 따옴표 인용 부분이 첨가되었다. 문장[3]은 작품 속에서 인용한 것 말고도 그것에 대한 해석을 연결하여 입장에 대해 명징성을 지원하였다.

앞의 D3O3의 토론 텍스트에서 논거(1)은 자식이 부모 앞에서 말을 가려서 해야 한다는 규범을 보이고 있다. 이는 한국 문화의 특수성이 반영된 것으로, 꼭 부모와 자식 간의 상황에서만이 아니라 어른과 아랫사람의 관계에도 해당될 것이다. 논거(2)는 암시적 질문에 대한 반응으로서, 아무런 조건이 없는 마음은 아니라는 생각으로 읽힌다. 그런데 가정이라는 상황에서 부모가 자식을 기다리는 마음이 부성애보다 현실적 이익에 초점을 두는 것일지 재고해 볼 필요가 있다. 이에 대해 토론자의 생각에는 현대 가족 문화가 개입되었을 공산이 크다. 이는 주고받는 교환가치가 가족 문화에도 깊숙이 들어와 있기 때문인 것이다. 논거(3)은 가족 해체 현상의 변수를 상정한 것이다. 가족이 혈연 집단이기는 하지만 결혼 등에 의해 복잡한 관계로 구성된 만큼 서로 이권을 다투는 일도 잦고, 사회의 다변화에 따라 가치기준이 고정되어 있지 않은 까닭에 가족 간에도 배신과 모함이 있음을 증명한다. 이에 대하여 당시의 텔레비전 프로그램들이 학생들의 의식에 영향을 미쳤을 것임을 추론할 수 있다. 비록 그러한 프로그램들을 직접 시청하지 않은 학생이라도 스스로 경험하거나 다른 가족 구성원들로부터 전해 듣거나 하여 직·간접적으로 영향을 받을 수 있기 때문이다. 논거(4)는 사랑과 그리움의 관계가 모호하게 기술되어 있다. 사랑과 그리움은 포섭 관계인지, 대등 관계인지, 어디가 교집합의 영역인지가 밝혀져야 한다. 토론 텍스트에 쓰인 바로는, 사랑은 그리움이 될 수 있어도 그리움은 사랑이 될 수 없다고 했다. 이를 나누어 명제로 진술하면 '사랑은 그리움이다.', '그리움은 사랑이 아니다.'가 된다. 형식논리로 사랑(p)과 그리움(q)의 관계는 다시 p→q, q→⌐p로 나타낼 수 있다. 그러면 ⌐p→⌐q, ⌐q→p도 성립되는지를 따져 보자. (1)사랑이 아니면 그리움이 아닌가, (2)그리움이 아니면 사랑인가. 사랑이 그리움을 포함하는 영역이라고 하면 (1)은 참이고, (2)는 모순이다. 논거(1), (2)를 감안해 볼 때 사랑은 이율배반적 특성을 가진다. 여기서는 아쉬움이라고 하는 감정도 그리움으로 대신하고 있다. 미해결된 문제가 남아 있을 때 그리움이 있다는 것이다. 즉 미련이 남아 있는 것을 미해결된 문제로 등치시켜 본 것이다. 논거(5)는 논거(4)와 다른 인물의 관점에서 본 해석이다. 논거(4)는 부모와 자식 간의 관계에서 그리움을 해석한 경우라면, 논거(5)는 형제 관계에서 재해석한 입장이다. 후자는 영희(동생)의 입장에서 성식(오빠)에 대한 불만을 표한 것으로, 오빠에 대한 바람을 내포한 것이다. 이 바람은 아쉬운 마음이기 때문에, 글쓴이(학습자)가 그리움으로 치환한 것은 잘못이라고 판정된다. 엄밀히 말하면, 미련도 마음 상태라는 전제에서 이해되는 감정이므로 사랑과 그리움을 구분하기는 어렵다.

  토론 내용을 내면화하는 데 시간이 필요한 것처럼, 머릿속에 저장된 정보가 구어로 발현되었다가 문어로 옮겨지는 일련의 절차를 생각해도 개인의 발화 습관이나 담화 구성 전략이 텍스트결에 영향을 준다는 것을 분명히 알 수 있다. 아래 D3O3의 발화들에서 개인적 언어습관과 문제 해결 태도를 살펴보자.

[5] 가족들이 안 좋은 상황에 있기 때문에, 사랑이라는 좋은 감정이 생길 수 없다고 생각합니다.
[9] 그 누군가가 누구인지 말씀해 주세요.
[11] 기다리는 것이 사랑입니까?
[17] 계속 감정 조절이 안 돼(서), 그 상태를 유지할 수도 있습니다.
[21] 나쁜 일이 생겨서 이미 기분이 안 좋아진 상태인데, 어떻게 대화를 할 수 있겠습니까?
[23] 대화를 하다가 더 싸움이 날 수도 있다고 생각합니다.
[29] 가족이 공동체이긴 하지만, 가족이 나온다고 사랑이라곤 할 수 없습니다.
[31] 그럼, 우리도 학급이라는 공동체가 있는데, 그럼 우리도 사랑입니까?

  위의 발화[5]와 [23]의 술어동사 '생각합니다'는 언표내적으로 '주장'을 분명히 하는 선언 기능을 한다. 또 발화[9]는 모르는 것에 대한 응답을 요청하는 기능 이상은 아니나, 경우에 따라 반대 입장을 확고하게 나타내기 위해 상대 입장을 지지할 만한 단서를 요청하거나 호소하는 기능도 지니고 있다. 후자의 경우라면 요청과 주장의 기능을 동시에 표하는 다성적 특징이다. 마찬가지로 발화[17]은 상대 입장에 대해 반박의 태도를 보이는데 예외를 제시함과 동시에 주장하는 두 가지 기능을 지닌다. 발화[31]도 확인되지 않은 것에 대해 의문을 표하는 심리가 상대방에게 확인을 구하면서 자기 입장을 정당화하려는 것으로 보이기도 한다. 따라서 발화[31]은 의문(또는 의심)과 주장의 두 가지 기능을 지녔다고 볼 수 있다.

　화자 D3O3의 인지구조에서는 발화 [5]와 [21]을 전제로 할 때 발화 [17]이 추가 단서로 삽입되고 발화[23]이 결과로 연결된다. 때문에 이와 같은 배경에서는 발화 [29]와 [31]이 나올 수밖에 없다. 즉 D3O3는 감정을 조절하지 못하는 사람이 불쾌한 감정을 유발하는 상황에 처해 있다면 문제를 해결할 수 없고 그와 같은 사람이 혈육이어도 마찬가지라고 생각하고 있다. 이렇게 결단을 내릴 수 있는 까닭은 D3O3가 작중 인물의 상황에 감정이입을 통한 추체험에서 기인한 것으로 추정된다. 한편 발화 [11]과 [31]은 반박의 성격을 쉽게 드러내는데 이미 D3O3의 대인 담화에 비친 피해의식과 동료 간의 패배의식으로부터 벗어나고 싶은 의지가 표출된 것으로 보인다. 이렇게 억눌려 있던 감정이 소통 상황에 노출되면 당연히 대인관계에 갈등을 유발하므로 이를 여과할 수 있는 기제로서 말하기와 쓰기 학습 경험이 지속적으로 부여되어야 한다.

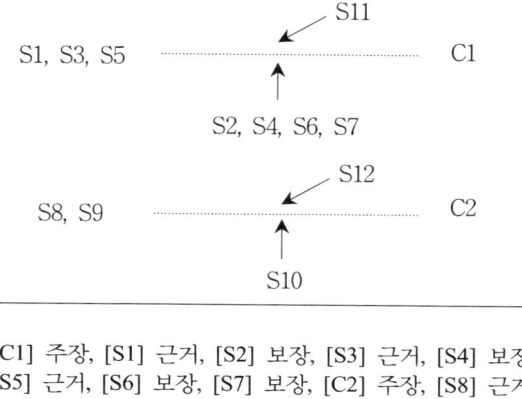

[C1] 주장, [S1] 근거, [S2] 보장, [S3] 근거, [S4] 보장,
[S5] 근거, [S6] 보장, [S7] 보장, [C2] 주장, [S8] 근거,
[S9] 근거, [S10] 보장, [S11] 한정사, [S12] 한정사

<그림 31> D3O3 토론 텍스트의 논증 구조

위 텍스트의 논증 구조를 보면, 문학작품의 주제는 가족 간의 사랑이 대부분일 것으로 생각하고 있었던 중등 7학년 학습자에게 예외적으로 그리움도 있을 수 있음을 주장한 틀이 드러난다. 자식의 도리를 교훈적으로 드러내는 내용을 근거로 가족 간의 사랑이라는 주제를 추론할 수 있음에 대해, (때때로) 가족 간에 미워하고 질투하며 시기하다가 부재한 경우는 그리움의 감정을 느낄 수 있다고 보증하는 것이다. 이에, [S11]은 '대부분'의 경우를 기술한 것으로 보이며 [S12]는 '때때로' 있을 수 있는 가능성을 예측케 하므로 '대부분'이나 '때때로'와 같은 한정사가 생략되었다고 볼 수 있다.

3.4.2. 장(場) 독립형

아래에 예시한 자료는 학교 폭력으로 힘들어하는 한 여학생(8학년)과 필자의 대인 담화이다. 이 여학생은 내성적인 성격의 소유자로서 고집이 세고 진술서를 백지로 낼 정도로 쓰기 습관이 형성되어 있지 않다.

[1]학생: 걔가 자꾸 노려봐요./[사건]
[2]필자: (왜?)/[원인]
[3]학생: 모르겠어요./
[4]필자: (언제부터?)/[배경]
[5]학생: 전에 걔네 집에 갔었는데요, 말하다가 기분이 상한 일이 있었어요. 그때 좀 싸웠는데(.) 그때부터 그래요./[배경]
[6]필자: (무슨 말하다 싸웠는데?)/[2]의 구체화
[7]학생: (침묵)/
[8]필자: (뭐하며 놀았니?)/[4]의 구체화
[9]학생: 인터넷 하면서요. 게임했는데, 내기하며 놀았는데요, 제가 졌을 때 제가 내야 되는데 전 돈이 없었어요./[문제-원인]
[10]필자: (그래서 못 냈니?)/[사건]
[11]학생: (침묵)/
[12]필자: (그리곤 서로 안 놀고?)/[결과]
[13]학생: (고개 끄덕)/[확인]
[14]필자: (학교에서 만나면 어떻게 해?)/[사건 지속]
[15]학생: 안 만나요./[사건 지속]
[16]필자: (화장실에도 갔다가 보면?)/[사건 확인]
[17]학생: 욕해요. 어느날 골목에서 만났는데요, 제가 같이 놀자 하니까, 돈 없으면서 어떻게 노냐고 그랬어요./[사건 강화]
[18]필자: (그럼 인터넷도 안 하니?)/[해결에 대한 의심]
[19]학생: 인터넷 들어가면 왜 들어오냐구 빨리 나가라구, 왜 자꾸 들어오냐구, 하면서 욕해요./[사건 지속]
[20]필자: (너도 욕했니?)/[해결 가능성 진단]
[21]학생: 네./[결과]   (2006년)
(※ 필자의 말은 괄호로 묶어 8학년 학습자의 말과 구별하여 전사한 것임.)

위의 담화 상황은 인터넷 공간에서 친교 행위가 주로 이루어지는 점과, 자본주의 사회 이데올로기가 아이들의 생활문화에 깊숙이 들어와 친구 관계를 형성하는 데에도 영향을 미친다는 사실을 보여준다. 그런데 위 학생의 경우는 침묵으로 반응하여 담화 구조를 느슨하게 이루고 있다. 발화[1]에는 내담자의 갈등이 해결되기를 바라는 마음이 함축되어 있고, 발화[5]에서 결과를 제시한 후, 발화[9]에서 원인 분석이 이어지고, 발화[17]에서 사건(문제)의 원인이 확인되었다. 전체 담화는 사건을 먼저 제시하고, 원인에 대해 스스로 생각해 보려는 의지가 없이 판단을 중지하거나 연쇄적으로 나타난 사건들을 일일이 들다가 북받치는 감정에 의해 예기치 않게 종결된 것이다. 물론 이 학생은 어떤 유형의 텍스트도 산출하지 못했다. 이 경우, 발화의 전제를 침묵으로 대신했기 때문에 글의 구조를 산출해 내지 못한 것이다. 담화 구조는 전제와 결론의 관계로 드러나는데 필자의 질문들 [2], [4], [6], [8], [10], [12], [14], [16], [18], [20]에 전제가 숨어 있다. 이렇게 말하는이와 듣는이의 상호작용으로 담화 구조가 구축된다. 또 여기서 알 수 있는 사실은 의사소통의 송·수신자 관계에 의해 머릿속 정보가 구조화되고 합의되어야 쌍방이 문제 해결을 꾀한다는 점이다. 이 담화의 논증 구조를 분석해 보면, 문제[1]에 대하여 근거[5]가 관계하고 이를 위해 발화[9]에서 '돈'이 원인으로 뒷받침되었으며, 발화[19]에서 특수한 상황, 즉 '인터넷 버디버디 프로그램에 접속한 경우'에 사건이 일어난 것임을 보증하였다. 그 결과 발화[21]에 나타났듯이 발화[1]의 문제에 대하여 내담자가 욕을 함으로써 일시적으로 긴장이 해소되었음을 나타내고 있다.

위 담화에 참여한 학습자의 발화는 전제 정보를 거시적으로 마련한 점이 특징적이다. 그래서 담화의 목적이 문제 해결에 있음에도 문제의 배경(전제)을 나열하느라 구성이 장황해졌다. 문제가 되는 사건으로서 담화의 초점은 발화[19]에 나타나 있다. 언어적 구성부를 살펴보면, 배경의 유표가 '-는데'이고 본격적인 문제가 '-면'을 수반하여 제시되었다.

 한편 학습자가 소집단 토론에 참여할 경우 서로 다른 입장으로 논쟁하고 합의를 이끌어 갈 때 여러 변인을 극복하는 능력이 필요하다. 교육적 상황에서 그러한 다양성을 학습하고 목적에 이르는 연습을 하기 위해 전제가 필요하다. 앞에서 분석한 내용을 통해 알 수 있듯이 경우의 수에 따라 해석이 다양하게 나올 수 있는데, 이 가정이 시사하는 바는 일방적인 의사소통 방식으로 인한 오해를 쌍방적 의사소통 방식으로 감소시켜 줄 수 있다는 것이다. 이렇게 많은 변항들은 사고 능력 발달의 연속선 상에 나타난다.

 논증 교육이 논술 교육에 기여하는 것과 같이 논술 교육도 전생애적 관점에서 논증력을 확장해 볼 수 있는 틀이 되므로 거기서 사고와 표현 능력의 초구조(총괄적 구조)를 찾을 수 있다. 이를 다음과 같이 도식화해 본다. 아래 <그림 32>에서 종축은 참여자의 태도를, 횡축은 소통 양상을 나타낸 것이다.

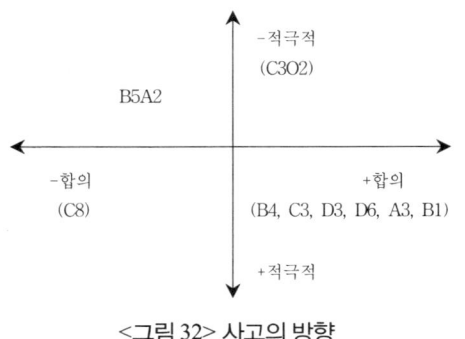

<그림 32> 사고의 방향

위와 같이 제시한 좌표에서 사고력의 폭은 Cook(2008: 141-142)의 문화 적응 모델(The acculturation model)과 비슷한 모습으로 이해된다. Cook(2008: 141-142)은 두 가지 질문에 대한 응답 유형으로 4가지를 설정하였다[109]. Q1(문화적 정체성과 개성을 유지하는 것이 가치가 있다고 생각하는가), Q2(다른 집단과의 관계를 유지하는 것이 더 가치롭다고 생각하는가)에 대해 통합(intergration; Q1 yes, Q2 no), 동화(assimilation; Q1 no Q2 yes), 분리(seperation; Q1 yes, Q2 no), 고립(marginalization; Q1 no, Q2 no)과 같이 나타난다고 보고 있다. 언어 사용자들의 상황에서 고립은 정체성이나 집단 간의 관계를 상관하지 않은 주변인의 상태이다. 동화는 용광로 모델이라고 불리는 현상으로 기본 언어(모어)가 소멸된 상태이다. 분리는 물리적으로 분리된 지역에서 쓰이는 언어가 마찰을 일으키는 상태이며, 통합은 다중언어 현상을 나타낸 것이다. 마찬가지로 이 연구 대상 집단에서도 위의 네 가지 양상을 발견할 수 있다. 여기서는 모어권(L1) 학습자들로 구성된 집단도, 토론 상황에서 위의 네 가지 양상을 목격하지 않을 수 없는 것은 아님을 밝히고자 한다. 학습자들은 사회 문화적 수준이나 성차 등의 다양한 변인에 의해 개인차를 보인다. 토론 화행에 참여한 학습자들 중에는 매우 소극적인 경우(B5A2), 상대방의 의견에 전적으로 동조해 버리는 경우(C3O2), 자신의 입장을 끝까지 고수할 뿐 상대방과 의견을 조율하지 않는 경우(C8A1, C8O2), 상대방과 최적의 방향으로 합의를 이끌어 내는 경우(B4A1, C3A1, C3A2)가 있다. 이 네 가지 양상은 상황에 따라 수준이 다르게 판정될 수 있는데, 언제 어디서나 통합의 양상만 가장

---

[109] Cook(2008)의 모델은 이중언어 사용자를 대상으로 한 것이지만, 모어 사용자의 경우도 발달 수준을 고려하면 다양한 변인에 의해 다분화된 사회 집단에서 개인 의사소통 능력이 같을 수 없다.

좋다고 할 수는 없을 것이다. 체제내적 관점(emic)에서 탈구조주의적 관점(etic)을 설명해 보면 4단계(1단계;문화적 거리 인식→2단계;문화 충격→3단계;문화 접변→4단계;문화 적응)의 단계를 거친다고 할 수 있다. 학습자는 학년별로, 학교급별로 이동하면서 사회 문화적 환경과 자신의 인지구조 간에 충돌을 겪다가 소속된 환경의 체제에 동화되며, 궁극에는 서로 합치되는 결과를 가져 와서 개인이 사회화되는 것이다. 바꾸어 말하면, 개인이 교육을 통해 사회화를 경험함으로써 사회학습이 실현되는 것이다. 곧 교육의 본질은 여기에 있다고 말할 수 있다.

<그림 32>의 네 영역은 은유적으로 건곤감리에 대응시켜 설명해 볼 수도 있다. 건은 소생(초월적 세계)을, 곤은 실재하는 존재의 성장을, 감은 성숙 단계 전의 잠재성과 그 지향성을 성스러운 것으로 그리며, 리는 갈등이나 고통을 상징하는 것으로서 초월적 세계의 전도된 현상을 의미한다[110]. 이 의미에 기반하여 순서를 매겨 보면 괘의 수효대로 (0,1,2,3)이 될 수도 있고, 계절의 순서대로나 4차원 세계의 다원성대로 봄여름가을겨울이나 동서남북(0,3,1,2)이 될 수도 있다. 한편 개인의 사회화 내지는 부분(개체)에서 전체로 순서를 매기면 감이건곤(2,1,0,3)의 형상이 될 수 있다. 자료로 제시한 학습자들의 담화나 글의 수준을 이틀에 비추어 보면 사회언어학적인 발전 양상의 지표가 드러날 것이다. 이 지표를 자연수로 표시하면 측정치가 나타나 개별 보충 지도의 영역이나 범위가 명백해짐으로써 실제적인 교수 내용과 방법이 마련될 수도 있을 것이다. 다만 상황 변인에 따라 학습자들의 성취 수준은 다르게 평가될 수 있다. 건곤감리 중 어느 쪽에 위치해 있는가가 언제 어디서나

---

[110] 건곤감리를 상징하는 괘의 수효를 괄호 안에 적고, 각각의 상징적 의미를 다음과 같이 정리한다. 건(0)은 하늘/평등/동/봄/인성을, 곤(3)은 땅/서/여름/풍요를, 감(2)은 물/북/겨울/원동력을, 리(1)은 불/남/가을/지혜를 표상한다.

고정적이지는 않다는 뜻이다111).

그럼, 이제 논술 개념에 관하여 지식 차원은 논제와 논거를, 수행 차원은 논거의 종류와 논증소를 찾아 규명해 보자. 이 연구의 대상에서 논거의 수와 질(폭·깊이)은 비례 관계로 나타났다. 학습자들은 소집단 토론을 통하여 생각을 수정하거나 확신하여 텍스트를 산출하였는데, 이러한 맥락은 논제를 지지하는 논거들을 일관성 있게 구성하도록 도와서 논증의 공정성이 강조된다. 학습자 각자가 속한 소집단에서 수행한 토론과 이를 토대로 산출한 텍스트에서 논거들을 살펴보자. 먼저, A3A1의 사례를 보자. 그가 토론 텍스트에 구성한 논거들은 총 4가지이다.

> (1)매국노가 아니면 (누구나) 애국심이 있다. (2)우리나라 사람들을 생각해서 고통을 주는 지주와 싸웠다. (3)죽을 때까지 애국가를 불러 달라고 했다. (4)나라 뿐만 아니라 우리나라 국민도 사랑했다.

여기서 논거(1)은 매국노와 애국민의 정의역을 역관계로 판단할 수 있는 단서가 필요하다. 그런데 논거(2)-(4)에서 애국민의 속성이 나타나 있기는 하나, 매국노의 속성은 찾아볼 수 없는 것이 흠이다.

그가 속해 있는 소집단 A3에서 산출된 토론 담화는 언어 형식면에서

---

111) 언어 사용자들의 개체 변인은 특정 텍스트 유형을 선호하는 경향으로 볼 수도 있다. 사용자의 인지구조가 이성에 의해 구축되었는지 감성에 의해 구축되었는지에 따라 성향이 나타나는 것이다. 예술적 장르에서도 설득적 측면을 알 수 있다. 이는 미학성을 결합한 총체로서 표현력을 기대할 수 있는 동인이 되는데, 몰입 경험을 촉진할 수 있는 좋은 방법이다. 이 연구와 관련하여, 2006학년도 8, 9학년의 학습자들이 연극동아리에서 자아를 노출한 경험을 통해 증명할 수 있다. 그들이 제작한 작품은 결손 가정의 자녀가 많은 지역의 또래 학습자들을 관객으로 하여 그들의 정념을 자극하였다. 이는 그들로 하여금 절정 경험을 하도록 유도한 전략이다. 이렇게 어떤 성격의 글이나 담화도 목적, 상황, 대상 등과 밀접한 관계를 맺어야 소통의 기반 층위가 확보된다. 거기에 전달의 효과를 위해 부가적으로 내용의 조직, 표현기술, 개념(이미저리)의 확장 등이 논의되는 것이다. 때문에 극적 표현도 논증을 위한 수사 전략에 포함된다.

명령문으로 전후 화행을 연결하고 있다. 즉, 화자는 자신의 말을 맺고 상대방에게 발언권을 넘기는 신호로 명령문을 사용한 것이다. 또한 각 발화는 대부분 '그렇지 않습니다' 등으로 입장을 명시하면서 시작되고 있다. 또한 이유를 나타내는 부사어와 명사가 빈번히 나타난다. '왜냐하면, -해서, 때문, 이유'가 내용의 정확성을 도모하고 있고, '하지만'을 통해 주장의 극단성을 배제할 수 있는 내용을 수반하기 때문이다.

구성면에서는 발화[1]-[3]에서 보인 진술상의 혼란을 [4]에서 바로잡음으로써 논의가 시작되었다. 발화[1]은 중국의 모촌 사람들과 싸운 것을, 모촌 사람들을 위해 싸운 것으로 잘못 말한 것일 수 있다. 이에 대하여 발화[5]로 보충되었다. 또 발화[2]는 애국의 '愛(사랑하다)'를 비유적으로 표현해서 '(나라를 위해) 싸우다'가 가능했음을 설득하지 못한 것으로 보인다. 발화[3]은 '싸웠다'는 사태를 말 그대로 폭력 행위로 인식한 경우이다. 발화[6]은 부분적인 내용으로써 인물을 평가할 수 없음을 명시하고 있다. 발화[7]은 발화[5]의 정당성을 반복하며 부분적 행동에 초점을 맞추고, 토론자를 지명하는 자신감까지 보였다. 발화[8]은 작품 말미에 보여준 인물의 행동까지 총괄하여야 함을 암시하고 있다. 발화[9]는 극단적인 매국노의 행위를 예로 들어 발화[8]을 반박하고, 발화[10]은 작품의 본질적인 문제를 해결하고자 한 행동에 초점을 맞추어 입지를 분명히 하고 있다. 발화[11]은 안팎으로 일관되지 않은 모습을 보인 인물을 지적하고, 발화[12]는 민족이 영원할 수 있었던 이유로 희생정신과 애국가를 들고 있다.

이 담화는 전체 구성상 반박의 관점을 자주 바꾸어 논의를 전개하고 있다. 즉 주요 논의가 개인 내적인 품성, 국가의 안위를 걱정하는 민족성, 부당한 폭력 행위의 세 가지 부류로 구성되어 있다.

다음, B1O1의 토론 텍스트 사례를 보자. 그가 구성한 논거(1)은 사랑을 표현하는 방법의 역정의역이 드러난 것이다. 허위와 과장이 있을 수 있다는 점은 바로 역정의역이다. 논거(2)는 논거(1)을 구체화한 진술이며, 논거(3)은 사람을 직접 만나는 방법과 편지를 통한 간접적인 방법의 차이를 지적한 것이다. 그런데 이 두 가지의 차이가 있다는 기술을 뒷받침할 수 있는 내용이 보충될 필요가 있다. 즉, 방법마다 속성을 제시함으로써 설득력을 높일 수 있는 것이다. 논거(4)는 문자에 의한 심리 전달이 진실성을 결여하고 있음을 밝힌 것이다. 이를 뒷받침한 내용으로 편지(문자)의 위선을 피력하고 있는데, 상술하면 의미가 더 정확하게 전달된 것이다. 그런데 논거(3)과 내용이 겹쳤다. 또 논거(5)는 앞서 제시한 논거(1)-(4)와 유사하다. 러브레터라는 대상에 대해 제시된 위의 개념들이 유사한 것으로 보아, 대상과 개념이 일대일의 관계로서 궁극적으로 심리적 실체를 발견할 수 있다는 오해를 부를지도 모른다. 여기서 7학년 학생들의 기술(표현) 수준을 알 수 있다. 이 수준은 의미 구현을 통해 드러나므로 어휘 사용 능력이 중요함을 증명해 준다.

소집단 B1의 토론에서 추상적인 진술에 대해서 '왜'나 '어떻게'라는 의문사를 넣은 설명의문문을 사용하여 상대방에게 입증해 줄 것을 요구하고 있다[112]. 발화[5]는 미학적인 차원의 근거로서 신뢰성의 여부를 판단하는 이 논점에 부적합한 근거이다. 발화 [11]과 [15]와 같이 설득력이 약한 진술을 제외하고는 토론자들이 제시한 근거들로서 범주를 벗어나지 않았다. 발화[11]은 러브레터에서 속마음을 어떻게 알 수 있는지

---

112) 의문문은 남성보다 여성이 많이 사용하는 문장 유형이라고 연구되어 왔다. 이는 '상호작용의 상황에서 여성이 관계에 약한 점을 반영하는 것이며, 여성은 회화를 지속시키기 위하여 질문과 부가 질문을 이용한다.'(Burton & Dimbleby, 1988/이주행 외 옮김, 2008: 153)고 한다.

에 대해 설명하지 않아서, 발화[2]와 같은 반박을 예측할 수 있다. 한편 발화[15]는 일반화 가능성이 적은 진술이다.

　발화마다 핵심어를 추출하여 열거해 보면 어휘망이 형성된다. 즉, 조심성 - 진실성 - 마음 확인 - 사람 - 추억 - 인연 - 시간 - 친근 - 평가 - 속마음 - 느낌으로 나타나는 바, 러브레터는 사람의 심리 및 인연을 평가하는 것으로 정의된다. 토론자들의 발화에 사용된 단어들이 하나의 범주(망)를 형성하는 것은 하나의 주제로 토론을 하기 때문에 관련성을 가지기 때문이다. 이렇게 어휘문법적 접근에서 텍스트 구성의 논리나 글쓴이의 인지 구조를 설명할 수 있다. 그러나 추상어들의 조직으로 인해 토론자들의 이해도를 정확히 파악하기는 어렵고, 일상생활에 적용하여 구체화(내면화)한 기술로써 귀납적으로 접근해야 설득력이 높다. 여기서 논술의 실현가능성을 알 수 있는데, 이로써 논술이 문제 해결 행위로 입증된다.

　다음, C3A1의 토론 텍스트 사례 분석은 앞서 보였으므로 생략하고 담화를 살펴보기로 한다.

　소집단 C3의 토론은 발화[6]을 기점으로 하여 논쟁이 이루어졌다면 통일성을 갖춘 담화가 될 수 있었을 것이나, 후행 발화들이 근거 없는 억지 진술들로 구성되어 있어 설득력이 미흡하다. 발화[1]에서 인간군에 대한 일반적인 진술로 시작되었는데, 발화[3]에서 어떤 인간(현대 사회의 인간)으로 구획을 짓고 발화[6]에서 확률적으로 많은 종으로 상정해 버렸다. 발화[8]의 '모든'이 이를 입증하는 단서이다. 다만, 경우에 따라 그러한지, 언제나 그러한지를 알기 어려울 뿐이다. 발화 [18], [22], [30]에서 연결어 '하지만', '그래도'를 씀으로써 단위 화제를 바꾸어 토론을 이끌고 있는데, 이들은 선행 발화들을 무시하고 독단적으로 밀어

붙이는 태도를 보여주었다.

또 D3A1의 토론 텍스트 사례를 보자. 그가 구성한 논거(1)은 작품의 내용으로써 가족의 개념을 기술한 것이다. 논거(2)는 논거(1)을 뒷받침한 의도로 보이나 기술상 동어 반복이다. 논거(3)은 가족의 조건을 밝힌 것이다. 논거(4)는 논거(3)을 근거로 하여 연결될 수 있는지 재고할 필요가 있다. 즉, 무엇 때문에 서로 이해하고 사랑하게 되는지가 나타나 있지 않은 것이다. 그리고 논거(5)는 논점과 무관하다.

그가 속해 있는 소집단 D3의 토론은 자신의 생각에 대하여 '같습니다, 생각합니다, 봅니다'로 끝맺은 특징이 자주 보인다. 이는 7학년의 경우 자신감이 부족한 태도가 아니라 공식적 토론 담화 상황에서 갖춘 겸양 표현이다. 또한 이와 같은 기능을 하는 것으로, 상대 측의 생각을 논박할 때 부정어 앞에 보조사 '-는'을 넣은 점도 눈에 띈다. 가령 '볼 수는 없다, 할 수는 없다'가 그 예다. 한편 의문문의 사용에 있어 청자를 배려하지 않은 경우도 있는데, '그것이 ~ -입니까?'와 같은 유형에서는 '-이 아닙니까?'와 다르게 감정적으로 공격하는 성격이 비친다. 또한 이 토론에서는 작품의 내용이나 글귀를 인용함으로써 정확성(및 신뢰성)을 중시하고도 있는데, '영희가 말했듯이, 나왔습니다'라는 표시가 이를 확인시켜 준다. 그리고 내용상 D3의 토론은 처음에 토론자들이 그리움과 사랑을 구별하려 했던 오해를 교정해 가는 과정이다. 한편 C3의 담화에는 혈연 공동체인 가족이 하나의 목표를 향하고 있는 점과 그 목표에 수반된 기다림이라는 감정이 근거로 제시되었다.

다음, D6A1의 토론 텍스트 사례를 보자. 그가 구성한 논거(1)은 정혜의 행동을 긍정하여 선언한 진술이다. 그 예로서 작품 속 인물의 특징적 행동이 묘사되었다. 논거(2)는 영희의 행동을 긍정하여 선언한 것이다.

독자가 인정한 행동들은 '부축'과 '어깨동무'로 압축된다. 치매노인에 대하여 외면하지 않고 돌보는 태도를 가진 점으로써 인물들을 이해한다는 뜻이다. 즉, 이를 뒷받침한 내용도 인물의 행동을 묘사함으로써 구체성을 확보하였다.

그가 속한 소집단 D6의 토론은, 발화[19]를 통해 토론자들의 입장이 일관성 있게 구성되었다. 참여자들은 작품 속 인물들을 한국의 윤리 가치관에서 비판하고 있다. 처음부터 발화 [4], [6], [8], [10], [12], [14], [16]으로 진행해 오면서 토론자들의 입장을 초점화해 주고 있다. 즉 발화[3]에서 촉발된 입장이, 발화[19]에서 내면화된 이후 토론자들 모두가 합의하게 된 것이다. 여기서는 주도적인 토론자(D6A1)가, 토론자들의 입장을 그들 스스로 인정하게끔 유도하는 기술(화법)이 특징적이다. '무엇(개념 정의) - 전체(일반화)에 대한 의심 - 어떻게(구체화) - 작품 속 표현 인용(개체에 대한 진술 예시) - 초점화("위의 질문에") - 자신의 판단 노출("제가 보기에는") - 내면화 유도("만약 제가 영희라면"/"저 같으면")'으로 언어 표지에 의해 사고가 진행되고 있다.

3.4.3. 통합 교실

아래 제시된 네 편의 텍스트들은 학급별로 삼단 구성법을 지킨 텍스트들 가운데에서 필자에 의해 무작위로 추출된 사례들이다.

> [1]꼬마가 울고 있는 것을 보고 나는 그 어린이가 왜 울고 있을까 궁금하였다. [2]그 꼬마는 얼굴이 지저분하고 꾀죄죄해 보였다. [3]아마도 그 꼬마는 전쟁이나 사고로 부모님을 잃고 혼자 떠돌아다니며 생활하는 아이일 것이다.
> - <A3A1(남), 논술 텍스트의 서론>

[1]어떤 사진을 보게 되었다. [2]그 사진 안에는 몇 명의 아이들과 한 여인이 뼈만 앙상히 남은 채로 길에 앉아 있었다. [3]순간 저들이 가난으로 인해 잘 먹지도 못해서 저런 모습이 되었다는 생각이 들었다. [4]그래서 내 자신에게 물음을 던져 보게 되었다. [5]'저들이 왜 저렇게 되었을까?' [6]그리고는 끝없는 가난과 기아는 길고 잦은 전쟁으로 인한 것이라는 생각이 들었다. [7]그렇다면 전쟁으로 인핸 가난을 어떻게 해결해야 할까?

<B1O1(여), 논술 텍스트의 서론>

[1]사진에서 어떤 한 아이가 콧물과 눈물이 범벅이 되어서 억울한 모습으로 쳐다보고 있었다. [2]그런 사람들은 기아들일 것이다. [3]남아프리카 쪽에서는 기아들이 아주 많다. [4]그 기아들은 못 먹고 자라서 비타민이 모자라서 죽는 경우가 많고, 엄마 아빠가 없는 경우도 있다. [5]저 기아는 왜 울고 있을까?

- <C3A1(남), 논술 텍스트의 서론>

[1]요즈음 내 생활이나 여러 친구들을 보면 가난한 나라에는 하루에 굶어 죽는 아이들이 몇 백 명이나 된다. [2]우리나라 돈으로 500원이면 가난한 나라의 5식구가 한 끼 식사를 거뜬히 먹는다고 한다. [3]그런데 우리나라에서 500원을 하찮게 보고 있는 물건도 새것이 좋아보여 환심에 또 사게 되고, 그러면서 500원을 하찮게 쓰는 여러 사례를 볼 수 있다. [4]그렇기 때문에 나는 우리의 실생활과 그 가난한 나라의 생활을 비교했을 때는 천지 차이가 나기 때문에 이 질문을 하게 되었다.

- <D3A1(여), 논술 텍스트의 서론>

텍스트[1]은 '꼬마는 왜 울고 있을까?'에 대한 반응이고, 텍스트[2]는 '전쟁으로 인한 가난을 어떻게 해결해야 하나?'에 대한 반응이며, 텍스트[3]은 '기아는 왜 울고 있을까?'에 대한 반응이며, 텍스트[4]는 '가난한 나라를 두고 돈을 쉽게 낭비해도 되는가?'에 대한 반응이다.

그리고 구성 방식은 위 네 편의 텍스트[113)에서 문장[1]의 진술 방식으로 추리된다. B1O1과 D3A1은 '몇 명'과 '길', '나라'를 명시함으로써 전체를 함의했으며, A3A1과 C3A1은 '꼬마'와 '아이'를 명시하여 대상을 중심으로 생각을 몰입한 결과 글을 산출했다. 전자는 여학생의 특징이고, 후자는 남학생의 특징이다. 이같이 글을 쓰는 동기는 성별에 따라서도 다르다.

글이 어떤 방법으로 시작되든 연쇄적으로 일어나는 생각은 문장 단위로 표현되는데, 주요 어휘가 반복됨으로써 결속성이 드러난다. 글 속의 행위자는 사진을 통해 옮겨 온 '아이'나 '꼬마'이며, 이들을 둘러싼 배경 정보로서 '꾀죄죄한 얼굴'과 '전쟁'이라는 구체적 단어와 '가난'이라는 추상적 단어가 선택되었다. C3A1의 텍스트에는 구체적인 장소(남아프리카)가 추가되었다. 또 D3A1의 텍스트에서는 '500원'이라는 수량 정보로 추상적인 '가난'의 정도를 구체화한 수사 전략도 눈에 띈다. 이 구체화 전략은 Toulmin의 추론규칙으로 설명될 수 있다. A3A1의 텍스트에서 문장[3]은 '아마도' 다음에 구체적 어휘가 연결되어 앞 문장의 개연성을 높였다. B1O1의 텍스트에서도 문장[6]의 '끝없는'과 '길고 잦은'이라는 두 개의 보충 진술이 '거의 그러한 결과를 가져왔음에 틀림없다'는 추론을 가능케 하고, C3A1의 텍스트도 문장[4]에서 '- 경우(가 있다)'라는 유표가 '아마도'라는 부사어(한정사)와 호응을 이룸으로써 개연성이 높은 단서에 의해 보장이 구성되었다고 추론할 수 있다. D3A1의 텍스트에서 문장[3]은 '여러 사례'를 통해 문제 제기의 필요성을 보이면서 '대상으로 삼은 문제가 거의 일반적으로 일어날 수 있는' 사실을 함축하고 있다. 이렇게 한정사는 글을 쓰는 필자의 문제의식과 정당화 동기에 영향을 주는 기호이다.

---

113) 이미지를 활용하여 산출한 논증 텍스트는 이 연구 자료로 예시한 문학 독서 토론(2007. 10. 24.)이 끝나고 일 주일 후에 수행한 것이다.

이제 동기를 활성화하여 텍스트 생성에 몰입해야 한다. 즉, 서론에 제기했던 문제에 대하여 자신의 관점을 책임감 있게 정당화해야 한다. 이를 위해 학습자는 적절한 논거들을 풍부하게 마련해야 한다. 본론과 결론을 살펴보자.

> (4)요즈음 소년 소녀 가장이나 고아가 늘고 있다. (5)특히 그 꼬마의 배경이 된 나라인 중동과 아프리카 같은 나라는 나라끼리 전쟁이 많이 나고 있다. (6)그것 때문에 가정을 잃고 떠돌아다니는 아이가 많아졌다. (7)옛날 우리의 6.25전쟁도 피난을 갈 때 많은 사람들이 다치고 사망하였다. (8)내가 본 영상 중에 옛날 6.25 전쟁 당시 피난을 가는 장면이 있었다. (9)그 장면들 중 한 아이가 총에 맞고 쓰러져 있는 자신의 부모 옆에서 울고 있는 장면이 있었다. (10)사진 속의 꼬마와 같은 처지인 것 같다. (11)5살도 채 안 되는 아이가 그렇게 울고 있으니 나도 마음이 아팠다.
> (12)나는 세상에서 가장 중요한 것을 평화하고 생각한다. (13)같은 사람끼리 서로 총 겨누고 죽이고 하는 것은 말도 안 되는 일이다. (14)나라 간이나 서로 간에 불미스러운 일이 있을 때 서로 타협하고 이해하는 모습이 있을 때 비로소 평화가 있을 것이다.   - <A3A1의 논술 텍스트의 본론과 결론>

A3A1의 논증 텍스트에는 문장(4)에서 당시 환경으로 시선을 확장하였다가 문장(5)에서 대상에 초점을 맞춘 원근법이 드러난다. 물론 여기서 문장(5)에 원인을 제시하고 문장(6)에서 그것에 대한 결과를 추론하였다. 이 대상을 통한 문제의 심각성을 부각시키기 위해 당해 문화권의 역사적 사건을 견주어서 문장(7)-(9)를 생성해 냈다. 두 가지 사례는 문장(10)에서 동일시되고, 문장(11)에서 정서적으로 동조하면서 문제의 심각성을 강화하였다. 그리고 단락을 바꾸어 해결 방법을 제시하기에 이르렀는데 이는 문장(12)에 제시된 바와 같다. 그리고 문장(13)은 인간의 도덕성을 기준으로 문제의 원인을 비판하고, 문장(14)에서 문장(12)

를 이미지 안의 맥락에 맞게 변용하였다.

> (8)우리들은 막연히 그냥 전쟁으로 인해 많은 사람들이 가난에 허덕이고 있다는 사실만 알고 있을 뿐, 직접 경험해 보지 않아 잘 모르고 있다. (9)나조차도 그런 사람들에게 많은 관심을 가지고 있지는 않으니 말이다. (10)그런데 (나조차도) ∅ 전쟁이 길게 지속되거나 하루하루 전쟁 위험에 시달린다는 것은 정말 힘든 일이다. (11)무언가 재기할 힘도 없이 근근히 겨우겨우 일해서 입에 풀칠만 하는 생활인데 지구 반대편의 불쌍한 사람들을/ 죽여가고 있는 것이다. (12)어떤 사람들은 하루 세 끼 꼬박꼬박 배불리 먹으며 너무 많이 먹어 죽어가고 있는데, 어떤 사람들은 먹을것이 없어 너무 배가 고파 죽어가고 있는 것이다. (13)정말 슬픈 현실이 아닐 수 없다. (14)또한 잘 사는 과도한 욕심이나 서로 간의 의견 충돌, 종교 분쟁 등 사람과 사람이 서로 이해하지 못하여 일어나는 전쟁은 정말 어리석은 짓이라고 생각한다.
> (15)이렇듯 어리석은 행동들 때문에 많은 이들이 고통받으며 죽어가고 있는 것은 막아야 한다. (16)그러므로 세상에는 이해심과 자신보다 못살고 불쌍한 이들을 도와주는 배려심이 필요하다고 생각한다.
>
>   - <B1O1의 논술 텍스트의 본론과 결론>

위 텍스트의 문장(8)은 글쓴이 세대의 처지가 노출된 기술이다. 이는 일반화 진술의 타당성을 규명하고자 글쓴이 자신의 판단을 보장한 것이다. 즉 문장(9)를 통해 문장(8)의 신빙성을 보증한다. 문장(10)은 문제의 원인을 문장(9)의 연장선 상에서 찾았다. 문장(11)은 앞의 판단을 이미지 속의 배경 정보와 연결한 내용이다. 문장(12)는 글쓴이 자신의 처지와 이미지 안의 환경을 대조하면서 문제의 심각성을 강조하는 기능을 갖는다. 문장(13)은 앞 문장의 내용에 정서적으로 반응함으로써 문제 해결의 당위성을 확증한다. 게다가 문장(14)는 윤리적 관점에서 지적한 태도를 강조한 것이다. 문장(15)는 앞의 내용을 요약해 주는 언표로서

'이렇듯'을 통해 결론 단락의 기능을 암시하며, 문장(16)은 앞에서 '어리석음'이 야기하는 문제 '많은 이들이 고통받는 것'에 대하여 '배려심'을 해결 방법으로 제시한 기술이다.

> (6)남아프리카 사람들은 왜 그렇게 못살게 되었을까? (7)저 기아는 못 먹어 병이 나서 울고 있거나 엄마가 없거나 아빠가 없거나 형제가 죽은 것이거나 약탈범들이 총으로 사람을 이유없이 쏘고 먹을것, 돈을 뺏어서일 것이다. (8)왜 그렇게 못 사는 사람이 있을까. (9)왜냐하면 영국에서 제일 먼저 산업화가 되면서 먼저 침략을 해서 식민지로 살았다. (10)계속 식민지로 지배받다가 결국 사람들은 이렇게 된 것이다. (11)비록 그 사람들은 대항을 했겠지만 무기가 없어 쉽게 대항할 수 없었을 것이다. (12)그래서 영국인들은 일을 시켜서 식량을 빼앗고 거기의 특산물도 빼앗아 가서 그렇게 되었을 것이다. (13)우리 사람들이 밥을 먹고 씹는 껌 한 통 500원이면 남아프리카 기아들이 한 끼를 21명이 먹을 수 있다. (14)우리의 작은 돈들이 모여 작은 소중한 생명들을 살릴 수 있다. (15)세상에서 불쌍한 사람들을 배려해 주는 것이 중요하다.
> - <C3A1의 논술 텍스트의 본론과 결론>

위 텍스트의 문장(6)은 이미지 안의 대상을 특정 장소에서의 대상으로 구체화하여 적극적으로 표현한 반응이다. 이는 문장(7)을 통해 증명된다. 문장(8)에서는 보다 근본적인 이유를 알고자 하는 태도를 비추고, 문장(9)에서 실제 사건을 통해 그 해답을 추리하고 있다. 결국 문장(10)에서 이미지의 내용을 현실화하였고, 문장(11)과 같이 '식민지' 환경에서의 결과를 이끌어 냈으며, 문장(12)에서는 구체화가 이어졌다. 문장(13)은 글쓴이의 입장에서 해결 방법을 제시하였고, 문장(14)에서 그것의 의의를 확대하며, 문장(15)에서 그 구체적인 방법의 근본적 성격을 추상어로 종합하였다.

(5)이 사진으로 볼 때 먹을것이 없어 죽어가고 있는 모습인 것 같다. (6)우리에게는 과자 한 봉지 정도 살 수 있는 500원이 그 나라에서는 많은 이들이 생활할 수 있다. (7)그런데 과연 많은 도움을 주는 사이트에도 불구하고 기부도 안 하고, 살아가고 있는 생활에 만족하지 않고 살아가는 사람들이 더 이상 있어서는 안 된다.
(8)따라서 지금 우리가 살고 있는 이 생활에 만족하며 가난한 사람들에게 기부도 하는 사람이 늘어났으면 좋겠다. (9)또 이 세상에 불쌍한 이들에게 봉사하는 사람이 많아져서 가난한 사람이 줄어들었으면 좋겠다.
- <D3A1의 논술 텍스트의 본론과 결론>

위 텍스트의 문장(5)는 이미지 속의 대상에 관련해 연상된 내용이다. 이를 문장(6)에서 글쓴이의 입장과 견주었으며, 문장(7)에서 글쓴이 시대를 기점으로 해결 방법을 비추었다. 문장(8)에서는 문장(7)에 언급한 내용을 그대로 받아서 정리하고 있으며, 문장(9)에서는 앞의 '기부'라는 구상어를 추상어인 '봉사'로 대체하였다.

본론 내용을 구성하는 방법도 학습자별로 다르다. A3A1(남)은 시대 변화를 원근법에 의해 조명하면서 대상에 초점을 두었다가 글쓴이의 지식에 근거하여 확장하였다. C3A1(남)은 A3A1의 경우와 다르지 않은데, 장소에 따라 교차 진술하면서 신뢰성을 부여하였다. 또 B1O1(여)나 D3A1(여)의 경우는 주체를 복수형과 단수형으로 교차시키면서 신뢰감을 준다. 정리하면 복수형은 보편성을, 단수형은 엄밀성을 보충해 주는 단서로 기능하는 것이다. 한편 A3A1(남)의 경우는 대상을 초점으로 하여 결론까지 일관적으로 내용을 구성한 반면, B1O1(여)과 C3A1(남)과 D3A1(여)의 경우는 결론에서 본론의 내용을 추상어로 함축하는 특징을 보여주었다. 다만 B1O1은 문제와 해결의 대립 관계로서 구상어와 추상어를 구성하였다.

이상으로, 텍스트의 정보량과 질의 두 차원에서 적절성을 판단해 볼 수 있다. 미시적으로는 표현 능력의 폭을 상정하는 양에 두 가지 내용이, 질에 3가지 내용이 관련되는데, 전자는 어휘 층위에서 어휘량과 총 문장의 수이며, 후자는 문장부터 글 수준에까지 각각 문장 및 문단의 적절성 여부, 내용 조직 방식의 적절성 여부이다. 어휘량은 논점에 관련된 정도에 따라 주제 어휘망을 통해 확인될 수 있다. 간단히 말해, 개인의 쓰기 능력은 통일성과 관련하여 얼마나 유창하게 표현하는지로 알 수 있다. 유창성의 요소들은 앞의 논의로 확인되었듯이 논점에 대한 주의력의 표현으로 알 수 있다. 더 자세히 말하면 주의력을 측정하는 요소로서 논점의 진술 양상, 경험을 통해 내면화한 논거의 수, 텍스트 전반에 나타난 핵심어의 선택 빈도, 논증 방법에 의한 텍스트 구조가 있다는 것이다. 평정 결과는 아래와 같다.

<표 38> 학습자의 글 평정 결과

항목 학습자	양		질			계
	어휘 수준	문장 수준	문단 수준		글 수준	
	어휘량	총 문장 수	불필요한 문장	문단의 적절성	구조	
A3A1	12	14	0	0	원인(6):결과(3)	23
B1O1	12	15	-7	-1	문제(7):해결(3)	15
C3A1	14	16	-7	-3	원인(9):결과(2)	13
D3A1	9	9	0	-1	문제(3):해결(3)	17

 위의 결과는 해당 학급의 구성원들이 평정자로 참여하여 7학년 학습자들의 합의로 평정된 것이다. 글 수준에서의 적절성은 앞뒤 문맥이 불충분한 경우를 뺀 수와, 다른 수준들에서 나온 평정치를 합한 결과로

상대적 위치가 드러난 것이다. 이로써 개인별로 각 수준의 능력도 뚜렷하게 알 수 있다.

04 논증 교육의 위한 내용 체계

 이 장에서는 실제 학습자의 논증 텍스트에 나타난 언어 요소를 분석한 결과 결핍된 능력을 보완할 수 있는 요소를 교육 내용으로 선정하고, 이를 수준에 따라 배열함으로써 체계를 세워 보기로 한다. 7학년은 중계 텍스트(또는 담화)에 의해, 고교생은 문자로 된 선행 텍스트에 의해 논증 텍스트를 생성한 경우를 통해 살핀 결과, 그 생성 동인(動因)이 복잡하지만 이들은 학습자의 문식 환경을 고려할 때 간과할 수 없는 것들임을 알 수 있었다. 왜냐하면 이러한 언어 현상을 한국의 문화로 보고 한국어의 특질을 온전히 교육할 수 있는 내용 체계를 발견하는 데 이 연구의 목적이 있기 때문이다. 단, 그 범위에 대해 중등 학습자를 대상으로 한 논증 텍스트로 한정하여 교육적으로 적합한 내용 체계를 구안할 뿐이다.

4.1. 내용 요소 선정 및 체계를 위한 틀

 필자는 논증 교육의 세부 내용을 추출하기 위하여 Gagnet와 Briggs(1979)의 교수 절차와 논증소 분석틀로 연구를 실행하였다. 즉 학습자들은 논증 텍스트를 구성하기 위하여 중계 텍스트의 언어 정보를 회상하거나 연상하고, 그 언어 정보들을 구조화하여 제목이 상징하는 개념을 스스로 이해해 보고, 토론 절차114)대로 토론을 수행한 다음 텍스트를 구성하였다. 다만 고교생의 경우는 비교군으로서 텍스트 구성이 개인적으로 이루어질 수 있는지를 알아보고자 제시문에 의하기도 했다. 학습자들 간의 텍스트 검색은 가능해서, 앞서 제시한 논증 텍스트의 지식 영역이 그들의 수준에 따라 수행될 수 있음을 확인한 결과 아래와 같이 교육 내용 및 방법을 설정해 볼 수 있다.

<표 39> 수준별 논증 교육 내용 및 방법

		수준별 논증 교육 내용	
		7학년 수준	고교 수준
절차	입안	연기, 낭독, 중계 텍스트 활용	핵심어 추출
	설계	주술 구조의 구성	첫 문장에 집중
	수정	동료 수정	자가 수정, 교차 수정
	확장	(생략) 삼단논법의 활용	참여자 경험의 적용
	생성	일관된 시점 확인	독창적인 글무늬 발견

---

114) 이 연구를 위해 7학년 학습자들이 수행한 토론은 2-5명의 소집단에서 개별 발화수 5개 이상으로 의사 표현 능력을 발휘할 수 있도록 규칙이 설정되었다. 7-8명의 소집단 토론에서 사회자를 둘 경우, 미숙한 7학년 학습자에게서는 토론을 개시하고 참여자들의 발언권을 고루 나누어 주며, 논거의 타당성을 판단하는 등 공정하게 진행하는 사회자를 제외하면 다른 학습자들 가운데 소수가 발언권을 선점하거나 하여 진행이 되지 않는 경우가 많았다. 그래서 이질 집단의 중등 학습자에게 2-5명의 모둠 편성은 토론하기에 적절하다. 이상의 문제들은 학습자들이 실제 상황에서 발견한 규칙이 되기도 했다.

논증 텍스트 구성을 위한 교육의 기능은 원리로 이해할 수 있는 부분인데, 각 절차를 구성하는 내용에 있어서는 당해 학습자들의 관심사를 반영하여 위와 같이 융통성 있게 교수 학습 상황에 적용할 수 있다. 다만 5가지 절차는 블룸의 인지 발달 단계를 고려한 틀이기 때문에 논증 텍스트를 생산하는 데 필요한 표현력(texture literacy)을 향상시켜 주기 위해서는 체계를 따르는 편이 효과적일 것이다. 언어 정보를 회상하는 일에서부터 토론에 이르기까지는 텍스트 입안 단계에 해당되는데, 능숙한 필자의 경우는 이러한 과정이 자신의 인지구조 안에서 동시다발적으로 이루어진다.

텍스트 생성에 있어 대개 미숙한 7학년 수준의 경우는 소집단 토론을 통해 논증 텍스트를 산출하도록 표준 개요의 틀115)이 주어졌다. 이것은 아리스토텔레스로부터 비롯되어 관습적으로 용인된 양식이며, 현재 고교생의 텍스트에서도 확인된 구조이다. 그리고 미시적으로 학습자들의 자발성에 의하기를 꾀하고자 할 때는 어떤 요건의 보충도 배제할 필요가 있다. 표준 개요의 틀은 다음과 같다.

    서론 - (1) _____는 옳다(옳지 않다)고 생각한다.
           (2) 이렇게 생각하는 이유에 대해 밝혀 본다.
    본론 - (3) 그 이유는 첫째, _____ 때문이다. 예를 들면,
    결론 - (4) 이와 같이 __(논제)__ 는 옳다(옳지 않다)고 할 수 있다.
           (5) 그래서 (핵심 내용)을 인정해야 한다. (우리 세상에 ____이 필요하다.)

물론 이러한 틀에 맞추어 텍스트를 생산해야 하는 것을 참여자들이

---

115) 본 연구의 논술 텍스트의 표준 개요 양식으로 삼은 서론(Thesis) - 본론(Argument) - 결론(Conclusion)은 장르 중심 문법을 따른(Hyland, 2002: 18 참조) 것이다. 본래 삼단 구성 양식은 아리스토텔레스의 <시학>에 언급된 것이다.

인지한 까닭에, 생산 과정 전반에 (3)의 내용이 중점적으로 논의되었음을 확인할 수 있었다. 다만 (3)을 드러내는 방법에서 참여자들 스스로 각기 다른 성향을 조율하기도 한 반면, 미묘한 뉘앙스에 의해서 합의를 이끌어 내기 어려운 경우도 꽤 있었다. 이 연구 결과 학습자의 성격, 성적, 성별, 연령을 변인으로 하여 텍스트 생성의 바람직한 교수 방법을 구안할 수 있는 내용 요소를 선정해 보기로 한다. 즉 이는 교육 내용이 체계적으로 조직될 수 있는 전제를 찾는 것이다.

4.2. 논증 교육의 내용

7학년 127명(소집단 35개로 편성)을 대상으로 논증 텍스트가 효과적으로 생성되기 위한 전제를 확인한 결과, 동시대 동일 연령에서의 공유 지식과 차별적 요인을 고려하여 논증 교육의 지식 차원과 수행 차원의 매트릭스를 설계해 볼 수 있다. 이는 논증 교육의 내용 체계에서 맥락 요인으로 설정된다. 이 연구의 대상을 통해 논증 텍스트 구성을 위한 교육 내용은 다음과 같이 구성된다. 7학년을 기준으로 정리한 아래의 내용은 중등 학년의 기초 단계로 볼 수 있다.

<표 40> 논증 교육의 내용 구조 매트릭스(7학년 기준)

맥락(사용역에 따른 언어 사용 관습)						
	변인	연령	성별		태도	
언어지식		14세 (7학년)	남	여	소극적	적극적
운율	발화 수		(태도에 따름.)		적은 편	많은 편
	발화 길이		짧다	길다	짧은 편	긴 편
	논거 수		(태도에 따름.)		하위권	상위권
어휘	표지			'-는데'	분명한 술어	'-는데' 등
	결속구조		(유표에 의함.)		단층적	다층적
	결속성		대조	연쇄	단일성	다양성
문장	문장유형 (단문/내포문/복합문 /병행구문)		단문	복합문	단문	내포문, 병행구문
텍스트	초구조 (행위자-왜 -행위)		단일구조	중층 구조	단일구조	중층구조
기반	문화적 문식성		사실 논거		소견 논거	선험 논거
	문식 환경	부모의 양육 방식, 사회 경제적 수준, 학력 등에 따라 텍스트의 결이 다름.				

<표 40>의 항목들 중에서 운율 층위 중 표본 학습자들의 발화 길이를 살펴보면 토론 텍스트와 논술 텍스트의 차이가 드러난다. 미숙한 필자에게 텍스트 생산 경험을 제공하는 일은 발화 길이를 늘려 주었다는 결과를 통해 적극적 표현 의지를 실현시켜 준 사실로 알 수 있다. 다시 말해 이는 토론 참여자들 간의 의견 교류가 표현에 대한 자신감을 향상시키는 근거라고 볼 수 있다. 이 결과는 다음과 같이 확인되었다.

<표 41> 논증 텍스트에 나타난 평균 절의 수 비교

평균 절의 수 표본	토론텍스트	논술텍스트	증가 폭
A1O1(남)	4.25	4.27	0.02
B1O1(여)	3.2	3.53	0.33
D3A1(여)	3.13	3.92	0.79

그리고 어휘 층위에서는 물론 문장 층위에서도 결속구조를 확인해 볼 수 있다. 어휘는 의미론적 결속구조로 나타나고, 문장 층위에서는 유표 사용 능력을 확인시켜 준다. 7학년 학습자들이 사용한 유표를 추출하면 단서조항의 유표, (추론)연결사, 대용형, 서수사의 4가지이다. 단서조항의 유표로는 참여자들의 관점을 드러낼 때 비치는 연결어미들로서 '-면'이나 '-는데'가, 연결사로는 열거의 '-고', 완곡하게 자기 입장을 피력하기 위한 '-는데', 결론을 유도하는 '-므로'가, 대용형으로는 주로 지시사가 선택되었다. 논증 텍스트를 구성하기 위한 요소들로서 발견된 각각의 기능은 이렇다. 단서조항의 유표는 참여자들 상호 간에 관점을 교류하면서 다각적 사고를 가능케 하여 논의의 실현가능성을 확인하는 데 기여하며, 연결사들은 결론(논점)에 이르기 위한 필자의 적극적 의지를 반영하며, 대용형은 언어 사용의 경제적 책략이다. 또 서수사는 논거를 구분하여 유표화할 때 사용되어 예상 독자가 기억할 수 있도록 도움을 줌으로써 독자와의 관계 촉진을 꾀한다.

한편 학습자들이 각자 자신의 입장을 지지하기 위하여 마련한 논거 유형을 살펴보면 사실 논거, 소견 논거, 선험 논거로 다양하게 나타나지만 부모의 양육 방식이나 사회 경제적 수준 등의 변인에 의해 질적 차이를 보인다. 사실 논거로 입증했다 하더라도 특정 사실에만 기대어 강하게 주장을 피력하게 되면 관찰·조사 범위의 한계로 극단성을 피하기 어렵다. 논거 수만으로 온전한 평가를 기대할 수 없는 것은 바로 이러한 질적 문제를 간과할 수 없기 때문이다. 이 문제는 자칫 소통의 단절을 일으킬 수 있어 성공적인 논증 텍스트를 생산하기 어렵게 만든다. 고로, 텍스트의 성공 여부는 예상 독자에 미치는 영향에 의해 결정된다.

텍스트 생산의 주체 요인은 학습자 개인의 태도 및 과제 집착력이다. D6A1(남)이나 B1O1(여)의 경우 자신감을 얻은 데에는 학업 성적의 영향이 가장 크다. 즉, 성취도 평가의 표준 점수가 잠재적으로 참여자들의 인지구조에 스며들어 있는 것이다. 이는 제도적으로 강요된 바이기도 하지만 개별 학습자의 성취 의지를 고무시켜 주는 주요 요인이기도 하다. 한편 학업 성적이 학급 평균 이하인 D3O3(여)의 발화들을 보면 술어에 자신의 의지를 분명하게 비추거나 상대방의 의견에 대해 강하게 반문하는 경향이 드러난다[116].

> [5]D3O3: 가족들이 안 좋은 상황에 있기 때문에, 사랑이라는 좋은 감정이 생길 수 없다고 생각합니다.
> [9]D3O3: 그 누군가가 누구인지 말씀해 주세요.

---

116) D3O3의 경우와 마찬가지로 D2O2(여)의 발화들에서도 술어를 통해 화자의 판단을 분명하게 나타낸다.
[4]D2O2: 이야기상으로 빗대어 볼 때, 정혜가 너무 얌전하니까 부담을 안 가져서, 성식이 직장을 구할 생각을 안 합니다.
[10]D2O2: 이야기상으로는, 정혜가 스트레스를 풉니다.
[14]D2O2: 고맙게 봐도 만만하게 보는 것은 어쩔 수 없습니다.
[18]D2O2: 자신의 의사 표현을 하지 못한 정혜의 잘못입니다.
[22]D2O2: 이 가족들에게 적응을 하지 못한 정혜의 잘못일 것입니다.
[24]D2O2: 물론 말은 할 수 없겠지만, 꼭 필요한 말만은 할 수 있을 거라 생각합니다.
[26]D2O2: 가부장 역할을 할 수 있는 상황이었는데도, 자신이 하고 싶은 말을 하지 않았습니다.

[11]D3O3: 기다리는 것이 사랑<u>입니까</u>?
[17]D3O3: 계속 감정 조절이 안 돼, 그 상태를 유지할 <u>수도 있습니다</u>.
[21]D3O3: 나쁜 일이 생겨서 이미 기분이 안 좋아진 상태인데, <u>어떻게</u> 대화를 할 수 있겠습니까?
[23]D3O3: 대화를 하다가 더 싸움이 날 <u>수 있다고</u> 생각합니다.
[29]D3O3: 가족이 공동체이긴 하지만, 가족이 나온다고 사랑이라곤 할 수 <u>없습</u>니다.
[31]D3O3: 그럼, 우리도 학급이라는 공동체에 있는데, <u>그럼</u> 우리도 사랑<u>입니까</u>?

위 자료는 학업 성적의 영향을 덜 받은 사례로서, 논증 텍스트를 생산하기 위해서는 생활 속에서 자주 접하는 논증 담화가 많은 영향을 준다는 것을 확인시켜 준다. 그래서 변인에 의한 차이를 극복하여 보다 자연스럽게 학습하고 적용할 수 있는 바탕이 텍스트보다 담화에 있다고 할 수 있다. 고로, 담화에 노출되는 구어 양식을 텍스트에 맞는 기호 체계로 변환하는 방법도 학습할 필요가 있다. 담화나 텍스트 모두 의사소통을 목적으로 하는 활동이기에 메시지(정보)는 수신자와 생산자가 함께 구성해 가는 것임은 분명하다. 그러면 의사소통의 경로가 다중적으로 나타날 경우 왜곡되지 않은 정보 해석에 한해서 송신자의 정체성이 요구된다. 여기서 논술 교육의 본질을 찾을 수 있고, 이제 이를 실천할 수 있는 틀이 필요하다.

위 <표 40>은 논증 (텍스트 구성을 위한) 교육 내용을 두 개의 차원에서 설계한 것이다. 즉 필자는 개념적 구조로서 언어 지식을 운율 층위에서부터 텍스트 층위에까지 설정하여 각 층위에서 학습할 개념을 명시하고, 절차적 구조로서 논점에 적절한 논거 유형을 학습자의 성별이나 태도에 따라 다각적으로 들어야 하는 점을 고려하였다. 더 구체적으로 교육 내용을 세분하면 운율 층위에서는 효과적인 텍스트 읽기를 고려한 가독성 요인을, 어휘 층위에서는 텍스트 내의 결속성을, 문장 층위에서는 예상 독자를 고려한 문장구조의 선택을, 텍스트 층위에서는 효과적인 텍스트 읽기를 위한 초구조를 다룰 수 있다. 이 네 층위는 모두 학습자의 문식 환경에서 회자되는 주요 텍스트 유형과 관계한다. 따라서 텍스트 생성이 효과적으로 이루어지기 위해서는 필자들에 의해 당해 문식 환경의 구조를 살피는 일이 전제되어야 한다. 또한 예상 독자군을 고려하여 네 층위에서 언어 요소들을 균형 있게 선택해야 한다. 더욱이 언어를 사용하여 텍스트로 실현시키는 목적이 궁극적으로 설득에 있을 때 중요하다.

앞서 실제 7학년 학습자들의 텍스트를 분석한 결과 논증 텍스트의 평가 준거를 다음과 같이 설정해 볼 수 있다. 이는 논증 (텍스트 구성을 위한) 교육 내용이 지향해야 하는 체계이다. 이 중에서 실현가능성은 대안적 사고를 요구하는 부분으로서 분석적 사고 내지 비판적 사고가 전제됨으로써 가능한 능력이다. 아래 표를 통하여 필자는 내용 요소들을 선정할 때 세부 내용을 예로 제시하였지만, 보기로 든 표지들이 논증 국면에서 정태적으로 꼭 그러한 기능을 갖는다고 볼 수는 없다. 7학년 학습자들처럼 미숙한 필자에게 논증적 어가를 이해시키고자 최소한의 지식을 예시한 것일 뿐이다.

<표 42> 논증 교육 내용 '언어지식'의 상세화

내용 요소 언어지식	요소	세부 내용
내용1 (생산자 중심)	실현가능성	가언(단서 조항)
	예상 독자와의 관계 촉진	선언(지원 체제의 확충)
	필자의 의지 반영	연언(보충): 구어 맥락에서의 '-지만' 등

내용 요소 / 언어지식	요소	세부 내용
내용2 (수용자 중심)		부정(자기 입지를 확고히 하고 상대 논박)
	논의 방향 통제 (논점 관리 전략)	'-이지 … 아니다(선택항-부정)'의 구문 '-보다(비교항을 설정하여 쟁점화)' '-을 위해'(발화 의도의 강조) 상위어 대체(담화 응집력에 기여) '-는데(전제항을 수반하여 의견 유도)'
	어휘 활용	논의 관련 정보를 분석하고 양적으로 질적으로 정당화하는 과정.
	논증 문장의 표현 전략 (texture literacy)	단문, 내포문, 복합문, 병행구문

이상의 분석으로 논증 텍스트는 사회 구성원들에 의해 창발적으로 구성된다는 것도 알 수 있다. 즉 동시대 문화 환경의 주류 텍스트에 의해 비슷한 경향의 텍스트들이 확대 재생산되는 것이다. 학습자의 텍스트 간, 토론 담화와 개별 학습자의 텍스트 간 관계를 비교 분석하여 전이형과 변이형을 구분해 볼 수 있다. 선행 텍스트와 새로이 산출된 텍스트를 비교하여 전이 유형과 변이 유형을 구분하면 각각의 환경적 특성 내지 텍스트 구조가 나타날 것이다. 전이 유형은 원 텍스트를 수용한 경우이고, 변이 유형은 원 텍스트를 당해 환경에 따라 재구축한 경우라고 할 수 있다.

켈러(Keller, 1979)의 구성주의 이론에는 학습자의 만족감을 알아보는 공정성 평가가 있다. 이는 목표와 내용의 일관성을 확인하는 평가이다. 즉 학습자들은 학습한 지식을 자기주도적으로 생활세계에 적용해 봄으로써 만족할 수 있는 것이다. 논증 텍스트나 논증 담화의 산출을 목표로 하여 그 산출 과정을 경험한 다음, 자기 주도적으로 생활세계에서 적용해 냈을 때 학습자들은 만족감을 얻을 수 있다. 이때 논증 텍스트나 논증 담화를 구성하는 언어 요소를 알아야 하고, 그것을 사용역에 따라 선택할 수 있어야 한다. 담화나 텍스트 산출에 논증이 주요한 요소가 되는 까닭은 생산 주체가 자기 생각을 합리적으로 표출하는 능력을 보증하는 최선의 방법이 되기 때문이다. 자기 생각을 타당한 근거에 의해 정당화함으로써 개인의 정체성이 구현되고, 이는 가장 높은 욕구 실현 단계에 놓임으로써 정신적 성장의 수준이 상위에 이를 수 있다. 기본적으로 논거를 마련할 수 있는 토대는 실제 담화 상황에 있고, 토론 참여자들 각자가 권한을 행사할 때 다양한 목소리를 내는 것처럼 글을 쓸 때도 적절한 논조를 비쳐야 한다. 담화 상황에서의 논조는 특정한 청중을 대상으로 한 연설조로 나타나지만, 텍스트 상황에서는 불특정 다수를 대상으로 한 특수성 때문에 물음이나 권유 같은 언술 행위가 배제된 일방적 단언 형태로서 주로 나타난다. 그러나 텍스트의 효과적인 설득을 위해서는 예상 독자를 상정한 담화 상황에서처럼 글쓰기 전략도 필요하다. 이렇게 논거를 마련하는 것은 참여자들 간 소통 국면에서 발화되는 내용으로 확인된다. 그래서 참여자 구성에 따라 논거 유형이나 성격이 달라질 수 있는 것이다. 토론 기능에 따라 필자 또는 화자의 개별 언술 특징은 앞서 살펴보았듯이 공격형, 객관형(방어형), 수용형(칭찬형)으로 분류할 수 있다. 상호 토론 과정[117]에서 참여자들이 논점을 확대하거나 축소하는 등의 성향을 분석해 보면 논증 텍스트의 표현 특징과도 상응한다.

---

117) 토론 참여 방법은 토론 담화의 절차대로 입장 표명 단계에서 시작해서 토론자의 질문과 상호 토론의 과정, 판결과 합의(찬동)로 구분되는 마무리 발언으로 종결되기까지 살펴볼 수 있는데 이러한 토론 참여자의 태도가 텍스트의 구성에 반영된다.

<표 43> 토론 형식별 논증 유형(7학년)

유형	입장 표명	토론자 질문	상호 토론	마무리	계
선언	-	-	3	-	3(0.6%)
연언	9	-	76	6	91(17.1%)
정언	11	15	133	12	171(32.1%)
가언	9	2	87	8	106(19.9%)
부정	5	1	145	10	161(30.3%)
계	34(6.39%)	18(3.38%)	444(83.46%)	36(6.77%)	532(100%)

위 표를 보면 연언('그리고') 기능을 통해 근거를 예시하는 데에 적극적 태도를, 정언('-은 … -다') 기능을 통해 분명한 입장을, 가언('-면') 기능을 통해 다의성을 극복하려는 태도를, 부정('아니다/없다') 기능을 통해 입장 표명의 선언성을 알 수 있다. 이 네 가지 언표내적 기능은 논증 방법을 안내해 주는데 그 구체적인 성격을 텍스트 분석으로써 좀 더 살펴보면 방법론적으로 논증 기능의 언표를 특성화할 수 있다. 아울러 설득 효과를 위해 표현의 다양성을 발견할 필요가 있다. 그 방법으로 필자는 논쟁적 논증, 담론윤리학적 논증, 논변적 논증의 양상을 앞서 살펴보았다.

대상에 대해 논리적으로 생각하는 방법은 대상의 환경을 쓰는이의 환경으로 가정하여 실행할 수 있다. 한 가지 국면에서도 다양한 관점에서 접근할 필요가 있는 것이다. 이러한 확장이 정확성과 치밀함을 보장한다. 이 때문에 논증이 필요하며 텍스트 구조의 수용 맥락이 복잡해짐에 따라 논증 방법도 세세하게 다루어져야 한다. 방법론적 논증에는 가언, 선언, 연언, 부정 표지로써 이끄는 유형들이 있다. 이들은 논증 텍스트의 확장 체계인 설득적 텍스트(또는 담화)를 생산하기 위해 지켜야 할 규칙들로서 문장을 구성하기 위한 틀로 간주될 수 있다. 즉 설득적 텍스트의 문장은 최소한 이러한 규칙들에 의해 짜여져야 하는 것이다.

첫째, 가언은 조건언('-라면')이라 불리는 것으로, 이는 단서조항을 이끄는 표지로서 문맥상 실현가능한 대안을 생각할 수 있게 하는 기능을 갖는다. 다시 말해 이는 조건언이 후행절을 정당화하기 위해 구체성을 예비하는 기능을 하는 것이며 설득을 수반한 발화 행위에 필요한 요소로 볼 수 있다118).

둘째, 선언('-거나')의 유표는 진술의 애매성을 고려하여 독자의 이해를 돕는 책략으로서 지원 체제의 폭을 확장한다. 다시 말해, 이는 생각의 융통성을 보여주는 증거가 되는 것이다. 담화 상황에서도 선언적 진술을 사용하는 것은 화자에게 있어 청자의 문제 해결을 돕는 태도이며, 현대 의사소통 전략상의 배려이다119).

셋째, 연언('그리고')의 유표도 논증 상황에서 자주 쓰인다. 이 유표는 앞선 생각에 대하여 보충하려는 의도를 나타내는 기호로서 표현을 정교하게 하는 장치로 볼 수 있다. 주장을 뒷받침하는 근거가 미약하다고 느껴질 때 말하는이는 부가 정보를 삽입하여 의지적으로 응수할 수 있다.

---

118) 이 연구의 표본 대상은 아니지만 표본 대상이 참여한 모둠의 구성원에게서 발견되는 특징이 있다. D1A2의 발화[35]는 소설의 허구성에 대하여 '인물의 개성을 살리려고 한다'는 단서조항을 제시함으로써 입장을 명료화한 기술이다.

[35]D1A2: 그 닮아지는 살들에서는 그 작가의 마음대로 쓸 거고, 허구성이 있는지 없는지 알 수 없고, 성식의 방식대로 개성을 살리려고 하는 거면 이해할 만합니다. <마무리>

119) C5A2의 발화[8]은 '사채업자'의 직업적 특수성을 전제하고, 이어서 그 구체적 행위를 증명하고 있다. 그런데 다른 참여자의 발화[14]에 이미 그 선행 발화에 '피해를 주는 것'의 예로 두 가지가 제시되었다.

[8]C5A2: 물론 자원봉사자들은 세상에 얼마 없는 부지런하며 착한 사람입니다. 반대 측은 지금 착한 사람을 예로 들고 있습니다. 그럼, 저희는 나쁜 사람을 예로 들겠습니다. 사채업자입니다. 이자를 먹고 사는 직업을 가진 사채업자들은/ 돈을 갚지 않으면 신체 포기나, 자식한테 빚을 물려 줍니다. 어떻게 생각하시나요? 이 요망하고 간사한 사람들을. <토론>

[6]C3A1: 물질적으로 효도를 하는 사람이 많고, 공경심으로 효를 하는 사람이 적습니다. <토론>
[21]C3O1: 동물만 그런 것이 아니고 사람도 부지런합니다. <토론>

C3A1의 발화[6]에서도 그러한 특징이 나타나는데, 선행절과 후행절이 대립된 환경에서 역접 관계 표지를 연언 표지로 대체한 경우로 볼 수 있다. C3O1의 발화[21]에서도 C3A1의 발화[6]과 같은 특징이 발견된다. 아래 C3A1의 토론 텍스트에서 논거(1)은 떠오르는 생각을 순차적으로 적는 중에 연언의 유표가 나타난 예다.

-논제: 까마귀 의견에 찬성합니다.
-논거:
(1) 효를 하는 것은 당연한 일이다.
이유: 부모님의 사랑에 대해 당연히 해야 되고, 우리나라는 '동방예의지국'이라 해서 예부터 예의를 지켜오면서 효 정신이 중요시되어 왔었다.
(3) 물질적 효도를 하는 사람이 많고, 공경심으로 효를 하는 사람은 별로 없다.
　(후략)　　　　　　　　　　　　　　- <C3A1의 토론 텍스트 중에서>

넷째, 부정('아니다')은 전건긍정과 후건부정에 많이 드러난다[120]. 이 경우의 논법을 분석하여 개념 및 사건 논증의 과정을 알 수 있다. 상대방의 입장에 대해 반박할 경우, 후건부정을 통해 자신의 입지를 정당화하는 예가 많이 있다. D6A1의 발화[8]도 선행 발화를 다시금 언급하지 않고 후건부정을 통해 직접 보이고 있다.

---

120) '-될 걸'을 통해 화자의 의견을 먼저 제시한 다음 선행 발화를 부정하는 경우(D8A1의 발화[19])도 있다.

[8]D6A1: 저는 D6O2의 의견에 <u>반대합니다</u>. 왜냐하면 이 가족이 완전히
전부가 그 가족의 도리를 안 지킨 것은 <u>아니기</u> 때문입니다.
<토론>

　이렇게 방법론적 논증 유형에는 선행 발화를 재언급한 경우와 선행 발화를 생략하고 후건부정으로 직접 자신의 의견을 제시한 경우가 있다. 후자는 담화 진행의 속도를 빠르게 하는 이점이 있으나 상대방의 발화를 주의 깊게 듣지 않으면 담화를 성공적으로 이끌 수 없는 단점이 있다. 반면 전자는 상대방의 청취 능력을 배려하는 이점이 있으나 말하기나 듣기의 성실함이 갖추어지지 않은 참여자들에게는 별로 선호되지 않는다. 그리고 전자는 여성의 경우에, 후자는 남성의 경우에 빈번하게 드러나 남성 집단의 담화 방식이 여성 집단보다 폐쇄적임을 알 수 있다. 즉 남성 집단에서 담화 맥락 안에서 정보들 간의 공기 관계가 더 뚜렷하게 나타난다.
　앞서 다양한 논증모델을 분석한 결과 알 수 있는 담화와 텍스트의 구조적 특징을 다음과 같이 정리할 수 있다.
　첫째, 학습자 성향에 따라 논증 방식이 다양하게 선택된다는 사실이다. 여기에서는 7학년을 중심으로 한 토론 논증을 들었는데, 예능 방면에 재능이 있는 7학년 여학생이 속해 있는 집단의 경우(D4) 유추 논증 모델로 담화를 구성한 경험에 의해 예증이 많은 텍스트를 산출하였다. 이때 예를 많이 제시함으로써 상대방을 이해시켜야 하는 책임이 따르므로 그에 관한 설명도 많아진 것이 또 다른 특징이다.
　둘째, '행위자 - 행위'의 텍스트 구조에서는 단서 환경에 메시지가 종속되어 있으며, 그 단서 환경의 중층구조가 얼마나 복잡한가에 따라 결과로서의 행위가 타당하게 인식된다. 구조가 복잡해지는 것은 주장과 근거 사이의 지원 체제가 상세하게 마련되어 있기 때문이다.

셋째, 논증 구조로 담화나 텍스트를 분석해 보면 근거와 주장 사이의 지원 체제가 얼마나 치밀하게 응집되어 있는가로 주장의 타당성을 검토할 수 있다. 여기에는 특정 문화 집단의 공유 가치(신화소)가 일반 공리로 작용하여 어휘계열체(토포이)의 응집성이 증명된다. 물론 이 응집성은 의미 연관을 말하는데 전제와 결론의 논리적 관계에 기반한 것이다.

넷째, 논제 유형에 따라 텍스트 무늬가 다양하게 나타나듯이 학습자의 적성에 따라 논제 유형을 선택하는 경향도 발견되었다. 이러한 특징은 논제에 대한 개별 적성으로 간주할 수 있고, 이를 고려하여 교육이 이루어질 때 효과를 짐작할 수 있다. 개별 학습자의 논제 적성을 간과하면 여러 번 텍스트 생성을 경험하고도 오류가 수정되지 않거나 텍스트 무늬의 융통성을 전제한 구성의 유창성을 저해하게 된다.

아울러 논증 (텍스트의 생성을 위한) 교육 내용 요소는 학습자 자신의 논증을 관리하는 전략과도 상관한다. 이는 논증을 이끄는 표지로도 확인되는데, 여기서는 7학년 수준의 용례에서 5가지가 추출되었다. 이 관리 능력은 실제 텍스트 생성 과정에서 주요 개념의 속성을 구명하고 논의를 정당화하는 능력으로 발전한다. 물론 언어 기제(texture)의 정확성을 동원하여야 논증 문식성(argumentation literacy)이 입증되는 한에서 그렇다. 또 이 교육 내용은 논증 텍스트의 효과적 읽기와도 호환될 수 있는 것이다. 텍스트 맥락의 어휘계열체를 발견하고 통합하는 과정도 논증이기 때문이다. 즉 이것은 개념의 의미소를 독자의 상황에서 분석하고 이해하는 과정이라는 말이다. 본래 읽기는 문화적으로 텍스트에 규명된 개념의 정의역을 유추 해석하는 행위이므로 역정의역과의 비교 대조를 통해 그 개념의 논항을 이해하는 것은 독자의 의무이다.

이상의 내용으로, 실제 논증 텍스트의 생성 국면에서 학습자 변인을 고려한 교육 내용 요소들을 정리해 보기로 한다. 먼저 논점에 대하여 '행위자(동작주) - 행위' 구조를 기반으로, 서술 내용을 주술 관계로 표현하면서 생각의 실마리를 포착할 수 있다.

-메모: 의사의 신분을 가진 '나'가 만주의 여러 질병을 알아보기 위해 여행을 가게 되었다. 돌아다니다 모촌에 들어가게 되었는데 그 곳에 한국인들이 많이 머물게 되었다.
모촌에 있는 한 말썽만 부리는 사람이 있는데 눈에는 항상 살기가 어려있으며 싸우기만 하면 칼부림을 하였다. 익호라고 하지만 어느덧 모촌에서는 삵이라고 부르게 되었다. 또한 나쁜 일만 생기면 모두 삵이 그런 일을 당하기를 원했다. 그런 삵이 지주가 동네사람을 죽도록 해서 보내어 결국 죽자, 아무도 모르게 삵이 지주를 찾아갔다. 논두렁에 누워 죽어가는 삵을 '나'가 그 옆에서 숨이 끊어질 때까지 지켜보았다. 그는 "붉은 산과 흰 옷이 보고 싶어요."라는 말을 남기고 죽었다.
-질문: 정익호는 의지의 한국인인가?(1)
-논술:
[P1] '정익호는 의지의 한국인인가'에 대해 나는 옳지 않다고 생각한다.(3) 이에 대해 이유를 밝혀본다.(1) [P2] 그 이유는 첫째, 정익호는 사람들에게 피해를 주었기 때문이다.(2) 예를 들면,(1) 마을 사람들과 어울려서 살려하지 않고 조금만 거슬리면 칼부림을 하는 등의 난동을 부린 것인데, 불같은 익호의 성격 때문에 다들 편히 살 수가 없었다.(6) 또한 자기 마음대로 행동하며 살은 것은 성실한 우리 한국인이라고 도저히 말 할수가 없다고 생각한다.(4)
[P3] 둘째, ∅ 의로운 점이라고는 찾아볼 수가 없었기 때문이다.(2) 의롭다는 것은 예를들어 마을 사람 중에 한명이 위험한 일을 만났을 때 [상황] (a) *돕거나 착한 일을 하는 것인데*, 정익호는 전혀 그런 일을 하지않았다.(6) 오히려 (b) *집도 없이 아무 집에나 들어가서 잠을 청하고, 여기저기 괴롭히며 다니었다*.(5) (c) *이웃을 괴롭히며 도와주기는커녕 불안하게 만드는* 람은 의지가 있는 한국인이 아니라고 생각한다.(4)

[P4]셋째, (d)<u>목숨을 걸고 남을 도우려 했어도 그 전에 저지른 일들을 다 씻어낼 수는 없다</u>.(3) (e)<u>의호가 자기의 목숨을 내놓으면서까지 억울하게 맞아 죽는 마을사람의 원수를 갚으러 지주한테 찾아가긴</u> 했지만, ①그렇게 용기 내기 전에 *사람들에게 피해 주며 막 살았던 것을 잊어버릴 수는 없는 노릇이다.*(4) (f)물론 ②그 정도 용기는 매우 가상하고 또 대단하지만 찾아간 걸 가지고 그 사람을 의지의 한국인이래고 단정할 수는 없대고 생각한다.(6)
[P5]이와 같이 '정익호는 의지의 한국인인가'는 옳지 않대고 할 수 있다.(3) 그래서 사람들에게 베푸는 선행으로써 얻는 믿음이 *살아가는데 중요하다*고 생각한다.(3)   - <B1O1의 논술 텍스트>

위 텍스트를 구성하는 문장의 평균 절의 수는 3.53개이다. 절의 수를 계산할 때 특이하게도 윗글에서 주제로 명시된 표현('의롭다는 것은', '의로운 점이라고는')이 서론에 주어로 놓임으로써 하나의 단어 내지 구로 비친다. 이는 ①과 같은 지시어와 유사한 기능을 하기 때문에 굳이 절로 안겨 있는 형태로 볼 까닭은 없는 것이다.

텍스트를 구성하는 단락[P2]는 작품 속의 내용(현상)을 기술하고 해석한 부분이다. 즉 '피해'를 준 행동에 대하여 그 원인이 '불 같은 성격'에 있음을 밝히고, '마음대로 행동한' 것을 증거로 제시하고 있다. 그리고 글쓴이는 '피해'의 개념을 명료화하기 위해 '성실한 한국인'을 대립항으로 설정하였다.

단락[P3]은 첫 문장의 문두에 배경 정보를 생략하고 직접 '**의롭다는 것**'의 개념을 규명하려는 의도를 비춘 다음, 마지막 문장에 '**의지**'를 유표화함으로써 응집성에 기여한다. 논의 전개에 있어서는 현실에서 예를 들어 논점으로 환원하는 방식을 취하고 있다. 먼저 글쓴이의 가까운 현실에서 (a)를 제시하고 (b), (c)와 대조하여 '정익호'라는 대상의 성격을 규명한 후 그의 성격과 반대되는 것을 '의로운 것'으로 정의하였다.

[P4]의 (d)는 선행 단락의 내용을 전제로 제시한 것이다. 그리고 나서 다시 작품 속 내용으로 환원하여 (e)를 제시하고, 이를 후행 문장에서 재해석하여 '의지의 한국인'으로 볼 수 없는 성격을 강조한다. 대용형 ①과 ②는 각각 선행절의 내용을 가리켜서 문맥의 연결을 도와 텍스트의 응집성을 도모하며, 후건부정 논증 방식으로 술어부를 강조한다. 한편 문장(f)의 '-지만'이라는 연결어미는 선행절과 후행절을 대립적으로 관련짓되 후행절에 초점 정보를 둘 것을 암시한다.

단락[P5]에서는 궁극에 '믿음'으로 최종 수렴되고 그 의의를 '살아가는 데 중요하다'고 규명하고 있다. 이러한 텍스트의 요소들 간 관계를 다음과 같이 구조화해 볼 수 있다.

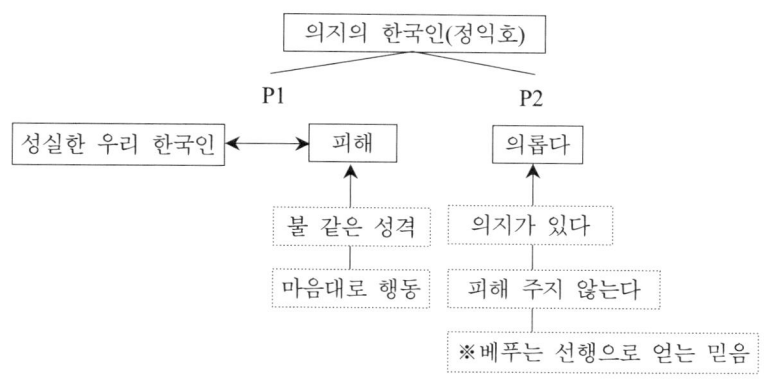

<그림 33> B1O1의 논증 텍스트 구성 틀

위 그림에서 '피해'의 의미역은 텍스트 구조 상에서 '문제 상황'으로 설정되었는데, 이 문제 상황을 바라보는 태도에서 텍스트가 생성되었으므로 익호를 의로운 인물로 볼 것인가 말 것인가 하는 관점과 연결된다. 그런데 미숙한 학습자들의 경우 토론에서 발언권을 얻고 상대방의 기

세를 무력화하는 데에만 급급해할 수 있다. 가령 어떤 행위로 '피해 준다, 피해 주지 않는다'와 같은 극단적인 근거들을 주고받게 될 수도 있다. 이 담화는 결과가 중요한지 과정이 중요한지로 갈등이 빚어진 경우인데, 일제 상황이라는 특수성과 민중의 염원을 고려하면 영웅을 염원하는 시대 분위기에서 익호가 구원자로서 비칠 수 있다. 이 논증 텍스트 구조를 교육 내용의 구조로 치환하면 아래와 같이 도식화해 볼 수 있다.

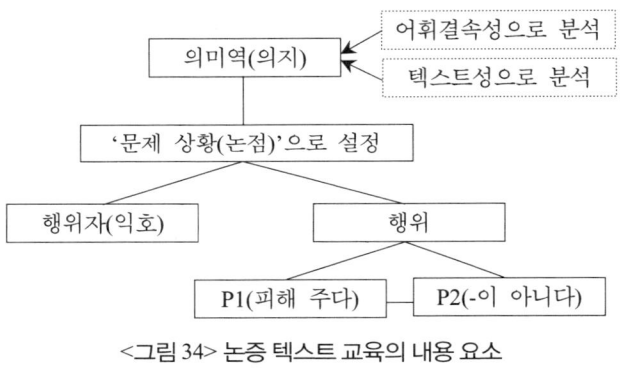

<그림 34> 논증 텍스트 교육의 내용 요소

아래의 경우도 7학년 여학생이 산출한 텍스트이다.

-논제: 이 소설의 주제는 *가족 간의 사랑*이다.(1)
-논거:
[P1]첫째, *가족들을 그리워 한다*는 것은 곧 사랑과 관심이 있다는 뜻이다.(4)
예) *가족*이 아닌 남이라면 오랫동안 기다릴 수 없었을 것이다. 이 집은 사연이 많고, 그리움이 많은 가정이기 때문에 이 소설의 주제는 *가족간의 사랑이래*고 할수있다.(5)
[P2]둘째, 이 소설은 *사랑*과 관련이 있는 소설이다.(1)
예) *가족*이 떨어져 살면서 그립게 되고, 치매반 백청인 아버지, 성식, 영희 모두 떨어져 사는 가족을 그리워 한다.(6) 그렇기 때문에 이 소설의 주제는 *가족간의*

사랑이다.(1)

[P3]셋째, *가족*은 한 핏줄로 이루어져 있다.(1) (a)∅ 아버지를 관심없어 하는 것이 아니다.(2)

예) *아버지*는 반백청이고 치매이다.(2) 당연히 이런 병을 가지고 있는 노인을 요망하는 것은 결코 쉬운 일이 아니다.(3) 그러므로 (b)영희가 *아버지*가 빨리 돌아가셨으면 한데는 말은 홧김에 마음에 없는 말을 한것이다.(3)

[P4]넷째, *가족*들이 안 좋은 상황에 있어도, 사랑이라는 감정이 생긴다.(2)

예) *가족* 모두 안좋은 상황에 있더라도, 협동을 하고 서로 차근차근 대화를 하면서 서로 마음도 털어내고, 서로의 마음을 이해하면서 '사랑'이라는 감정이 생기게 된다.(6)

[P5]다섯째, '*사랑*'이라는 감정을 느끼는 것은 독자에 따라 다르다.(2)

예) 똑 같은 글을 읽어도 사람마다 생각이 다르듯이, 이 소설을 듣고 주제를 나누는 기준은 다 다르기 때문에 (c)∅ 무조건 *사랑*이 아니라고는 할수 없다.(8)

- <D3A1의 토론 텍스트>

위 텍스트를 구성한 문장의 평균 절의 수는 3.13개이다. '-고 할 수 있다'나 '-(하)는 것이 아니다'의 경우 정의적 기술이나 강한 부정을 요구하는 텍스트 환경에 쓰이므로 이를 논증적 술어 표현으로 볼 수 있다. 그리고 이 표현을 하나의 구 형식으로 처리하게 되면 선행 표현에 덧붙어 글쓴이 자신의 판단을 비친 논증형으로서 장르적 어소(語素)로 인식해도 무방할 것이다. (b)는 영희의 말을 인용하여 기술한 환경에서 주격 조사 '-가'가 '영희' 다음에 선택되는 것은 부자연스럽다. '영희의 말'을 인용한 것이므로 소유격을 나타내는 관형격 조사 '-의'가 적절하다. (a), (c)는 모두 주어가 생략된 문장인데, (a)는 선행 문장의 '가족'에 대응하며 부정의 술어와 대응하는 항으로서 [P2]에 제시되었던 '작품 속 인물들'로 주어를 추론할 수 있고, (c)는 바로 선행절에 언급된 '이 소설의 주제'와 상관한다. 한편 이 텍스트는 한 문장이 끝나고 다른 문장이 연결될 때 지칭어나 접속어를 사용하여 응결성을 갖추었다. '가족'과 '사랑'에 관련된 어휘항이 핵심 의소로서 '주제'에 수렴되면[121] 이는 같은 문화권의 공유 지식(일반 공리)이므로 쌍방적 의사소통을 가능케 하는 것이다. 결과적으로 '행위자(동작주) - 행위' 구조에 의해 어휘 범주를 규정함으로써 아래와 같이 텍스트를 조직해 볼 수 있다. 이 토대 위에, 술어와 관련되는 경험들을 확장하여 논거를 풍부하게 마련함으로써 타당성을 확보해야 한다.

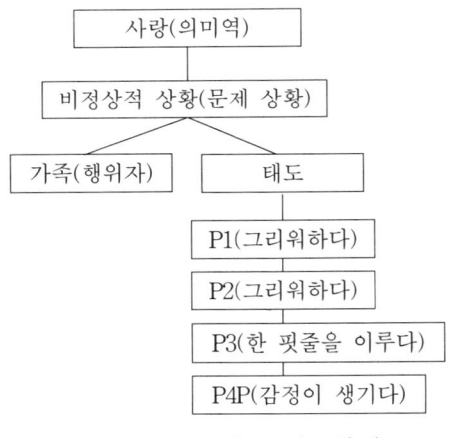

<그림 35> 논증 텍스트의 구성 예1

또 다음 사례를 보자.

-메모: (1)호가호위, (2)책의 근거 내용, (3)여우의 의견, (4)남이 나를 죽이려 할때 다른 사람을 써서 목숨을 구한 내용-속인 나는 잘못이 없다.

---

121) 어휘적 결속성에 있어서는 논제에 언급한 '주제', '가족', '사랑' 중 문장마다 최소한 하나를 반복적으로 사용함으로써 이를 실현한다. 다만 '가족'에 있어서는 범주에 포함되는 호칭어들, 예를 들어 아버지, 영희(인물의 이름)와 같은 단어로 대치할 수 있다.

-질문: 진정 사람이 여우보다 이기적이고 간사한가?(2)
-논술:
[서론] 인간은 이기적이고, 요망하고, 간사하다│고 여우가 말했다.(4) 이 말에
Ø 반대하는 이유를 밝혀 본다.(2)
[본론] 그 이유는 첫째, ①{짐승으로써 인간에게 요망하고 간사하다│고 말할
수 없다.(3)
예를 들면, (a)동물인 여우│가 요망하고 간사한데 사람에 대해서 모르는
데 함부로 그렇게 말할 수 없다.(6)
(b)둘째, 여우가 호랑이의 권위를 속여 여우의 목숨을 살렸기에 여우는
호랑이에게 고마워해야 하는데 그렇지 않았다.(4)
예를들면, 남이 자신을 죽이려 할 때 (상황) Ø (인간은) 호랑이를 속여
목숨을 구했다.(5) 그런데 ②여우는 호랑이가 속은 것이 잘못이라며 자
신은 아무잘못이 없다│고 했다.(4)
셋째, (c)전국책에 기록에 보면 (배경) 인간은 여우나 다른 짐승보다 간사
하다│고 했는데, ③그건 옳지 않다.(4)
예를 들면, 책에 기록되어 있는 것은 정확하지 않다.(3) 그렇기 때문에
여우가 한 말은 옳지않다.(4)
[결론] 이와 같이 ④인간은 여우보다 간사하고 요망하고 이기적이다│고 말한
여우의 말이 옳지 않다.(5) 그래서 Ø 인간이 여우와 같지 않음│을 인정
해야 한다.(2)   - <D3A1의 논술 텍스트>

위 텍스트를 구성한 문장의 평균 절의 수는 3.92개이다. 그리고 '예를 들면', '이와 같이', '그렇기 때문에'와 같은 연결사들은 논증 표지로서 텍스트 유형을 규정해 준다고 할 수 있을 것이다. 한편 후행절에서 선행절의 내용을 지시할 때 기능구로 변환한 대용형이 있을 수 있다. 가령 ①({ } 안의 내용)은 서론의 첫 번째 문장을 지시한 내용으로서 주어의 기능을 한다. ②도 선행절 '(인간은) 호랑이를 속여 목숨을 구했다'는

내용에 대한 판단을, '여우'를 주어로 하여 '호랑이가 속은 것'을 받아 다시 기술한 것이다. 결론의 첫 번째 문장인 ④도 주어부 구성소로서 세 가지 모두 ③과 동일한 구실을 한다. 연결어미 '-는데'는 전제 정보를 수반하거나, 술어부를 제약하는 표지로 기능할 수 있다. (a)의 경우, '여우가 간사한 것'은 선행절의 초점을 문제 삼기 위한 전제 정보이고, '사람에 대해서 모른다'고 한 것은 술어부의 '함부로 말할 수 없다'는 판단에 원인으로 작용하여 전제(a)를 부정한다. 여기서 '그렇게'는 선행 문장 (또는 선행절)을 대용한 표현이다. 문장(b)는 여우보다 인간이 간사하지 않음을 주장하기 위해 단서로 제시한 것이다. 여기서 '-는데'는 의견을 펼 수 있는 토대를 지원한다. (c)도 '-는데'가 이끄는 절에 배경 정보를 수반하여 의견을 이끌어 내고 있다. 마지막 문장은 설득의 대상이 되는 주어로 불특정 다수를 상정하는데 우리글의 경우에서는 보통 생략하는 경향이 짙다.

 텍스트의 온전한 구성을 위해서는 텍스트 내·외적 맥락에 따라 적절하게 단어가 선택되어야 한다. 이 선택의 합리성은 글쓰기 관습이기도 하지만 글쓰는이의 표현력으로 보면 상황에 따라 문장 구성 요소의 융통성 있는 선택 행위라는 점에서 창의성이 확인된다[122]. 즉 하나의 명제를 다양한 진술로 나타낼 수 있는 가능성이 확인된 바, 이 다양성은 예상 독자의 성향을 고려한 책략으로서 설득 효과를 배가시키는 기능

---

122) 어휘의 의미상 '이기적'과 '요망', '간사함'이 윗글에서는 유의 관계로 설정된 듯한데 그렇게 볼 수 있는 단서가 충분하지는 않다. 그렇기 때문에 주제를 설정함에 있어 세 가지 단어들의 연결이 글의 일관성을 해칠 수 있다. 그 의미를 엄밀히 구별하면 사회성이 결핍된 성격을 판단하는 단어로서 '이기적', 행동이 망측스럽고 못됨을 의미하는 '요망', 너그럽지 못하고 계산적인 성격의 '간사함'으로 이해되는데, '이기적'의 하위어로 '요망'과 '간사함'을 상정할 수 있어도 이 두 개의 단어가 '이기적'의 전체 영역을 확보하지는 못한다. 이러한 어휘의 의미가 문화권의 표상이므로 어휘 지식이 문화 지식을 측정할 수 있는 단서인 것은 분명하다.

을 갖는다. 그러므로 국어교육 분야에서 논증 교육은 근본적으로 학습자들이 다양한 진술을 분석하여 그 각각의 의미를 하나의 명제로 수렴시키는 데 근간을 두며, 이를 담당해야 할 교과 세부 영역은 읽기에서부터 출발해야 한다는 사실이 밝혀진다. 이를 가지고 논증 텍스트의 내용을 구성해 보면 다음과 같다.

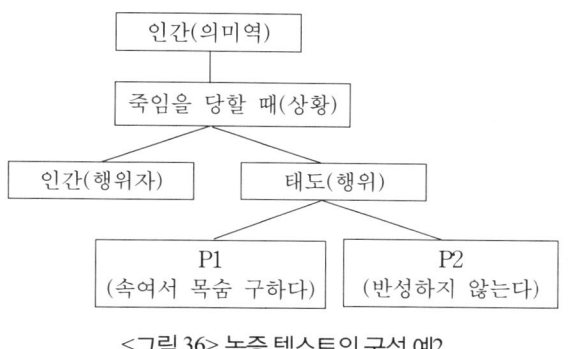

<그림 36> 논증 텍스트의 구성 예2

4.3. 변인에 따른 텍스트 재구성

 논증 텍스트를 생산하는 데 있어 미숙한 필자에게는 논증 담화 경험이 적잖은 도움을 준다는 사실이 확인되었다. 성적이 하위권인 D3O3의 경우를 예를 들면, 동료 집단과의 협력학습을 통해 텍스트 생산에 자신감을 보인 결과 글의 분량을 채울 수 있었고 문장을 정확하게 기술하였다. 그의 발화는 원래 주관적인 생각을 노출하는 특성을 보였으나, 토론을 거친 후 산출한 텍스트에는 근거를 밝혀서 주장하였다. 이 학습자의 외향적 성격이 소집단 토론을 긍정적으로 수용하는 데 일조했다고 볼 수 있다. 또 내성적인 성격의 소유자들로만 구성된 B4 집단의 경우도 효과적이었다. 대부분의 경우에서 소집단 편성이 학습자들의 선택에 의해 이루어졌기 때문에 심한 갈등(분쟁)은 없었던 것이다.

이 연구 결과 7학년 모국어 학습자들의 텍스트 구성 특징은 남녀 성별에 따라 다르게 나타났다. 가장 특징적인 내용은 남학생은 대상에, 여학생은 배경에 주목하는 경향을 보인 것이다. 한 여학생(B1O1)은 '배경 확인하기 - 조사하기 - 중심어 찾기 - 중심어로 문장 만들기 - 뒷받침 내용 쓰기 - 예증하기'의 순으로 텍스트를 구성하는 경향을 보였다. 그리고 남학생(A3A1)은 '대상의 특징 파악하기 - 관련 어휘 연상하기 - 대상의 특징과 관련된 어휘 연결하기 - 기준을 만들어 구분하고 범주화하기 - 범주별로 설명하기'의 순으로 텍스트를 구성하였다.

한편 상위권 학습자는 특수성과 관계성을, 하위권 학습자는 현실성과 일반성을 강조하여 텍스트를 구성하였다. 상위권 학습자(C3A1)의 경우는 '대상의 특성 찾기 - 특성별 수반 요소 찾기'의 순으로, 하위권 학습자의 경우(D3O3)는 '대상의 특성 찾기 - 현실과 비교하기 - 일반화하기'의 순으로 텍스트를 구성하였는데 상위권 학습자의 쓰기 절차보다 단순하지만 사태를 기술한 점이 다르다.

이상과 같이 7학년 학습자들의 텍스트에 나타난 정당화 기제는 수준에 따라 다른 의의를 보였다. 하위권 학습자는 정서를 직접 표출하는 경향이 있어 정제된 형식으로 구성하도록 촉진할 필요가 있으나, 중위권 학습자는 대개 글쓴이의 의지에 따라 덧붙는 연언이나 부정 표지도 글쓴이와 예상 독자의 관계를 고려하여 선택했다. 그러므로 이 내용 요소들로써 글의 설득력이 좌우됨을 알 수 있다. 아울러 이 연구 결과 논증의 세부 기술로 논의 방향을 관리하는 전략도 찾을 수 있었다. 다시 말해 그것은 논증 텍스트와 논증 담화에 빈번하게 나타난 구문들, 개념어의 의미 파악 과정을 통해 논증 문식성(argumentation literacy) 또는 표현력(texture literacy)의 수준을 가늠할 수 있는 것이다.

그리고 텍스트 성공의 변수로 작용하는 특성이 있다. 그것은 학습자(글쓴이) 개인의 성향이다. 이에 대해 살펴보면 실시간 선형 담화(채팅) 경험을 통해 서로 긴밀하게 접촉하면서 갈등하는 현상에 주목하게 되는데, 가치관의 접합과 충돌을 조율하는 기능도 논증 교육에서 찾아야 할 것이다.

효과적인 텍스트 구성을 위해서는 학습자 성향에 따라 투입 형태를 다르게 할 수 있다는 점이 밝혀졌다. 장 의존적 성향의 학습자는 중계 텍스트를 통할 때에 혼자 수행할 때보다 온전한 구조의 텍스트를 산출하였다. 또한 토론을 통해 동료 학습자들과 점검하고 사전에 요약하기를 거침으로써 텍스트 산출 과정이 일련의 행위로 이루어졌다. 한편 장 독립적 성향의 학습자는 언어 정보 대신 이미지를 투입했을 때에도 스스로 연상할 수 있고, 토론 활동에서도 사회자로서 진행과 판단에 능하며, 토론 전에 논거를 마련하는 행위도 철저하며, 스스로 내용을 구조화할 수 있다. 따라서 실제 장의존형 학습자의 경우(D3O3, D2O2)는 [중계 텍스트 수용 - 요약하기 - 생각 나누기(또는 발언하기) - 쓰기]로 이어지는 동료 학습이 효과적이다. D3O3의 경우는 D3A1의 도움으로 텍스트를 효과적으로 산출할 수 있었는데, 담화 상황에서 D3A1의 수용적 화행 방식이 결정적인 변수로 확인된다. 반대로 장 독립형 학습자의 경우(A3A1, B1O1, C3A1, D1O1, D3A1, D6A1)는 [이미지 보기 - 구상하기 - 쓰기]를, [토론 진행하기], [논거 마련하기 - 만화 구성하기 - 줄글로 설명하기] 등의 방법으로 자기 주도적 학습이 가능하다. 이는 앞서

B1O1과 D1O1의 독후 활동 자료에서 입증되었다.

학습자들이 학습을 하는 데 영향 받는 맥락적 요인[123)]으로는 교수자의 관용 같은 개인적 요인, 완화된 심리 상태나 책임 의식에 관여하는 인지적 요인, 부모와 자식 간[124)]이나 동료 간의 상호작용 같은 사회적 요인 등을 들 수 있다. 이를 입증하는 자료로 연구 대상인 7학년에 나타난 특징을 제시하고자 한다. 모집단의 범위가 비록 넓지 않으나 지역별로 나타나는 변인을 예측할 수 없는 것은 아니므로 학습자 특성별 교육 내용과 방법이 고려되어야 한다.

상위 계층 자녀들의 토론 전 준비 상태를 '학습자/근거 수'로 표시하면 다음과 같이 나타낼 수 있다.

> A7O1(여)/2, A7A1(여)/2, B1O1(여)/6, B4A1(여)/4, B4O1(여)/3, B4A2(여)/5, B4O2(여)/5, C2A1(남)/3, C2O1(남)/3, C2A2(남)/3, C3A1(남)/6, C3A2(남)/10, C5O2(여)/2, C6A1(남)/3, D1A1(남)/2, D1O1(남)/3, D4O2(여)/7, D6A1(남)/2, D6O2(남)/5

한 소집단이 보통 3명 내지 4명씩 구성되어 있으므로 3, 4명 중에서 가장 많이 근거를 든 학습자의 경우 3개 이상을 기록해 두었다. 단, 소집

---

123) 맥락주의적 접근 방법은 창의적 문제 해결 이론에 적용할 수 있는 방법으로서, 맥락은 그 이상의 것을 만들어 내는 실체의 집합이며, 궁극적으로는 인간 사고와 행동에 대한 이해라고 할 수 있다. 그래서 개념은 맥락을 벗어나서는 의미를 이루지 못하는 것이다. 문화자본이 풍부한 가정에서는 대체로 창의력이 높은 자식을 양육하게 된다(Dacey & Lennon/이신동 외 옮김, 2006: 281 참조)는 보고도 있다.
124) 대체로 과보호형 부모에게서는 수동적 성향의 자녀로, 방임형 부모에게서는 능동적 성향의 자녀로, 전제형 부모에게서는 저항적 성향의 자녀로 양육된다. 전윤식(2006: 7)은 학부모의 양육 방식에 따라 자녀의 사회성과 지능 등이 영향을 받는다고 했다. 학부모들 중에는 자녀를 있는 그대로 대하는 경우도 있고, 수동적으로 따라오게끔 유도하는 경우도 있으며, 자녀가 알맞은 환경을 선택하도록 관조하는 경우도 있다.

단에 따라 2개의 근거로 우월한 능력을 보여준 경우가 있었는가 하면, 학업 성적이 높은 학습자인데 의욕이 약한 동료 학습자의 영향으로 근거를 2개 이상 생각해 내지 못한 경우도 있었다. 어떻든 이들의 평균 논거 수는 3.84개이다[125].

한편 사회·문화적 자본이 상대적으로 약하지만 학습에 대한 의욕이 강하고 성실하여 근거를 많이 든 경우도 있었다. 해당 학습자는 다음과 같다.

> D1A2(남)/3, D1O2(남)/1, D3O1(여)/2, D3O2(여)/4, D3A2(여)/3, D4A1(여)/6, D4O1(여)/3, D6O1(남)/3

사회·문화적 자본이 상대적으로 적은 환경의 학습자는 모두 17명이었는데, 이 연구 대상 표본(7학년) 중에는 8명이 있다. 이들의 평균 논거 수는 3.13개이다[126]. 이 자료를 통해 사회·문화적 자본의 많고 적음에 따라 학습자 유형을 분석해 보면 사회·문화적 자본이 학습 의욕과 정적 상관을 보이는 것은 분명하지만 논거 수에 있어서는 유의미한 결과를 나타내지 않는다.

사회·문화적 자본 이외에도 학습자의 성격이 학습에 주요한 영향을 미친다. 일반적으로 내성적인 학습자보다 외향적인 학습자가 토론에 더 적성을 보였고, 같은 성격의 동질 집단에서는 별 차이가 없었다. 소집단 C8의 경우는 3명의 학습자들이 편성되어 있는데 그들 각자는 고집이

---

[125] 7학년 전체 학생 집단에서는 사회·문화적 자본이 상대적으로 상위에 위치해 있는 학습자는 모두 44명으로서, 그들이 토론을 위해 준비한 평균 논거 수가 3.75개로 집계됐다.

[126] 전체 학생 집단에서 이 경우에 해당하는 모집단을 살펴보면, 토론 전에 준비한 평균 논거 수가 5.94개로 나타났다.

세고 공격적인 성격의 소유자이다. 특히 C8A1과 C8O2는 학교 폭력에 연루된 경험이 있고 C8O1은 그들과 극단적인 성격을 보이지만, 3명의 공통점은 자기 세계 안에 갇혀서 폐쇄적인 대인관계로 생활한다는 점이다. 상황에 따라 이들 요인을 생물학적으로 볼 수도 있고 사회학적으로 볼 수도 있다. 또 그 둘이 복합적 요인으로 학습에 영향을 미칠 수도 있다. 사춘기 시절을 고려하면 복합적으로 문제 요인을 분석할 수 있다. C8A1(남)은 5개, C8O1(남)은 3개, C8O2(남)은 6개의 근거를 들었으나 이들의 토론 담화는 상대방의 말에 응수하지 않고 자신의 생각을 직선적으로 표현한 독립화행의 평행구조로 구성되어 있다. 즉, 자신의 생각을 표현하는 데 있어 청자를 고려하지 않아서 텍스트를 산출하는 데에 있어서도 자신의 감정을 여과 없이 발산하였다[127]. 다른 동료 학습자와

---

127) [1]C8O2: 인간은 생각을 합니다. /
　　 [2]C8A1: 어리석습니다. /
　　 [3]C8O1: 어리석지 않습니다.
　　 [4]C8O2: 생각을 합니다. /
　　 [5]C8A1: 어리석습니다. /
　　 [6]C8O1: 똑똑합니다.
　　 [7]C8O2: 인간은 생각을 저리도 합니다. /
　　 [8]C8A1: 인간은 생각을 하지만, 바람막이를 입습니다. /
　　 [9]C8O1: 인간은 생각해서 동물보다 낫습니다. /
　　 [10]C8O2: 인간은 한 번 시작한 일은 끝까지 합니다. /
　　 [11]C8A1: 그러나 못된일도 합니다./
　　 [12]C8O1: 인간은 지능이 있습니다. /
　　 [13]C8O2: 인간은 신기합니다. /
　　 [14]C8A1: 그러나 신기하기만 합니다. /
　　 [15]C8O1: 인간에겐 법이 있습니다. /
　　 [16]C8O2: 인간은 천부적 재능을 가지고 있습니다. /
　　 [17]C8A1: 그러나 어리석습니다. /
　　 [18]C8O2: 인간은 말을 합니다. /
　　 [19]C8O1: 인간은 똑똑합니다.
　　 [20]C8A1: 말해서 친구와 사이가 나빠집니다. /
　　 [21]C8O2: 인간은 위대합니다. /

소집단을 편성해 주는 길이 최선이겠지만, 그들의 선택으로 이루어기 어려운 사정 때문에 개별 면담이나 이 집단 그대로 별도의 학습 기회를

[22]C8O1: 인간은 효도를 합니다. /
[23]C8A1: 위대하지만 어리석습니다.

Ⅰ. 텍스트 생성 예
1. 논제: 나는 인간이 어리석다는 거에: 반대한다.
2. 논거:
(1)인간은 머리가 똑똑하다: 동물은 아무대서나자고 예의가없다.
(2)인간은 끈기력이 있다: 한번시작한일은다한다.
(3)인간은 위대하다: 인간은동물보다낮다.
(4)인간은 신기하다: 인간은상상력이풍부하다.
(5)인간은 생각을한다.: 동물은 생각을안하지만인간은생각을한다.
(6)인간은 말을한다: 동물은말을안하지만 인간은말을한다.
　　　　　　　　　　　　　　　　　- <C8O2의 토론 텍스트>

Ⅱ.
저는 인간이 어리석다에 반대합니다.
이것에 대한 이유를 지금부터 밝혀보겠습니다.
첫째 인간은 어리석지가 않습니다. 예를 들면 인간들은 지능이 있어서 듣고 쓰고 말을할 줄도압니다.
둘째 동물은 효도를 하는게아니라 인간도효도를 합니다.
예를들면 저는 어머니를도와줍니다. 만약 못도와드릴 때에 인사를 해 드립니다.
셋째 그러므로 인간은 까마귀보다 낫습니다. 예를들면 저는 부모님께 효도를 배우고 실천하기때문입니다. 이것으로 인간은 어리석다에 반대합니다.
인간은 현명하다. 예를들면 사람들을 도와준다이다.　- <C8O1의 토론 텍스트>

Ⅲ.
저는 인간이 어리석다는 말에 찬성합니다.
이것에 반대하는 이유는 지금부터 말해보겠습니다.
첫째 인간이 가장 어리석다는 말이 있습니다. 왜냐하면 인간은 말만 하고 행동으로 옮기지않기 때문입니다. 예를들어 집에서 테레비볼때엄마가시키는거않하는 것
둘째 인간이 가장어리석다는말에 또 찬성. 왜냐하면자기네들이 차, 담배연기, 쓰레기 그런 것들을 버리기 때문입니다. 예를들어사람들이쓰레기를 함부로 버리는 걸 자주 볼수있습니다.
셋재 자기네들이 죽을 날을 만듭니다. 왜냐하면 전쟁을 해서 사람들을 죽게하니 말입니다. 예를들어 태극기휘날리며영화는사람들이 엄청죽였습니다.
사람들이 담배를 피면 안되는걸 알면서 계속하다 나중에는 후회합니다.
　　　　　　　　　　　　　　　　　- <C8A1의 토론 텍스트>

제공해 줄 필요가 있을 것이다. 아래와 같이 웹에서 텍스트 수정이 능동적으로 이루어질 수도 있겠는데, 같은 목표에 도달하는 상황과 참여자들 간의 협조가 전제되어야 한다.

<표 44> 학습자별 수정 횟수(고교)

회차 사례	4-3	6-1	8-1	10-1	11-2	4-3	6-1	8-1	10-1	11-2	회차 사례
문**(1)	○	○	○					○	○	○	정**(10)
**진(5)	◎	○	○					○	○	◎	**훈(11)
수(4)	○	○		○	○		◎		◎	●	*민*(8)
*솔(9)		○		○	○	○		○	○		서**(13)
천**(3)	○	○		○		○	○		○		*채*(2)
천**(3)	○	○		○		○	○			○	*상*(6)
미(7)	◎		○			○	◎				*아*(12)

(※ ● 표시는 3회를 의미함.)

위 표에서 알 수 있듯이 고교 학습자들의 참여 경향은 같은 논제를 여러 번 반응한 경우(●), 논제 유형을 고루 균형 있게 반응한 경우, 논제 유형을 임의로 또는 적성에 따라 선택한 경우, 불규칙적으로 반응한 경우로 다양하다. 그런데 이 다양성은 학습자들의 능동성에 따른 차이로 나타난 것일 뿐, 질적으로 텍스트 생성 능력의 향상을 기대하기 위해서는 교육 내용의 체계가 절실하다. 물론 그 체계는 논제 유형, 텍스트 분량, 텍스트 구조 등을 다양하게 고려한 기준이어야 한다.

05 결론

5.1 요약

　논증 교육의 효과를 위해서는 교육 내용의 요소를 공평한 준거에서 추출하되 지역이나 수준에 맞게 체계를 세울 필요가 있다. 궁극적으로 논증 (텍스트 구성을 위한) 교육 내용은 언어지식, 사용자들의 공유지식, 논증 방법의 범주로 구분하여 설계해 볼 수 있다. 필자는 먼저 언어지식의 범주에서는 논거로 나타나는 언어 사용의 정확성과 적절성을, 쟁점에 대한 치밀한 분석을 기반으로 적절한 어휘의 활용을, 논증을 유도하는 표현 전략을 보았다. 요컨대 사용자들의 공유 지식은 그들의 문화지식과 함께 그것을 기반으로 한 대안적 사고, 예상 독자와의 관계를 촉진할 수 있는 타당한 논거, 논의 과정을 일관성 있게 관리할 수 있는 자료로 구성된 끝에 결국 개인의 세상지식으로 나타나는 영역이다. 덧붙여 논증 방법에 대한 지식을 갖춤으로써 텍스트(또는 담화)에 논증 구조가 스며들게 된다. 다만 문화권의 연령, 성, 태도에 따라 언어지식은 다르게 구성되게 마련이다. 언어지식의 범주가 그와 같이 다른 경로로 구성되기 때문에 생산물인 텍스트의 구성 과정과 수준도 다를 수밖에 없다. 이러한 배경은 텍스트의 창조적 생산을 함의한다.

필자는 연구 문제를 해결하면서 중등 학습자들의 차별적 요인을 충분히 고려할 수 있는 논증 텍스트의 생성 과정을 살펴보았다. 비단 설득적 글쓰기에서만이 아니라 글쓰기 전반에 있어 이러한 내용의 문식성 교육은 표준 언어 관습을 익힌 바탕 위에서 주제에 적절한 어휘와 문장 구조, 전개 방식을 선택하도록 도와준다. 그리고 이를 전제로 할 때 비로소 타당하게 명제를 진술할 수 있게 되는 것이다.
　창의적 논증을 위해서는 명제를 진술하는 방법이 다양하다는 것을 알아야 하고 그러한 진술들이 함의하는 명제를 읽어 내는 능력도 필요하다. 다시 말해 이러한 능력은 문장과 문장, 발화와 발화, 단락과 단락이 짜고 있는 의미를 읽어 내는 힘을 말한다. 여기서 논증은 모든 교과의 기저에 전제된 질료로서 수많은 장르가 내적으로 지탱하는 힘을 밝혀 준다. 논증의 기능을 하는 요소들이 텍스트나 담화에 드러날 때는 언어 사용자의 선택에 의하는데, 이는 목적이나 상황에 따라 적절한 것을 판단한 결과로 이해될 수 있다. 경우에 따라 논증 기능은 새로운 장르를 생성하기도 한다. 이러한 현상은 언어 사용자의 자발적인 선택으로 나타나는 것이다. 따라서 글을 쓴다는 것은 무엇을, 어떻게 표현하는가에 초점을 두는 바 '무엇을'의 항에는 핵심 개념(명제)이, '어떻게'의 항에는 진술이 해당되며 진술방식에 글쓴이의 개성이 드러난다[128].
　논증 텍스트의 분석은 전제와 결론의 관계를 어휘의 사용이나 통사 구조, 텍스트 구조 층위에서 살펴볼 수 있고, 논거 수로 표상되는 배경

---

128) 국어교육학에서 이 '무엇'은 질료로서, '어떻게'는 형상으로서 이해될 수 있고 응용 학문의 성격상 질료가 현상학적으로 환원된 모습은 형상에서 찾아진다. 이 형상은 목적, 독자, 상황에 따라 다르게 굴절되기 때문에 국어교육학에서는 이를 장르론으로 구분한다. 바꾸어 말해, 장르 학습은 언어 사용자가 맥락에 적절한 기호나 구조를 선택하는 행위에서 비롯되는 것이다.

지식의 폭과 깊이[129]가 텍스트 무늬(texture)를 결정하는 데 도움을 준다. 이 무늬는 필자의 인지 능력을 보여주는 것이며, 미학적으로도 검증됨으로써 텍스트의 완성도가 분명해진다. 다양한 글무늬는 집단의 신화소나 인류학적 신화소라는 일반 공리와 논증 양식으로 합의될 수 있다. 다만 합의의 요소가 신화소 등의 공유 지식에 의하지 않을 때 추상적 논거로써 망상이나 이상으로 치달아 왜곡된 정당화를 이끌 위험도 있다. 반면에 합의 요소가 있는 경우는 현실적이고 대안적인 사고에 의해 구체적인 논거를 들어 참된 정당화를 낳는다. 그 결과 전자는 거짓명제를, 후자는 참명제를 낳는 것이다. 그런데 시대의 변화에 따라 대상의 근본 속성이 재발견되어 참명제와 결합할 때 공통 문화권에 깃든 신화소의 변종을 창출할 수도 있다. 다만 왜곡된 정당화에 의해서는 현실과 동떨어진 맥락에서 나온 논거들 때문에 사회 적응의 경향성이 극히 적다[130]. 논술의 이러한 변인을 고려하여 평가하는 잣대는 논증 교육의

---

129) 필자는 이 연구를 위해 소집단 토론, 중계 텍스트, 이미지를 통해 언어 사용과 사고에 무슨 영향을 얼마나 주는지를 고찰하였으며, 결과적으로 학습자들이 텍스트와 담화를 산출함에 있어 정당화의 수준을 가늠하는 잣대로서 논거의 다양성을 삼았다. 논거의 다양성은 관점의 폭과 깊이라고 바꾸어 말할 수 있는 것인데 횡축으로든 종축으로든 범위를 넓힐수록 오류나 편견을 최소화하는 이점이 있다. 이 논거들은 학습자가 논제를 이해하고 새로운 사태에 적용한 사고의 수준을 증명해 주는 단서이다. 그래서 논제가 포함하는 개념을 측정하면 사고력의 수준을 짐작할 수 있게 된다.
130) 왜곡된 정당화를 보여주는 예는 이 연구 대상 중 소집단 C8이 해당된다. 이 경우는 독립화행의 평행구조를 특징으로 보여주는데, 이를테면 추상적 진술을 계속 나열하거나 동어를 반복하면서 불건전한 논증의 모습을 단적으로 증명한다. 소집단 C8의 담화 전체는 다음과 같다. C8A1과 C8O2의 경우 일탈 학생으로서 교내 생활지도부로부터 요주의 학생으로 분류되었으며 징계를 받은 경험이 많다. 이들은 가정환경의 결손으로 학교생활에서도 부적응 정도가 심하다. 한편 C8O1는 집단따돌림을 받는 경우로서 물리적 폭력을 당하기보다는 교우관계도 면에 외톨이 성향을 극명하게 보여주며 성격적으로는 고집이 세다. 이 경우는 부모의 과잉보호로 형성된 성격적 결함을 보여준다. 이들이 의사소통하는 국면은 각자 자신의 의견만 제시할 뿐 상대방의 의견과 조율하는 과정, 즉 질문을 통해 증명을

내용 요소로서 아래와 같이 선정해 볼 수 있다.

<표 45> 논증 교육의 내용 요소

영역 내용 요소	내용 요소	세부 내용
언어 지식1	실현가능성(대안적 사고)	논제를 설정하고 근거를 들어 논술하는 능력(문제 해결 능력)
	예상 독자와의 관계 촉진	논거의 타당성
	필자의 의지 반영	결론과 논증 과정의 적절성
언어 지식2	논의 과정의 관리	논의의 일관성
	어휘 활용	치밀한 쟁점 분석
	논증 표현 전략	논증소의 활용 능력
공유 지식	핵심 의소	가치관으로 총화할 수 있는 내용
논증 방법	5가지 논증 방법	연역, 귀납, 유추, 변증, 귀추 논증
절차	구상부터 생산까지	구상, 구성, 조정, 평가, 표현
맥락	연령, 성별, 태도	언어 학습 능력의 개인차

학습자들이 산출한 텍스트에서 편차가 발생하는 이유는 사회의 중심 문화와 그들 각자의 주변 문화 간의 괴리 때문이다. 이는 두 문화권의 대상에 대한 인식 차이로 설명할 수 있다. 이 연구에서는 성적 차, 성별, 태도에 따라 학습자들의 인식 정도도 고려하였다. 그 결과 사회적 열등의식에 의해 왜곡된 해석을 비치기도 하고, 편향된 모성이나 부성에 의한 양육 방식이 언어로 표상된 사례도 있었다. 부모의 언어습관이 자식에게 반영된 현상은 사회언어학적으로 살펴볼 수도 있을 테지만, 특히 학습자들만의 소통 공간인 대중매체의 영향도 뚜렷하게 나타난다. 여기

요구하는 등의 적극성이 보이지 않는다. 즉, 이들은 모두 문제 해결적 사고를 동원하지 않고 담화와 텍스트를 생산한 것이다. 주석127)에 해당 담화 및 텍스트 자료가 예시되었다.

에는 그들의 대중문화 수용 태도도 배어 있다. 생성된 텍스트에 담겨 있는 다양성은 창의적 논증을 담보한 결과이며, 이를 교육의 과정에서 실천할 수 있는 내용으로 다음과 같이 정리해 볼 수 있다.

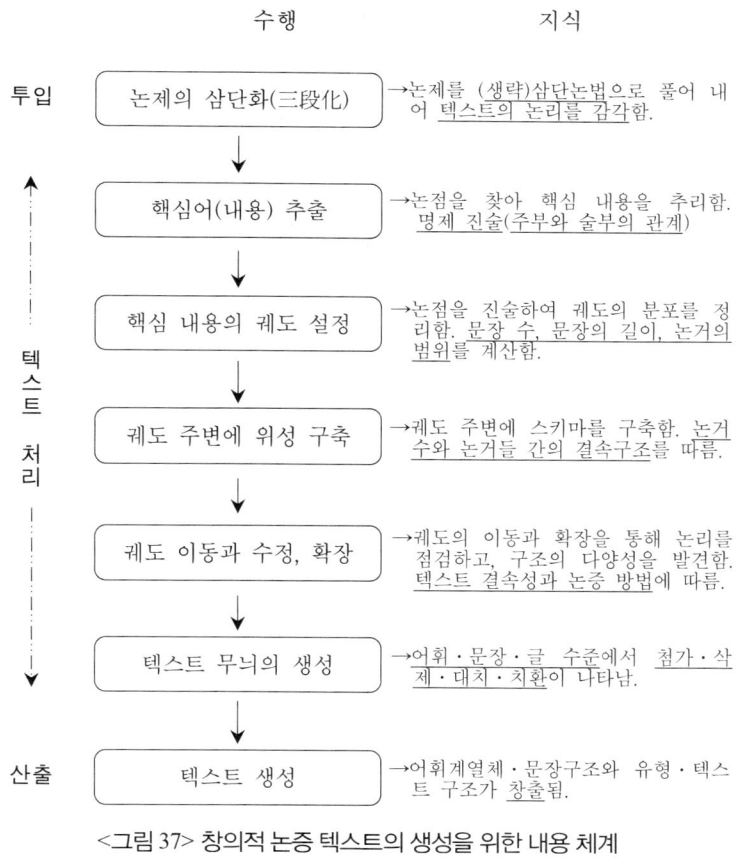

<그림 37> 창의적 논증 텍스트의 생성을 위한 내용 체계

위 체계의 변수로서 대상에 주목하는 층은 현실성이나 일반성에 주목하며 장 의존적 성향을 지닌 학습자로 대별될 것이다. 이 경우는 창발

적 문식성 연구의 중심 대상으로서 교육이 필요하기에 그들의 잠재력을 인정하고 다루어야 함을 증명해 줄 것이다.

이상으로, 이 연구를 통해 얻은 결과를 아래에 정리한다.

첫째, 논증 교육의 내용은 개별 학습자의 적성을 고려하여 어떻게 체계적으로 설계될 수 있는가?

논증 텍스트의 지식(개념적 구조)과 수행(절차적 구조)을 분석한 결과 텍스트 유형의 다양성뿐만 아니라 텍스트 구성의 다층성도 확인되었다. 이 특성은 다소 복잡해 보이지만, 논증 텍스트 구성을 위해 지식 차원과 수행 차원에서 학습할 내용의 매트릭스를 구안하여 활용하면 개별 학습자의 글무늬가 생성될 수 있다.

둘째, 논증 교육이 창의성 신장을 위해 주는 시사점은 무엇인가?

내용 체계는 논증에 관한 표현 교육에 실제적 지침을 마련할 수 있다. 즉 학습자 개인이 자신의 글무늬(Texture)를 발견하고, 그것에 적합한 텍스트 유형(Genre)도 스스로 선택함으로써 배경지식이나 적성에 부합된 제시문 유형을 판단할 수 있게 되는 것이다. 진로 교육을 고려한 국어과 쓰기 교육을 향해 논증에 바탕을 두고 일정한 질서를 따르면 글의 형식을 쇄신할 뿐만 아니라 내용을 확장하는 일도 가능해진다. 현재 대학 입시를 위해 언어영역의 수험서적들을 볼 때, 학습자의 개별 수준이나 적성을 평가하기 위해 제시문의 난이도를 구분하거나 제시문의 구성 요소별·장르별로 위계가 뚜렷하지 않은 난점이 있다. 이를 해결하기 위한 하나의 시준으로서도 이 연구 결과는 역학적으로 접근할 수 있는 가능성을 시사한다.

5.2. 제언

논증 교육의 내용 요소를 선정하고 체계를 세워 본 결과, 다양한 학습자 특성에 따라 창발적으로 텍스트를 생산할 수 있도록 촉진하는 일이 매우 섬세하고 공이 들어가는 점이 분명해졌다. 필자는 이 연구로 글 읽기 능력과 쓰기 능력, 듣기 및 말하기 능력을 표준화할 수 있는 준거를 마련하고, 그 준거들이 논술 적성(aptitude) 시험 문항을 제작하는 데에도 도움을 줄 수 있을 것이다. 이를테면 지식 평가에 있어서는 문법 지식의 생활화를 꾀하는 동시에 원활한 의사소통을 위해 관습의 이행 측면을 알아볼 수 있는 방법을 생각했다. 그리고 실제적 측면에서 언술 행위의 소통 가능성을 판단하는 지침을 마련할 수도 있을 것이다. 가령 담화 또는 글의 목적, 메시지, 청자 또는 독자, 어휘 연결의 이해, 문장관계, 표지 선택(빈도수 많은 것에서 적은 것으로 점진적 확대), 어휘량(고유어, 한자어, 기타 차용한 외국어를 음절수·특수어·일반어로 나누고 가정어 - 소규모 집단의 언어 - 직업 사회 언어 - 국제사회 언어로 문화의 폭을 확대), 상황에 따른 어휘 사용, 적절한 표현 방법(직접적 노출에서 간접적 비유로 표현 단위를 확장하거나 축소) 등의 요인들이 있다. 다만 논증 교육을 이끄는 교수자의 열정을 예측하기 어렵고 제도적으로 수업을 지원해 주는 요인들이 충분할지 의문이 들지만, Habermas의 이상적 담화 상황을 기대해 볼 수는 있을 것이다. 즉 가치다원주의를 표방하는 이상적 담화 상황은 지역별, 연령별, 성별 등의 차별적 요인들을 균등하게 고려하여 참여자들에게 의사소통의 권리를 부여하는 장이다. 여기서 합의를 이끌어 내는 논리는 정당화 방식에 근거하되 문화권의 공유 지식을 전제하지 않을 수 없고, 환경 변화에 함께 적응하는 최선의 방법을 논해야 하며, 특정 집단이나 개인의 권한에 치우치지 않고 존재는 인류의 보존을 위해 논지를 펴야 할 것이다.

보다 자세한 교육 내용을 발견하기 위해서 장기간 쓰기 환경과 행위를 관찰하고 참여자와 인터뷰하며, 자전적 문체와 쓰기 회귀 과정을 분석하는 순서로 진행하는 것(Hyland, 2002: 31-32)도 필요하다[131]. 앞으로 논증 교육의 연구는 체계적으로 교과 단원을 기획하기 위해서도 차시 학습 내용의 창안 및 구성, 학습자들의 수행 과정의 참여관찰 기록과 분석 등의 작업이 지속적으로 이루어져서 학습자 변인, 장소 변인 등을 고려하여 실제적으로 유용한 내용 요소를 발굴해야 할 것이다.

---

[131] 대표적인 예로 쓰기 과제(포트폴리오)를 보는 방법은 (1)문제를 발견하고, (2)쓰기의 발전 요인을 찾으며, (3)장르에 관련된 특징들로 쓰여졌는지를 확인하며, (4)동료 학생의 조언이 있었는지를 점검하는 것이다(Hyland, 2002: 95). 이 쓰기 활동은 궁극적으로 학습자들이 쓰기 기술뿐만 아니라 좋은 글과 효과적인 표현에 대한 비판적 인식을 발전시키는 기회를 갖도록 하는 데 의의가 있다.

■ 참고 문헌

1. 자료

KBS 영상사업단(2006), 「붉은 산, 금수회의록, B사감과 러브레터, 닳아지는 살들」, 『국내·외 문학작품선(청소년 대상)』 오디오 CD-ROM 자료.
KBS(1984), 「B사감과 러브레터」, 『TV문학관』 방송드라마.
서울특별시 교수학습지원센터(2008), 『진로 교육』 시청각 자료, 서울특별시 교수학습지원센터 홈페이지.
교육과정평가원(2005), 『국어과 교육과정』 개정 시안.
교육과정평가원(2005), 『국어교육 관련 학회 및 토론(개정시안 공청회) 자료집』.
교육과정평가원(2007), 『국어과 국민 공통 교육과정』 최종심의본.
교육과정평가원(2009), 『국어과 교육과정 개정』 시안.
교육과학기술부(2010-2011), 『개정 교육과정 공청회 자료집』.
교육부(1999), 『제7차 국어과 교육과정』.
교육인적자원부(2006), 『국어과 공통 교육과정』 개정안.
교육인적자원부(2006), 국어과 교육과정 개정안 공청회 자료집.
교육인적자원부(2007), 『개정 국어과 교육과정』.
송성욱(2005), 『세계문학전집100-춘향전』, 민음사.
미상, 『열녀춘향수절가』 영인본.
정성호(2008), 『동국대 교수법 세미나 자료집』, 동국대학교.
한국고전번역원(2011), 「이이-'제2 修己' 聖學輯要」, 『율곡선생전서』 제20 권, 한국고전종합DB http://www.itkc.or.kr/itkc/Index.jsp
한국교육방송공사(2010), 사이버 논술방.

2. 국내 문헌

고영근(2002), 『텍스트 이론: 언어문학통합론의 이론과 실제』, 대우학술총서.
고영근·구본관(2009), 『우리말 문법론』, 집문당.
국립국어원(2004), 『주요 국가의 사회언어학 연구 동향』, 국립국어원.
김공하(1998), 『비판적 사고와 교육』, 교육과학사.
김영순(2005), 『미디어와 문화교육』, 한국문화사.

김영정 외(2006), 『사고와 논술-기초·심화·발전·응용편 지도서』, 한국교육방송공사 논술연구소.
김청탁(1998), 『미디어와 인간』, 커뮤니케이션북스.
노명완·박영목(2008), 『문식성교육 연구』, 한국문화사.
노명완·정혜승(2006), 『협동적 학습을 위한 45가지 교실수업전략』, 서울: 박이정.
노명완·정혜승·옥현진(2005), 『창조적 지식기반사회와 국어과교육』, 박이정.
동국대 교양교재편찬위원회(2007), 『국어작문』, 동국대 출판부.
동아일보사·성균관대 의사소통교육연구실(2007), 『학교 논술교육의 이론과 실제』, 2007 우수사례 발표회.
박상준(2006), 『비판적 사고와 문답식 수업』, 한국학술정보.
박영목·한철우·윤희원(2003, 2006), 『국어과 교수학습론』, 서울: 교학사.
박영민(2003), 『과정 중심 비평문 쓰기』, 서울: 교학사.
박인기(1997), 『과정 중심의 쓰기 수행평가의 이론과 실제: 과정 중심의 쓰기 수행평가를 통한 쓰기 능력의 신장』, 대한교과서.
박인기(2003), 『국어교육과 미디어 텍스트』, 삼지원.
박태호(2000), 『장르중심교수학습론』, 서울: 박이정.
서태룡·민현식·안명철·김창섭 외(1998), 『문법 연구와 자료』, 태학사.
안건훈(2005), 『인과성 분석』, 서울대 출판부.
안정임·전경란(1998), 『미디어교육의 이해』, 한나래.
원진숙(1997), 『논술교육론』, 박이정.
유협/최동호 옮김(2008), 『문심조룡』, 민음사.
이남인(2005), 『현상학과 해석학』, 서울대 출판부.
이남인(2006), 『현상학과 현대철학』, 풀빛미디어.
이득재(2003), 『바흐찐 읽기』, 문화과학사.
이삼형 외(2000), 『국어교육학과 사고』, 역락.
이상하(2994), 『과학철학』, 철학과 현실사.
이원표(1994), 『대중매체와 담화분석』, 한신문화사.
이재승(1997), 『국어교육의 원리와 방법: 과정 중심의 국어교육』, 삼지원.
이정모·이재호(1998), 『인지심리학의 제 문제Ⅲ: 언어와 인지』, 학지사.
이정춘(2004), 『미디어교육론』, 집문당.
이창덕 외(2008), 『삶과 화법』, 박이정.
장석진(1985), 『화용론 연구』 탑출판사.
전은주(1999), 『말하기 듣기 교육론』, 박이정.
전통문화연구회(2008), 『古文眞寶(동양고전국역총서23)』, 전통문화연구회.
정대현(1991), 『지식이란 무엇인가?』, 서광사.
정인성·나일주(1996), 『최신교수설계이론』, 교육과학사.

정혜승(2002), 『국어과 교육과정 실행연구』, 박이정.
조상식(2005), 『독일교육학의 이해-정신과학적 교육학의 방법론』, 문음사.
최현섭 외(2000), 『구성주의 작문 교수학습론』, 박이정.
최현섭·박태호·이정숙·이수진(2003), 『자기주도 쓰기 학습을 위한 과정 중심의 쓰기 워크숍』, 역락.
하병학(2001), 『토론과 설득을 위한 우리들의 논리』, 철학과 현실사.
한국사회언어학회(2002), 『문화와 의사소통의 사회언어학』, 한국문화사.
한국어교육학회(2005), 『국어교육론 1·2·3』, 한국문화사.
한국어문교육연구소 국어과교수학습연구소(2006), 『독서교육사전』, 교학사.
한국텍스트언어학회(2009), 『텍스트언어학의 이해』, 한국문화사.
한상진 외(1997), 『하버마스 이성적 사회의 기획, 그 논리와 윤리』, 나남출판.
홍원표(2006), 『니코마코스윤리학-Aristoteles』, 타임기획.

3. 국외 문헌(원서)

Barton, D.(2007), Literacy, Blackwell Publishing.
Bazerman, C.(ed.)(2008), *Handbook of Reasearch on Writing in Middle and Secondary Schools*, Upper Saddle River, N. J.: Pearson Prentice Hall.
Cameron, D.(2006), *Working with Spoken Discourse*, SAGE Publications.
Carrol, David W.(1984), *Psychology of Language*, 2nd ed., Brooks/Cole Pub.
Channey, A. L. & Burk, Tamara L.(1998), *Teaching oral communication in Grades K-8*, Allyn & Bacon a pearson education company.
Cohen, A. D. & Macaro, E.(2007), *Language Learner Strategies*, oxford.
Cope, B. and Kalantzis. M.(1993), *The Powers of Literacy: A Genre Approach to Teaching Writing*, Pitsburg: University of Pittsburgh Press.
Cook, V.(2001, 2008), *Second Language Learning and Language Teaching*, Hodder Education.
Creswel, J. W.(1998), *Qualitive Inquiry and Research Design: Choosing Among Five Traditions*, Thousand Oaks, London, New Delhi: SAGE Publications.
De Beaugrande. R.(1997), *New Foundation for a Science of Text and Discourse*, Ablex Publishing Corperation Norwood New Jersy.
De Carlo, J. E.(1995), *Perspectives in Whole Language*, Long Island University C. W. Post Campus.
Dörnyei, Z.(2001), *Teaching and Researching Motivation*, Pearson Education England.
Eggins, S.(1994), *An Introduction to Systemic Functional Linguistic*, PINTER.

Elhadad, M.(1992), *Control in Functional Unification Grammers for Text Generation*, Lecture Notes in Computer Science Vol. 587.
Elhadad, M.(1993), *Generating Argumentative Judgement Determiners*, MIT Press.
Elhadad, M.(1993), *Generating Adjectives to Express the Speaker's Argumentative Intent*, Anaheim C.A.
Fairclough, N.(1995), *Media Discourse*, Edward Arnold.
Freedman, A. & Medway, P.(1994), *Locating Genre Studies: Antecedents and Prospects, Genre and the Rhetoric*, London: Tayler & Francis, Ltd.
Grabe, W. & Stoller, F. L.(2002), *Teaching and Researching Reading*, Pearson Education.
Guilford. J. P.(1956), *Structure of Intellect*, Psycological Bulletin, 53.
Halliday, M.A.K.(1994), *An Introduction to Functional Grammer*, Edward Arnold.
Halliday, M.A.K. & Hasan. R.(1989), *Language, Context and Text*, Oxford University Press.
Halliday, M.A.K. & Matthiessen, C.(2004), *An Introduction to Functional Grammer*, Oxford University Press.
Halliday, M.A.K. & Matthiessen, C. M.I.M.(2006), *Constructing Experience through Meaning; A Lnguage - based approach to cognition*, Continuum International Publishing Group.
Halliday, M.A.K. & Yellop, C.(2007), *Lexicology: A Short Introduction*, Continuum International Publishing Group.
Halliday, M.A.K. & Webster, J.J.(2006), *On Languase and Linguistics*, Continuum International Publishing Group.
Halliday, M.A.K. & Webster, J.J(2006), *The Language of Science*, Continuum International Publishing Group.
Halliday, M.A.K. & Webster, J.J.(2006), *Linguistic Studies of Text and Discourse*, Continuum International Publishing Group.
Halliday, M.A.K. & Webster, J.J.(2006), *Textlinguistics; The How and Why of Meaning*, David Brown Book Co.
Harper, R.H.R.(2010), *Texture - Human Expression in the Age of Communications Overload*, The Mit Press.
Hart, A.(1998), *Teaching the Media International Perspectives*, L.E.A. Publishers London.
Hayes, J. R. & Flower, L. S.(1980), *Identifying the Organization of Writing Processes*, Lee W. Gregg & E. R. Steinberg, Eds.
Hughes, R.(2002), *Teaching and Researching Speaking*, Pearson Education.

Hyland, K.(2002), *Teaching and Researching Writing*, Pearson Education.
Kant, I.(1997), *Critique of pure reason*, Cambridge University Press.
Kern, R.(2000), *Literary & Language Teaching*, oxford.
Kuno, S.(1980), *Disccourse Deletion*, Harvard Studies in Syntax and Semantics Vol. 3.
Lepore, E. & Cumming S.(2009), *Meaning and Argument - An Introduction to Logic through Language*, Wiley Blackwell.
Pears, D.(1971), *What is knowledge?*, George Allen & Urwin LTD.
Pence, K. L. & Justice, L. M.(2008), *Language Development from Theory to Practice*, Pearson.
Rijlarsdam, G.(ed)(1996), *Theories, Models and Methodology in Writing Research*. Amsterdam: AUP.
Ruggiero, V.R.(2009), *The Art of Thinking - A Guide to Critical and Creative Thought* (ninth edition), Longman.
Schegloff. E. A. (2007), *Sequence Organnization in Interaction*, Cambridge; New York.
Smagorinsky, P.(ed)(2006), *Research on Composition*. New York: Teachers College Press.
Skinner, B. F.(1989), *Recent Issues in the Analysis of Behavior*, Merril Publishing Co., Columbus, Ohio.
Spencer, P.E.(2007), *Rhetorical Texture and Narrative Trajectories of the Lukan Galilean Ministry Speeches*, T&T Clark.
Stockwell, P.(2009), *Texture - A Cognitive Aesthetics of Reading*, Edinburgh University Press.
Soven. M. I.(1999), *Teaching Writing in Middle and Secondary Schools*. Boston; Allyn and Bacon.
Swales, J.(1990), *Genre Analysis*, Cambridge.
Tribble, C.(1996), *Writing*, Cambridge.
Vygotsky, L.(1962), *Thought and Language*. Cambridge. MA; MIT Press.
Vygotsky, L.(1978), *Mind of Society: The development of higher psychological processes*, Cambridge, MA: Harvard University Press.
Williams, J. D.(1998), *Preperaring to Teaching Writing*, New York: LEA.

4. 국외 문헌(번역서)

Allexy, R.(1991), *Theorie der juristischen Argumentation*/변종필 외 옮김(2007), 『

법적 논증 이론』, 고려대 출판부.
Aristoteles(1987), *Poetics*/천병희 옮김(2002), 『시학』, 문예출판사.
Aristoteles(2004), *Rhétorique livre* Ⅰ·Ⅱ·Ⅲ/이종오 옮김, 『수사학1·2·3』, 리젬.
Barker, S. F.(1985), *The elements of Logic*/최세만·이재희 옮김(1986), 『논리학의 기초』, 서광사.
Beardsley, M. C.(1958), *Aesthétics*/이성훈·안원현 옮김(1993), 『미학사』, 이론과 실천.
Berkingum, D.(1987), *Media Education*/기선정·김아미 옮김(2004), 『미디어교육: 학습, 리터러시 그리고 현대문화』, jnbook.
Bohm, D.(1980), *Wholeness and the Imlicate Order*, Routledge/이정민(2010), 『전체와 접힌 질서』, 시스테마.
Borchers, T.(2006), *Rhetorical theory*/이희복 옮김(2007), 『수사학 이론』, 커뮤니케이션북스.
Brinker, K.(1983), *Linguististische Textanalyse*/이성만 옮김(1994), 『텍스트언어학의 이해』, 한국문화사.
Brown, H. D.(2000), *Teaching by principles*/권오량 외 옮김(2006), 『원리에 의한 교수』, Pearson Longman.
Brown, H. D.(2006), *Principles of language learning and teaching*/이홍수 옮김(2007), 『외국어 교수·학습의 원리』, Pearson Longmas Published.
Burton G. & Dimbleby R.(1988, 1995), *Between Ourselves*/이주행 외 옮김(2008), 『대인관계의 의사소통』, 한국문화사.
Chafe, W.(1994), *Discourse, consciousness and time*, The University of Chicago Press/김병원·성기찬 옮김(2006), 『담화와 의식과 시간: 언어의식론』, 한국문화사.
Cicero(B.C.46?), *Partitiones oratoriae*/안재원 옮김(2007), 『수사학』, 길.
Dacey, J. S. & Lennon, K. H.(1998), *Understanding Creativity*/이신동 외 옮김(2006), 『창의성의 이해』, 박학사.
Deleuze, G.(1969), *Logique Du Sens*/이정우 옮김(2007), 『의미의 논리』, 한길사.
Fiske, J.(1990), Introduction to Communication Studies/강태완·김선남 옮김(2001), 『커뮤니케이션학이란 무엇인가』, 커뮤니케이션북스.
Flower, R.(1981, 1985, 1989, 1993), *Problem-solving strategies for writing*/원진숙·황정현 옮김(1998), 『글쓰기의 문제해결전략』, 동문선.
Geroch, R.(1978), General Relativity from A to B/김재영 옮김(2003), 『물리학 강의』, 휴머니스트.
Heinemann(1991), *Textlinguistik*/백설자 옮김(2001), 『텍스트언어학의 이해』, 한국

문화사.
Heinz, V.(1990, 1992, 1994), *Kölner Linguistische Arbeiten zur Germanistik*/이성만 옮김(2006), 『텍스트의 구조와 이해』, 배재대 출판부.
Hinkel, E.(1999), *Culture in Second Language Teaching and Learning*/ 김덕영 옮김(2009), 『문화와 제2 언어 교수 학습』, 한국문화사.
Lakoff G. & Johnson M.(1999), *Philosophy in the flesh*/임지룡 외 옮김(2002), 『몸의 철학』, 박이정.
Lanigan, R. L.(1988), *Phenomenology of Communication: Merleau-Ponty's Thematics in Communicology and Semiology*/박기순·이두원(1997), 『커뮤니케이션 현상학』, 나남출판.
Maneli, M.(1994), *New Rhetoric*/손장권·김상희 옮김(2006), 『Perelman의 신수사학』, 고려대 출판부.
Moran, P. R.(2001), *Teaching Culture*/정동빈 외 옮김(2004), 『문화교육』, 경문사.
Munitz, M. K.(1981), *Contemporary Analytic Philosophy*/박영태 옮김(2003), 『현대 분석철학』, 서광사.
Ong, Walter J.(1982), *Orality and Literacy*/이기우·임명진 옮김(1996), 『구술문화와 문자문화』, 문예출판사.
Pears, D.(1971), *What is knowledge?*/문정복 옮김(1984), 『지식이란 무엇인가?』, 형설출판사.
Petri, H. L.(1996), *Motivation-Theory, Research and Applications*/박소현·김문수 옮김(2003), 『동기-이론 연구 그리고 활용』, 시그마프레스.
Plantin, C.(1989), *Essais sur L'Argumentation*/장인봉 옮김(2003), 『논증 연구』, 고려대 출판부.
Richards, J. C. & Rodgers, T. S.(2001), Approaches and Methods in Language Teaching(second edition)/전병만 옮김(2003), 『외국어 교육 접근 방법과 교수법』, Cambridge.
Robins R. H.(1997), *A Short History of Linguistics*/강범오 옮김(2007), 『언어학의 역사』, 한국문화사.
Russell, B.(1975), *Introduction to Mathmatical Philosophy*/임정대 옮김(2005), 『수리철학의 기초』, 경문사.
Ryle, G.((1984), *The concept of mind*/이한우 옮김(2004), 『마음의 개념』, 문예출판사.
Singer, M.(1990), *Psychology of language an introduction to sentence and discourse proces*/정길정·연준흠 옮김(1999), 『언어심리학』, 한국문화사.
Sperber D.& Wilson D.(1986), *Relevance: Communication and cognition*/김태옥·이현호 옮김(1993), 『인지적 화용론』, 한신문화사.

Sumedho, A.(2004), *Intuitive awareness*/백원기 옮김(2006), 『직관』, 대한불교진흥원.
Thomson, A.(1999), *Critical Reasoning in Ethics*/ 최원배 옮김(2002), 『비판적 사고 실용적 입문』, 서광사.
Tugenhat, E. & Wolf, U.(1982), *Logisch-Semantische Propädeutik*/하병학(1987), 『논리-의미론적 예비학』, 철학과 현실사.
Whitney P.(1999), *The psychology of language*/이승복·한기선(2003), 『언어심리학』, 시그마프레스.
Weston, A.(2000), *A Rule book for Arguments*/이보경 옮김(2004), 『논증의 기술』, 필맥.
Van Dijk(1980), *Textwissenshaft*/정시호 옮김(1990), 『텍스트학』, 아르케.

5. 논문

강성영(1997), 「논증가치와 토포이의 의미론적 특성 연구」, 『한국프랑스학논집』 22집, 한국프랑스학회, 1-19쪽.
고영근(2005), 「텍스트의 개념 정립과 텍스트처리에 관한 문제」, 『텍스트언어학』 19집, 한국텍스트언어학회, 1-18쪽.
고춘화(2007), 「글의 사고과정 해체를 통한 논증문 읽기 지도 연구」, 『국어교육연구』 41집, 국어교육학회, 1-24쪽.
구연상(2008), 「글쓰기와 논술」, 『하이데거연구』 17집, 한국하이데거학회, 119-144쪽.
권미정(1999), 「외국어로서의 한국어 읽기 교육-독해전략을 통한 효율적인 처리 방안」, 『한국어교육』, 국제한국어교육학회, 1-28쪽.
김경미(2007), 「현대 생태시론의 글쓰기 방식과 시 해석」, 『수사학』 6집, 한국수사학회, 25-49쪽.
김경연·이용운(2006), 「개인변인에 따른 교사들의 다차원적 인식론적 신념과 교수-학습관 간의 관계」, 『교육문제 연구』 26집, 한국교육학회, 199-224쪽.
김광수(2005), 「철학과 논술」, 『2005 추계 학술대회 기조 발제문』, 새한철학회, 128-154쪽.
김대행(2005), 「국어교육 연구의 방향: 수행적 이론의 연구를 위하여」, 『국어교육학연구』 22집, 국어교육학회, 5-29쪽.
김대행(2007), 「매체 환경의 변화와 국어교육의 방향」, 『국어교육학연구』 28집, 국어교육학회, 5-36쪽.
김도남(1997), 「작문 지도 모형 탐색」, 『청람어문학』 17호, 청람어문학회, 161-196쪽.

김명석(2009), 「영상 매체를 활용한 문학논술 지도 전략」, 『우리문학연구』 28집, 233-259쪽.
김봉순(1999), 「쓰기 영역의 수행평가 방안」, 『국어교육100』, 한국국어교육연구회, 173-199쪽.
김봉순(2004), 「독서와 작문 통합 지도의 전망」, 『독서연구』 11호, 한국독서학회, 83-112쪽.
김상희(2005), 「현대 의사소통이론과 수사학-논증적 의사소통을 중심으로」, 『한국프랑스어학논집』 50집, 한국프랑스어학회, 29-50쪽.
김상희·이영종(2008), 「설득적 소통으로서의 법정 담론」, 『한국 사고와 표현학회 학술대회논문집』 한국사고와표현학회, 26-42쪽.
김석화·김정희(2009), 「초등학생들의 가정 소득 수준과 자기존중감 및 창의성의 관계」, 『사고개발』 5권 1호, 대한사고개발학회, 1-18쪽.
김애령(2007), 「체험 연구의 현상학적 토대와 해석학적 확장」, 『공동 학술대회 발표자료집』, 한국현상학회·한국해석학회, 231-258쪽.
김연종(2009), 「제18 대 국회의원 선거 TV 방송 토론의 형식과 내용: 3개 토론회 사례 분석」, 『스피치와 커뮤니케이션』 11호, 한국스피치커뮤니케이션학회, 254-292쪽.
김영정(2006), 「창의성과 비판적 사고」, 『한국인지과학논문지』 13권 4호, 한국인지과학학회, 81-90쪽.
김정숙(2008), 「과제 수행을 중심으로 한 한국어 교육 방법론」, 『한국어교육』 9권 1호, 국제한국어교육학회, 95-112쪽.
김정자(2004), 「쓰기 과제에 대한 구성에 대한 연구」, 『한말연구』 15호, 한말연구학회, 93-119쪽.
김종영(2008), 「포퓰리즘과 네거티브 전략의 수사적 고찰: 나치당의 경우를 중심으로」, 『텍스트언어학』 25집, 한국텍스트언어학회, 139-161쪽.
김주현(2009), 「진단과 처방의 논증구조」, 『수사학』 11집, 한국수사학회, 363-402쪽.
김지연(2008), 「토론을 통한 쓰기교육」, 『문식성 연구』, 한국문화사, 786-805쪽.
김진무(2009), 「TV 토론에서의 수사질문」, 『한국프랑스학논집』 67집, 한국프랑스학회, 63-88쪽.
김진하(2008), 「프랑스와 한국의 논술 개념 비교」, 『프랑스어문교육』 28집, 한국프랑스어문교육학회, 95-120쪽.
김창현(1994), 「소설에 있어서 내레이터와 내레이터의 상호관계」, 『새한영어영문학』 33집, 새한영어영문학회, 19-46쪽.
김평원(2011), 「매크로 토론을 활용한 CEDA 방식 토론 교육」, 『화법연구』 18호, 한국화법학회, 9-38쪽.

김현연(2005), 「텍스트 구조 지도가 읽기에 미치는 영향 연구」, 『국어교육연구』 37집, 국어교육학회, 67-94쪽.
김혜숙(2002a), 「정보화사회에 필요한 말하기의 효과적 표현과 전달」, 『새국어교육』 64호, 21-66쪽, 한국국어교육학회, 21-66쪽.
김혜숙(2002b), 「모둠 활동에 나타나는 말하기·듣기의 개념틀에 대하여」, 『화법연구』 4호, 35-84쪽, 한국화법학회, 35-84쪽.
김혜숙(2005), 「사회언어학 연구와 국어교육의 연계성」, 『국어국문학』 141, 국어국문학회, 379-405쪽.
김혜숙(2006), 「대학 총장 연설의 단계별 구성과 표현 방법론」, 『한국언어문화학』 3권 2호, 국제한국언어문화학회, 99-122쪽.
김혜영(2009), 「한국어 수정화행에 대한 연구」, 『텍스트언어학』 26집, 한국텍스트언어학회, 139-159쪽.
김호정(2007), 「한국어 쓰기교육의 원리와 교육 방안 탐색」, 『국어교육학연구』 30집, 국어교육학회, 233-260쪽.
노명완·이형래(2005), 「직업 문식성 연구」, 『독서연구』 13호, 한국독서학회, 62-100쪽.
류은영(2007), 「국어과 창의성 지도 사례」, 『연차학술대회발표문집』, 대한사고개발학회, 183-188쪽.
류철균·이진·장정운(2008), 「텔레비전 영상 서사에 나타난 모티프 확장 양상 연구」, 『대중서사연구』 19호, 대중서사학회, 281-304쪽.
민병곤(2000), 「신문 사설의 논증구조 분석」, 『국어국문학』 127권, 국어국문학회, 133-154쪽.
민병곤(2004), 『논증교육의 내용 연구』, 서울대 박사학위 논문.
민현식(1996), 「국제 한국어교육을 위한 국어문화론의 내용 구성 연구」, 『한국말교육 』, 7권 국제한국어교육학회, 101-142쪽.
민현식(2003), 「국어교육과 한국어교육에서의 문화교육」, 『외국어교육학회 발표자료집』, 429-452쪽.
민현식(2003a), 「국어학의 학제 간 연구 현황과 과제」, 『어문학』 79호, 어문학회, 1-54쪽.
민현식(2007b), 「구어적 통용과 문어적 오용」, 『문법교육』 6집, 한국문법교육학회, 53-113쪽.
민현식(2009), 「국어능력 실태와 문법교육의 문제점」, 『국어교육연구』 44집, 국어교육학회, 1-56쪽.
민현식(2009), 「언어 습득 및 문화 관련 이론의 동향」, 『한국어교육국제학술회의 발표논문집』, 서울대 국어교육연구소, 21-52쪽.
박나리(2008), 「학술논문의 텍스트성 분석: 의도성을 중심으로」, 『텍스트언어학』

25집, 한국텍스트언어학회, 163-192쪽.
박남희(2008), 「글쓰기와 해석학의 존재론적 동근원성에 대한 고찰」, 『작문연구』 7집, 한국작문학회, 9-33쪽.
박수자(2000), 「의사소통매체와 언어 표현의 특징」, 『국어교육학연구』 10집, 국어교육학회, 319-345쪽.
박수자(2007), 「구성주의 이론의 국어교육학적 의의」, 『제20회 학술발표대회 자료집』, 한국독서학회, 1-26쪽.
박영목(2005), 「작문 연구의 동향과 과제」, 『작문연구』 창간호, 한국작문학회, 1-14쪽.
박영민(2004), 「국어과 교육과정 용어의 진술과 개념-통일성, 응집성, 일관성을 중심으로」, 『독서연구』 11호, 한국독서학회, 181-206쪽.
박영민(2008), 「쓰기 동기와 쓰기 교육」, 『문식성 연구』, 한국문화사, 610-629쪽.
박윤경(2007), 「지식 구성과 다문화 문식성 교육」, 『독서연구』 18호, 한국독서학회, 97-126쪽.
박진숙(2009), 「논술과 글쓰기 사이」, 『철학과 현실』81호, 철학문화연구소, 274-285쪽.
박은영(2006), 「자기소개 스피치의 논증구조: 자기소개 스피치에 나타난 청중 분석」, 『스피치와 커뮤니케이션』 5호, 한국스피치커뮤니케이션학회, 40-68쪽.
박이문(1999), 「생태학적 합리성과 아시아 철학」, 『한국생활환경학회지』 6권 2호, 한국생활환경학회, 66-75쪽.
박인기(2002), 「문화적 문식성의 국어교육적 재개념화」, 『국어교육학연구』 15호, 국어교육학회.
박인기(2003), 「미디어 현상의 교육적 수용과 교육과정론적 의의」, 『국제언론학회 발표논문집』, 국제언론학회, 141-159쪽.
박정하(2007), 「통합교과형 논술과 논술교육의 방향」, 『제36회 정기학술발표회 자료집』, 국어교육학회, 65-92쪽.
박주용(2006), 「창의성, 개인차를 보이는 하나의 인지적 기술인가?」, 『한국인지과학논문지』 13권 4호, 한국인지과학학회, 25-41쪽.
박치완(2007), 「데카르트의 <Cogito 논증>, 과연 효과적인가?」, 『프랑스학 연구』 40집, 프랑스학회, 269-310쪽.
박치완(2009), 「신수사학의 관점에서 본 데카르트의 논증과 설득의 문제」, 『수사학』 10집, 한국수사학회, 87-129쪽.
박태호(2000), 『장르 중심 작문교육의 내용 체계화 교수 학습 원리 연구』, 한국교원대 박사논문.
서수현(2008), 「논술의 성격과 지도 방향」, 『문식성 연구』, 한국문화사, 703-723쪽.
서승아(2006), 「국어과 국민공통 교육과정 개정안의 분석과 검토-쓰기 영역을 중심으로」, 『한국언어문화학』 제3 권 제2 호, 국제한국언어문화학회, 181-202쪽.
서승아(2007), 「모티프를 중심으로 한 서사교육의 지평-<춘향전>의 혼사장애 모티프를 근저에 두고」, 『새국어교육』 77호, 한국국어교육학회, 707-726쪽.
서승아(2008), 「7학년 쓰기 능력의 응집성 발달특성 추출」, 『국어교육』 126호, 한국어교육학회, 157-184쪽.
서승아·김혜숙(2008), 「구어 담화표지의 환담적 기능 연구-무릎 팍 도사의 담화표지 '오'를 중심으로」, 『새국어교육』 80호, 한국국어교육학회, 545-566쪽.
서승아(2009), 「한국 민요 텍스트의 결속성 연구-타박네야와 노랫가락 차차차를 대상으로」, 『텍스트언어학』 26집, 한국텍스트언어학회, 253-277쪽.
서승아(2011a), 「토론 교육의 내용체계 연구-중등 학습자군의 웹 토론을 대상으로」, 『화법연구』 18호, 한국화법학회, 39-72쪽.
서승아(2011b), 「토론 기반 말하기 학습에 대한 연구-대학생의 설득적 말하기 수업을 대상으로」, 『화법연구』 29호, 한국화법학회, 1-27쪽.
서정혁(2007), 「상호주관적 읽기 교육의 철학적 기초」, 『독서연구』 18호, 한국독서학회, 193-223쪽.
서정혁(2008), 「비판적 읽기와 논술교육」, 『독서연구』 20호, 한국독서학회, 233-264쪽.
서종훈(2009), 『학습자의 문단 인식 양상 연구』, 경상대 박사논문.
서현순(2009), 『고등학생의 쓰기 지식 수준에 따른 쓰기 능력 차이의 분석』, 교원대 석사논문.
성숙자(2003), 「문제 중심 학습을 이용한 논증적 글쓰기 지도」, 『어문학 통권』 79호, 한국어문학회, 133-166쪽.
손영애(2005), 「새로운 국어과 교육과정 개정에 관한 소론」, 『국어교육학연구』 23호, 국어교육학회, 187-217쪽.
손영애(2007), 「새로운 국어과 교육과정 시안에 대한 몇 가지 소론」, 『국어교육』 122호, 한국어교육학회, 117-144쪽.
손영애(2008), 「읽기 영역 지도 내용」, 『문식성 연구』, 한국문화사, 355-379쪽.
송종길(2006), 「공직후보 TV토론 이용 동기가 유권자의 투표 행위에 미치는 영향 연구」, 『한국언론학보』 50권 6호, 한국언론학회, 440-460쪽.
송태효(2009), 「새로운 글쓰기로서의 시네마토그라프」, 『프랑스어문교육』 31집, 한국프랑스어문교육학회, 407-428쪽.
심민수(2006), 「키에르케고어의 실존적 교사론 연구」, 『교육문제연구』 24집, 교육학회, 1-24쪽.
양미경(2006), 「학습자의 인식론적 신념: 연구 동향과 과제」, 『열린교육연구』, 열린교육학회, 1-25쪽.

오상현(2005), 「칼 포퍼식 토론을 활용한 논술 교수·학습 방안」, 『국어교육연구』 38호, 국어교육학회, 103-128쪽.
유제임(2001), 「T-unit 분석을 이용한 영작문 평가」, 『영어교육연구』 22호, 영어교육학회, 25-57쪽.
유제임(2005), 「T-unit 분석 방법과 문장 합성 연습」, 『신영어영문학』 31집, 신영어영문학회, 259-287쪽.
윤여탁(2007), 「한국학으로서 한국어교육학의 정체성에 대한 연구」, 『국어교육』 124호, 한국어교육학회, 151-180쪽.
이건하(2008), 「통합논술에서의 수리논술에 관한 사회문화적 고찰」, 공주대 석사논문.
이경화(2005), 「자기주도적 학습력 신장을 위한 학습독서 전략 연구」, 『새국어교육』 71호, 한국국어교육학회, 213-233쪽.
이규순(2006), 『과정 중심 논술지도 방안』, 한국교원대 석사논문.
이상태(2005), 「정책명제의 분석과 논술문의 구조」, 『국어교육학연구』 37호, 국어교육학회, 201-212쪽.
이성만(2008), 「텍스트언어학과 작문」, 『작문연구』 창간호, 한국작문학회, 59-104쪽.
이성만(2010), 「텍스트에서 담화로」, 『텍스트언어학』 29호. 한국텍스트언어학회, 315-340쪽.
이성영(1994), 『표현 의도의 표현 방식에 관한 화용론적 연구』, 서울대 박사논문.
이성영(2001), 「글쓰기 능력의 지표화 방안 연구-'내용 생성' 범주를 중심으로」, 『국어교육학연구』 13호, 국어교육학회, 321-349쪽.
이재기(2009), 「문학교육과 문식성 신장」, 『독서연구』 22호, 한국독서학회, 115-158쪽.
이차숙(2009), 「유아의 한글 읽기와 언어적 변인들과의 관계에 관한 연구」, 『열린유아교육연구』 14권 2호, 유아교육학회, 339-358쪽.
이필영·이성영·이은희(2001), 「쓰기 능력의 지표화 방안」, 『연구보고서-03』, 서울대 국어교육연구소.
이성영(2005), 「작문교육변천사」, 『국어교육론2』, 한국문화사, 353-374쪽.
이수진(2008), 「쓰기 수업의 질적 탐구」, 『문식성 연구』, 한국문화사, 385-702쪽.
이수진(2008), 「쓰기 평가 결과의 해석과 활용 방안 연구」, 『작문연구』 6집, 한국작문학회, 39-65쪽.
이승종(1999), 「반시대적 고찰: 비트겐슈타인, 하이데거의 수리논리학 비판」, 『철학과 현상학 연구』 12집, 한국현상학회, 395-424쪽.
이은희(2002), 「글쓰기 능력의 지표화 방안 연구-조직 범주를 중심으로」, 『국어교육학 연구』 14집, 국어교육학회, 375-404쪽.

이응백(1962), 「갑오경장 이전의 작문교육」, 『국어교육』 4호, 한국국어교육연구회, 1-74쪽.
이재기(2005), 『문식성 교육 담론과 주체 형성에 관한 연구』, 한국교원대 박사논문.
이재승(2005), 「작문교육연구사」, 『국어교육론2』, 한국문화사, 335-352쪽.
이재승(2008), 「작문교육학의 정체성」, 『문식성 연구』, 한국문화사, 595-609쪽.
이정모·이재호(2004), 「담화글의 이해과정: 대명사 참조 해결의 상별 표지와 초점 효과」, 『한국심리학회지: 실험』, 한국심리학회, 151-169쪽.
이정숙(2008), 「필자의식에 따른 쓰기문제 점검」, 『문식성 연구』, 한국문화사, 630-656쪽.
이준웅·이상철(2007), 「공공 화법과 토론 교육이 의사소통 능력, 토론효능감, 시민성에 미치는 효과」, 『한국언론학보』 51권 1호, 144-171쪽.
이차숙(2009), 「유아의 한글 읽기와 언어적 변인들과의 관계에 관한 연구」, 『열린유아교육연구』 14권 2호, 한국열린유아교육학회, 339-358쪽.
이채연(2002), 「인터넷을 활용한 국어과 쓰기 지도의 수업 모형 구안과 그 효과」, 『국어교육』 107호, 한국국어교육연구학회, 201-229쪽.
이한헌(1987), 「논증 요소와 의미 기술」, 『불어학 연구』 5호, 프랑스학회, 77-109쪽.
이한헌(1990), 「논증 이론과 다음성 원리」, 『불어학 연구』 8호, 프랑스학회, 127-149쪽.
임성규(1989), 「글말과 입말의 문체 분석」, 『국어국문학』 102호, 국어국문학회, 313-333쪽.
임천택(2007), 「새 국어과 교육과정의 내용 선정 범주 '맥락'의 현장 소통 방안」, 『제35회 청람어문교육학회 자료집』, 청람어문교육학회, 109-141쪽.
장소원(1994), 「현대 국어의 소형 발화 연구」, 『텍스트언어학』 2호, 한국텍스트언어학회, 261-285쪽.
장소원(2003), 「TV 뉴스 보도문의 텍스트 언어학적 분석」, 『텍스트언어학』 15호, 한국텍스트언어학회, 341-362쪽.
장소원(2008), 「현대 국어의 생략부사어 연구」, 『국어학』 52호, 국어학회, 55-84쪽.
장소원(2009a), 「문체의 측면에서 본 작문 능력과 문법 능력의 상관성」, 『작문연구』 9집, 한국작문학회, 39-65쪽.
장소원(2009b), 「법률 텍스트 문장의 문법성」, 『텍스트언어학』 27호, 한국텍스트언어학회, 1-29쪽.
전병철(2001), 「논술 작품에서 보이는 오류 연구」, 『언어학연구』 5호, 한국중원언어학회, 141-160쪽.
전영란·김춘식(2007), 「TV토론 형식에 따른 정치후보자의 수사 비교 연구: 역대

대통령 선거와 서울시장 선거를 중심으로」, 『가을학술대회발표논문집』, 한국스피치커뮤니케이션학회, 35-68쪽.
전윤식(2006), 「창의성의 생물학적 기초」, 『사고개발』 2권 1호, 대한사고개발학회, 1-18쪽.
정다운(2009), 『장르와 과정의 통합적 쓰기 교육 방안 연구-한국어 고급 학습자를 대상으로』, 고려대 박사논문.
정성희(2001), 「초등 학교 읽기 교과서에 사용된 도해 조직자 분석과 활용 방안」, 『국어교육연구』 13호, 국어교육학회, 67-89쪽.
정재찬·이성영·서혁·박수자(2004), 「국어과 토의·토론 학습의 수업모형 개발 연구(1)-초등학교 국어과 토의·토론 학습을 위한 교수·학습 모형 및 자료 개발 연구(공동 연구 보고서)」, 『선청어문』 26집, 359-414쪽.
조명한·김청택(1988), 『직선적 삼단논법 추리에서의 전제 통합과정-중간어 통합과정에 의한 추리과정의 설명(실험논문)』, 서울대 심리학과.
조문현(2002), 「유아의 음소 인식과 읽기 능력」, 『어린이미디어연구』 1권, 한국어린이미디어학회, 119-135쪽.
조현구·유석민(1987), 「유추를 위한 지식 표현 및 사상 기법」, 『한국정보과학회 가을 학술발표논문집』 Vol. 14. No. 2, 한국정보과학회, 174-177쪽.
조효정(2006), 「논증구조 익히기를 통한 주장하는 글쓰기 지도 연구」, 『어문학교육』 32집, 한국어문교육학회, 247-271쪽.
정혜승(2008), 「문식성 교육의 쟁점 탐구」, 『교육과정평가연구』 11집, 교육과정평가원, 161-185쪽.
최광석(2009), 「문학 기반 논술의 유형과 교육 방법」, 『국어교육연구』 44집, 국어교육학회, 221-248쪽.
최상민(2008), 「통합교과형 논술의 지도 원리와 실제」, 『한민족어문학』 52집, 한민족어문학회, 121-148쪽.
최서경(2007), 「기초 능력 교육으로서의 논증 교육의 내용과 방법」, 『수사학』 6집, 179-204쪽, 한국수사학회, 179-204쪽.
최석민(2004), 「창의성 교육의 원리 탐색: 몰입의 원리」, 『학술보고발표대회논문집』, 대한사고개발학회, 197-214쪽.
최윤선(2005), 「미국, 프랑스, 한국의 정치담화 내용 분석: 대통령 선거 TV 토론을 중심으로」, 『언론과학연구』 5권 3호, 한국언론과학학회, 658-682쪽.
최훈(2009), 「참된 비판적 사고와 창의적 논술: 반박과 재반박 연습」, 『철학과 현실』 82호, 철학문화연구소, 324-340쪽.
하병학(2008), 「논술 능력 향상을 위한 비판적 사고와 비판적 사고 능력 향상을 위한 논술」, 『철학과 현실』 76호, 철학문화연구소, 162-173쪽.
한순미(2005), 「지식사회에서 영재들에게 요구되는 지식과 전략」, 『The Journal

International Assosiation for the gifted and talented/영재와 영재교육』, Vol. 4 No. 1., 한국영재교육학회, 85-104쪽
허재영(2001), 「감탄사 발달사」, 『한국어의미학』 9집, 한국어의미학회, 65-96쪽.
허재영(2005), 「국정 중학교 국어과 교과서에서의 국어지식 영역 변천」, 『한국학술진흥재단 연구과제』, 한국학술진흥재단(구 한국연구재단).
홍종화(2007), 「담론에서의 논증의 역할」, 『프랑스학연구』 40집, 한국프랑스학회, 225-243쪽.
황동주·윤경전(2001), 「창의성과 뇌기능 분화에 관한 탐색적 연구」, 『연차학술대회발표논문집』, 대한사고개발학회, 23-39쪽.
Canale, M. & Swain, M.(1980), *Theoretical bases of communicative approaches to second language testing and teaching*, applied linguistics 1-1., Oxford University Press, 1-47page.
Carrer, R.(1997), *Reading for one second, one minute, or one year from the perspective of rauding theory*, scientific studies on reading, 1., Routledge, 3-43page.
Hering, T(2007), *A Students Guide to Classic Debate Competition*, MDTA - Minnesota Debate Teachers Association, Powered by WebSite Manager a GCM Application.
Kreiger, D(2005), *Teaching Debate to ESL Students: A Six Class Unit*, The Internet TESL Journal, Vol. IX, No. 2, http://iteslj.org/Techniques/Krieger-Debate.html
Market, R.J.(2001), *What Makes a Good Teacher? Lessons from Teaching Medical Students*, Academic Medcine, Vol. 76. No. 8., The Neurologist, 216-220page.

■ 찾아보기

■ 용어

(ㄱ)

가독성 …………………………… 48
가언 ……………………… 265, 268, 269
가정 …………………………… 232
가정형 ………………………… 213
가치 …………………………… 30
감각 기억 ……………………… 61
감정이입 ………… 69, 116, 172, 174
개념 구조 ……………………… 13
개념적 지식 …………………… 46
개별 학습자 …………………… 15
개성 …………………… 3, 219, 290
객체 …………………………… 127
건곤감리 ……………………… 242
결 ……………………………… 39, 219
결론 ……………………… 2, 53, 239, 290
결속구조 ………………… 199, 262
결속성 …………………… 103, 198, 250
경험적 능력 …………………… 32
과제 집착력 ………………… 263
교실 ………………………… 37, 51
교실 맥락 ……………………… 16
교육 내용 …………… 264, 276, 289
교육과정 ……………………… 43
교육용 담화 ………………… 52
교차 수정 ………………… 120, 258

구상어 ………………………… 153
구성 …………………… 45, 72, 79
구체화 ………………………… 20
궤도 ………………… 18, 72, 151
궤도 수정 ……………………… 92
궤도 이동 ………………… 92, 97, 147
귀추 논증 ………………… 181, 189
규칙 …………………………… 132
근거 ………………… 176, 178, 180
글쓰기 ………………………… 14
　　29, 30, 36, 48, 57, 290
기능 문법 ………………… 17, 85, 167
기능적 문식성 … 4, 13, 14, 38, 225
기생 텍스트 ………………… 141
기의 …………………………… 147
기표 ……………………… 147, 148, 215
기호현상학 ………………… 14, 100
긴 모자 무늬 ………………… 221
길이 ……………………… 139, 142, 143
깔대기 무늬 ………………… 220
꽃다발 무늬 ………………… 220

(ㄴ)

-ㄴ …………………………… 197
-ㄴ데 ………………………… 115
내면화 ………………………… 235

내용 요소 ·· 292
내용 체계 ········ 1, 45, 50, 257, 260
내포문 ······································· 196, 266
논거 ················ 13, 61, 73, 92, 289
논거 유형 ····································· 92, 264
논술 ··· 27
 28, 33, 75, 243, 246, 291
논술 교육 ······················· 9, 240, 264
논술 능력 ··· 9
논술 텍스트 ··· 153
논쟁적 논증 ·· 98
논점 ··· 18
 61, 63, 64, 71, 72, 79, 85, 164
논제 ···················· 13, 18, 39, 60, 61
논제 유형 ······················· 138, 219, 272
논제 유형별 ································· 89, 226
논제 제공자 ································· 39, 40
논증 ··· 3
 28, 30, 38, 44, 46, 74, 164, 260, 290
논증 교육 ··· 4
 5, 8, 16, 20, 27, 37, 44, 47, 50, 194, 240, 280, 283, 289, 294, 296
논증 구조 ··· 4
 17, 60, 107, 112, 116, 175, 237, 239, 272
논증 기제 ··· 3
논증 능력 ····· 1, 13, 27, 28, 59, 181
논증 담화 ····································· 21, 48
논증 도식 ·· 10
논증 문식성 ······························· 272, 283
논증 방법 ······························· 181, 289

논증 방식 ·· 271
논증 연구 ··· 6
논증 유형 ·· 15
논증 전략 ·· 16
논증 지식 ·· 45
논증 텍스트 ·· 1
 13, 14, 16, 21, 29, 31, 39, 43, 156, 180, 266
논증력 ·· 16, 240
논증모델 ······································ 85, 271
논증소 ·· 13
 47, 98, 161, 164, 194, 243
논증적 글쓰기 ··· 9
-는데 ·· 196, 266
능동성 ·· 28

(ㄷ)

다양성 ············· 3, 15, 20, 288, 294
다중양식 ··· 36
다중양식성 ··· 51
단문 ··· 194, 266
단서 ··· 29
 71, 73, 108, 111, 121, 200, 229
단일구조 ··· 202
담론윤리학적 논증 ······················ 154
담화 표지 ································ 161, 163
대안적 사고 ····································· 289
대용 ·· 145, 199
대체 ··· 266
도입부 ·· 68
독서 토론 ·· 58
동기 ··· 8

13, 14, 51, 53, 56, 58, 60, 92, 139, 251
동료 수정 ································ 258
동어 반복 ···························· 88, 170
동인 ·· 257
동작주 ································ 85, 124
드레스 무늬 ···························· 223
뜸들이기 전략 ··························· 68

(ㅁ)

말차례 ································ 47, 48
말터 ··································· 72, 93
맥락 ·· 13
　　　17, 37, 39, 48, 51, 252, 284
면대면 수정 ······························· 98
명령 표현 ································ 119
명령문 ···································· 244
명료성 ···································· 179
명료화 ···································· 103
명제 ································· 234, 290
모래시계 무늬 ························ 224
모티프 ································ 93, 94
무늬 ········· 5, 17, 18, 132, 162, 258
문식 환경 ·································· 11
　　　19, 37, 38, 225, 257
문식성 ························ 33, 38, 154, 290
문제 제기 ·································· 60
문제 해결 ············ 29, 206, 235, 246
문제 해결 구조 ······················ 209
문제 해결 능력 ························· 20
문제 해결적 사고 ········ 29, 75, 193
문체 ······························· 38, 45, 80, 88

(ㅂ)

바늘 무늬 ································ 221
반박 ···························· 176, 179, 180
반복 ···························· 145, 199, 250
반복 구문 ································ 142
반성적 사고 ······························· 29
반응 텍스트 ···························· 141
발달 ·· 13
발언권 ································ 23, 36
발화 효과 행위 ····················· 36, 44
발화체 ······································ 32
방법론적 논증 ··················· 268, 271
방법적 원리 ································· 3
방향 ·· 122
배경 ································· 70, 206
배경지식 ························ 7, 16, 152
배경화 ······································ 68
변인 ······ 21, 35, 141, 260, 281, 296
변항 ·· 184
병행구문 ······················ 230, 266
-보다 ··································· 102, 266
보장 ························· 89, 176, 178, 180
보편 독자 ································ 121
보편 상식 ······················ 124, 125
복원 ································ 145, 172
복합문 ······························ 196, 266
볼록·파임 무늬 ······················ 222
부정 ························· 97, 266, 270, 282
분석적 사고 ···························· 192
비판적 사고 ································· 5

8, 29, 30, 32, 33, 60

(ㅅ)

사고 ·································· 291
사고 구술 ························· 36
사실명제 ··························· 18
사용역 ······························ 39
사태 ································ 130
사회적 당위성 ················ 122
사회화 ···························· 242
삼각 무늬 ······················· 220
삼단 구성 ················ 192, 248
삼단논법 ······· 40, 94, 122, 258
삼원구조 ·························· 52
상식 ································ 189
상위어 ······················ 62, 266
상황 관리 태도 ··············· 144
상황 적응 능력 ················· 32
생략 ························· 145, 172
생략삼단논법 ···················· 60
생성 ··························· 13, 29
생태학 ······························ 38
서사 ······················ 136, 213, 228
서사성 ···························· 135
서사적 ···························· 211
서술 ························· 85, 124
서신 ································ 120
선언 ························ 265, 269
선택 ············ 2, 138, 173, 280, 290
선행 텍스트 ······················ 72
선험 논거 ························ 92
설계 단계 ························· 59

설득 ·································· 2
설득력 ·················· 32, 97, 282
설득적 글쓰기 ··················· 74
설득적 텍스트 ······· 3, 17, 44, 89
성찰적 사고 ······················ 29
소견 논거 ············· 17, 33, 92
소집단 ······················ 12, 36
소집단 토론 ····················· 13
  51, 53, 56, 57, 58, 87, 184, 240,
  259
소통 ································ 47
솟은 무늬 ······················· 221
수사 전략 ··················· 10, 32
수사적 구성부 ············ 15, 38
수사학 ························· 6, 17
수업 담화 ························ 52
수정 ························ 122, 287
수준 ································· 5
수행 ······················ 13, 46, 47
쉼 ································· 145
신뢰성 ······················ 196, 254
신화소 ···························· 291
실제성 ······························ 94

(ㅇ)

암묵적 지식 ····················· 37
어휘 사용 능력 ··············· 147
어휘망 ············ 54, 100, 246, 255
언어 ································ 35
언어 요소 ······················· 257
언어 지식 ························ 47
언어적 구성부 ··········· 15, 38, 161

언어지식 ······························· 289
에토스 ··································· 31
역삼각 무늬 ························ 220
연쇄 ······························ 239, 250
연쇄 유형 ···························· 229
연언 ·········· 197, 265, 268, 269, 282
영역전이성 ···························· 27
예외 조건 ············ 176, 179, 180
예증 ···································· 193
오류 ···································· 120
     122, 128, 132, 169, 219
요약 텍스트 ····················· 63, 70
요약문 ································ 175
운율 ···································· 142
위성 ······························· 75, 85
유의관계 ······························ 81
유창성 ································· 49
     61, 181, 194, 255, 272
유추 ······················ 4, 88, 108, 119
유표 ············· 98, 135, 196, 197, 262
융통성 ···················· 30, 49, 194
융합구조 ···························· 216
-을 위해 ·······················105, 266
응결성 ························· 100, 278
응집성 ························· 108, 272
의문 ···································· 236
의문문 ······················ 118, 245, 247
의문형 ································ 162
의미구조 ································ 7
의미자질 ···························· 153
의사결정형 ················· 189, 193
의사소통 ········· 2, 7, 11, 12, 38, 48

의사소통 교수법 ······················ 7
이미지 ························· 53, 57, 87
-이지 ... 아니다 ············ 98, 266
인용문 ································ 107
인용형 ································ 232
인지 ······························· 259, 291
인지구조 ······························ 11
     13, 19, 37, 55, 75, 77, 78, 79, 86
일반화 ··························· 97, 218

(ㅈ)

자가 수정 ··················· 117, 258
자율성 ·································· 4
자질 ···································· 141
작문 교육 ······························· 8
장(場) 의존형 ·············· 226, 293
장(場) 독립형 ·············· 226, 237
장애 요소 ··························· 201
재수용 ································ 107
     124, 125, 136, 156, 230
적형성 ································ 167
적성 ···························· 5, 294, 295
적절성 ································· 85
     141, 147, 161, 175, 255
전건 ···································· 96
전건긍정 ···························· 270
전경화 ·························· 68, 215
전제 ························· 2, 53, 239, 290
절차적 구조 ·························· 61
절차적 지식 ·························· 47
점진적 사고형 ············ 189, 191
정당성 ····················· 4, 191, 199

정당화 ·· 20
　29, 38, 40, 45, 92, 97, 98, 100,
　107, 162, 180, 236, 251, 267, 282,
　295
정보구조 ································· 15, 115
정보선별형 ····························· 189, 190
정보성 ·· 48
정보탐색형 ····························· 189, 192
정삼각 무늬 ································· 220
정서 ··· 33
정언 ··· 268
정언명제 ······························· 100, 115
정의역 ·· 243
정체성 ··· 38, 40, 45, 225, 241, 267
정확성 ································· 61, 113
제시문 ·· 141
조건언 ·· 269
조응 ··· 230
종적 구조 ···························· 209, 211
좋음 ·· 30
주술 관계 ····································· 273
주의 ·· 14
주장 ····························· 176, 178, 180
주제 ·· 15
주제부 ··· 52
주제어 ·· 133
주체 ························ 70, 126, 193, 263
중계 담화 ······································ 53
중계 텍스트 ········· 17, 51, 53, 258
중층구조 ····························· 204, 207
증거 ·· 30
증명 ····································· 29, 108

지식 ··· 13
지원 체제 ···················· 198, 200, 201
지표 ···································· 18, 151
지향적 체험 ································ 154
진로 교육 ···························· 50, 53, 294
진술 ·· 72
질료 ·· 3
질적 ·· 61

(ㅊ)

창발 ·· 90
창발적 ··· 266
창발적 문식성 ···················· 4, 13, 14
창살 무늬 ···································· 222
창의성 ·· 4
　5, 10, 31, 33, 34, 35, 38, 45, 53,
　280, 294
창의적 논증 ························ 290, 293
창조적 사고 ································· 32
책략 ·· 47
처리 ···································· 72, 142
첨가 보조사 ································ 143
첨삭 ·· 120
청유형 ·· 218
초구조 ·· 240
초두 효과 ····································· 135
초점 ····································· 15, 130
초점 정보 ····································· 118
초점 중심형 ························· 189, 192
촉진 ············ 58, 145, 262, 282, 295
추론 ············ 30, 122, 124, 126, 127
추론규칙 ······································· 250

추상어 ································· 253
추상화 ································· 12

(ㅌ)

타당성 ········ 30, 183, 189, 201, 278
탑 무늬 ································· 223
텍스트 ································· 43
텍스트 결속성 ······················ 18
텍스트 구성 ···················· 2, 24
텍스트 구조 ························ 44
　　132, 133, 134, 135, 138, 139, 141,
　　203, 205
텍스트 무늬 ············ 41, 219, 291
텍스트 생성 ············ 2, 5, 50, 226
텍스트 생성자 ············ 40, 138
텍스트 양식 ························ 3
텍스트 유형 ························ 1
　　37, 45, 47, 75, 135, 141
텍스트 입안 ························ 259
텍스트 처리 ························ 59
텍스트성 ···························· 132
텍스트언어학 ······················ 6
토론 ···································· 12
　　23, 43, 54, 97, 121, 151, 267
토론 수업 ···························· 3
토포스 ································ 93
통일성 ························ 88, 255
통합 교실 ···························· 248
트로피 무늬 ························ 223

(ㅍ)

파토스 ································ 31

펜촉 무늬 ···························· 222
평정 ···································· 255
표지 ···················· 47, 163, 265, 272
표현 ······················ 47, 225, 289
표현 규칙 ···························· 13
표현력 ············ 38, 194, 259, 283
피드백 ························ 12, 14

(ㅎ)

하위어 ································ 62
한정사 ································ 237
함축 ···································· 145
합리성 ································ 280
합의 ···························· 12, 16
해석 ···································· 211
핵심 ···································· 62
핵심 개념 ············ 13, 16, 290
핵심 정보 ···························· 63
핵심어 ································ 70
　　72, 73, 74, 80, 132, 258
행위 ···························· 201, 271
행위자 ························ 201, 271
형식논리 ···························· 234
호리병 무늬 ························ 220
화용적 요소 ························ 47
확언 ···································· 213
환원 ············ 92, 104, 111, 112
후건 ···································· 97
후건부정 ············ 104, 194, 270